21 世纪高职高专经管类专业立体化规划教材

经济法概论

许　俊　主　编
胡　婷　副主编

清华大学出版社
北　京

内容简介

本书以最新的经济法律法规为依据，以“三个面向”为指导，全面阐述了经济法律制度的知识及其应用。本书面向学生，不仅能让学生熟悉相关理论知识，而且能让学生掌握在走入社会后可以运用的实际本领；本书面向教师，能解决一些教师司法实践不足的问题，与实际紧密结合的经典案例可以使教学更精彩；本书面向课堂，教材内容均经教学实践检验，能使教师自如地掌控教学进度，能使学生顺利地汲取和消化所学的知识。

本书共分为七章，具体内容包括经济法律基础、主体法律制度、合同法律制度、工业产权法律制度、劳动法律制度、市场管理法律制度和争议解决法律制度；另外，在附录中有选择性地收录现行的相关法律制度。同时，本书的知识链接、案例分析、课堂讨论、本章小结、课后作业等教学安排使教材内容更加丰富、生动。

本书既可作为高职高专院校相关专业的经济法教材，也可以作为企业职工的培训教材和其他相关人士备考有关资格证书的自学教材，更是法律初学者的理想选择。

图书在版编目(CIP)数据

经济法概论/许俊主编. —北京：清华大学出版社，2014（2022.12 重印）
(21 世纪高职高专经管类专业立体化规划教材)
ISBN 978-7-302-35076-7

Ⅰ. ①经… Ⅱ. ①许… Ⅲ. ①经济法—中国—高等职业教育—教材 Ⅳ. ①D922.29

中国版本图书馆 CIP 数据核字(2014)第 005664 号

责任编辑：李玉萍
装帧设计：杨玉兰
责任校对：李玉茹
责任印制：朱雨萌
出版发行：清华大学出版社
网　　址：http://www.tup.com.cn, http://www.wqbook.com
地　　址：北京清华大学学研大厦 A 座　　邮　　编：100084
社 总 机：010-83470000　　邮　　购：010-62786544
投稿与读者服务：010-62776969, c-service@tup.tsinghua.edu.cn
质量反馈：010-62772015, zhiliang@tup.tsinghua.edu.cn
课件下载：http://www.tup.com.cn, 010-62791865
印 装 者：三河市龙大印装有限公司
经　　销：全国新华书店
开　　本：185mm×260mm　　**印　张**：17.25　　**字　数**：392 千字
版　　次：2014 年 2 月第 1 版　　**印　次**：2022 年 12 月第 8 次印刷
定　　价：49.80 元

产品编号：048938-04

前　言

经济法是研究现行经济法律制度的学科。从教学专业上看，它是法学专业的主要专业课程，也是市场营销、商务、物流、会计等经济专业的重要基础课程。从教学内容上看，它涵盖了我国现行经济法律的主要内容，又涉及我国民法、商法、劳动法、诉讼法等部门法的基本知识；从教学目标上看，它既要求学生掌握一定的理论知识，又要求学生熟悉一定的法律实务。为了满足培养高职高专院校新型人才的需求，结合经济法课程的特点，我们编写了本书。

本书主要内容分为七章，内容包括经济法律基础、主体法律制度、合同法律制度、工业产权法律制度、劳动法律制度、市场管理法律制度和争议解决法律制度。同时，为了适应不同专业的需要，本书附录部分收录了现行的相关法律制度。

本书编者是高职高专院校的一线教师，对高职高专的教学规律有一定的认识，因此，本书的最大特征就是深入浅出、突出重点、贴近实践：一是针对学生知识基础有限的特点，本书对经济法知识的讲解深入浅出，使学生对本课程有全面、正确的理解，关键是可使他们形成良好的法律意识；二是针对教师教学时间有限的特点，本书对教学的重点内容进行了精心的安排，教师可以根据不同专业的教学重点和教学量完成教学任务；三是针对高职高专实用性的特点，本书内容紧扣最新的法律法规，并通过案例分析、课堂讨论、课后作业等内容的编排，系统地展示了经济活动中人们必须关注的法律问题。

本书主要面向高职高专院校的学生，也可以作为各类成人院校及企业职工的培训教材，同时对从事法律行业的人士也能起到借鉴和参考的作用。

本书由许俊担任主编，胡婷担任副主编。许俊负责本书的编稿、统稿工作，胡婷负责本书的资料采编、习题编写工作，并由胡婷完成最后的定稿工作。在本书初步成稿后，编者听取了湖北思孟律师事务所、湖北羚圣律师事务所专家律师的宝贵意见，力求使本书内容丰富、理论联系实际、重点突出。

本书在编写过程中浏览和援引了网络上的相关内容资料，还参考了大量有关的书籍、文献及许多专家学者的资料，已在参考文献中详细注明，在此对他们表示衷心的感谢！

由于编者水平有限，书中疏漏和不足之处在所难免，恳请广大读者批评、指正。

编　者

目　　录

第一章

经济法律基础

教学目标： 掌握经济法的概念、中国经济法的体系、经济法律关系的概念和特征；熟悉经济法的调整对象、经济法的基本原则、经济法律关系的主体、客体和内容；了解经济法的发展进程、中国经济法的作用、经济法律关系的确立。

教学重点： 经济法的概念；中国经济法的体系；经济法律关系的内容。

教学难点： 经济法律关系的确立；经济法的基本原则；经济法产生的根本原因。

第一节 经济法概述

【知识链接】

一、经济的词源和概念

1. 经济的词源

在西文中，“经济”一词源于希腊文，原意是“家计管理”，后来发展成为生产、流通中的专有名词，成为这些活动的总称。

古汉语中，“经济”是指经国济民、经邦济世，其内容包括经济、财政，而且广泛涉及政治、法律、军事和教育等方面。19 世纪时，日本学者接受、吸收、宣传西方文化，大量翻译西方书籍，借用古汉语之词，将“economics”译为“经济”；中国在新文化运动中又译回“运用”，其含义与西方现代语言中的“经济”相一致。

2. 经济的现代意义

经济是指社会物质资料的生产和再生产过程，主要包括物质资料的直接生产过程以及由它决定的交换、分配和消费过程。

也可以说，经济是指社会生产关系的总和，是人们在物质资料生产过程中结成的，与一定的社会生产力相适应的生产关系的总和或社会经济制度。它是政治、法律、哲学、宗教、文学、艺术等上层建筑赖以建立、发展的基础。

二、法律的概念和特征

1. 法律的概念

法律(Law)是国家制定或认可的，反映国家的意志和利益，并由国家强制力保证实施的，以规定当事人权利和义务为内容的具有普遍约束力的社会规范。

广义的法律是指法的整体，包括狭义的法律、有法律效力的解释及行政机关为执行法律而制定的规范性文件(如规章)。狭义的法律则专指拥有立法权的国家权力机关依照立法程序制定的规范性文件。

2. 法律的特征

法律具有普遍规范性。它是调整人们的行为或社会关系的规范，而且在国家权力管辖范围内普遍有效；同时，法律本身也具有规范性，它是有严格的程序规定的规范。

法律具有国家意志性。它反映国家的意志和利益，体现了国家对人们行为的评价。国家意志虽然有多方面的表现形式，如政策、口号、声明、照会等，但法律由国家制定或认可，是其意志的最重要的表现形式。

法律具有国家强制性。它是由国家强制力作为最后保证手段的规范。法是由国家强制力保证其实施的，与诸如道德、风俗习惯、宗教教规等社会规范相比，责任的承担和制裁的强度是不可同日而语的。

一、经济法的发展历程

1. 西方经济法的发展

在古代欧洲的简单商品经济时代，由于当时的社会经济关系相对简单，市场机制基本

上可以有序地调节自身运行。国家在经济运行中的作用主要是保护市场的外在秩序和社会的公共安全，以及为社会提供必要的公共产品。

进入自由资本主义时期之后，亚当•斯密(Adam Smith)提出了自由竞争理论，他认为自由市场与自由竞争机制这只“无形之手”可以使经济资源得到最优配置，政府应采取和奉行不干预经济的政策，最好的政府就是最廉价、最无为而治的政府。因此，在这一阶段，国家充当了经济生活的“守夜人”。

然而，19 世纪末 20 世纪初，即在自由资本主义向垄断资本主义过渡时期，亚当•斯密的自由放任理论受到了前所未有的挑战。由于商品经济高度发展、生产手段与经济实力的集中，自由竞争逐渐被垄断所取代，产生了垄断集团，破坏了自由竞争的市场环境，引发了一系列的社会危机，如重要经济领域的垄断、工人大规模的失业、民众对政府失去信任，造成富者愈富、贫者愈贫、政局动荡的局面。一些先进的国家开始实行国家干预，如德国出台了一系列的“经济法”、美国实行罗斯福新政等，这些代表性事件标志着现代意义的经济法产生了。此后，随着国家干预手段的运用，经济危机和第一次世界大战造成的巨大破坏得到了有效的控制。

20 世纪 60 年代以来，西方国家为振兴和发展经济，再次运用国家干预手段，颁布了大量的经济法。经济法在大力振兴和扶持企业稳定发展、保护竞争和反对垄断、实现国民经济的局部“计划化”、鼓励新技术革命、提高生产力等方面发挥了重要作用。

现在，西方各国都很重视经济法制建设。

【小资料】

经济法产生于德国

在 19 世纪末 20 世纪初，德国为成为经济强国，以第一次世界大战和战后重建为背景，大力推行国家资本主义和管制经济，对产业实行国有化和社会化，与此相应颁布若干具有直接经济内容，体现国家干预意志，甚至直接以“经济法”为名的法令、法规，如《关于限制契约最高价格的通知》(1915)、《确保战时国民粮食措施令》(1916)、《煤炭经济法》《钾盐经济法》(1919)以及一系列的《卡特尔令》等。这种新法现象，在长于思辨的德国学者看来，显然不同于既往民(商)法、行政法等，于是就此进行研究，概称它为“经济法”，一时间有关经济法的学术著作纷纷公开出版，如鲁姆夫(Rumpf)《经济法概念》、赫德曼(Hedmen)《经济法基础》、努斯鲍姆(Nussbaum)《德国新经济法》、哥特施密特(Goldschmidt)《帝国经济法》等，形成方法论说、世界观说、集成说、对象说、机能说等多种经济法学说。

但应当指出以下两点。

(1) 西方经济法常以竞争法(或反垄断法)为核心，而创竞争法先例的却是判例法圈的美国。美国在 1890 年通过的《保护贸易和商业不受非法限制和垄断侵害法案》(即《谢尔曼法》)，成为现代竞争法产生的标志。有人称该法为第一部资本主义经济法。

(2) 当今德国已经没有经济法之说，有关经济法的内容主要是《反限制竞争法》(卡特尔法)，另外，德国也颁布了一部《经济稳定与增长促进法》。

2. 西方经济法的类型

从西方世界各国来看，经济法呈现有以下三种情形。

1) 以德国为代表的战争经济法

20世纪初，作为后起之国的德、日等国基于战争(两次世界大战)的需要，国家限制工商业自由、介入经济生活，制定并发布一系列经济统制法令、法规，如日本《有关战时工业原料出口取缔事宜》(1914)、《对敌交易禁止令》(1917)、《战时船舶管理令》(1917)、《国家总动员法》(1938)、《军需公司法》(1943)等。

2) 以美国为代表的危机对策经济法

美国在20世纪30年代和70年代经历了两次大的经济危机。出于应付危机的需要，美国不得不采取与以往一贯奉行的经济放任政策相左的所谓“新政”和管制措施，对市民社会横加干预，出台一系列应急性经济法令、法规，如《国家产业复兴法》(1933)、《农业调整法》(1933)、一系列银行法、《1933年证券法》(1933)、《1934年证券交易法》(1934)等。

3) 以日本为代表的社会协调经济法或振兴经济法

随着社会化生产的到来，西方各国理性地认识到，在保持市场机制发挥作用的同时，国家亦应适时适度地介入经济生活，维护公平竞争的市场秩序，促进社会经济协调发展，由此制定出台涉及竞争规制、计划和产业政策、财税金融、国有化(私有化)等相当广泛的经济法律和法规。其中，日本经济法较为突出，有关法律文献有《禁止垄断法》《中小企业促进法》等。另外，西方其他各国也出台了一些经济法律，如德国的《经济稳定与增长促进法》《反限制竞争法》。

3. 中国经济法的产生和发展

中国经济法产生的原因和发展道路与美、德等资本主义国家有着明显的不同。美国和德国经济法的产生是建立在其有市场存在的情形下，而中国经济法则是发端于由计划经济向市场经济转型的时期。

中国作为古代东方自然经济的代表，到20世纪50年代，总体经济环境依然是自然经济，调整经济关系的手段主要还是依靠血亲关系、宗法关系、传统习惯、宗教戒律和道德禁止等，而对法律规则的需求则甚少。

新中国诞生后的几十年里，中国作为社会主义国家，一开始就是由国家全面介入经济生活，全面担负经济组织管理职能，实行计划经济体制，基本上排斥和取代了市场的作用。可以说，政府的经济职能不是作为市场缺陷的补救措施而产生的，政府完全是以行政法管制经济的运行。在这种计划经济条件下，政经一体，经济是政治的附庸；企业是行政机关的附属机构，因而生产者之间不发生平等主体之间的横向经济关系，政府依据行政权力，即以命令服从为主的纵向隶属关系来管理经济、配置资源，不需要经济法。

直至20世纪70年代末，中国经济法才与市场经济相伴而生，我国才开始进行经济法的研究。1979年6月，在全国人大五届二次会议上，中央领导人提出：随着经济建设的发展，我们需要制定各种经济法。随后，在国家和中共中央许多正式文件中越来越多地使用经济法概念。随着经济体制的改革，政府对经济运行的干预从微观管理向宏观调控转变，并对既有的经济法律法规进行大刀阔斧的修正，以基本上符合市场经济的需要，一个比较完整的经济法体系日渐形成。正是由于市场与政府的博弈，才促使了经济法的出现。

20世纪90年代，党的十四大确立了中国经济体制改革的目标是建立社会主义市场经济体制，中国经济法制建设有了更加明确的方向，从此我国经济法的建设进入了大发展时期。

中国经济法尽管历史不长，但其发展却为世人所瞩目。

二、经济法产生的根本原因

1. 经济法产生的经济根源

自然经济时代和简单商品经济时期虽然需要有调整经济关系的法律，但这并非真正意义上的经济法。只有在市场经济条件下，经济法才能产生、实行和发展。

首先我们看到，经济法是市场经济的产物。

在市场经济条件下，单个的市场主体对自身经济利益最大化的追求，无形中造成了对社会整体经济合理性的忽视，导致了对自由竞争秩序的破坏，阻碍了市场的健康运转。也就是说，市场在塑造了竞争的同时又塑造了竞争的对立面(垄断)，却无法由市场依靠自身的力量进行修正。到了自由资本主义末期和垄断资本主义初期，垄断组织迅速扩大，使市场经济所固有的竞争机制和自发调节功能失去了应有的效应，自由竞争的环境被破坏殆尽，资本主义私有制固有的根本矛盾和社会矛盾一起激化和爆发出来，这些都严重地威胁着资本主义的经济制度和政治制度。在这种情况下，必须借助一定的市场外在力量，才可能维持市场自身的协调发展。因此，资本主义国家不得不放弃对经济生活不加干预的政策，把“看得见的手”与“看不见的手”协调起来，即所谓的“看不见的手”失灵、“看得见的手”补充，开始实行国家干预和市场调节相结合的经济政策。

可以说，现代市场经济所设计的社会经济发展目标，必须依赖国家与市场在最佳程度上的合力才能完成。在市场全球化的今天，在形态迥异的时空领域，市场经济对国家政策力量的依赖越来越强烈，从而使社会经济关系呈现出新的特点，也为经济法的产生、发展提供了重要的客观经济条件。

同时我们看到，市场经济是经济法实行和发展的基础。

从市场经济的调整手段来分析，市场经济必须是法制经济。究其原因如下。

第一，市场经济是自主性的经济，这就要求用法律承认和尊重市场主体的意志自主性。

第二，市场经济是主体地位平等的经济，需要法律确认当事人在地位上必须是平等的。

第三，市场经济是契约(合同)经济，而法律对合同的确认与保护是合同在市场经济中发生作用的前提。

第四，市场经济是竞争经济，法律是维护正当竞争的保障。

第五，市场经济是开放经济，包括统一、开放的国内市场和广阔的国际化市场，它必须有统一的调整手段和相应的规则。

2. 经济法产生的法律条件

法律是上层建筑的重要组成部分，其产生、发展、变迁都以社会经济基础为依托。在社会经济关系呈现新的特点时，如果现行法律规范未对其做出调整，或调整不能达到最优效果，就会产生对新的法律规制形式的内在渴求，这是法律自身发展的必然逻辑。经济法的产生也同样因循了这一客观规律。

首先，传统民商法存在的局限甚至是消极作用，为经济法的产生提供了客观环境。

竞争是商品经济发展的重要推动力，市场竞争要求正当竞争、公平竞争、平等竞争与合法竞争，但现实中却又必然出现背离诚实信用与商业道德的不正当竞争现象。传统的民商法调整平等主体之间的财产关系和人身关系，在对不正当竞争行为进行规范时，采取对

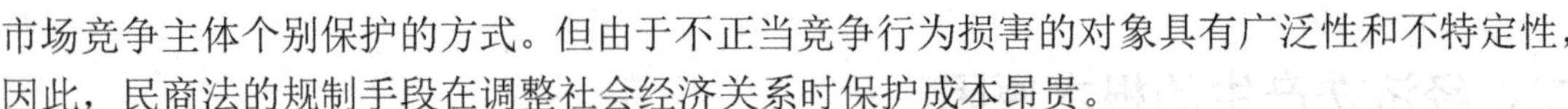

市场竞争主体个别保护的方式。但由于不正当竞争行为损害的对象具有广泛性和不特定性，因此，民商法的规制手段在调整社会经济关系时保护成本昂贵。

商品经济进入发达阶段后，市场的多样化自由竞争格局日益为市场垄断瓜分的模式所取代，垄断成为对竞争的另一种重要限制。由于在传统的商品市场中，垄断化是以所有权和契约为媒介而自由形成的，这并不受民法的谴责，但依效益、公平、自由和理性的价值标准判断，过度垄断和限制竞争行为是低效益和不公正的，它否定了自由竞争和经济民主，应当予以禁止和限制。因此，消除垄断成为商品经济秩序得以再度良性循环的关键。

其次，“无形之手”的失灵暴露出市场的缺陷，为国家介入经济生活提供了契机。

在自由资本主义时期，国家对经济运行采取不干预的政策，国家的任务是保障个人享有财产的绝对权利和缔结契约的自由权，经济生活完全由市场来调节；在立法上以个人主义和自由主义为宗旨，并由此形成了资产阶级的三大法律原则，即私有财产神圣不可侵犯、契约自由、权利平等原则。

然而，当市场“无形之手”无力调节其整体的无序状态时，其所崇尚的自由竞争和民主理念也受到压抑和摧残。国家便自然地站在宏观层面，立足于社会利益，使用“有形之手”，对市场不能自律的领域发挥调节作用。我们认为，有且只有国家能够担当调节市场的重任：从能力角度分析，国家作为丰富的经济资源、信息资源和政策资源的拥有者，有能力对整个国民经济的运行进行有效的调控；从利益角度分析，国家以社会利益为本位，高于市场主体的个人利益本位。

国家干预经济生活就是国家通过法律来调整特定的经济关系，规范市场主体和市场运行，如对竞争行为进行规范和限制，禁止和限制垄断行为。在立法原则和宗旨上也发生了变化：私有财产权不再被认为是一种无限制的绝对的权利，财产权应该为公共福利服务；契约自由不再是当事人意思的绝对自由，契约应不违反“善良风俗”“公共秩序”，并出现了大量的标准合约替代了当事人的自由协商。这样，作为对经济生活进行调控的有力武器，现代意义的经济法就产生了。

三、经济法的概念

1. 经济法概念的形成

大多数学者认为，“经济法”一词最早是由法国空想共产主义者摩莱里(Morelley)在1755年出版的《自然法典》一书中提出的。在该书第四篇，作者拟制了“合乎自然意图的法制蓝本”，其第二部分标题为“分配法或经济法”，共12条。所谓“分配法或经济法”，是指在作者所设想的未来理想公有制社会用以“调整自然产品或人工产品的分配”的法律规定。在这里，“经济法”自然还不是以现实生活为基础的科学概念，而只是一种唯理论的对于未来的主观构想。

“经济法”概念的真正始作俑者当推法国经济学家、政治家蒲鲁东(Proudhon)。1865年，他在《工人阶级的政治能力》一书中提出，法律应该通过“普遍和解”的途径解决社会生活的矛盾，为此需要改组社会，由“经济法”来构成新社会组织的基础。因为公法会造成政府过多地限制经济自由，私法则无法影响经济活动的全部结构，它们都无助于实现“普遍和解”的目标，故社会组织将建立在“作为政治法和民法之补充和必然结果的经济法”的基础上。可见，蒲氏所称“经济法”已反映出今日的经济法理念。

1906年创刊的《世界经济年鉴》中，德国学者莱特(Wright)使用了“经济法”一词，以此表示有关世界经济的各种法规。

现代经济法概念的形成，始于第一次世界大战前后的德国。当时德国颁布了一系列国家干预经济的法规，这些法规有一个共同而显著的特征，即国家对社会经济的干预、国家以自己为一方主体同其他社会主体发生权利义务关系。它突破了历来自由主义经济的自由放任原则，与确保个体自由的民法显著不同；同时，它也不同于传统的行政法，而重在影响和调节社会经济的结构和运行，促进社会经济协调、稳定地发展。

2. 经济法概念的多种定义

站在不同的角度，学者们对经济法给出了不同的定义。主要有以下几种。

(1) 国家协调论：经济法是调整在国家协调本国经济运行过程中发生的经济关系的法律规范的总称。

(2) 国家调节论：经济法是调整在国家调节社会经济过程中发生的各种社会关系，以保障国家调节，促进社会经济协调、稳定和发展的法律规范的总称。

(3) 国家干预论：经济法是国家为了克服市场调节的盲目性和局限性而制定的调整需要由政府干预的具有全局性和社会公共性的经济关系的法律规范的总称，或者简而言之，经济法是调整需要由国家干预的经济关系的法律规范的总称。它是一个独立的法律部门。

(4) 管理协作说：经济法是调整经济管理关系、规范协作关系、维护公平竞争关系的法律规范的总称。

(5) 社会公共性论：经济法是调整发生在政府、政府经济管理机关和经济组织、公民之间的以社会公共性为根本特征的经济管理关系的法律规范的总称。

(6) 行政管理说：经济法是指调整国家在调控社会经济运行、管理社会经济活动的过程中，在政府机关与市场主体之间发生的经济关系的法律规范的总称。

(7) 规制说：经济法是认可和规范政府干预或协调经济运行之法，即经济法是调整发生在经济运行过程中政府与市场主体之间的以社会公共性为根本特征的经济规制关系的法律规范的总称。

但所有概念都同意以下三点：①明确了市场经济的基本功能，即交换商品、实现价值、配置资源。②认同了政府在市场经济活动中的必要性，即“看得见的手”。③认定了经济法的地位和作用，正如美国经济学家布坎南(Buchanan)所言：“没有合适的法律和制度，市场就不会产生任何体现价值最大化意义上的效率。”

3. 本书采用的定义

经济法是调整需要由国家(政府)干预的经济关系的法律规范的总称。

我们之所以采用国家(政府)干预论作为本书的定义，是因为我们认为这个定义反映了经济法的本质：它是确认和规范国家(政府)干预经济的法——经济法是反映国家有关经济的意志，但不同于调整一定经济关系的行政法，后者属于国家命令；经济法能体现国家管理经济的职能，即保障社会整体利益、社会关系和社会秩序；同时，经济法最能体现国家干预或协调的特点，不同于民法的意思自治的特点。这个定义充分诠释了经济法的法律属性、经济属性和社会属性。

【概念理解】

经 济 法

经济法的定义有三层含义：第一，经济法是以法律为手段进行“调整”，即调节、整理、理顺；第二，经济法的调整对象是“经济关系”，即特定的经济活动产生的关系，而不是政治、文化科技活动产生的关系；第三，经济法是所有此类法律规范的“总称”，是法律、法规、规章等的总和。

四、经济法的调整对象

所谓经济法的调整对象，即经济法所调整的社会关系。

经济法的调整对象同经济法的概念紧密相连。经济法的概念是向人们描述经济法是什么，而经济法的调整对象则构成了描述经济法的最基本的要件。没有清晰的经济法的调整对象，就不能描绘清楚经济法。所以，认识经济法绝不能停留在经济法概念上，还必须充分揭示表述经济法概念的经济法调整对象。

同时，经济法的调整对象同经济法这个法律部门及其具体的法律也是紧密相连的。在社会经济生活中，人们建立了各种不同的社会关系，诸如平等民事主体之间的财产关系和人身关系、平等商事主体之间的商事关系、非平等主体之间的行政关系、具有社会性的经济管理关系等。这众多的社会关系，是由法律体系中的不同的法律部门分别调整的；换言之，不同的法律部门是以不同的具体的社会关系为各自的调整对象的。其中，经济法仅以具有社会公共性为根本特征的经济管理关系为其调整对象，而其具体的单行法也都有着法定的适用范围。

由此可见，对经济法调整对象的理解十分重要。

中国经济法的调整对象体现了中国市场经济的目标，是指为实现市场机制和宏观调控的有机结合，维护社会整体利益，在经济管理和经济协作过程中形成的社会关系。具体地说，中国经济法的调整对象包括以下四个方面的社会关系。

1. 国民经济管理关系

国民经济管理关系即宏观经济调控关系，它是指各级国家机关之间，国家机关与经济组织、公民之间在国民经济管理活动中产生的经济关系。

国民经济管理关系主要包括金融管理关系、财政税收管理关系、自然资源管理关系、产业结构关系、计划调控关系、价格调控关系等。这些关系有着共同的特点：它是一种主动管理关系，这种管理关系并不针对特定的违法行为。

2. 市场管理关系

市场管理关系是指国家对市场主体的成立和市场主体的市场行为两方面的管理引起的经济关系。

其主要种类有市场主体管理关系、经济协作关系、市场职能管理关系、不正当竞争规制关系、消费者权益保护关系等。其特点是：它是一种被动管理关系，它是一种经常性的秩序管理关系。

3. 微观经济调控关系

微观经济调控关系包含国家对经济组织本身的调控关系和市场主体对组织体自身的内部管理关系。

其主要种类有经济监督关系、企业分工协作关系等。其特点是：它是一种主动管理关系，它是一种随机性的秩序管理关系。

4. 社会保障关系

社会保障关系是指以国家为主体，对劳动者和其他社会成员进行社会保障形成的经济关系。

其主要种类有社会保险关系、社会福利关系、优抚安置关系、社会救济关系等。其特点是：它是一种主动(危机)管理关系，它是一种基础管理关系。

【知识拓展】

经济法调整对象的其他分类

按调整对象的主体双方地位可划分为两类：①经济管理关系，是指国家机关、经济组织、事业单位以及经济组织的内部组织在经济管理过程中发生的经济关系。它是以领导与被领导、命令与服从为特征的。②经济协作关系，是指人们在经济协作过程中发生的经济关系。其特点是平等互利、自愿有偿，以民商事关系为主。经济管理关系和经济协作关系既相互区别又相互联系，由中国经济法统一地、综合地进行调整。

从管辖范围可分为两类：①国内经济关系。②涉外经济关系，其特点是“对外”的关系，其主要种类有对外贸易管理关系、外资管理关系等。

【课堂讨论】

政府的经济职能

甲地区，商业发达，为加快商品流通，政府鼓励自由竞争，从不干涉。

乙地区，工业发达，为保证资源合理利用，政府全面实行计划，避免竞争。

丙地区，农业发达，为稳定发展经济，政府进行指导和帮助。某时期，政府指导农民种植苹果：头两年，市场不明，农民自谋出路；第三年，果价猛涨，政府成立“专购办”，以低于市场价强行收购；第四年，果价猛跌，政府要求农民自力更生。

问题：政府如何进行宏观调控？

课 后 作 业

一、单项选择题

1. 经济法产生于(　　)。

   A. 法国　　B. 英国　　C. 德国　　D. 美国

2. “经济法”一词最早是由(　　)提出的。

   A. 法国空想共产主义者摩莱里

B. 法国经济学家、政治家蒲鲁东

C. 德国学者莱特

D. 德国学者赫德曼

3. 1919年，(　　)颁布了世界上第一部以经济法命名的法规——《煤炭经济法》，确立了国家有权对社会经济生活进行干预的原则。

A. 美国　　B. 日本　　C. 德国　　D. 英国

4. 经济法是(　　)的产物。

A. 自然经济　　B. 市场经济　　C. 计划经济　　D. 宏观调控

5. 从法理学上看，经济法成为一个独立法律部门的决定性因素是经济法有自己特定的(　　)。

A. 调整手段　　B. 调整对象　　C. 立法程序　　D. 主体范围

二、多项选择题

1. 法律的特征有(　　)。

A. 法律具有普遍规范性　　B. 法律具有国家意志性

C. 法律具有国家强制性　　D. 法律具有国家干预性

2. 一种社会关系要上升为法律关系，必须具备的条件是(　　)。

A. 该社会关系是广义上的社会关系，具有意志内容，是一种意志关系

B. 该社会关系是受法律规范调整的社会关系

C. 该社会关系是以权利与义务为内容的社会关系

D. 该社会关系是由国家强制力保证实施的社会关系，是一种带强制性和约束性的社会关系

3. 经济法的调整对象包括(　　)。

A. 人身关系　　B. 市场管理关系

C. 宏观经济调控关系　　D. 婚姻关系

4. 经济法的特征是(　　)。

A. 调整对象特定　　B. 内容具有综合性和专业性

C. 表现形式具有多样性　　D. 调整方法表现出多样性

5. 中国经济法的调整对象包括的社会关系有(　　)。

A. 国民经济管理关系　　B. 市场管理关系

C. 微观经济调控关系　　D. 社会保障关系

三、判断题

1. 美国1914年颁布的《克莱顿法》和《联邦贸易委员会法》是现代经济法诞生的标志。　(　　)

2. 最先将“经济法”这一术语运用到实际的立法中的国家是美国。　(　　)

3. 20世纪80年代以后经济立法的一个重要方面是国有资产私有化的立法。　(　　)

4. 市场经济越落后，国家干预的作用就越大，而且采用的方式越带强制性。　(　　)

5. 经济法不是一个独立的部门法。　(　　)

四、简答题

简述经济法产生的根本原因。

第二节　经济法体系

【知识链接】

一、法的效力

法的效力，即法律的约束力，是指人们应当按照法律规定的那样行为，必须服从。

每个具体的法律都有其具体的生效范围或适用范围，即该法律对什么人、什么事、在什么地方和什么时间有约束力。经济法也不例外。

同时，法的效力是具有层次的。根据我国《立法法》的有关规定，我国法的效力层次可以概括为以下几点：①上位法的效力高于下位法。即规范性法律文件的效力层次取决于其制定主体的法律地位。②在同一位阶的法律之间，特别法优于一般法。即对同一事项，两种法律都有规定时，特别法比一般法优先，优先适用特别法。③在同一位阶的法律之间，新法优于旧法。

二、法律原则与法律规则

法律规范就是指国家通过制定或认可的方式形成法律规则和法律原则来调整人们行为的规范。法律规则和法律原则共同构成法律规范。

1. 法律原则的概念和特征

法律原则是为法律规则提供某种基础或根源的综合性的、指导性的价值准则或规范。

其特征如下：①宏观指导性，即只对行为或裁判设定一些概括性的要求或标准，并不直接告诉应当如何实现或满足这些要求或标准。②结构简单化，法律原则大都是陈述性的命题，一般不设立具体权利与义务。③覆盖面大，法律原则是法律诉讼、法律程序和法律裁决的确认规范。④稳定性强，法律原则是法律的核心内容、法的“灵魂”。

法律原则根据不同的标准可以分为公理性原则和政策性原则、基本原则和具体原则、实体性原则和程序性原则等。其中，基本原则是指贯穿于某类法律关系之中，作为此类法律的精髓，指导此类法律的制定、修改、废除并指导其实施的基本准则或原理。

2. 法律规则的概念

法律规则是采取一定的结构形式具体规定人们的法律权利、法律义务以及相应的法律后果的行为规范。

一、中国经济法的地位

1. 中国经济法是一个独立的法律部门

在中国的法律体系中，经济法是一个重要的、独立的法律部门。

判断一个法域是不是独立的法律部门，关键是看它有没有自己独特的调整对象。随着经济体制改革的进一步深化，特别是社会主义市场经济体制作为经济体制改革目标，“管理”从“混沌”状态走向“多元”，即从一元管理分化为所有者的管理、社会公共管理和行政管理，相应的社会关系也变得性质各异。加之相关法律部门的发展，经济法有了区别于其他法律部门的、以社会公共性为根本特征的经济管理关系作为自己的调整对象。

可见，经济法作为一个独立的法律部门，不仅与其他法律部门并存于中国的法律体系中，而且还在更高的层次上对经济生活进行法律调整，以保障国民经济协调、快速、有序、健康地运行。

2. 中国经济法是一个重要的法律部门

经济法是确认和实行社会整体调节机制的重要法律部门。

市场经济的调节机制有多种。如果略去行政调节机制不论，当前市场经济的调节机制主要有以下三种。

一是个体自我调节机制：依赖于民事主体的单个或多个的意思表示、行为和自我约束，适用于平等民事主体之间，采用民法的形式。

二是营利的自我调节机制：依赖于商事主体的意思表示、行为和自我约束，适用于平等商事主体之间，采用商法的形式。

这两种调节机制，在本质上具有一致性，有着紧密的联系。

三是社会整体调节机制：与前两者相区别，它不依靠平等主体的意思表示，而是依赖于社会公共管理。其中，经济法发挥的正是社会整体调节机制的作用，并有着不可替代性。

3. 中国经济法和诸法的关系

1) 经济法与宪法

宪法是国家的根本大法，而经济法是次于宪法的基本法，两者是根本法和基本法的关系。宪法是经济法的根据，前者决定着后者；后者依据前者，是前者某些经济制度的具体化，并不得与前者相抵触。在两者的关系中，宪法总是处于主导地位，并对经济法有重大影响。

如宪法第十五条规定，“国家实行社会主义市场经济。国家加强经济立法，完善宏观调控”，确认了经济法的存在；宪法第一条第二款规定，“社会主义制度是中华人民共和国的根本制度”，这一规定确认了我国经济法的社会主义性质；宪法有关国家对经济实施社会公共管理的规定(如第六条、第十一条、第十五条、第十六条、第十七条等)，在最基本的方面决定了经济法的内容，为经济法的内容和其发展提供了基础。

2) 经济法与民法

经济法和民法同为建立和维护社会主义市场经济秩序的基本法。民法是调整私关系的一般法，它确认民事主体的自由和权利，这是社会主义市场经济发展的基础。经济法调整社会公共管理关系，反对滥用权利，强调竞争的自由与公平的统一。

但是，两者之间又有明显的区别：民法，调整平等主体之间的财产关系和人身关系，注重主体的个别利益的实现；经济法，调整以社会公共性为根本特征的经济管理关系，强调社会公共利益的实现。并且，经济法的规定往往是对不当行使民事权利的干预与纠正。

3) 经济法与商法

经济法和商法都是规范有关企业经济活动的法域。商法是关于企业的法；经济法是对经济生活的适度干预，归根结底也是对企业经济活动的外部干预。同时，经济法调整社会经济生活须借助国家公权力，因而基本上是以公法性质为主；商法虽在总体上属于私法的性质，但它一方面保护其企业的权利，另一方面又要运用国家公权力对企业进行监督，因而又带有某种公法的性质。

经济法和商法有着重大的差别。首先，两者作用的领域不同。商法仅调整商事关系即企业经营关系，经济法则只调整政府干预企业经济活动而发生的经济管理关系。其次，商法采用自我调节机制和营利的自我调节机制，强调意思自治，当事人地位平等；经济法则采用社会整体调节机制，注重通过调整社会公共管理关系来确认和规范政府的适度干预。最后，商法侧重于创造商事主体实现其利益的共同性条件；经济法则侧重于创造商事主体公平竞争的一般性条件，旨在建立公平竞争的秩序。因此，商法和经济法实为两个法律部门。

4) 经济法与行政法

经济法和行政法对社会经济关系的调整均需要借助国家公权力，因而在某些性质上是相同的。如行政法具有政策性、公定力；而经济法也具有经济政策性，必须适应调整多变的社会经济生活的需要，所以经济法的变动性较其他法律部门强；经济行政机关依照经济法作出的决定具有公定力。

但是，两者之间又有明显的区别。一是调整对象不同。经济法的调整对象是以社会公共性为根本特征的经济管理关系，行政法的调整对象是行政关系而不必强调社会公共性。二是两者的利益保护结构不同。经济法首要实现的利益目标是社会公共利益，行政法首要实现的利益目标是国家利益。三是经济法中的管理主体虽也和行政法的主体一样有国家行政机关，但它还有国家机关以外的社会经济团体(如自律组织等)。

5) 经济法与劳动法、环境法、诉讼法的关系

经济法侧重于宏观劳动政策的规定，劳动法则侧重于微观领域的劳动关系的处理和劳动管理的规定。

经济法侧重于对自然资源和能源开发、利用宏观方面的规划和配置；环境法则侧重于经济发展对环境所造成的影响和各种具体环境保护法律制度。

国家经济调节和管理活动中发生的争议和违法犯罪行为须通过诉讼程序处理。

6) 经济法与国际经济法

经济法相当于一国的国家调节与国际调节的关系，即国内经济法应当考虑国际经济法的规定，并尽量同其协调一致；而国际经济法也应当考虑和尊重各国经济法的规定。

综上所述，从经济法在法律体系中的地位看，经济法是一个独立的法律部门，具有独特性；它是国家领导、组织和管理国民经济的有力工具，具有经济性；它是确认和实行社会整体调节机制的重要法律部门，具有主动性。

【小资料】

当代中国的法律部门

当代中国的法律体系通常包括以下几个部门：宪法、行政法、刑法、民法、商法、经济法、劳动法与社会保障法、自然资源与环境保护法、诉讼法等。

二、中国经济法的体系

1. 中国经济法的体系界定

根据中国经济法的现行理论，我们按照法律部门考察经济法的体系，发现有以下不同

的观点。

(1) 由于市场经济需要所有的法律部门共同来规范，所以经济法的体系是整个现行的法律体系。本书认为，这种观点属于广义的理解，过于宏观，没有科学地处理好同其他法学学科的关系，无法说明经济法的内涵。

(2) 如果仅仅从经济法的本质考虑，经济法的体系是现行法律体系中国家干预经济的部分法律，由竞争法、消费者法、商业银行法、证券法、财税法、土地法和房地产法、环境与自然资源法等具体法律组成。本书认为，这种观点属于狭义的理解，体现了经济法的本质，将经济法的调整范围作了一定的限定，但由于内容过于狭窄，割裂了与其他法学学科的联系，无法理解经济法的外延。

(3) 如果考虑同市场经济体制的建立和发展关系最密切的法律部门，经济法的体系是现行法律体系中直接调整经济关系的部分，由民法、商事法、经济法、劳动法、社会保障法等构成的集合体。本书认为，这种观点属于中义的理解，既体现了经济法的本质，又对经济法的调整范围作出了限定，是合乎理论与实践的“经济法体系”。

本书以第三种界定为基础向大家介绍经济法。

2. 中国经济法的主要制度

与调整对象、法律部门相适应，中国经济法的主要内容如下。

1) 市场主体法律制度

市场主体法律制度是经济法的重要内容，是中国经济法体系的重要组成部分。离开了市场主体，市场机制和宏观调控机制不能发挥任何作用，经济法的功能也就无法得到实现。

市场主体立法的最终目的和衡量标准，应当是提高企业和资本的运作效率，促进国民经济的发展。因此，中国的立法是从国情出发，充分考察我国的经济发展状况和国民的法律文化基础，在不同的历史阶段制定了不同的标准。在改革开放初期，我国以所有制作为企业法律形态分类和立法的主要标准；现在，随着改革开放的深化，企业法律形态分类和立法是以企业的组织形态和投资者的责任形式为标准的。

中国目前的市场主体法律制度主要包括公司法律制度、合伙企业法律制度、个人独资企业法律制度等。

2) 宏观调控法律制度

宏观调控法律制度是宏观调控法制化的要求，是中国经济法的重要组成部分。从一定意义上讲，市场机制与宏观调控的紧密结合是现代市场经济的突出特点之一，市场机制有着自身不可克服的固有缺陷，这就决定了对经济生活进行宏观调控的必要性。

在以往的计划经济体制下，由于中国长期以来习惯于运用经济政策和行政手段，而不重视运用法律手段来进行宏观调控，所以，宏观调控方面的法律、法规极为有限。改革开放以来，特别是实行市场经济体制以来，中国日益重视运用法律手段来完善宏观经济调控，几十年来，在对原有法律、法规进行调整、修改的基础上，还制定了很多宏观调控方面的法律、法规，以保障经济民主与自由，维护市场机制正常运行，促进社会整体利益的实现与经济的协调发展。

当前的宏观调控法律制度主要包括计划和统计法律制度、固定资产法律制度、税收法律制度、银行法律制度、价格法律制度以及自然资源和能源法律制度等。

3) 市场规制法律制度

市场有序化是充分发挥市场机制作用的前提，而要维护市场经济秩序，必须加强对市场的管理，特别是要用法律手段强化对市场秩序的监督，规范市场主体的行为。这是市场经济得以健康、快速发展的前提条件之一。

现行的市场规制法律制度包括反不正当竞争法律制度、反垄断法律制度、证券法律制度、产品质量法律制度、消费者权益保护法律制度和房地产法律制度等。

4) 社会保障法律制度

社会保障法律制度是调整以国家和社会为主体，为了保证有困难的劳动者和其他社会成员以及特殊社会群体成员的基本生活并逐步提高其生活质量而发生的社会关系的法律规范的总称。

现有的社会保障法律制度包括社会保险法律制度、社会福利法律制度、优抚安置法律制度和社会救济法律制度等。

三、经济法的基本原则

经济法的基本原则是指在经济法的立法和具体适用中所应当遵循的综合性、稳定性的原则和准则。它是经济法精神和价值的反映，是经济法宗旨和本质的具体体现，对经济立法、经济执法、经济司法、经济守法都具有指导或规制作用。经济法主要有以下几个原则。

1. 国家干预适度原则

国家干预适度原则突出地体现了经济法的本质特征，要求国家对经济生活的干预(包括干预、参与、管理、协调等)应当做到“适度”。

何为“适度”？一方面要求国家不能像过去那样对经济生活进行过多的干预，另一方面也要求国家不能放弃对经济生活的干预，即国家在多大程度上、用什么手段以及遵循什么原则对社会经济生活进行干预是经济法的至关重要的问题。如前所述，由于市场本身存在的缺陷和历史原因，自由资本主义时期“守夜人”对经济生活的消极保护，放任了垄断现象的产生和经济危机的加深；垄断资本主义时期国家作为干预者和调控者对社会经济生活进行全面干预，往往又容易导致对经济自由的限制；我国传统计划经济体制对经济生活统得过多、管得过死，抑制了个体自由，阻碍了生产力的发展；现在，在市场经济和社会化大生产条件下，国家干预经济已成为经济发展的客观需要。国家以经济法作为依据对社会经济进行的适度干预，使国家干预经济的范围以及手段都依据法律明确的规定，把宏观调控与市场机制结合起来，以保持经济总量平衡，抑制通货膨胀，促进经济结构优化，实现经济健康、快速、稳定增长。

进一步理解，我们认为“干预适度”起码应当符合以下两个具体原则。

(1) 违法行为法定原则，即违法(犯罪)行为由法律明示。在计划经济体制下，经营主体可以实施行为的范围由政策、命令作出规定，超出规定范围的，则不被允许；在市场经济体制下，由于市场瞬息万变，市场经营主体可随时作出经营决策，并要求实施某种经营行为，而且市场经营主体可实施的行为无法列举，因此，由法律明文规定经营主体不被允许的行为即可，而法律未明文规定禁止的行为，都应该视为合法行为，法人和自然人均可以实施。或言之，就法律角度而言，在法无明文禁止的情况下，市场经营主体可以充分自由地进行经营。

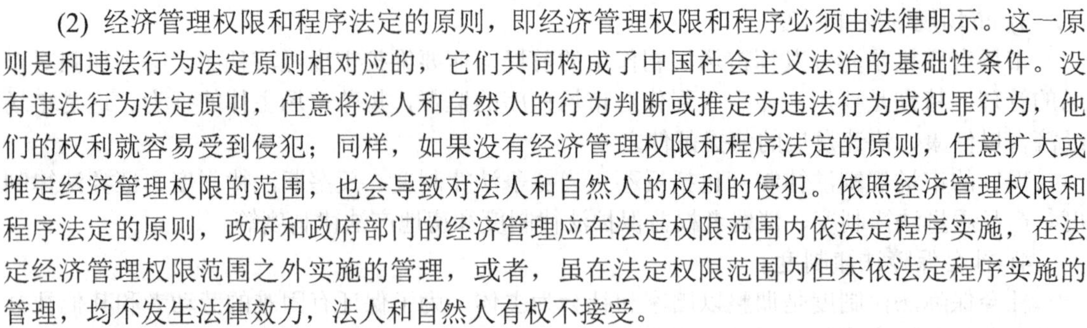

(2) 经济管理权限和程序法定的原则，即经济管理权限和程序必须由法律明示。这一原则是和违法行为法定原则相对应的，它们共同构成了中国社会主义法治的基础性条件。没有违法行为法定原则，任意将法人和自然人的行为判断或推定为违法行为或犯罪行为，他们的权利就容易受到侵犯；同样，如果没有经济管理权限和程序法定的原则，任意扩大或推定经济管理权限的范围，也会导致对法人和自然人的权利的侵犯。依照经济管理权限和程序法定的原则，政府和政府部门的经济管理应在法定权限范围内依法定程序实施，在法定经济管理权限范围之外实施的管理，或者，虽在法定权限范围内但未依法定程序实施的管理，均不发生法律效力，法人和自然人有权不接受。

2. 维护公平竞争原则

维护公平竞争原则是经济法反映现代市场经济内在要求和理念的一项核心的、基础性的原则。

公平是许多法律部门的重要原则，但作为经济法的基本原则，它的内涵不同于其他法律部门。以传统民商法为例，它以个人权利为本位，体现和追求的是形式公平；它崇尚契约自由、当事人意思自治，对当事人的经济实力强弱在所不问；但民商法规则局限于微观经济领域，因而无法解决垄断、外部效应、分配不公、公共物品缺乏、宏观经济总量失衡以及国民经济长期协调发展等宏观经济领域的问题。而经济法首先注重的是“机会均等”，即作为市场竞争秩序的维护者，它所建立和维护的是公平竞争秩序，将进入市场和竞争的机会给每一个经营主体，既不为某个市场经营主体在竞争中获胜创造特别优越的条件，也不特别给某个市场经营主体制造障碍使其在竞争中失败；当然，经济法更不会允许某个市场经营主体独占机会。同时，在形式公平的基础上，经济法还担负起注重全社会的实质公平的任务。它通过形式上看似不平等的权利与义务的设置，来达到事实上双方实力与利益的大致平衡，从而达到一种结果上的公平；虽然有时在局部的具体关系中显得不平等、不公平，但从社会整体来看，经济效益达到了最大化，从而也达到了结果的公平，这种公平便是全社会的公平。可见，经济法的“公平”是基于其调整对象的社会公共性，这种侧重使维护公平竞争原则成为经济法的核心原则，同时成为区别于其他法律部门的一个重要标志。

在西方国家，反垄断法被称为“经济宪法”“市场经济的大宪章”，这充分说明了维护公平竞争原则是西方经济法的根本原则。在中国经济法中，维护公平竞争的要求不仅直接体现在竞争法、反垄断法和反不正当竞争法中，同时也体现在经济法的各项制度里，诸如发展计划、产业政策、财政税收、金融外汇、企业组织等制度中，而且在具体的法律适用时，都充分考虑公平竞争的问题，成为我国经济立法和执法的重要依据。

3. 维护公共利益原则

经济法调整对象具有社会公共性，因此，致力于维护社会公共利益，是经济法最鲜明的特征。

在市场经济中，主体的合法权益都受到法律的保护，但这并不等于“绝对权利”。市场主体在按照自己的意志自由地行使权利时，必须遵守法律、尊重社会的公序良俗，不得损害社会公共利益、损害他人合法利益，不得破坏国家经济计划、扰乱社会经济秩序。

进一步理解，我们认为“维护公共利益”起码应当符合以下两个具体原则。

(1) 维护社会正义的原则。市场活动本身是一个潜伏着各种风险的领域，总是会有损失、失败和破产，而参加者会滋生一种作伪、欺诈、违约和规避法律的倾向。因此，经济法应

致力于维护社会正义，维护市场道德秩序，不允许有任何假冒伪劣、坑蒙拐骗、巧取豪夺、恃强凌弱、寡廉鲜耻、为富不仁等行为的存在。

(2) 保护弱者的原则。在现代市场经济条件下，一方面是现代化的大公司、大企业，它们拥有强大的经济实力，在市场活动中居于优势地位；另一方面是广大消费者、劳动者，他们以分散的个体出现，经济实力微弱，在市场活动中最容易受到伤害，成为牺牲者。这就要求经济法体现保护弱者的原则，要求国家从立法、司法、行政、教育等各方面担负起保护消费者和劳动者的责任。

四、中国经济法的作用

西方国家的现代市场经济有充分发展的市场经济作为基础，是由自由放任转向国家干预，在法律上表现为私法公法化的过程。而中国的市场经济是以公有制为基础的市场经济，是由高度计划、高度集权到权力下放，一方面通过放活微观经济以形成受价值规律支配的市场调节机制，另一方面通过转变政府职能以形成间接控制为主的国家调控机制，这在法律上表现为公法私法化的过程。

所以，中国经济法需要解决西方国家经济法不曾探讨过的许多新问题；需要明确符合中国国情的市场经济目标、原则、范围及措施，从而保护经济体制改革已取得的成果，维护已确立的新经济秩序；需要满足客观经济规律要求，进一步保障和推进经济发展目标的实现。具体地讲，中国经济法在当前市场经济条件下的作用主要体现在以下几个方面。

1. 健全市场体系

市场是市场经济存在和运行的空间和形式，是市场机制赖以发挥作用的基础。因此，要建立市场经济体制，加快国民经济市场化进程，就必须通过经济立法发展各类市场，特别是资本市场、劳动力市场、技术市场等生产要素市场，完善生产要素价格形成机制。通过经济立法可以改革流通体制，健全市场规则，清除市场障碍，打破地区封锁和部门垄断，最终形成统一开放、竞争有序的市场体系，充分发挥市场对资源配置的基础作用。

经济法有助于培育完善、统一、开放的市场体系。

2. 培育市场主体

没有真正充满活力的企业和其他经济组织，就没有真正发达的市场，所以说，活跃的市场主体是一切发达市场经济的必要条件和重要特点。企业和其他经济组织是构成市场的基本细胞。作为经济法一个重要组成部分的市场主体法，通过对主体的设立、组织机构、运营等方面的规范，确立了各种企业和经济组织的法律地位，并对各种主体的内部和外部权利、义务关系作出一定的规范，保证市场主体的规范化，从而保障经济活动的正常运行。

经济法有利于培育合格的、活跃的市场主体，从而奠定发展市场经济的微观基础。

3. 保证宏观调控

从经济法自身的功能或职能看，它调整的经济活动是经过选择的，并不是所有的经济活动都进行调整。在市场经济体制下，政府不能对企业和其他经济组织的生产经营活动进行直接的干预和控制，而必须使市场机制成为基础性的调节机制。但从宏观上，特别是为保持经济总量平衡、抑制通货膨胀、促进重大经济结构优化、实现经济稳定增长，则需要

由国家调节经济的运行，包括政府随时对市场发展方向、产业政策、市场主体行为等方面进行监测，在必要时通过计划、财政、金融、税收、物价等经济手段对国民经济进行调控，甚至在特殊情况下进行适当干预，引导市场经济健康发展。

经济法有助于保证国家对市场经济的宏观调控，即将市场机制和宏观调控有机结合起来，“国家调节市场，市场引导企业”。同时，经济法还对政府行为进行了一定的限制和约束，保证政府不会滥用经济权力对国民经济进行过度干预。

4. 有效监控运行

在市场经济条件下，由于赋予了市场主体充分的自由，市场主体活跃起来，在市场运行中有了生产经营的积极性和自主性。但在物质利益的驱使下，市场主体有可能作出各种不正当行为，如垄断行为、不正当竞争行为、损害公益行为、欺诈行为等，就必须制定和贯彻反垄断法、反不正当竞争法、产品质量法、市场管理法等，规范市场行为，有效管理市场，保护公平竞争。

经济法有利于对市场经济的运行进行有效的管理，使市场管而不死，活而不乱，繁荣有序。

5. 推动科技进步

科学技术才是第一生产力，发达的市场经济要以先进的科学技术为基础。振兴经济首先要振兴企业，要提高企业经济效益就要发展企业核心竞争力。因此，推动科技进步、完善科技与经济有效结合的机制、加速科技成果向现实生产力的转化，就需要不断完善保护知识产权的法律制度，使专利法、科技进步法、科技成果转化促进法等法律、法规为科技进步及其向生产力的转化、向商品的转化提供法律手段。

经济法有助于推动科学技术的进步和应用。

6. 保障开放合作

当代的世界已经进入了经济全球化的时代，而坚持和完善对外开放、积极参与国际经济合作和竞争是中国特色社会主义市场经济的一个基本目标和基本政策。我国自 20 世纪 80 年代以来，制定了大量的涉外经济法律、法规，为利用外国资金、资源、技术和管理经验，为开拓国际市场和建立符合国际贸易规范的新型外贸体制提供了法律保障。

经济法有助于保障进一步扩大对外开放，加强国际经济技术合作。

总之，充分发挥经济法的作用，既是发展市场经济的迫切要求，也是建设法治中国必不可少的重要条件。

【课堂讨论】

公平的含义

公平可以分为形式公平与实质公平。

形式公平指的是同样的人受到同样的对待，即机会均等和法律地位平等。从经济上说，经济机会均等是针对经营主体的竞争关系而言的，是指经营主体进入市场并进行平等竞争的机会均等；经济地位平等是指市场经营主体竞争的条件相同，如经营主体的税负平等，取得资金、资源的条件相同等。

实质公平指的是结果公平，因每个人的禀赋、能力、社会地位、经济实力在实际生活中存在先天差异，于是通过形式上的不平等对待来达到最终结果的公平。

问题：联系实际，谈谈你对公平的理解。

课后作业

一、单项选择题

1. 法律原则是为法律规则提供某种基础或根源的综合性的、指导性的(　　)。
   A. 价值标准　B. 规范　C. 行为准则　D. 价值观
2. 下列说法正确的是(　　)。
   A. 在美国，同样存在“经济法”这个概念和部门
   B. 在中国，经济法至今没有被认为是一个独立的法律部门
   C. 经济法是一个独立的法律部门，但其调整对象与商法相同
   D. 在中国，大多数法学家认为“经济法”已成为一个独立的法律部门
3. 下列关于经济法概念的说法错误的是(　　)。
   A. 经济法不等同于与经济有关的法律
   B. 经济法属于部门法的概念
   C. 经济法就是与经济有关的法律
   D. 商法是不同于经济法的法律部门
4. 经济法是社会法，它以(　　)为最高准则。
   A. 社会整体利益　B. 社会个体利益　C. 企业利益　D. 政府利益
5. 实质公平指的是(　　)。
   A. 机会均等　B. 法律地位平等　C. 结果公平　D. 形式公平

二、多项选择题

1. 我国法的效力层次可以概括为(　　)。
   A. 上位法的效力高于下位法
   B. 在同一位阶的法律之间，特别法优于一般法
   C. 特别法优于一般法
   D. 在同一位阶的法律之间，新法优于旧法
2. 经济法的基本原则有(　　)。
   A. 国家干预适度原则　B. 保护弱者的原则
   C. 维护公平竞争原则　D. 违法行为法定原则
3. 中国目前的市场主体法律制度主要包括：(　　)。
   A. 公司法律制度　B. 合伙企业法律制度
   C. 个人独资企业法律制度　D. 银行法律制度
4. 经济法的渊源有(　　)。
   A. 宪法　B. 法律
   C. 地方性法规　D. 国务院有关部、委、局发布的规章和命令

5. 中国经济法的作用包括(　　)。

A. 健全市场体系　　B. 培育市场主体
C. 保证宏观调控　　D. 有效监控运行

三、判断题

1. 经济法是“以私为主，公私兼顾”的法。(　　)

2. 在组织管理型的流转和协作关系中，一方或双方当事人是国家机关或必须执行国家政策的企业，在合同内容中需要体现国家的政策或意志。(　　)

3. 经济法和民法都是商品经济的普通法，共同调整经济关系，并相互吸收和补充，共同促进商品经济关系的和谐发展。(　　)

4. 经济法的原则和商法的原则是一样的。(　　)

5. 经济法的权利重心为政治权利。(　　)

四、论述题

请论述经济法与商法之间的关系。

第三节　经济法律关系

【知识链接】

一、社会关系

社会关系是人们在社会交往中形成的各种联系和关系的总和；全部的社会关系的总和便构成一个特定的社会。社会关系的网络错综复杂，但它一般是以生产关系(物质关系)为基础、思想关系为延伸的。

社会关系可作多种分类：从社会关系的目的来划分，可分为政治关系、经济关系、文化关系、教育关系等；从社会关系规范化的手段和程度来划分，可分为道德关系、法律关系、宗教关系、宗(族)法关系等。

二、经济关系

经济关系是人类在物质生产过程中、各种经济活动中形成的人与人之间的关系，包括生产关系、交换关系、分配关系和消费关系等。

三、法律关系

法律关系是在法律规范调整社会关系的过程中所形成的人们之间的权利和义务关系。即用“法律”这种规范手段，对“社会关系”进行调整，从而形成“一定的”关系。

(1) 法律关系是体现国家意志性的社会关系。

法律关系主要体现国家的意志。虽然法律关系也可以体现一定的个人意志，如多数民事法律关系的产生需要参加者个人意思表示一致，但本质上，那些是“国家意志”已经赋予“个人”意思自治的权利。

(2) 法律关系是根据法律规范建立或调整的社会关系。

社会关系中有些领域是法律所调整的(如经济关系、行政管理关系等)，也有些是不属于法律调整或法律不宜调整的(如友谊关系、政党社团内部关系等)，而只有能够由法律调整的社会关系才能成为法律关系。针对这些社会关系，法律作出明文规定，形成法律规范，就

是这些法律关系产生的前提。尔后，人们按照法律的要求作出行为，使法律关系完全符合法律规范，使法律规范在这种关系中全部实现。

相应地，生活中有大量的事实关系，它们没有严格的合法形式，甚至是完全违背法律的，如非法同居关系、未经认可的收养关系、以规避法律为目的的契约关系、无效或失效的合同关系等，它们都是需要法律调整的关系。

(3) 法律关系是特定法律关系主体之间的权利和义务关系。

一、经济法律关系的确立

1. 经济法律关系的概念和特征

经济法律关系是指经济法主体在进行经济管理和经济活动过程中所形成的，由经济法加以确认的经济权利和经济义务的关系。其实简单地讲，就是丰富多彩的经济关系被经济法规范调整以后，即形成了经济法律关系。

经济法律关系的特征可以概括为以下几点。

(1) 经济法律关系反映了经济法主体的意志，首先是反映了国家在经济运行过程中，对经济运行规则的确立和宏观调控原则的意志；但是，现代市场经济是一种自由竞争的契约型经济，企业、消费者、社会组织的意志和利益也会反映到经济法律关系中来，也就是说，“在经济法律关系形成和实现的过程中，国家意志是主导的，但它和经济法律关系参与者的意志是相互联系的”。经济法律关系既是国家意志性在经济方面的体现，又是其他经济活动参加者意志的体现，是多种意志的综合反映。

(2) 经济法律关系是受经济法调整的关系，经济法规范是经济法律关系产生的前提和基础，没有经济法规范的存在，经济法律关系就成为无源之水；同时，也只有确立了合理的经济法规范，经济法主体的权利、义务才能实现和得到充分保障。

(3) 经济法律关系是经济方面的权利和义务关系，即人们在生产、交换、分配和消费等方面的权利和义务。

(4) 经济法律关系是由国家保护的经济关系，也是能为法律所调整的一种社会关系，人们必须按照经济法的要求来行为。经济法是国家在经济生活中体现国家强制力的规范。

2. 经济法律关系确立的含义

经济法律关系的确立，是指由经济法律规范所确认的，经济法主体之间的经济权利与经济义务关系在社会经济生活中的实际实现。

经济法律关系包括以下三种情况。

(1) 经济法律关系的产生是指经济法主体之间形成某种法律关系，设定某种经济权利与经济义务关系。

(2) 经济法律关系的变更，是指经济法主体使原有的经济法律关系在主体、客体或内容上发生改变。

(3) 经济法律关系的终止或消灭，是指经济法主体结束或用某种方式消灭原法律关系。

3. 经济法律关系确立的条件

经济法律关系的确立是有条件的，需要有法律事实的存在。

所谓法律事实，是指能够引起经济法律关系设立、变更与终止的客观情况。法律事实

可以依照其发生与当事人的意志有无关系，分为行为与事件两类。

1) 行为

行为是指当事人的有意识的活动。

以行为是否有意思表示为标准可划分为民事法律行为(又称表意行为)和事实行为(又称非表意行为)。民事法律行为是以意思表示为要素发生民事法律后果的行为，包括有效的民事法律行为、无效的民事法律行为、可撤销的民事法律行为、效力待定的民事法律行为等。而事实行为是指行为人不具有设立、变更或消灭民事法律关系的意图，但依照法律规定能引起民事法律后果的行为，包括无因管理行为、正当防卫行为、紧急避险行为及侵权行为、违约行为、遗失物的拾得行为、埋藏物的发现行为等。

2) 事件

事件(又称自然事实)是指与人的意志无关的、能够引起民事法律后果的客观现象。

事件包括自然事件(又称绝对事件)和社会事件(又称相对事件)。自然事件是自然现象引起的事实，如人的出生和死亡、时间的经过、自然灾害等；社会事件是社会现象引起的事实，它们虽由人的行为引起，但并不以当事人的意志为转移，如纵火引起的火灾、战争、罢工等。

总之，我们从动态上分析，正是在社会生活中人们不断地行为、不断地遭遇各种事件，从而引起经济法律关系不断地发生、变更或者消灭，才形成了丰富多彩的经济生活。

【知识拓展】

合法与违法行为

行为按其性质可分为合法行为和违法行为。

合法行为是符合法律规范的行为，包括经济管理行为、经济法律行为和经济司法行为。经济管理行为是指国家经济管理机关依法实施的、能够引起法律后果的行为，如工商企业设立登记等；经济法律行为是指经济法主体为了发生、变更或终止一定的法律关系，按照法律规定而实施的行为，如依法签订合同；经济司法行为是司法机关所为的行为，其中包括判决、裁定、调解等。

反之，违法行为是违反法律规定的行为或法律所禁止的行为。

4. 经济法律关系的构成要素

我们以静态的视角对经济法律关系进行理解，当任何一种具体的经济法律关系形成时，可以看到，它都由主体、客体、内容三个要素构成，且这三个要素是互相联系、缺一不可的。

经济法律关系的三个基本要素分别解决“谁”在参与经济法律关系的问题、解决参加者活动直接“利益”的问题、解决参加者“权利和义务”的问题，从而形成完整的经济法律关系。

二、经济法律关系的主体

1. 经济法律关系主体的概念

经济法律关系的主体(又称经济法主体)是指享有经济权利、承担经济义务的当事人。

经济法主体必须具备一定的主体资格，即享受经济权利和承担经济义务的资格或能力。其资格的条件是由经济法所规定的，但一般的共同条件可以概括为三点：①以自己的名义独立活动；②须具有经济权利能力和经济行为能力；③须具有经济责任能力。

在一个经济法律关系中存在着两个或两个以上的主体，其中权利的享有者称为权利主体，义务的承担者称为义务主体。一般而言，各方主体既享有经济权利，又承担经济义务，具有权利主体和义务主体的双重身份；另外，由于经济法是管理和协作的对立统一，其主体也是平等主体(协作者之间)与不平等主体(管理者和被管理者之间)的统一体。

2. 经济法律关系的主要主体

根据经济法律关系主体参加经济活动的密切程度，我们认为主要主体分以下几种。

1) 国家机关

行使国家职能的各种机关，特别是直接行使国家经济管理职能的经济管理机关是经济法律关系的重要主体。

国家机关是行使国家职能的各种机关的通称，包括国家权力机关、国家行政机关、国家司法机关等。但作为经济法律关系主体的国家机关主要是指国家行政机关中的经济管理机关，它是人民政府的有机组成部分，代表国家行使经济管理权。

常见的经济管理机关有：宏观经济调控机关，如国家发展和改革委员会、财政部、中国人民银行等；专业(行业管理)经济管理机关，如交通运输部、农业部、水利部、工业和信息化部等；市场管理机关，如工商行政管理总局等；职能管理机关，如政府的标准化计量部门、产品质量监督管理部门等。

2) 经济组织

经济组织是指依法设立，以营利为目的从事经营活动，具有经济权利能力和经济行为能力的组织体。

其中，法人经济组织是独立的权利、义务主体，而营利法人更是经济法律关系中最为活跃、最为重要的主体。非法人经济组织依法取得营业执照、具有生产经营资格，也是经济法律关系中十分活跃的重要主体。它主要包括合伙企业、个人独资企业、合作社等。

3) 自然人

自然人作为经济法律关系的主体，其参与的经济法律关系领域也十分广泛，如自然人都是消费者，是经济生活中最主要的动力；自然人是个人所得税的纳税主体；自然人是公司或合伙企业的投资主体；自然人可以作为技术合同的当事人等。

3. 经济法律关系的其他主体

1) 国家

国家作为经济法律关系主体的地位比较特殊。在多数情况下由国家机关或国家授权的组织作为代表参加经济法律关系，只有在特殊情况下国家才直接以自己的名义出现。例如，在国际法上，国家作为主权者是国际公法关系的主体，但在外贸关系中可以作为债权人或债务人；又如，在国内法上，中华人民共和国是全民所有制财产(包括土地)所有权的唯一主体；再如，国家以经济法律关系的主体的身份发行国库券等。

2) 其他社会组织

其他社会组织主要是指事业单位和社会团体等，并包含了社会组织的内部组织。它们在特定的范围内才作为经济法律关系主体出现。

以社会经济团体为例，社会经济团体是指由符合特定范围或条件的成员所组成的、依其章程进行活动的社会团体法人组织。它们在实现其特定的经济性目的时才以经济法律关系主体的身份出现。

以企业的内部组织为例，企业内部组织虽无独立的法人地位，但在与有关人员根据经济法律规定参与企业内部的生产经营管理活动时，如实行内部承包经营责任制、实行内部独立经济核算等情况下，形成相应的经济法律关系，便具有经济法主体的地位。

3) 个体工商户、农村承包户等特殊的自然人

在中国，还有一类由自然人集合的特定主体：个体工商户是依法经核准登记从事工商业经营的经济法主体，包括个人经营的个体工商户和家庭经营的个体工商户两种；农村承包经营户是按照承包合同规定从事商品经营的农村集体经济组织的成员。这些主体可以参与在法律允许的范围内的经济法律关系。

4) 外国经营者等

外国经营者是指与我国进行经济技术合作和往来的外国公司、其他经济组织及个人。他们与我国有关经济管理机关发生经济管理关系，与中国公司、其他经济组织和个人发生经济协作关系。

另外，外国侨民和无国籍人也可以参与经济法律关系，但其范围是有限制的，以中国有关法律以及中国与有关国家签订的条约为依据。

三、经济法律关系的客体

1. 经济法律关系客体的概念

经济法律关系的客体是指经济法律关系主体权利和义务所指向的对象。

客体是确定权利义务关系性质和具体内容的依据，也是确定权利行使和义务履行的客观标准。如果没有客体，经济权利义务就失去了依附的目标和载体，也就不可能发生经济权利义务。因此，客体是经济法律关系不可缺少的要素之一。

2. 经济法律关系客体的种类

1) 物

物是经济法律关系中存在最广泛的客体。

物可以是天然物或生产物，可以是活动物或不活动物，可以是固定充当一般等价物的货币或有价证券等。但这个“物”是法律之物而非物理之物，物理属性的物成为法律属性的物有以下条件：第一，该物应为人类所认识和控制，人类不可认识和控制之物(如天体)不能成为法律关系客体。第二，该物应当具有经济价值，能够给人们带来某种物质利益。第三，该物须具有独立性，不可分离之物(如道路上的沥青、桥梁之构造物、房屋之门窗一般不能脱离主物)不能单独作为法律关系客体存在。第四，该物应得到法律的认可：在我国，大部分物都可以作为客体，但如海洋、山川、水流、空气等人类公共之物或国家专有之物，如黄金、白银等贵金属，如枪支、弹药等军事设施、武器，如毒品、假药、淫秽书籍等危害人类之物不得进入国内商品流通领域。

因此，我们认为作为法律关系客体的物是指能够为人类控制和支配，具有一定经济价值、可通过具体物质形态表现存在的物品。

2) 行为(或行为结果)

经济法律行为是经济法主体为达到一定经济目的，实现其权利和义务所进行的经济活动，包括经济管理行为、完成一定工作的行为和提供一定劳务的行为，其中既包含了行为过程，又包含了行为结果。

但主体根据不同的经济目的，对行为结果的要求会更实际。所谓行为结果，是义务主体完成其行为所产生的能够满足权利主体利益要求的结果。一般分为两种：一种是物化结果，即义务人的行为或劳动凝结于一定的物体，产生一定的物化产品或营建物，如房屋、道路、桥梁等；另一种是非物化结果，即义务人的行为没有转化为物化实体，而仅表现为一定的行为过程，直至终了，最后产生权利人所期望的结果或效果，如服务、精神享受、增长知识和能力等。

3) 智力成果

智力成果，又称精神财富、精神产品、无形财产，是指经济法主体从事智力劳动创造取得的成果，如科学发明、技术成果、艺术创作成果、学术论著等。

智力成果不同于人的主观精神活动本身，是精神活动的物化、固定化，是人类通过某种物体如书本、砖石、纸张、胶片、磁盘等记载下来并加以流传的思维成果。同时，智力成果不同于有体物，它属于非物质财富，其价值和利益在于物中所承载的信息、知识、技术、标识(符号)和其他精神文化；但在实践中，许多智力成果如商标、专利等也可以转化为物质财富。

4) 其他

还有如经济信息、人身及器官等，都可以作为经济法律关系的客体。

3. 经济法客体的具体分析

在研究具体的经济法律关系客体问题时，还必须看到，实际的经济法律关系多种多样；而多种多样的法律关系就有多种多样的客体，即使在同一经济法律关系中也有可能存在两个或两个以上的客体。例如买卖法律关系的客体不仅包括“货物”，而且也包括“货款”。

还有，在分析多向(复合)经济法律关系客体时，我们应当把这一经济法律关系分解成若干个单向经济法律关系，然后再逐一寻找它们的客体。多向(复合)经济法律关系之内的诸单向关系有主次之分，因此其客体也有主次之分，其中，主要客体决定着次要客体；次要客体补充说明主要客体。它们在多向(复合)经济法律关系中都是不可缺少的构成要素。

四、经济法律关系的内容

经济法律关系的内容是指经济法律关系主体享有的经济权利和承担的经济义务。

1. 权利和义务概述

权利和义务是一切法律规范、法律部门，甚至整个法律体系的核心内容。

1) 权利的概念

“权利”一词可以在不同的意义上使用，如“道德权利”“自然权利”“习惯权利”“法律权利”等。在这里，我们要讨论的是法律权利。

所谓法律权利，就是国家通过法律规定对法律关系主体可以自主决定作出某种行为的许可和保障手段。其特点在于以下几点：①权利的本质由法律规范所决定，得到国家的认

可和保障。当人们的权利受到侵犯时，国家应当通过制裁侵权行为以保证人们权利的实现。②权利是权利主体按照自己的愿望来决定是否实施的行为，因而权利具有一定程度的自主性。③权利是为了保护一定的利益所采取的法律手段。因此，权利与利益是紧密相连的。而通过权利所保护的利益并不总是本人的利益，也可能是他人的、集体的或国家的利益。④权利总是与义务人的义务相关联的。离开了义务，权利就不能得以保障。

如果具体分析一个完整的法律权利的结构，其内容实际上有以下三种权利要素。

一是自由权，即权利人可以自主决定作出一定行为的权利，不受他人干预。自由权是法律权利的核心，是其他权利要素存在的基础。

二是请求权，即权利人要求他人作出一定行为或不作出一定行为的权利。请求权是对人权，它始终与特定义务人的义务相联系，其内容范围就是义务人的义务范围。

三是诉权(胜诉权)，即权利人在自己的权利受到侵犯时，请求国家机关予以保护的权利。它是权利实现的根本保证。

自由权、请求权和诉权是紧密联系、不可分割的统一体，其中，自由权是基础，请求权是实体内容，诉权是保障手段。

2) 义务的概念

义务，一般在下列几种意义上使用：第一，它是指义务人必要行为的尺度(或范围)；第二，它是指人们必须履行一定作为或不作为的法律约束；第三，它是指人们实施某种行为的必要性。总之，义务是国家通过法律规定，对法律主体的行为的一种约束手段，是法律规定人们应当作出和不得作出某种行为的界限。

义务在结构上包括两个部分：第一，义务人必须根据权利的内容作出一定的行为，称为“作为义务”或“积极义务”；第二，义务人不得作出一定行为的义务，称为“不作为义务”或“消极义务”。

法律义务的履行是实现法律规范、保障法律权利的重要步骤。义务人履行义务是法的遵守(守法)的重要内容。而不履行义务就构成了对他人权利的侵犯，就是违法，须承担一定的法律责任。因此，法律义务不等同于法律责任，它是构成法律责任的法定前提条件。在一定意义上，法律责任就是因不履行义务(违法)而应承担的法律后果。

3) 权利和义务的关系

权利与义务相互依存。

权利和义务作为法的核心内容和要素，它们之间的连接方式和结构关系是非常复杂的。可以从以下角度来分析。

第一，从价值上看，权利和义务代表了不同的法律精神，它们在历史上受到重视的程度有所不同，因而两者在不同国家的法律体系中的地位是有主、次之分的。一般而言，在等级特权社会(如封建社会)，法律制度往往强调以义务为本位，权利处于次要的地位。而在民主法治社会，法律制度较为重视对个人权利的保护。此时，权利是第一性的，义务是第二性的，设定义务的目的是保障权利的实现。

第二，从结构上看，两者是紧密联系、不可分割的。诚如马克思所言：“没有无义务的权利，也没有无权利的义务。”它们的存在和发展都必须以另一方的存在和发展为条件。

第三，从数量上看，两者的总量是相等的。经济法主体享有经济权利的量与承担经济义务的量大体相当。

2. 经济权利

经济权利是指经济法主体在国家管理与协调社会主义市场经济运行过程中，依法具有的自己为或不为一定行为或者要求他人为或不为一定行为的资格。在不同的经济法律关系中，经济法主体享有不同的经济权利，主要有以下几种。

1) 经济职权

它是指国家机关及其工作人员在行使经济管理职能时依法享有的权利。经济职权是具有隶属性质的权利，具有一定的行政权力性质。按其权利内容可划分为规范性文件发布权、经济行政执法权、经济行政复议决定权等。

在国家机关及其工作人员依法行使经济职权时，其他经济法主体均应服从。经济职权对国家机关及其工作人员来说既是权利，又是义务，不得随意放弃或转让，否则便是违法。

2) 所有权

它是指所有人依法对自己所有的财产享有占有、使用、收益和处分的权利。所有权具有排他性、绝对性，一物只能附一所有权。所有权具有四项权能：占有权，指对财产的实际控制权利；使用权，指按照财产的性能与用途加以利用的权利；收益权，指获取财产所产生的利益的权利；处分权，指决定财产在事实上和法律上的权利。所有权的占有、使用、收益、处分四项权能可以在一定条件下与所有人分离，这种分离也是所有权人行使所有权的一种方式。

3) 经营管理权

它是指企业对所有人授予其经营管理的财产所享有的占有、使用和依法处分的权利，以及由此产生的对企业机构设置、人事、劳动等方面的管理权利。经营管理权是企业进行生产经营活动时所产生的权利，通常是由非财产所有者所享有和行使的权利。

4) 债权

它是指按照合同约定或法律规定在当事人之间产生的特定权利。债权是一种请求权，其义务主体是特定的。

5) 知识产权

知识产权包括专利权、商标权、著作权等，是智力成果的创造人依法所享有的权利和生产经营活动中标记所有人依法所享有权利的总称。

3. 经济义务

经济义务是指法定义务人应当依照经济权利人的要求作出一定行为或不作出一定行为，以满足权利人利益的责任。在不同的经济法律关系中，经济法主体承担不同的经济义务，主要有以下几种。

(1) 经济管理机关的主要义务：保护企业公平竞争与公正交易秩序的义务；尊重企业商法自治的义务；促成企业享受法定权力和利益的义务等。

(2) 经济组织对国家的主要义务：遵守国家法律；依法纳税；公平竞争等。

(3) 经济组织对平等主体的经济义务：主要是信守合同的义务。

(4) 经济组织对内部组织和成员的经济义务：如依法管理、全面履行劳动合同等义务。

五、经济法律关系的保护

经济法律关系的保护是通过法律手段确保经济法律关系主体的经济权利实现，确保经济义务得到履行，以保护主体的合法权益。

1. 经济法律关系保护的手段

1) 奖励

奖励是国家经济管理机关或其他单位依法对贯彻执行经济法、履行经济义务做出显著成绩的单位或个人采取的鼓励措施。奖励可分为物质奖励和精神奖励，两者可以单独使用，也可以同时使用。

2) 制裁

制裁是对不履行或不正确履行经济管理义务、经济协作义务和其他违反经济法的行为给予惩治和处罚。制裁可采用经济制裁、行政制裁和刑事制裁等多种形式。每种形式的制裁可以单独使用，也可以根据情况同时使用。

其中，经济制裁包括赔偿经济损失、偿付违约金、罚款、强制收购、没收非法所得等；行政制裁包括对企业和经济组织的通报批评、警告、限期停业整顿、吊销营业执照、撤销注册商标、吊销许可证书等，对国家行政机关的工作人员和经济组织的职工的批评、警告、记过、记大过、降级、降职、撤职、留用察看、开除等处理方法；刑事制裁包括所有对违反经济法并已触犯刑律的犯罪分子给予的刑事处罚。

2. 经济法律关系保护的监管机构

在我国，经济法律关系保护的监督管理机构有行政机关和司法机关。

这类行政机关主要有：经济组织的上级主管机关、工商行政管理机关、产品质量监督管理机关、专利管理机关、税务机关和审计机关等。它们对违反经济法的组织或自然人，依行政程序加以处理，以保护法律关系主体的合法权利。

司法机关主要是指人民法院和人民检察院。当事人间的经济纠纷，当事人不服经济管理机关处理决定，可向人民法院提起诉讼；人民检察院依法行使检察权，对触犯刑律的经济犯罪案件，就其直接责任人员向人民法院提起公诉。

【课堂讨论】

A 食品厂冒充某知名奶粉企业，生产假冒伪劣奶粉并且在市场上销售。这一行为被该知名企业发现，该知名企业遂投诉至有关政府管理部门。有关政府管理部门责令 A 食品厂登报道歉，要求其赔偿知名企业的经济损失，并且对其处以罚款。

问题：本案件中发生的主要法律关系是否属于经济法律关系？并说明理由。

课后作业

一、单项选择题

1. 经济法律关系中最为活跃、最为重要的主体是(　　)。

   A. 国家机关　　B. 营利法人　　C. 自然人　　D. 社会组织

2. 下列不属于经济法律关系客体的是(　　)。

   A. 事件　　B. 行为　　C. 物　　D. 智力成果

3. 凡是能够引起经济法律关系发生、变更和消灭的客观事物，在经济法学中即称为(　　)。

A. 法律规定　　B. 法律行为　　C. 法律活动　　D. 法律事实

4. 经济权利是由经济法律、法规所确认的一种(　　)。

A. 资格　　B. 责任　　C. 利益　　D. 行为

5. 享有经济职权的经济法主体是(　　)。

A. 公司股东会　　B. 企业组织　　C. 事业单位　　D. 国家机关

二、多项选择题

1. 经济法律关系的特征可以概括为(　　)。

A. 经济法律关系反映了经济法主体的意志

B. 经济法律关系是合乎经济法的关系

C. 经济法律关系是经济方面的权利和义务关系

D. 经济法律关系是由国家保护的经济关系

2. 在我国，经济法律关系保护的监管机构包括(　　)。

A. 行政机关　　B. 司法机关　　C. 立法机关　　D. 社会组织

3. 以下属于经济法律关系的有(　　)。

A. 企业承包经营责任制合同关系

B. 商业银行向央行提交存款准备金从而形成的法律关系

C. 甲企业冒用乙企业的产品商标从而形成的法律关系

D. 甲企业协议收购乙企业的合同关系

4. 以下属于经济法律关系的客体的有(　　)。

A. 企业内部管理行为

B. 政府间的转移支付行为

C. 纳税人的纳税行为

D. 商业银行和保险公司缴付存款准备金和未到期责任准备金的行为

5. 以下属于经济法律关系的有(　　)。

A. 经济管理法律关系　　B. 经济竞争法律关系

C. 组织管理性的流转和协作法律关系　　D. 自由的流转和协作法律关系

三、判断题

1. 经济法律关系是由主体、客体、内容三个要素构成的。(　　)

2. 经济法律关系的主体主要分为经济管理主体和经济活动主体两类。(　　)

3. 经济法律关系的保护是通过法律制裁确保经济法律关系主体的经济义务得到履行。(　　)

4. 法律义务的履行是实现法律规范、保障法律权利的重要步骤。(　　)

5. 权利是一切法律规范、法律部门、甚至整个法律体系的核心内容。(　　)

四、简答题

请简述经济法律关系的保护。

本章小结

经济法是调整需要由国家(政府)干预的经济关系的法律规范的总称。它产生于 19 世纪末 20 世纪初，即自由资本主义向垄断资本主义过渡时期，而 20 世纪 60 年代以来，得到了巨大的发展。

经济法的调整对象包括国民经济管理关系、市场管理关系、微观经济调控关系和社会保障关系等四个方面的社会关系。相应地，经济法主要包括市场主体法律制度、宏观调控法律制度、市场规制法律制度、社会保障法律制度等。

经济法主要有国家干预适度、维护公平竞争、维护公共利益等基本原则。经济法的作用主要体现在健全市场体系、培育市场主体、保证宏观调控、有效监控运行、推动科技进步、保障开放合作等方面。

经济法律关系的确立，是指由经济法律规范所确认的、经济法主体之间的经济权利与经济义务关系在社会经济生活中的实际实现。其确立需要有法律事实的存在。

经济法律关系由主体、客体、内容等三个要素构成。经济法律关系的主体是指享有经济权利、承担经济义务的当事人；经济法律关系的客体是指经济法律关系主体权利和义务所指向的对象；经济法律关系的内容是指经济法律关系主体的享有的经济权利和承担的经济义务。经济法律关系是通过奖励、制裁等法律手段加以保护的。

第二章

主体法律制度

教学目标： 掌握市场准入制度的概念、合伙企业的概念和特征、公司股东的相关权利和义务、公司的设立条件；熟悉法人制度和代理制度、合伙企业及投资人的权利和义务、公司设立和运作的基本内容；了解工商登记制度和审批许可制度、合伙企业运作的相关程序及公司的特别规定。

教学重点： 市场准入制度；普通合伙企业财产及事务管理；公司登记内容、公司的设立条件。

教学难点： 法人制度；投资人的权利和义务；公司收益分配、公司的股权转让。

第一节　企业相关基础制度

【知识链接】

一、企业的概念

企业是指依法设立的，以营利为目的，从事生产经营和服务性活动并进行独立核算，具有独立或相对独立法律人格的经济组织。

企业必须依法设立。企业必须依照所对应的企业形态的法律规定设立，符合相应的实质要件和设立程序，从而获得相应的法律地位和合法身份。

企业以营利为目的。企业经营目的一般是为了营利，即为了获得利润并将所得利润主要分配于其投资者，这是企业的根本特性。企业的这种特性使其同机关和事业单位以及社会团体等组织区分开来。

企业是独立经营的组织。企业是由劳动者(人的要素)和财产(物的要素)所构成的社会组织，具有独立财产、具有自主经营权并进行独立核算，具有独立或相对独立的法律人格，从而有别于从事经济活动的自然人的组织体。

企业从事生产经营和服务性活动。企业是经济活动的主导力量，主要从事商品生产或商品经营以及提供劳务或服务的活动，其活动具有连续性和固定性。

二、中国企业的主要分类

(1) 根据企业投资人的出资方式和责任形式，可将企业分为个人独资企业、合伙企业和公司企业。这一标准是企业形态划分的主要标准，有助于明确投资人的出资方式和责任形式。

(2) 根据企业的法律地位，可将企业分为法人企业和非法人企业。这种划分能明确地反映出企业的法律地位和投资者承担的责任。

(3) 根据企业的所有制性质，可将企业分为全民所有制企业、集体所有制企业、私营企业和中外合资经营企业、中外合作经营企业、外资企业等。这种划分方法明确了企业财产所有权的归属。

(4) 根据企业的生产经营规模大小，可将企业分为大型企业、中型企业和小型企业。

(5) 根据企业的行业范围，可将企业分为工业企业、商业企业、金融企业、交通运输企业等。

一、企业法概述

1. 企业法的概念

企业法是调整国家组织管理企业及企业在设立、组织、活动、终止过程中发生的社会关系的法律规范的总称。

2. 企业法的特征

(1) 企业法主要是组织法，兼具行为法。企业法确立了企业的法律地位，规定了企业从设立到终止整个过程所发生的法律关系，主要规范了企业主体的内部组织，是一种组织法；同时，它还对与企业组织特点直接相关的经营行为作出了规定，兼具行为法的内容和特点。

(2) 企业法主要是强制性规范，兼具任意性规范。企业是最基本的市场主体和最主要的经济力量，为了维护社会经济秩序，企业法更多地体现了国家的意志和干预；但企业法也有许多任意性的规范，以体现出资人和企业的意志。

(3) 企业法是具有一定国际性的国内法。从本质上讲，企业法是国内法，但由于当今世界各国之间的经济联系日益密切以及市场经济对市场主体带有普遍的规律性要求，企业法在适应本国实际的同时要借鉴和吸收国际通行的企业制度，体现企业组织活动准则的国际共性。

简言之，我们从两方面理解，一是从宏观上讲，企业法是间接管理国民经济的法律，即国家通过对企业的组织和管理，以实现其对整个经济的组织和管理；二是从微观上讲，企业法是直接规范市场管理的法律，即企业的组织法和活动法，包含了国家对企业本身、甚至企业内部组织的直接规范。

3. 中国主要的企业法

企业法的体系是指调整不同类型企业的法律法规所组成的内部协调、有机统一的企业法系统。中国现在的企业法体系是在改革开放的过程中不断建设和完善起来的，主要有以下几方面内容。

(1) 关于一般企业形态的立法：《公司法》《合伙企业法》《个人独资企业法》等。

(2) 关于特殊企业形态的立法：《农民股份合作制企业暂行规定》《关于推行和完善乡镇企业股份合作制企业的通知》《关于发展城市股份合作制企业的指导意见》《关于深化大型企业集团试点工作的意见》《企业国有资产监督管理暂行条例》等。

(3) 关于全民所有制企业的立法：《全民所有制工业企业厂长工作条例》《全民所有制工业企业职工代表大会条例》《全民所有制工业企业法》《全民所有制工业企业承包经营责任制暂行条例》《全民所有制工业企业转换经营机制条例》等。

(4) 关于集体所有制和私营企业的立法：《乡村集体所有制企业条例》《城镇集体所有制企业条例》《私营企业暂行条例》等。

(5) 关于外商投资企业的立法：《中外合资经营企业法》《中外合作经营企业法》《外资企业法》《中外合资经营企业实施条例》《关于鼓励外商投资的规定》《外资企业法实施细则》《中外合作经营企业法实施细则》等。

(6) 关于企业登记管理的立法：《企业法人登记管理条例》及其《施行细则》《企业名称登记管理规定》《公司登记管理条例》《企业集团登记管理暂行规定》等。

二、市场准入制度

1. 市场准入制度概述

市场准入制度是有关国家和政府规定的准许自然人、法人和其他组织进入市场，从事商品生产、经营和服务活动的条件和程序方面的各种制度和规范的总称。这项制度既是国家对市场进行管理的首要环节，又是一系列后续管理措施得以实施的基础条件。

中国经济法对经济法主体资格的认可，一般采用法律规定一定条件或程序的方式予以确认，包括：依照宪法和法律直接赋予一定身份而成立；由国家各级权力机关批准成立；依照法律、法规由国家各级行政机关批准成立；依照法律、法规由经济主体向有关国家机

关申请并经核准登记而成立；依照法律、法规或章程由经济组织自主成立等各种情形。其中，对企业的资格认可主要是后三种情形。

从理论上讲，市场准入制度的立法模式主要有自由放任模式、特许主义模式、准则主义模式、核准主义模式。由上可见，中国现行立法采用的是准则主义模式与核准主义模式相结合的模式，即一般市场准入采用准则主义模式，特殊市场准入采用核准主义模式。

根据市场类别的不同，我国市场准入制度体系主要由以下三个层次构成：①一般市场准入制度；②特殊市场准入制度；③涉外市场准入制度，即一个国家对外国资本进入本国市场以及本国资本进入国际市场而规定的各种条件和程序的规则，在中国它们体现在相关的审批许可制度和工商登记制度之中。

2. 一般市场准入制度

一般市场准入制度是国家对每一个进入市场从事生产经营活动的个人或组织成为合法的市场经营主体而设立的具有普遍适用效力的市场准入制度。我国一般市场准入制度采用工商登记制度。

1) 工商登记的含义

工商登记是政府在对申请者进入市场的条件进行审查的基础上，通过注册登记，确认申请者从事生产经营活动的资格，使其获得实际营业权的各项活动的总称。

工商登记制度是世界各国普遍实行的市场准入制度，其基本功能主要有以下三点。

一是通过工商登记，保证市场经营主体符合法律规定的条件，具有相应的经营能力；经济主体只有履行了工商登记手续，取得营业执照，才能成为合法的市场经营主体，进入市场，从事经营和服务活动。

二是通过工商登记，建立市场经营主体档案，掌握市场经营主体的基本情况，保证国家对市场经营活动进行有效的管理和监督。

三是通过工商登记，公开市场经营主体的基本情况，有利于保护消费者和其他市场经营主体的合法利益。

可见，工商登记的实质体现在：一方面是政府对经济主体可以从事生产经营活动的认可行为，另一方面又是一切主体合法从事市场经营活动的必经程序。

2) 中国工商登记的基本类型

其基本类型包括企业登记和个体工商户营业登记两类。

企业登记是指以企业为对象，由拟设立的企业负责人签署申请书，向工商行政部门提出登记申请，工商行政部门审核后给予登记注册，发给企业营业执照，又包括企业法人登记和非企业法人登记。

个体工商户营业登记是指自然人个人或家庭从事工商经营活动，可以申请营业登记，经审核批准后，发给营业执照，从事登记事项范围内的经营活动。

3) 工商登记机关

工商登记的登记机关是国家和地方各级工商行政管理部门。

根据申请登记的市场主体的类别、规模和隶属关系的不同，分别由不同级别的工商行政管理部门进行登记。其中，企业登记(包括设立登记、变更登记和注销登记)一般由企业所在市、县工商行政管理局核准注册登记；经国务院或国务院授权部门批准的全国性企业、企业集团、经营进出口业务企业由国家工商行政管理部门核准注册登记；“三资企业”由

国家工商行政管理局或其授权的地方工商行政管理局核准登记。

3. 特殊市场准入制度

特殊市场准入制度是针对特殊的生产经营活动而对经营者所作的特殊要求，规定市场经营主体进入特殊市场从事经营活动必须具备的条件和程序规则，即具备特殊的条件并履行特殊的程序，以取得特殊资格。我国特殊市场准入制度采用行政审批许可制度，主要适用于从事特定行业的生产经营活动。

1) 审批许可制度的含义

审批许可制度是指由国家有关部门对企业和其他类型的经济组织进行特定的生产经营活动进行审查，在符合法律规定的情况下，准许其进入某种市场，从事生产经营活动的一种市场准入制度。

从我国现行立法的规定来看，审批许可制度的适用范围主要包括以下特定行业或企业：从事金融业务的各类组织，外商投资企业，从事药品、医疗器械生产经营的企业(农药、人用药)，烟草生产经营企业，广告经营企业，文物经营企业，食品生产经营企业和个体食品摊贩，计量器具的生产经营企业，锅炉压力容器生产经营企业，通信服务经营企业，股份有限公司，证券期货交易所等。

申请人获得审批许可具有两方面的法律效力：一方面表明国家的认可和允许；另一方面表明申请人的行为是一种合法的行为，有权从事批准许可范围内的生产经营活动。

2) 审批许可的方式

根据立法的权限不同分为三种类型：立法特许、专项批准和许可证。

根据适用对象的不同分为两种类型：针对个人的准入许可制度和针对企业设立的审批和营业许可制度。

根据审批许可内容的不同分为两种形式：设立审批和经营许可审批。

3) 审批许可机构

审批许可机构根据经营的商品和服务的类别不同而不同。

如金融业经营机构的设立，由中国人民银行审批；证券业经营机构的设立，由国务院证券监督管理委员会审批；从事文物经营的机构，由文物管理部门审批；从事药品、医疗器械，食品经营的机构，由食品与药品监督管理部门审批；从事烟草生产经营的机构，由烟草专卖行政管理部门审批；从事计量器具生产经营的机构，由技术监督行政管理部门审批；设立外商投资企业，由国家发展与改革委员会审批等。

三、法人制度

1. 法人的含义

我国《民法典》定义如下：法人是具有民事权利能力和民事行为能力，依法独立享有民事权利和承担民事义务的组织。

从理论上看，法人的概念仅属于民商法的范畴。虽然表现形式不同，如根据法人是否营利的标准划分，分为营利法人与非营利法人；根据企业法人设立的法律依据不同，分为公司法人与非公司法人；根据法人组成的基础不同，划分为社团法人与财团法人等。但本质上，它们都是民商事主体的身份。

2. 法人的法律特征

1) 法人是独立的组织

第一，法人是自然人或财产的集合体，是一个组织体。在民商法上是与自然人对称。自然人和法人都是民商事主体，这是商品经济发展的客观要求。

第二，法人是法律拟制人，即基于法律规定形成的“人”，是法定的组织，其设立一般都是由法律明文规定的，并不是任何社会组织都能取得法人资格的，如学校的班集体或工厂的车间、机关的内部科室等都不是法人。

第三，法人具有独立的人格。这种独立的“团体的人格”表现在：从法人与组成法人的自然人的关系上看，两者资格是彼此独立的，某个自然人的死亡或退出法人组织，不影响法人的存续；从法人与法人成员的关系上看，法人设立组织机构以协调法人成员的意志，从而形成法人的意志；从法人与法人机关的关系上看，法人机关管理和使用法人的财产，以实现法人的目的；从法人与代表法人从事民事活动的自然人(法人代表人、代理人或其他雇员)的关系上看，自然人的人格被法人吸收，全部归于法人。

【小资料】

法人起源

从“法人”来源考察，我们发现法人是民法法系特有的制度体系，并主要体现在民事活动方面。大陆法系中这种制度的元素来源有二：一是来自古代欧洲的宗教团体、自治城邦，作为财产法上的主体，具有一定的人格；二是来自英国、荷兰等创立的公司制度，有限清偿责任使团体财产与自然人财产彻底划清界限，具有团体人格。

2) 法人有独立的财产

法人制度的功能主要是财产上的，即无财产就无法人的人格。

法人的财产包括法人所有的或经营管理的全部财产。其财产独立从两方面理解：一是法人与其他人或组织的财产区分开，不能超越自身范围，如国有企业法人的财产和国家机关法人的财产独立于国库财产和国家的其他财产；二是法人的财产独立于其出资者的其他财产，如公司的财产属于公司，它独立于公司股东个人的财产，出资人只拥有“股东权”，不再是财产所有权。

3) 法人负独立的责任

法人具有民事权利能力和民事行为能力。其中，法人的民事权利能力是指法人依法享有民事权利和承担民事义务的资格；法人的民事行为能力是指法人能以自己的行为取得民事权利和承担民事义务的能力或资格。法人以自己的名义进行民事活动，独立享有权利承担义务，并独立承担民事责任：法人以其全部财产负独立的责任。

当然，成为独立的责任主体，正是拥有独立财产的逻辑结果。

3. 法人机关

法人机关是指根据法律、章程或条例的规定，于法人成立时产生，不需要特别委托授权就能够以法人的名义对内负责、对外代表来进行民事活动的集体或个人。

其法律特征如下。

(1) 法人机关设立依据是法律、章程或条例。在中国，依法律或条例的规定而设立的有

企业法人、机关法人、事业单位法人的机关；依章程而设立的主要是社会团体法人的机关。

(2) 法人机关是法人的有机组成部分。法人的机关与法人的成立同时产生，且法人机关依附于法人而存在：即法人机关并不是独立主体，只是法人组织机构的重要组成部分，其人格被法人吸收，不再代表自己，其行为是法人的行为。

(3) 法人机关是法人的领导或代表机关法人的机关。法人机关仅指法人组织机构中的权力机关、执行机关与监督机关，它们对内负责法人的生产经营或业务管理，对外代表法人进行民事活动。法人机关的组织形式主要有两种：一是独任机关，由单个的个人形成的法人机关，如行政机关的首长、全民所有制企业的厂长(经理)等；二是合议制机关，由集体组成的法人机关，如人大的委员会、股份有限公司的股东大会或董事会或监事会等。

(4) 法人机关的职责是形成、表示和实现法人意志。法人意志要通过一定的机关表现，法人机关的意志就是法人的意志，法人机关的行为就是法人行为，法律后果由法人承担。

根据我国目前民事法律的规定：公司的权力机关是股东(大)会，执行机关是董事会，监督机关是监事会；全民所有制企业的厂长(经理)既是权力机关又是执行机关；机关、事业单位法人的“首长”既是权力机关又是执行机关；社会团体法人的权力机关是社员或会员代表大会，执行机关是理事会。

4. 法定代表人

法定代表人又称代表机关，是指依照法律或法律章程之规定，代表法人行使职权的负责人。代表法人为意思表示的对外机关，必须由单个自然人担任，故称为“法人代表”。

其特征如下。

(1) 资格法定性。我国实行单一法定代表人制，一般以执行机关的负责人或正职行政负责人为唯一法定代表人。

(2) 直接代表性。法定代表人无须法人机关的专门授权，就可以以法人的名义，代表法人对外进行民事活动，并为“签字人”。

(3) 时空限制性。只有是自然人且该自然人只有代表法人从事民事活动和民事诉讼活动时，才具有法定代表人的身份。法定代表人并不是独立的民事主体，而是法人的代表。

法定代表人应当具备一定的条件。包括该自然人必须具有完全民事行为能力、必须具有一定管理能力和业务知识、必须不存在不得担任法定代表人的情形。另外，已担任一个法人的法定代表人者，原则上不得再担任其他法人的法定代表人。

【知识拓展】

不得担任企业法人的法定代表人的情形

如有下列情形之一者，不得担任企业的法定代表人：①因违法经营被吊销营业执照的企业原法定代表人，自被吊销营业执照起未满 3 年的；②因经营管理不善依法撤销或宣告破产的企业的负有主要责任的法定代表人，自企业注销起未满 3 年的；③刑满释放、假释或缓刑考验期满和解除劳教人员，自刑满释放、假释或缓刑考验期满和解除劳教当日起未满 3 年的；④因从事违法活动被司法机关立案调查，尚未结案的；⑤各级机关的在职干部和在职现役军人；⑥国家法律、法规和政策规定不能担任企业领导职务的。

四、代理制度

1. 代理的含义

代理是指代理人依据代理权，以被代理人的名义与第三人实施民事法律行为，而后果由该被代理人承担。

其特征如下。

(1) 代理是一种民事法律行为。即代理人为被代理人实施的是能够产生民事权利义务的行为，如代签合同；而不在双方当事人之间产生权利义务关系的行为不属于民法上的代理行为，如代友请客。

(2) 代理是一种民事法律关系。在代理关系中，一般有三方参加人：依据代理权代替他人实施民事法律行为的人称为代理人；被他人代替实施民事法律行为，承担民事法律行为后果的人称为被代理人或本人；同代理人为民事法律行为的人称为第三人或相对人。这些参加人涉及三方面的法律关系：代理人与被代理人之间的代理权关系；代理人与第三人之间的代理行为关系；被代理人与第三人之间的民事法律关系。其中，前一种关系为代理的内部关系，后两种关系为代理的外部关系。

(3) 代理人进行代理活动的依据是代理权。因此代理人必须在代理权限内实施代理行为，但是代理人实施代理行为时有独立进行意思表示的权利；为了很好地行使代理权和维护被代理人的利益，代理人可以在代理权限内根据具体情况进行意思表示，完成代理事务。

(4) 代理人以被代理人的名义实施代理行为，代理行为直接对被代理人发生效力。

代理人在代理权限内以被代理人的名义进行的民事法律行为，相当于被代理人自己的行为，产生与被代理人自己行为相同的法律后果。因此被代理人享有因代理行为产生的民事权利，同时也应承担代理行为产生的民事义务和民事责任。

2. 商事代理的含义

广义的代理适用范围包括：代理各种民事法律行为，如代签合同、代理履行债务等；代理实施某些财政、行政行为，如代理专利申请、代理缴税、代理法人成立登记等；代理民事诉讼行为等，而在企业的经营活动中，最普遍的代理行为可以称之为商事代理。

所谓商事代理是指为获得商品的经销权、货物的采购权及提供经纪中介服务，受他人委托，并从中获取报酬，为委托人促成交易和缔结交易，固定的、独立的、职业的商事经营者。

商事代理是一种典型的委托代理。所谓委托代理，又称授权代理、意定代理，是指代理人按照被代理人的委托而进行的代理；而商事代理主要产生于代理人与被代理人之间的委托合同关系之上，即被代理人授予代理人一定的代理权，代理人能够以被代理人的名义为意思表示或受领意思表示，其法律效果直接归于被代理人。

3. 代理人的义务

(1) 代理人应在代理权限范围内行使代理权，不得无权代理。

代理人只有在代理权限范围内进行的民事活动，才能被看作是被代理人的行为，由被代理人承担代理行为的法律后果；代理人非经被代理人的同意，不得擅自扩大、变更代理

权限。

(2) 代理人应亲自行使代理权，不得任意转托他人代理。

在委托代理中，代理人与被代理人之间，通常具有人身信赖关系，只有代理人亲自行使代理权，才有利于代理事务的完成。

(3) 代理人应积极行使代理权，尽勤勉和谨慎的义务。

为实现和保护被代理人的利益，代理人应认真工作，尽相当的注意义务；应尽遵守被代理人指示的义务；应尽报告与保密的义务；并争取在对被代理人最为有利的情况下完成代理行为。

4. 无权代理

代理人不具有代理权，但以本人的名义与第三人进行民事活动的，称为无权代理。

为了维护交易安全和保护善意第三人的利益，我们又把无权代理分为：狭义的无权代理，即行为人既没有代理权，也没有令第三人相信其有代理权的事实或理由，而以本人的名义所为的代理；表见代理，即因本人与无权代理人之间的关系，具有外表授权的特征，致使相对人有理由相信行为人有代理权的代理。

无权代理的特征如下。

(1) 行为人所实施的民事法律行为，符合代理行为的表面特征，即以本人的名义独立对第三人为意思表示，并将其行为的法律后果直接归属于他人。

注意：若不具备代理行为的表面特征，则不属于代理行为，而属于代理行为以外的行为，当然也不为无权代理。

(2) 行为人实施的代理行为不具有代理权。不具有代理权包括行为人自始没有代理权、行为人超越代理权和行为人代理权终止后的代理等三种情况。

(3) 无权代理行为并非绝对不能产生代理的法律效果。在实践中，由于无权代理的行为未必对本人或相对人不利，因此，法律规定狭义的无权代理行为应属效力未定的民事行为，在经本人追认的情况下，无权代理变成有权代理，能产生代理的法律效果；而表见代理直接发生代理的法律效果。

【概念理解】

表见代理的构成

表见代理本属于无权代理，但法律使之发生与有权代理相同的法律效果。

成立表见代理的第一要件是行为人无代理权，同时，却以本人的名义进行民事活动，有使相对人相信行为人具有代理权的事实或理由。通常情况下，行为人持有本人发出的证明文件，如本人的介绍信，盖有合同专用章或盖有公章的空白合同书，或者有本人向相对人所作的授予其代理权的通知或公告，这些证明文件构成认定表见代理的客观依据。

在于相对人，必须是善意的，即相对人不知行为人所为的行为系无权代理行为。在构成表见代理的情况中，相对人相信行为人具有代理权，往往与本人具有过失有关，但表见代理的成立不以本人主观上有过失为必要条件，即使本人没有过失，只要客观上有使相对人相信行为人有代理权的依据，即可构成表见代理。

5. 代理权的终止

代理权的终止，又称代理权的消灭，指代理人与被代理人之间的代理权关系消灭，代理人不再具有以被代理人名义进行民事活动的资格。

委托代理权的终止包括以下几种情况。

(1) 代理期间届满或者代理事务完成。

(2) 被代理人取消委托或者代理人辞去委托。取消或辞去委托行为均属单方法律行为，一方当事人一旦作出这种意思表示并通知对方当事人，就可以使代理关系终止。

(3) 代理人或者被代理人死亡。代理关系是一种具有严格人身属性的民事法律关系，代理人或者被代理人死亡，使代理关系失去了一方主体，失去了代理关系中双方彼此信赖的主体要素。

(4) 代理人丧失民事行为能力。代理人的任务是代替本人很好地实施法律行为，如果代理人丧失民事行为能力，也就丧失了代理他人实施法律行为的能力，其代理权自应随之消灭。

(5) 作为被代理人或者代理人的法人、非法人组织终止。代理权存在的基础是代理人和被代理人双方主体的存在。法人一经撤销或解散，便丧失了作为民事主体的资格。因此，法人不论作为代理人还是被代理人，一旦自身消灭，其代理权亦归于消灭。

【课堂讨论】

主体的资格

某招聘大会上，A 公司的人事主管刘先生一共招聘了二十个人，其中有大学毕业生王某。上班半月后，王某和其他人被告知不用来上班了；经打听似乎是人事主管刘先生在招聘工作中徇私舞弊，导致这次招聘结果无效。王某十分不服，找张董事长评理，张董事长不屑一顾，说王某“没有资格”和他谈。

问题：上述主体有什么样的法律地位？

课后作业

一、单项选择题

1. 下列哪个不属于一般企业形态的立法(　　)。

A. 《公司法》

B. 《合伙企业法》

C. 《个人独资企业法》

D. 《企业国有资产监督管理暂行条例》

2. 按公司与公司之间的控制依附关系，可将公司分为(　　)。

A. 上级公司与下级公司　　B. 总公司与分公司

C. 大公司与小公司　　D. 母公司与子公司

3. 下列公司形式中，不具有法人资格的是(　　)。

A. 总公司　　B. 分公司　　C. 母公司　　D. 子公司

4. 下列各项行为中，适用民事代理行为的是(　　)。

A. 婚姻登记　　B. 收养子女

C. 向人民法院提起诉讼　　D. 演出行为

5. 甲公司要运送一批货物给收货人乙公司，甲公司法定代表人丙电话联系并委托某汽车运输公司运输。汽车运输公司安排本公司司机刘某驾驶。运输过程中，因刘某的过失发生交通事故，致货物受损。乙公司因未能及时收到货物而发生损失。现问，乙公司应向谁要求承担损失？(　　)

A. 甲公司　　B. 丙　　C. 刘某　　D. 汽车运输公司

二、多项选择题

1. 企业的法律特征包含以下哪几个方面？(　　)

A. 企业必须依法设立　　B. 企业以营利为目的

C. 企业是独立经营的组织　　D. 企业从事生产经营和服务性活动

2. 下列哪些属于企业登记管理的立法范畴？(　　)

A. 《企业名称登记管理规定》　　B. 《公司登记管理条例》

C. 《企业集团登记管理暂行规定》　　D. 《中外合资经营企业法》

3. 下列哪些行为属于滥用代理权的行为？(　　)

A. 代理人同自己进行民事活动

B. 代理双方当事人进行同一民事行为

C. 代理人与第三人恶意串通，损害被代理人的利益

D. 代理权终止之后的代理

4. 在法定代表人和法人关系的问题上，下列哪些表述是正确的？(　　)

A. 法定代表人既是法人的代表人，又是法人机关的代表人

B. 法定代表人履行职务的行为是法人的行为

C. 法定代表人只能是法人单位的行政正职负责人

D. 法定代表人的代表权源于法律和章程，而不是源于法人的授权

5. 下列选项中哪些必须经过登记注册才能取得民事主体资格？(　　)

A. 城镇个体工商户　　B. 农村承包经营户

C. 公司法人　　D. 社会团体

三、判断题

1. 工商登记制度是世界各国普遍实行的市场准入制度。(　　)

2. 根据《民法通则》的规定，法人的法定代表人是根据法人章程产生的。(　　)

3. 法人的分支机构为法人机关的一种。(　　)

4. 企业法人仅对其法定代表人符合法人章程的经营行为承担民事责任。(　　)

5. 我国特殊市场准入制度采用行政审批许可制度，主要适用于从事特定行业的生产经营活动。(　　)

四、案例分析

A 为一机械厂的采购员，经常在全国各地出差。Y 是其邻居，平时以采集山药为生。某年某月 Y 在山中挖到一名贵草药，听说这种草药在上海的价钱较高，正好 A 要到上海出

差，于是Y就委托A将草药带去卖掉。A却将草药带到邻村的一朋友家中；朋友的父亲B是一名老中医，他看了之后请A将草药卖给他，并表示愿给A 10000元好处费。结果A以低于上海市场近50000元的价格把草药卖给了B，双方还约定，如果事后Y来此处打听这种草药的市场价格，B就说此草药价格现在已经大跌，连上海都不值钱了。不想此事被正要到B家来看病的Y的一个远房亲戚听见，不久就告诉了Y。Y遂要求A和B赔偿自己损失。

问题：

(1) A的代理行为是一种什么性质的行为？

(2) Y是否有权要求A和B两人赔偿？为什么？

第二节　合伙企业法

【知识链接】

一、合伙的含义

合伙是指两个以上的民事主体共同出资、共同经营、共负盈亏、共担风险的协议或企业组织。从行为的角度而言，合伙是一种协议；从组织的角度而言，合伙是一种企业组织形态。

合伙起源于家族共有，即兄弟不愿分散财力，共同经营父亲遗留的旧业；随着经济的发展，合伙从家族共有发展为企业主的联合。在法人制度形成之前，合伙是自然人之间从事经营活动而可以采取的唯一联合方式。

二、合伙的分类

(1) 民事合伙与商事合伙。一般民事合伙主要是契约性的，临时性居多，无须登记，适用民法中关于个人合伙的规定；商事合伙主要是组织性的、固定性的，须商业登记，主要适用《合伙企业法》。

(2) 一般合伙与隐名合伙。一般来说，隐名合伙人不是合伙的权利主体，他们对外不代表合伙、对内无表决权，只能以现金或实物出资，这些财产由一般合伙人支配，但隐名合伙人只以出资额为限承担债务责任。

(3) 普通合伙与有限合伙。有限合伙人不是合伙的完全权利主体，且只以其认缴的出资额为限对合伙企业债务承担责任。有限合伙必须登记才能成立，并且在其名称中必须含有“有限合伙”的字样。

一、合伙企业法概述

1. 合伙企业的法律依据

合伙企业的法律依据主要是《中华人民共和国合伙企业法》，该法于1997年2月23日第八届全国人大常委会第二十四次会议通过，2006年8月27日第十届全国人大常委会第二十三次会议修订，2007年6月1日起施行。

实施《合伙企业法》的目的是规范合伙企业的行为，保护合伙企业及其合伙人、债权人的合法权益，维护社会经济秩序，促进社会主义市场经济的发展。

2. 合伙企业的含义

合伙企业是指自然人、法人和其他组织依照《合伙企业法》在中国境内设立的普通合伙企业和有限合伙企业。

《合伙企业法》规定，普通合伙企业由普通合伙人组成，合伙人对合伙企业债务承担无限连带责任。本法对普通合伙人承担责任的形式有特别规定的，从其规定。

有限合伙企业由普通合伙人和有限合伙人组成，普通合伙人对合伙企业债务承担无限连带责任，有限合伙人以其认缴的出资额为限对合伙企业债务承担责任。

合伙企业有如下法律特征。

(1) 意思自治性。合伙协议是合伙人意志的共同体现，而合伙企业以合伙协议为成立基础。

(2) 行为共同性。合伙企业的经营强调合伙人共同出资、共担风险这些共同行为。

(3) 责任法定性。合伙企业属于非法人企业，它不是独立的权利主体；普通合伙人、有限合伙人和合伙企业的责任都是由法律强制规定，如当事人约定违法则该约定无效。

3. 合伙企业和合伙人的基本权利义务

合伙企业及其合伙人必须遵守法律、行政法规，遵守社会公德、商业道德，承担社会责任；其合法财产及其权益受法律保护。

合伙企业应当依照法律、行政法规的规定建立企业财务、会计制度；其生产经营所得和其他所得，按照国家有关税收规定，由合伙人分别缴纳所得税。

合伙人承担善良管理义务，即不得从事损害本合伙企业利益的活动；承担竞业禁止义务，即不得自营或者同他人合作经营与本合伙企业相竞争的业务；合伙人承担交易限制义务，即除合伙协议另有约定或者经全体合伙人一致同意外，合伙人不得同本合伙企业进行交易。

4. 合伙人的基本责任

1) 普通合伙人的无限连带责任

普通合伙人对合伙企业债务承担无限连带责任。

从合伙人与合伙企业的债权人的关系上看，普通合伙人负无限责任。无限责任从字面上理解，即主体所负没有穷尽的责任；从法律意义上理解，即每个普通合伙人须对全部债务负责，如债务超过出资的数额时，其对债务的清偿不限于出资的财产；应用自己的其他财产偿还。

从合伙人内部与合伙企业的债权人的关系上看，普通合伙人之间内部负连带责任。连带责任即主体之间互相关联的责任，其法律意义是：无论普通合伙人之间如何约定，每个普通合伙人均须对债务人的全部债务负责，而债权人可自行选择全体或部分人请求清偿，被请求人即须清偿全部债务，不得以自己承担的份额为由拒绝；该清偿均对其他连带人发生清偿的效力；而清偿人清偿的债务超过其应当承担的数额时，有权向其他连带人追偿。

注意：普通合伙人的无限连带责任属于补充性责任，即在合伙企业不能清偿到期债务的情形下，合伙人才需要承担该责任。

2) 有限合伙人的有限责任

有限合伙人对合伙债务承担有限责任，即有限合伙人在合伙财产不足以清偿的债务时，以出资额为限承担责任。

5. 合伙企业财产

1) 合伙企业财产的范围

合伙人的出资、以合伙企业名义取得的收益和依法取得的其他财产，均为合伙企业的财产。

2) 合伙企业财产的性质

在法律上，合伙企业财产属于共有，且是潜在的按份共有。除法律另有规定外，合伙人在合伙企业清算前，即在企业存续期间，不得请求分割合伙企业的财产；合伙人在合伙企业清算前私自转移或者处分合伙企业财产的，合伙企业不得以此对抗善意第三人。

3) 对合伙人处分财产行为的限制

合伙人之间转让全部或部分财产份额，即内部转让时，转让人应当通知其他合伙人。

合伙人向合伙人以外的人转让其在合伙企业中的全部或者部分财产份额时，除合伙协议另有约定外，须经其他合伙人一致同意，而且，在同等条件下，其他合伙人有优先购买权。

合伙人以其在合伙企业中的财产份额出质的，须经其他合伙人一致同意；未经其他合伙人一致同意，其行为无效，由此给善意第三人造成损失的，由行为人依法承担赔偿责任。

二、普通合伙企业

1. 普通合伙企业的设立条件

(1) 有二个以上合伙人。合伙人可以是自然人，其应当具有完全民事行为能力。合伙人也可以是组织，但国有独资公司、国有企业、上市公司以及公益性的事业单位、社会团体不得成为普通合伙人。而外国企业或者个人在中国境内设立合伙企业的管理办法由国务院具体规定。

(2) 有书面合伙协议。合伙协议是依法由全体合伙人协商一致订立的，处理合伙人之间权利义务关系的内部法律文件。订立合伙协议、设立合伙企业，应当遵循自愿、平等、公平、诚实信用原则。

合伙协议应当以书面形式订立。合伙协议应当载明的内容包括：合伙企业的名称和主要经营场所的地点；合伙目的和合伙经营范围；合伙人的姓名或者名称、住所；合伙人的出资方式、数额和缴付期限；利润分配、亏损分担方式；合伙事务的执行；入伙与退伙；争议解决办法；合伙企业的解散与清算；违约责任等。

合伙协议订立后，经全体合伙人签名、盖章后生效，并可修改或补充合伙协议。从法律效力看，它仅具有对内效力，即只约束合伙人。

(3) 有合伙人认缴或者实际缴付的出资。合伙人应当按照合伙协议约定的出资方式、数额和缴付期限，履行出资义务。但法律没有对合伙企业成立的最低的资本额作出明确的规定。

合伙人出资方式较多，可以用货币、实物、知识产权、土地使用权或者其他财产权利出资，也可以用劳务出资。其中，以非货币财产出资的，依照法律、行政法规的规定，需要办理财产权转移手续的，应当依法办理；需要评估作价的，可以由全体协商确定，也可以委托法定评估机构评估；而以劳务出资的，其评估办法由全体协商确定，并在合伙协议中载明。

(4) 有合伙企业的名称和生产经营场所。合伙企业名称主要具有主体识别作用，并能反映企业的商业信誉。合伙企业享有专有使用其登记名称的权利。一般来说，合伙企业的名称由其登记地行政区划名称、字号(商号)、行业等部分组成，如是普通合伙企业，其名称中还应当标明“普通合伙”字样。

合伙企业的生产经营场所也应当明确，它具有空间确定作用。

(5) 法律、行政法规规定的其他条件。

【知识拓展】

合伙企业的设立程序

(1) 申请：申请人向企业登记机关提交的登记申请材料齐全、符合法定形式。材料包括登记申请书、合伙协议书、合伙人身份证明等文件和特项批准文件。

(2) 登记：企业登记机关能够当场登记的，应予当场登记，发给营业执照。除上述情况外，企业登记机关应当自受理申请之日起二十日内，作出是否登记的决定。予以登记的，发给营业执照；不予登记的，应当给予书面答复，并说明理由。

(3) 成立：合伙企业的营业执照签发日期，为合伙企业成立日期。

2. 合伙事务的管理

(1) 合伙人的决定权。一般情况下，合伙人对合伙企业有关事项作出决议，按照合伙协议约定的表决办法办理。合伙协议未约定或者约定不明确的，实行合伙人一人一票并经全体合伙人过半数通过的表决办法。

除合伙协议另有约定外，合伙企业的下列事项应当经全体合伙人一致同意：改变合伙企业的名称；改变合伙企业的经营范围、主要经营场所的地点；处分合伙企业的不动产；转让或者处分合伙企业的知识产权和其他财产权利；以合伙企业名义为他人提供担保；聘任合伙人以外的人担任合伙企业的经营管理人员等。另外，合伙人按照合伙协议的约定或经全体合伙人决定，可以增加或减少对合伙企业的出资。

(2) 合伙事务的执行。合伙事务的执行方式主要有以下几种。

一是由全体合伙人执行。在实践中，比较适合合伙人人数较少的企业。在此情形下，合伙人对执行合伙事务享有同等的权利，合伙人可以对其他合伙人执行的事务提出异议。

二是由个别合伙人执行。按照合伙协议的约定或者经全体合伙人决定，可以委托一个或者数个合伙人对外代表合伙企业，执行合伙事务；执行事务合伙人应当定期向其他合伙人报告事务执行情况以及合伙企业的经营状况和财务状况，其执行合伙事务所产生的收益归合伙企业，所产生的费用和亏损由合伙企业承担。

而其他合伙人不再执行合伙事务，但有权监督其执行，特别是在受委托执行合伙事务的合伙人不按照合伙协议或者全体合伙人的决定执行事务的情况下，其他合伙人可以决定撤销该委托。

三是由合伙企业聘任的经营管理人员执行。被聘任的经营管理人员应当在合伙企业授权范围内履行职务，如果他超越合伙企业授权范围履行职务，或者在履行职务过程中因故意或者重大过失给合伙企业造成损失，则依法承担赔偿责任。

注意：合伙企业对合伙人执行合伙事务以及对外代表合伙企业权利的限制，不得对抗善意第三人，也就是说，企业内部的限制不能成为对抗善意第三人的理由，企业需承担其执行人的行为后果。

(3) 合伙盈亏的承担。合伙企业的利润分配、亏损分担，按照合伙协议的约定办理。

注意：合伙协议不得约定将全部利润分配给部分合伙人或者由部分合伙人承担全部亏损。

如果合伙协议未约定或者约定不明确的，由合伙人协商决定；协商不成的，由合伙人按照实缴出资比例分配、分担；无法确定出资比例的，由合伙人平均分配、分担。

(4) 合伙企业、合伙人与第三人关系。合伙企业对其债务，应先以其全部财产进行清偿。

合伙人发生与合伙企业无关的债务，则首先要保证不能损害合伙企业利益，因此，相关债权人不得以其债权抵销其对合伙企业的债务，也不得代位行使合伙人在合伙企业中的权利。如果合伙人的自有财产不足清偿其与合伙企业无关的债务，该合伙人可以以其从合伙企业中分取的收益用于清偿；当然，债权人也可以依法请求人民法院强制执行该合伙人在合伙企业中的财产份额用于清偿。

如果同时存在合伙企业债务和合伙人个人债务，则适用双重优先原则，即合伙财产优先清偿合伙企业债务，个人财产优先清偿合伙人个人债务。

【小知识】

善意第三人的含义

所谓第三人，是指在某种法律关系中的当事人双方以外的人或团体，与当事人或企业进行民商事行为的人，如取得财产而形成债权债务关系、与企业订立合同而形成合同关系的人。

所谓善意第三人，是指与当事人善意进行民商事行为的人，包括善意取得财产和善意与当事人设定其他法律关系的人。而法律上的“善意”是指该第三人诚信行为、合法交易，且不知道法律关系的对方内部约定或财产状况或权利状况等真实情况。

3. 普通合伙企业的变更与终止

(1) 入伙。所谓入伙是指取得合伙人身份的法律行为。

新合伙人入伙，除合伙协议另有约定外，应当经全体合伙人一致同意，并依法订立书面入伙协议。新合伙人对入伙前合伙企业的债务承担无限连带责任。

订立入伙协议时，原合伙人应当向新合伙人如实告知原合伙企业的经营状况和财务状况。一般情况下，入伙的新合伙人与原合伙人享有同等权利，承担同等责任，但入伙协议另有约定的，从其约定。

(2) 退伙。所谓退伙是指放弃或失去合伙人身份的法律行为，包括以下几种情形。

一是声明退伙，又称自愿退伙。合伙协议约定合伙期限的，在合伙企业存续期间，有下列情形之一的，合伙人可以退伙：合伙协议约定的退伙事由出现；经全体合伙人一致同意；发生合伙人难以继续参加合伙的事由；其他合伙人严重违反合伙协议约定的义务。

合伙协议未约定合伙期限的，合伙人在不给合伙企业事务执行造成不利影响的情况下，可以退伙，但应当提前三十日通知其他合伙人。

合伙人违反以上的规定退伙的，应当赔偿由此给合伙企业造成的损失。

二是法定退伙。其一是当然退伙，包括以下情形：作为合伙人的自然人死亡或者被依法宣告死亡；个人丧失偿债能力；作为合伙人的法人或者其他组织依法被吊销营业执照、责令关闭、撤销，或者被宣告破产；法律规定或者合伙协议约定合伙人必须具有相关资格而丧失该资格；合伙人在合伙企业中的全部财产份额被人民法院强制执行。退伙事由实际发生之日为退伙生效日。其二是除名退伙。合伙人有下列情形之一的，经其他合伙人一致同意，可以决议将其除名：未履行出资义务；因故意或者重大过失给合伙企业造成损失；执行合伙事务时有不正当行为；发生合伙协议约定的事由。除名以接到书面决议通知日为退伙生效日。

一旦退伙，则产生以下法律效力：合伙人退伙，其他合伙人应当与该退伙人按照退伙时的合伙企业财产状况进行结算，退还退伙人的财产份额；退伙人对给合伙企业造成的损失负有赔偿责任的，相应扣减其应当赔偿的数额；合伙人退伙时，合伙企业财产少于合伙企业债务的，退伙人应当依照约定或法定分担亏损；退伙人对基于其退伙前的原因发生的合伙企业债务，承担无限连带责任。

(3) 合伙企业的解散。合伙企业在下述情形下应当解散：合伙期限届满，合伙人决定不再经营；合伙协议约定的解散事由出现；全体合伙人决定解散；合伙人已不具备法定人数满三十天；合伙协议约定的合伙目的已经实现或者无法实现；依法被吊销营业执照、责令关闭或者被撤销；法律、行政法规规定的其他原因。

合伙企业解散后应当进行清算，并通知和公告债权人。

(4) 合伙的清算。合伙企业解散，应当由清算人进行清算。

可以用以下方式确定清算人。①由全体合伙人担任清算人。②由合伙人指定部分合伙人或委托第三人担任清算人：经全体合伙人过半数同意，可以自合伙企业解散事由出现后十五日内指定一个或者数个合伙人，或者委托第三人担任清算人。③由法院指定清算人：自合伙企业解散事由出现之日起十五日内未确定清算人的，合伙人或者其他利害关系人可以申请人民法院指定清算人。

清算人在清算期间执行下列事务：清理合伙企业财产，分别编制资产负债表和财产清单；处理与清算有关的合伙企业未了结事务；清缴所欠税款；清理债权、债务；处理合伙企业清偿债务后的剩余财产；代表合伙企业参加诉讼或者仲裁活动。

清算人自被确定之日起十日内将合伙企业解散事项通知债权人，并于六十日内在报纸上公告。

清算人应当对债权进行登记，然后对财产按以下顺序进行分配：清算费用；职工工资、社会保险费用、法定补偿金；缴纳所欠税款；清偿债务；如有剩余财产，则按约定的比例或平均分配。

清算结束，清算人应当编制清算报告，经全体合伙人签名、盖章后，在十五日内向企业登记机关报送清算报告，申请办理合伙企业注销登记。

注意：合伙企业注销后，原普通合伙人对合伙企业存续期间的债务仍应承担无限连带责任。

4. 特殊的普通合伙企业

以专业知识和专门技能为客户提供有偿服务的专业服务机构，可以设立为特殊的普通

合伙企业。特殊的普通合伙企业名称中应当标明“特殊普通合伙”字样。

而其“特殊”，主要体现在合伙人责任的特殊性上。一个合伙人或者数个合伙人在执业活动中因故意或者重大过失造成合伙企业债务的，应当承担无限责任或者无限连带责任，其他合伙人以其在合伙企业中的财产份额为限承担责任；合伙人执业活动中因故意或者重大过失造成的合伙企业债务，以合伙企业财产对外承担责任后，该合伙人应当按照合伙协议的约定对给合伙企业造成的损失承担赔偿责任。

而在非因故意或者重大过失的情形下，合伙人还是负“普通”的责任：即合伙人在执业活动中非因故意或者重大过失造成的合伙企业债务以及合伙企业的其他债务，由全体合伙人承担无限连带责任。

另外，由于其知识和技能的专门性，特殊的普通合伙企业应当建立执业风险基金、办理职业保险。

三、有限合伙企业

1. 有限合伙企业的设立条件

(1) 合伙人由二个以上五十个以下合伙人设立，法律另有规定的除外；其中，至少应当有一个普通合伙人。有限合伙企业名称中应当标明“有限合伙”字样。

(2) 合伙协议除符合普通合伙企业中要求的事项外，还应当载明下列事项：普通合伙人和有限合伙人的姓名或者名称、住所；执行事务合伙人应具备的条件和选择程序；执行事务合伙人权限与违约处理办法；执行事务合伙人的除名条件和更换程序；有限合伙人入伙、退伙的条件、程序以及相关责任；有限合伙人和普通合伙人相互转变程序。

(3) 合伙人出资可以用货币、实物、知识产权、土地使用权或者其他财产权利作价出资。有限合伙人应当按照合伙协议的约定按期足额缴纳出资；未按期足额缴纳的，应当承担补缴义务，并对其他合伙人承担违约责任。

注意：有限合伙人不得以劳务出资。

(4) 有限合伙企业登记事项中应当载明有限合伙人的姓名或者名称及认缴的出资数额。

2. 有限合伙企业事务执行

有限合伙企业由普通合伙人执行合伙事务。执行事务合伙人可以要求在合伙协议中确定执行事务的报酬及报酬提取方式。

有限合伙人不执行合伙事务，不得对外代表有限合伙企业。有限合伙人的下列行为，不视为执行合伙事务：参与决定普通合伙人入伙、退伙；对企业的经营管理提出建议；参与选择承办有限合伙企业审计业务的会计师事务所；获取经审计的有限合伙企业财务会计报告；对涉及自身利益的情况，查阅有限合伙企业财务会计账簿等财务资料；在有限合伙企业中的利益受到侵害时，向有责任的合伙人主张权利或者提起诉讼；执行事务合伙人怠于行使权利时，督促其行使权利或者为了本企业的利益以自己的名义提起诉讼；依法为本企业提供担保。

有限合伙企业不得将全部利润分配给部分合伙人；但是，合伙协议另有约定的除外。

3. 有限合伙人的特殊性

1) 有限合伙人的特殊权利

有限合伙人可以同本有限合伙企业进行交易；但是，合伙协议另有约定的除外。

有限合伙人可以自营或者同他人合作经营与本有限合伙企业相竞争的业务；但是，合伙协议另有约定的除外。

有限合伙人可以将其在有限合伙企业中的财产份额出质；但是，合伙协议另有约定的除外。

2) 有限合伙人的份额转让

有限合伙人可以按照合伙协议的约定向合伙人以外的人转让其在有限合伙企业中的财产份额，但应当提前三十日通知其他合伙人。

有限合伙人的自有财产不足清偿其与合伙企业无关的债务的，该合伙人可以以其从有限合伙企业中分取的收益用于清偿；债权人也可以依法请求人民法院强制执行该合伙人在有限合伙企业中的财产份额用于清偿。

3) 有限合伙人对外的特殊责任

第三人有理由相信有限合伙人为普通合伙人并与其交易的，该有限合伙人对该笔交易承担与普通合伙人同样的责任。

有限合伙人未经授权以有限合伙企业名义与他人进行交易，给有限合伙企业或者其他合伙人造成损失的，该有限合伙人应当承担赔偿责任。

4) 入退伙的特殊性

新入伙的有限合伙人对入伙前有限合伙企业的债务，以其认缴的出资额为限承担责任。

作为有限合伙人的自然人在有限合伙企业存续期间丧失民事行为能力的，其他合伙人不得因此要求其退伙；作为有限合伙人的自然人死亡、被依法宣告死亡或者作为有限合伙人的法人及其他组织终止时，其继承人或者权利承受人可以依法取得该有限合伙人在有限合伙企业中的资格。

有限合伙人退伙后，对基于其退伙前的原因发生的有限合伙企业债务，以其退伙时从有限合伙企业中取回的财产承担责任。

4. 普通与有限的相互转化

有限合伙企业仅剩有限合伙人的，应当解散；有限合伙企业仅剩普通合伙人的，转为普通合伙企业。

除合伙协议另有约定外，普通合伙人转变为有限合伙人，或者有限合伙人转变为普通合伙人，应当经全体合伙人一致同意。

有限合伙人转变为普通合伙人的，对其作为有限合伙人期间有限合伙企业发生的债务承担无限连带责任。

普通合伙人转变为有限合伙人的，对其作为普通合伙人期间合伙企业发生的债务承担无限连带责任。

【知识拓展】

个人独资企业简介

个人独资企业是指依照《中华人民共和国个人独资企业法》在中国境内设立，由一个

自然人投资，财产为投资人个人所有，投资人以其个人财产对企业债务承担无限责任的经营实体。

它由个人出资、个人所有。即个人独资企业只能是一个自然人投资，投资人是企业财产的唯一所有者，并有完全的控制、支配权。

它不具有法人资格，只是自然人进行商业活动的一种特殊形式，投资人自负盈亏、自担风险，对企业债务负有无限责任。但由于企业是一个组织体，所以企业与投资人还是相对分离的，也就是说，个人行为与企业活动是有区别的。

它的经营方式由投资人自己选择，或个人经营，或委托他人经营均可。

【课堂讨论】

为解决内弟王二的工作问题，陈先生决定以妻子王大的名义开立一个建材门市部，由王二全权经营；并与王二约定：每月王二的生活费为门市部盈利的30%提成。但半年门市部盈利仅 1 万元。王二找到姐姐，希望旱涝保收，王大和王二约定：门市部亏本时王二每月工资1000元；盈利和保本时工资2500元。一年后，门市部总盈利20万元，而王二工资共计2万元。王二认为自己作为合伙人很吃亏，要求按比例分配利润。

问题：

(1) 该门市部的企业性质是什么？

(2) 上述三人与企业的关系是怎样的？

课后作业

一、单项选择题

1. 合伙企业合伙人向合伙人以外的人转让其在合伙企业中的全部或者部分财产份额的(　　)。

A. 须经全体合伙人一致同意

B. 须经 1/2 以上合伙人同意

C. 须经 2/3 以上合伙人同意

D. 无须经其他合伙人同意，但应通知其他合伙人

2. 甲、乙、丙三人共同设立一个合伙企业，在经营期间，甲欲将其在企业中的财产份额转让给第三人丁，必须(　　)。

A. 经乙同意　　B. 经丙同意　　C. 通知乙、丙　　D. 经乙、丙同意

3. 甲、乙、丙三人成立一普通合伙企业，三人的出资比例是5∶3∶2，三人未约定合伙事务的执行方式，则(　　)。

A. 甲当然是唯一的合伙事务执行人

B. 甲、乙、丙三人应按出资比例分享合伙事务执行权

C. 甲、乙、丙三人均有权执行合伙企业事务、对外代表合伙企业

D. 丙出资最少，没有合伙事务执行权

4. 甲、乙、丙、丁成立一合伙企业，合伙协议中约定，委托甲一人执行合伙事务，其他各合伙人均不执行合伙事务，且无权对外代表企业。某日，丁以合伙企业名义与不知情的善意第三人戊签订了一份原料购销合同，则(　　)。

A. 该合同无效

B. 该合同须经甲追认后生效

C. 该合同有效

D. 该合同须经甲、乙、丙三人共同追认后方能生效

5. 对于合伙企业的利润分配和亏损分担，有以下几种处理方法：①协商不成的，由合伙人按照实缴出资比例分配、分担；②无法确定出资比例的，由合伙人平均分配、分担；③合伙协议未约定或者约定不明确的，由合伙人协商决定；④按照合伙协议的约定办理。那么，按照《合伙企业法》的规定，正确的处理顺序为(　　)。

A. ①②③④　B. ④③①②　C. ①③②④　D. ④③②①

二、多项选择题

1. 下列人员不得设立个人独资企业的有(　　)。

A. 国家公务员　B. 党政机关干部　C. 法官　D. 检察官

2. 合伙人有(　　)情况之一的，当然退伙。

A. 死亡或依法被宣告死亡　B. 个人丧失偿债能力

C. 未履行出资义务　D. 执行合伙企业事务时有不正当行为

3. 下列合伙关系中，适用我国《合伙企业法》的是(　　)。

A. 渔民甲与渔民乙书面约定合伙去海上做一个月捕捞

B. 甲企业与乙企业达成的合伙关系

C. 甲企业与自然人乙就某商业目的达成的合伙协议

D. 登记为企业的合伙制律师事务所

4. 下列事项中，必须经全体合伙人同意的是(　　)。

A. 处分合伙企业不动产

B. 聘任合伙人以外的人担任合伙企业的经营管理人员

C. 以合伙企业名义为他人提供担保

D. 对外签订订货合同

5. 个人独资企业应当解散的情形包括(　　)。

A. 投资人决定解散

B. 企业资不抵债

C. 投资人死亡或者被宣告死亡，无继承人或者继承人决定放弃继承

D. 企业被吊销营业执照

三、判断题

1. 合伙人个人财产不足清偿其个人所负债务的，债权人可以依法请求人民法院强制执行该合伙人在合伙企业中的财产份额。(　　)

2. 按照《合伙企业法》的规定，未经全体合伙人同意，合伙企业不可以聘请合伙人以外的人担任合伙企业的经营管理人员。(　　)

3. 甲、乙订立书面合伙协议约定：甲以10万元出资，乙以劳务出资；乙执行合伙企业事务；合伙企业利润由甲、乙分别按80%和20%的比例分配，亏损由甲、乙分别按20%和80%的比例分担。该合伙协议的约定符合《合伙企业法》的规定。(　　)

4. 合伙协议为约定合伙企业的利润分配和亏损分担比例的，按照合伙人的出资比例分配和分担。 ( )

5. 在普通合伙企业中，入伙的新合伙人与原合伙人可以在入伙协议中约定，新合伙人比原合伙人享有较大的权利，承担较少的责任。 ( )

四、案例分析

甲、乙、丙、丁共同设立了A有限合伙企业(以下简称A企业)。合伙协议约定：甲、乙为普通合伙人，分别出资10万元；丙、丁为有限合伙人，分别出资15万元；甲执行合伙企业事务，对外代表A企业。某年A企业发生下列事实：3月，甲以A企业的名义与B公司签订了一份12万元的买卖合同。乙获知后，认为该买卖合同损害了A企业的利益，且甲的行为违反了A企业内部规定的“甲无权单独与第三人签订超过10万元合同”的限制，遂要求各合伙人作出决议，撤销甲代表A企业签订合同的资格。4月，乙、丙分别征得甲的同意后，以自己在A企业中的财产份额出质，为自己向银行借款提供质押担保。丁对上述事项均不知情，乙、丙之间也对质押担保事项互不知情。8月，丁退伙，并从A企业取得退伙结算财产12万元。9月，A企业吸收庚作为普通合伙人入伙，庚出资8万元。10月，A企业的债权人C公司要求A企业偿还6月份所欠款项50万元。11月，丙因所设个人独资企业发生严重亏损不能清偿D公司到期债务，D公司申请人民法院强制执行丙在A企业中的财产份额用于清偿其债务。人民法院强制执行丙在A企业中的全部财产份额后，甲、乙、庚决定A企业以现有企业组织形式继续经营。

经查：A企业内部约定，甲无权单独与第三人签订超过10万元的合同，B公司与A企业签订买卖合同时，不知A企业内部约定。合伙协议未对合伙人以财产份额出质事项进行约定。

要求：根据上述内容和合伙企业法律制度的有关规定，分别回答下列问题。

(1) 甲以A企业的名义与B公司签订的买卖合同是否有效？并说明理由。

(2) 合伙人对撤销甲代表A企业签订合同资格事项作出决议，在合伙协议未约定表决办法的情况下，应当如何表决？

(3) 乙、丙的质押担保行为是否有效？并分别说明理由。

(4) 如果A企业的全部财产不足清偿C公司的债务，对不足清偿部分，哪些合伙人应当承担清偿责任？如何承担清偿责任？

(5) 人民法院强制执行丙在A企业中的全部财产后，甲、乙、庚决定A企业以现有企业组织形式继续经营是否合法？并说明理由。

第三节 公司法概述

【知识链接】

一、公司的概念

公司是以营利为目的、依法设立的具有法人资格的商事组织。其特征为以下几点。

(1) 公司是一种企业形式，是以营利为目的的组织体。

(2) 公司是具有法人资格，而且是最为典型的企业法人。

(3) 公司是股权式企业，是以股东投资为信用基础的股权式企业。这种企业又称资合企业，所谓“资合”是资产的组合，即以资本规模为基础的组合，从而区别于人合企业。所谓“人合”是人的组合，即以个人信用状况为基础的组合。

二、股东的概念

公司的出资人称为股东。

股东出资后，公司应当对股东资格进行确认：有限责任公司的股东在出资且公司成立后，公司应当向股东签发出资证明书；公司应当置备股东名册；公司应当将股东的姓名或者名称及其出资额向公司登记机关登记；未经登记的，不得对抗第三人。而股份有限公司的股东持有其股份采取股票的形式，即股票是公司签发的证明股东所持股份的凭证，股票采用纸面形式或者国务院证券监督管理机构规定的其他形式。

股东根据其身份不同，分为自然人股东、法人股东、国家股东；根据持股比例不同可分为控股股东、大股东、小股东，其中，控股股东是指其出资额占有限责任公司资本总额50%以上或者其持有的股份占股份有限公司股本总额 50%以上的股东；或出资额或者持有股份的比例虽然不足 50%，但依其出资额或者持有的股份所享有的表决权已足以对股东会、股东大会的决议产生重大影响的股东。

另外，有一种没有股东身份但在公司中地位特殊的人，称为“公司的实际控制人”，他们虽不是公司的股东，但通过投资关系、协议或者其他安排，能够实际支配公司行为的人。

一、公司法的概念

1. 公司法的法律依据

公司法的法律依据主要是《中华人民共和国公司法》。该法于 1993 年 12 月 29 日第八届全国人民代表大会常务委员会第五次会议通过，并经过 1999 年 12 月 25 日第一次修正、2004 年 8 月 28 日第二次修正，2005 年 10 月 27 日修订，2013 年 12 月 28 日第三次修正。

《公司法》的目的是规范公司的组织和行为，保护公司、股东和债权人的合法权益，维护社会经济秩序，促进社会主义市场经济的发展。

2. 公司法的特征

狭义的公司法即指《中华人民共和国公司法》，而广义的公司法是有关所有公司的组织与活动的法律规范的总称，包含了如商业银行、保险公司等特殊公司的法律法规。

中国的公司法有下列特征。

(1) 公司法是带有公法色彩的私法。其中的强制性规范体现国家对微观经济生活的干预，而任意性规范则体现在当事人意思自治上，特别体现在维护股东的意思自治和权利自由上。这正是其经济法本质的体现。

(2) 公司法是兼具程序性规范的实体法。公司法主要规定的是公司及相关人员的权利义务，同时，对公司及其内部组织的设立、组织乃至运作程序等有明确的规定。

(3) 公司法是含有商事行为法的商事组织法。公司法主要规定公司如何设立、组建，同时，也对规定公司如何活动作出了明确的规定。

【小资料】

公司法在中国的发展

1903 年，清政府出台第一部有关公司的法律；1927 年，国民政府出台了公司法，属于现代意义的公司立法；1950 年，新中国出台了相关的行政法规；1993 年颁布了现行的公司法。

3. 公司的义务和权利

1) 公司的基本义务和权利

公司从事经营活动，必须遵守法律、行政法规，遵守社会公德、商业道德，诚实守信，接受政府和社会公众的监督，承担社会责任。

公司的合法权益受法律保护，不受侵犯。

公司以其全部财产对公司的债务承担责任。

2) 公司的投资权、担保权

公司向其他企业投资或者为他人提供担保，依照公司章程的规定，由董事会或者股东会、股东大会决议；公司章程对投资或者担保的总额及单项投资或者担保的数额有限额规定的，不得超过规定的限额。

公司向其他企业投资，除法律另有规定外，不得成为对所投资企业的债务承担连带责任的出资人。

公司为公司股东或者实际控股人提供担保的，必须经股东会或者股东大会决议；该项表决由出席会议的其他股东所持表决权的过半数通过。

3) 公司对职工的义务

公司必须保护职工的合法权益，依法与职工签订劳动合同，参加社会保险，加强劳动保护，实现安全生产。并应当采用多种形式，加强公司职工的职业教育和岗位培训，提高职工素质。

公司依照宪法和有关法律的规定，通过职工代表大会或者其他形式，实行民主管理。公司研究决定改制以及经营方面的重大问题、制定重要的规章制度时，应当听取公司工会的意见，并通过职工代表大会或者其他形式听取职工的意见和建议。

公司应当为本公司工会、党组织提供必要的活动条件。

4. 公司股东的权利义务

1) 股东的义务

首先是出资义务。股东应当按期足额缴纳公司章程中规定的各自所认缴的出资额，否则，除向公司足额缴资外，还对其他股东承担违约责任。

公司股东应当遵守法律、行政法规和公司章程，依法行使股东权利特别义务，不得滥用股东权利损害公司或者其他股东的利益。为此，公司法设置了“法人人格否认”或称为“揭开公司面纱”的制度：股东不得滥用公司法人独立地位和股东有限责任损害公司债权人的利益，如果股东滥用权利逃避债务，严重损害他人利益，应当对公司债务承担连带责任。而且，对特定的人员作出了进一步的规定：公司的控股股东、实际控制人、董事、监事、高级管理人员不得利用其关联关系损害公司利益。

公司的股东承担有限责任，即股东只以出资额为限对公司的债务承担责任。

2) 股东的权利

一是财产权，主要包括：股份的处分权或转让权；股份的收益权，即股东按照实缴的出资比例分取红利的权利；增资优先权，即公司新增资本时，股东有权优先按照实缴的出资比例认缴出资的权利(但该公司全体股东约定不按照出资比例分取红利或不按照出资比例优先认缴出资的除外)；股东的被继承权，即自然人股东死亡后，其合法继承人可继承股东资格的权利(但该公司章程另有规定的除外)。

二是参治权，即对公司治理的参与权利。股东一般按出资比例行使这些权利，包括选举权、表决权、请求开会权等。

三是知情权、监督权。如股东有权查阅、复制公司章程、股东会会议记录、董事会会议决议、监事会会议决议和财务会计报告；股东可以要求查阅公司会计账簿；股东可以监督公司股东会或股东大会、董事会的决议内容，甚至可以请求撤销该项内容等，请求公司机关向法院提起诉讼等。

特别要指出的是，公司法还设置了股东诉权，这项设置称为“股东代表诉讼制度”。这是一种股东的专项起诉权：原告必须是股东且诉讼期间始终均具有股东身份。这是一种可诉范围较大的权利：股东可以起诉如董事、监事、高管损害公司，第三人损害公司等所有损害公司利益的行为。同时，这也是程序性很强的一种权利：股东要向公司机关提出以诉讼追究责任人的书面请求，而公司怠于或拒绝行使诉权在先，此时股东才可以以自己的名义直接提起诉讼。也就是说，股东代表诉讼制度必须符合股东公正性和公益性要求、符合内部程序的前置要求。

二、公司的设立

1. 公司设立的概念

公司设立是指设立人为成立公司，依法采取和完成的法律行为。

公司设立由一系列法律行为组合而成；设立阶段公司不能以法人的名义进行法律行为，但可以以筹建处的名义进行；行为主体是设立人或发起人，此阶段产生的债权债务由设立人承担。

注意：公司设立是一种法律行为，而公司成立是一种事实状态或法律后果；公司经过设立后成立，取得法人资格，以自己名义进行法律行为，此时公司不仅继受设立阶段的债权债务，且以后的债权债务都由其承担相应的责任。

2. 公司设立的程序

1) 筹措资本

筹措资本有以下两种方式。

第一种是发起设立。发起设立也称同时设立、单纯设立，指由设立人或发起人认购公司应发行的全部股份或首期发行股份而设立公司。

第二种是募集设立。募集设立也称渐次设立、复杂设立，是指由设立人或发起人认购公司应发行股份或首期发行股份的一部分，其余股份向社会公开募集或者向特定对象募集而设立公司。在中国仅有股份有限公司可采用此设立方式，而且为防止发起人完全凭借他人资本，损害一般投资者利益，我国严格限制其设立人或发起人认购股份的比例，规定的

比例是其筹措资本的 35%。

2) 公司登记和营业登记

中国公司设立一般采用登记准则主义，即设立公司应当依法向公司登记机关申请设立登记，只要符合条件即可而无须审批。而对于特别的公司，适用核准主义，即法律、行政法规规定设立公司必须报经批准的，依法办理批准手续。

公司登记，就是由公司登记机关分别登记为不同法律性质的公司，如有限责任公司或股份有限公司；营业登记是在设立登记后进行的，公司在对外营业前由公司登记机关发给公司营业执照。

在中国，该项登记的申请人是有限责任公司的全体股东指定代表或共同委托的代理人，或股份有限公司的董事长；登记机关一般是公司所在地工商行政管理机关；一般步骤是提交文件、登记或审批等。

3) 公司成立

登记后，公司自此获得法人资格，取得从事经营活动的合法身份，并取得名称权。在中国，公司成立的法律标志是营业执照的颁发：营业执照签发日期即为公司的成立日期。

3. 公司的登记内容

公司营业执照的内容应当载明公司的名称、住所、注册资本、经营范围、法定代表人姓名等事项。

1) 公司名称

公司名称是一种标识，是商号的一种，具有主体识别作用。公司名称的意义是实现公司法人的人格特定化，进一步而言，是公司商业信誉的维系和表彰。因此，公司名称权或称商号权既是一种人身权又是一种财产权，是可有偿转让的无形资产，任何人不得擅自使用他人的公司名称。

对于公司名称，实践中有如下规定。

公司名称必须足以区别于其他民商事主体，在同一公司登记机关的辖区内，同一行业的公司不允许有相同或类似的名称，并不得使用反不正当竞争法所禁用的标记。

公司名称必须冠以公司登记地地名，如北京、湖北、武汉等。如在公司名称上冠以“中国”“中华”“全国”“国际”等字样，则必须经国家工商管理局核准。

公司名称必须表明公司的法律性质，有限责任公司必须在公司名称中标明“有限责任公司”或者“有限公司”字样，股份有限公司必须在公司名称中标明“股份有限公司”或者“股份公司”字样。

另外，公司名称可预先核准，有 6 个月的保留期，在此期间不得将该公司名称用于经营，也不得将公司名称转让。

2) 公司住所

公司住所具有空间确定作用，最重要的作用体现在其法律效用上，即住所是公司法律关系的中心地域：从实体角度看，它确定了公司登记机关和与公司相关的合同履行地；而从诉讼角度看，确定管辖地和送达地。

公司以其主要办事机构所在地为住所。如公司总部与登记地不同，法律上以公司登记地为准。公司的经营场所与住所可以一致也可以不一致。

注意：设立公司应当证明对其住所享有使用权。

3) 公司资本

公司从本质上说，就是一个资本实体，即整体化、人格化的财产集合体，而公司资本就是由股东的出资构成的、以营利为目的而集聚在公司法人名下的财产。注册资本最明显地体现出公司的信用。

实际上，公司资本与公司资产是有区别的：公司资本的主要意义体现在公司设立和成立时用以增强公司的信用，但现在公司信用特别是其偿债能力其实与公司成立时的注册资本关系甚微，因为公司是以其全部资产对外承担责任的。

【知识拓展】

公司资本的类型

注册资本：即登记资本，是指在公司登记机关登记的全体股东认缴的出资额，即狭义的公司资本。

实收资本：即实缴资本，一般情况下与注册资本一致；但在法定资本制下可能大于注册资本，而在授权资本制下大多可能小于注册资本。

发行资本：又称认缴资本，指实际上已向股东发行的股本总额。一般情况下与注册资本一致，但在授权资本制下大多可能小于注册资本。

认购资本：指出资人同意缴付的出资总额。

4) 经营范围与公司章程

公司的经营范围决定了公司的民事权利能力。公司的民事权利能力具有差异性，各类公司应在目的范围内从事活动，其民事行为能力也受目的范围的限制。

公司的经营范围由公司章程规定，并依法登记。公司的经营范围中属于法律、行政法规规定须经批准的项目，应当依法经过批准。

而公司章程则是全面规范公司组织和活动的基本规则。这个公司的基本法律文件，被人们称为公司的“宪法”。我国公司法规定设立公司必须依法制定公司章程，由股东一致同意后，以书面形式共同制定，所有股东应当在章程上签名、盖章。公司章程对公司、股东、董事、监事、高级管理人员具有约束力。因此可见，公司章程具有法定性、真实性、自治性和公开性。

5) 法定代表人

法定代表人制度是公司行为能力的实现方式。由法人制度可知，公司的意志由其法人机关来形成和表示，由公司的法定代表人来实现，因此，法定代表人的行为就是公司的法律行为，法律后果由公司承担。

强调一下，法定代表人对外行为是代表而不是代理，即是由法律明确授权，而不需法人另行授权的，因此，法人不得以对法定代表人的内部职权限制对抗善意第三人。同时，法定代表人首先是一个自然人，因此，法定代表人以个人名义从事的行为或者虽以公司名义但从事的是非职务行为则属于非代表行为，完全由个人承担责任。

我国公司法规定：公司法定代表人依照公司章程的规定，由董事长、执行董事或者经理担任，并依法登记。公司法定代表人变更，应当办理变更登记。

三、公司的收益分配制度

1. 公司收益分配

依照我国公司法的相关规定，公司当年税后利润分配规定的法定顺序如下。

(1) 弥补亏损，即在公司已有的法定公积金不足以弥补上一年度公司亏损时，先用当年利润弥补亏损。

(2) 提取法定公积金，法定公积金的提取比例属于公司法的强行性规范，公司必须遵守，即公司分配当年税后利润时，应当提取利润的10%列入公司法定公积金。公司法定公积金累计额为公司注册资本的50%以上的，可以不再提取。当然，公司经股东会或股东大会决议也可以继续提取。

(3) 提取任意公积金，即经股东会或股东大会决议，提取任意公积金，任意公积金的提取比例由股东会或者股东大会决定。任意公积金不是法定必须提取的，是否提取以及提取的比例由股东会或股东大会决议。

(4) 支付股利，即在公司弥补亏损和提取公积金后，所余利润应分配给股东，即向股东支付股息。

【概念理解】

公　积　金

公积金又称储备金，包括法定公积金和任意公积金，是指公司为增强自身财产能力，扩大生产经营和预防意外亏损，依法从公司利润中提取的一种款项。公积金有以下几种用途。

(1) 弥补公司的亏损。

(2) 扩大公司生产经营。

(3) 转增公司资本。但公积金中的资本公积金不得用于弥补公司亏损。当以法定公积金转增为资本时，所留存的法定公积金不得少于转增前注册资本的25%。

2. 股东利润分配

分配利润是公司股东最重要的权利，也是股东投资公司的目的所在。股东从公司所分配的利润称为红利、股利或股息。

公司只能在弥补亏损和提取法定公积金后，才能将所余利润分配于股东，这表明，公司向股东分配股利，必须以有这种盈余为条件。公司如果在弥补亏损和提取法定公积金之前即向股东分配红利的，属于违反公司法的行为，股东应当将其分配的利润退还给公司。

有限责任公司股东分配红利的原则是按照实缴的出资比例。但如果全体股东通过出资协议、公司章程或者其他方式约定不按出资比例分配红利的，该约定具有法律效力，依照该约定分配红利而不依各股东的出资比例。

股份有限公司的股东原则上依其所持有的股份比例分配红利。但股东可以通过公司章程规定不按持股比例分配红利，如果股份公司的公司章程规定了红利分配的方法，依其规定分配。

公司向股东支付红利的方式一般有以下两种，即现金支付和股份分派(也称为分配红股)，由股东会或者股东大会决定具体采用哪种方式。现金支付和分配红股可以同时使用，即股东的红利一部分以现金方式支付给股东，另一部分分配红股。

注意：公司持有的本公司股份不得分配利润。

3. 公司解散时的分配

公司解散时，如公司财产能够清偿公司债务，清算组应先拨付清算费用，然后按照下列顺序清偿：①职工工资、社会保险费用和法定补偿金；②所欠税款；③公司债务。然后，清算组应将剩余的公司财产分配给股东：有限责任公司按照股东的出资比例进行分配；股份有限公司按照股东持有的股份比例进行分配。

强调一下，公司财产在未清偿公司债务前，不得分配给股东。

四、公司的变更、合并与分立

1. 公司的变更

公司的变更是指公司设立登记事项中某一项或某几项的改变。

公司变更的内容，主要包括公司名称、住所、法定代表人、注册资本、公司组织形式、经营范围、营业期限、有限责任公司股东或者股份有限公司发起人的姓名或名称的变更。

公司申请变更登记，应当向公司登记机关提交下列文件：①公司法定代表人签署的变更登记申请书；②依照公司法作出的变更决议或者决定；③国家工商行政管理总局规定要求提交的其他文件。

公司变更登记事项涉及修改公司章程的，应当提交由公司法定代表人签署的修改后的公司章程或者公司章程修正案。变更登记事项依照法律、行政法规或者国务院决定规定在登记前须经批准的，还应当向公司登记机关提交有关批准文件。

2. 公司的合并

公司合并是指两个或两个以上的公司，订立合并协议，依照公司法的规定，不经过清算程序，直接结合为一个公司的法律行为。

公司合并有两种形式：一是吸收合并，是指一个公司吸收其他公司后存续，被吸收的公司解散；二是新设合并，是指两个或两个以上的公司合并设立一个新的公司，合并各方解散。

依照公司法的有关规定，公司合并的程序如下。

(1) 作出决定或决议。有限责任公司由股东会就公司合并作出决议，作出合并的决议须经代表 2/3 以上表决权的股东通过。股份有限公司由股东大会就公司合并作出决议。

(2) 签订合并协议。合并协议由合并各方共同签订。合并协议应当包括下列主要内容：合并各方的名称、住所；合并后存续公司或新设公司的名称、住所；合并各方的资产状况及其处理办法；合并各方的债权债务处理办法(应当由合并存续的公司或者新设的公司承继)。

(3) 编制资产负债表和财产清单。

(4) 通知债权人。即公司应当自作出合并决议之日起 10 日内通知债权人，并于 30 日内

在报纸上公告。债权人自接到通知书之日起 30 日内，未接到通知书的自公告之日起 45 日内，可以要求公司清偿债务或者提供相应的担保。

(5) 办理合并登记手续。公司合并，应当自公告之日起 45 日后申请登记。

为保护债权人的知情权和异议权，以上程序必须严格遵守。

根据我国民法通则和合同法的有关规定，公司合并是合同权利义务即债权债务概括移转的法定原因，合并后的公司必须承受原公司的全部债权和债务，除非公司与债权人达成了另外的协议。如果公司在合并前未清偿债权债务，债权人有权请求合并后的公司清偿合并前的公司所负的债务。

3. 公司的分立

公司分立是指一个公司通过依法签订分立协议，不经过清算程序，分为两个或两个以上公司的法律行为。

公司分立有两种形式：一是派生分立，是指公司以其部分资产另设一个或数个新的公司，原公司存续；二是新设分立，是指公司全部资产分别划归两个或两个以上的新公司，原公司解散。

根据公司法的规定，公司分立时，应当编制资产负债表及财产清单。公司应当自作出分立决议之日起 10 日内通知债权人，并于 30 日内在报纸上公告。

公司分立前的债务由分立后的公司承担连带责任。但是，公司在分立前与债权人就债务清偿达成的书面协议另有约定的除外。公司分立时应当对其财产进行分割。公司分立的程序与公司合并的程序基本相同。

五、公司的解散与清算

1. 公司的解散

公司的解散是指已成立的公司基于一定的合法事由而使公司消灭的法律行为，即公司法人人格在法定条件下经过法定程序而消灭。

公司解散的原因有以下三大类。

1) 一般解散

一般解散是指，只要出现了解散公司的事由公司即可解散。我国公司法规定的一般解散的原因有三个。

一是公司章程规定的营业期限届满或者公司章程规定的其他解散事由出现时。但在此种情形下，可以通过修改公司章程而使公司继续存在，并不意味着公司必须解散。如果有限责任公司经持有 2/3 以上表决权的股东或者股份有限公司经出席股东大会会议的股东所持表决权的 2/3 以上通过修改公司章程的决议，公司可以继续存在。

二是股东会或者股东大会决议解散。

三是因公司合并或者分立需要解散。

2) 强制解散

强制解散是指由于某种情况的出现，主管机关或人民法院命令公司解散。公司法规定强制解散公司的原因主要有三个。

一是主管机关决定。国有独资公司由国家授权投资的机构或者国家授权的部门作出解

散的决定，该国有独资公司应当解散。

二是责令关闭。公司违反法律、行政法规被主管机关依法责令关闭的，应当解散。

三是被吊销营业执照。

3) 请求解散

现行公司法规定，当公司经营管理发生严重困难，继续存在会使股东利益受到重大损失，通过其他途径不能解决的，持有公司全部股东表决权10%以上的股东可以请求人民法院解散公司。

2. 公司解散时的清算

清算是终结已解散公司的一切法律关系，处理公司剩余财产的程序。

依照我国公司法的规定，公司除因合并或分立解散无须清算，以及因破产而解散的公司适用破产清算程序外，其他解散的公司，都应当按公司法的规定进行清算。其程序如下。

(1) 成立清算组。解散的公司，应当自解散之日起15日内成立清算组。有限责任公司的清算组由股东组成，股份有限公司的清算组由股东大会确定的人员组成。解散的公司超过15日不成立清算组的，债权人可以申请人民法院指定有关人员组成清算组，人民法院应当受理该申请，并及时指定人员组成清算组。

(2) 清算组的职责。清算组负责解散公司财产的保管、清理、处理和分配工作。清算组成员应当忠于职守，依法履行清算义务，不得利用职权收受贿赂或者其他非法收入，不得侵占公司财产。

(3) 通知或者公告债权人申报债权，清算组应当自成立之日起10日内通知债权人，并于60日内在报纸上公告。债权人应当自接到通知书之日起30日内，未接到通知书的自公告之日起45日内，向清算组申报其债权。清算组应当对债权进行登记。在申报债权期间，清算组不得对债权人进行清偿。

(4) 清理财产清偿债务。清算组对公司资产、债权、债务进行清理。在清算期间，公司不得开展新的经营活动。任何人未经清算组批准，不得处分公司财产。清算组在清理公司财产、编制资产负债表和财产清单后，发现公司财产不足清偿债务的，应当立即向人民法院申请宣告破产。

(5) 分配剩余财产。在支付清算费用和清偿公司债务后，清算组应将剩余的公司财产分配给股东。

(6) 清算终结。公司清算结束后，清算组应当制作清算报告，报股东会、股东大会或者人民法院确认；并报公司登记机关，申请注销登记。注销登记申请经公司登记机关核准注销登记，公司终止。

【课堂讨论】

“股神”巴菲特的传奇人生

◆ 11岁的时候，巴菲特平生第一次购买了股票，从此迷恋上了投资。

◆ 1965年，沃伦·巴菲特购得总部位于奥马哈市的伯克夏·哈撒韦公司(陷入经营困境的纺织厂，净资产为2288.7万美元)的经营权，现已发展成为集银行、基金、保险、新闻传媒、大型控股经营公司集团于一身的综合投资企业。

◆ 1965—1998年，巴菲特的股票平均每年增值20.2%，高出道·琼斯指数10.1个百

分点。

◆ 2007 年 3 月 30 日，伯克夏·哈撒韦公司收盘价为 10.83 万美元/每股。2007 年 12 月 10 日所创下的 14.92 万美元，成为美国历史上最昂贵的股票。

问题：为什么公司能够帮助巴菲特实现这样的财富神话？

课后作业

一、单项选择题

1. 依照我国《公司法》规定，股东的出资方式不包括(　　)。

A. 劳务　　B. 工业产权　　C. 土地使用权　　D. 非专利技术

2. 我国《公司法》上的公司具有的法律特征之一为(　　)。

A. 盈利性　　B. 股份性　　C. 营利性　　D. 集团性

3. 下列公司合并方式中，使得合并各方的主体资格均归于消灭的是(　　)。

A. 吸收合并　　B. 存续合并　　C. 新设合并　　D. 并吞合并

4. 张、王、赵、吴四个发起人为设立某股份有限公司分别花费了下列各种费用，其中依法不属于设立费用的是(　　)。

A. 发起人张某受全体发起人委托，为设立事务而租赁房屋发生的租金

B. 发起人王某就自己出资部分所产生的验资费用

C. 发起人赵某为论证公司要开发的项目而产生的调研费用

D. 发起人吴某值班时乱扔烟头将公司筹备组租用的房屋烧毁，筹备组为此向房主支付的 5 万元赔偿金

5. 破产案件受理后，曾对破产企业某项财产办理抵押登记手续的权利人，对该抵押财产享有(　　)。

A. 取回权　　B. 追回权　　C. 别除权　　D. 抵销权

二、多项选择题

1. 我国《公司法》中所规定的公司有(　　)。

A. 有限责任公司　　B. 无限责任公司

C. 两合公司　　D. 股份有限公司

2. 下列关于公司设立程序的陈述，正确的有(　　)。

A. 设立任何公司都必须签订发起人协议

B. 设立任何公司都必须制订公司章程

C. 设立任何公司都必须先报经政府主管部门审批

D. 设立任何公司都必须在申请设立登记前先进行公司名称预先核准登记

3. 公司侵权行为的构成要件有(　　)。

A. 侵权行为人在实施侵权行为时，公司正处在设立阶段

B. 侵权行为是有权代表公司行为的人所为

C. 侵权行为人是在执行职务时实施了侵权行为

D. 该行为本身具备民法上侵权行为的构成要件

4. 按我国《企业破产法》的规定，可以向人民法院申请对债务人进行重整的主体有(　　)。

A. 债权人　　B. 债务人

C. 持有一定比例股份的股东　　D. 债务人企业的职工代表大会

5. 依照《公司法》的规定，公司提取的法定公积金可以用于下列哪些项目？(　　)

A. 扩大公司生产经营　　B. 弥补公司亏损

C. 转增公司资本　　D. 改善职工福利

三、判断题

1. 分公司并非公司法意义上的真正的公司。(　　)

2. 根据公司法律制度的规定，公司减少注册资本时，公司应自作出减少注册资本决议之日起10日内通知债权人，并于30日内在报纸上公告。(　　)

3. 根据股东创立大会的决议或者发起人会议的决议，可以以投资者的投资合同代替公司章程，并以此规定公司的民事权利与义务。(　　)

4. 根据我国公司法的规定，公司的董事都是由股东选举产生的。(　　)

5. 公司是企业法人，有独立的法人财产，享有法人财产权。公司以其全部财产对公司的债务承担责任。(　　)

四、案例分析

甲、乙、丙、丁四个发起人设立了M电子仪器设备有限公司。公司注册资本为500万元人民币。甲持有公司股份40%，乙持有公司股份30%，丙持有公司股份20%，丁持有公司股份10%。公司经营四年之后，业务并没有得到发展，而且对外还有300万元的债务。而从事相同行业的N电子仪器设备有限公司则由于经营得当，正处在高速发展阶段。N公司有意合并M公司。M公司对于是否接受N公司的合并请求召开了公司股东会。甲、丙出席了股东会，乙、丁没有参加股东会。在M公司股东会上，出席会议的股东作出了一份决议，同意与N公司合并。

结合上述案例，M回答下列问题。

(1) 该份决议是否生效？为什么？

(2) 假设甲、乙、丙、丁都同意合并，并通过合并决议，则M公司的债务应当如何处理？为什么？

(3) 假设甲、乙、丙都同意合并，并通过合并决议，但丁不同意合并，并对合并决议投反对票。丁应当如何维护自己的权益？

第四节　有限责任公司

【知识链接】

公司的类型

(1) 以股东的责任范围为标准分为：有限责任公司、股份有限公司、无限(责任)公司、两合公司。这是公司的基本类型。我国的公司只有两种类型，即有限责任公司和股份有限公司。

(2) 以股份转让方式为标准分为：封闭式公司(又称不公开公司、不上市公司、私公司)和开放式公司(又称公开公司、上市公司)。

(3) 以公司之间的关系为标准分为：总(本)公司与分公司，其中，分公司无法人资格，所有民事责任由总公司承担。

(4) 以公司之间的关系为标准又可分为：母公司与子公司，在此，母子公司都是独立体，子公司也是独立法人，享有法人资格。在我国，只有国家授权投资的公司可以设立全资子公司，其他只能设立控股子公司。

(5) 以公司的国籍为标准分为：本国公司与外国公司。这是依据公司设立地的法律不同和设置的国境不同的分类。在中国而言，我国以登记地标准确认该外国公司的国籍，所谓外国公司就是依外国法律在中国境外设立的公司。

一、有限责任公司概述

1. 有限责任公司的概念

有限责任公司指股东以其认缴的出资额为限对公司承担责任，公司以其全部资产对其债务承担责任的企业法人。其特征有以下几点。

1) 股东承担有限责任

股东仅以其出资额为限对公司债务承担责任，公司以其全部财产独立承担责任，当公司财产不足以清偿其债务时，股东不承担连带责任。这是有限责任公司的本质特征，也是有限责任公司资合性的表现。

2) 有限公司具有相对封闭性

与股份有限公司相比，有限责任公司是人合兼资合性质的公司，股东之间的相互信任关系非常重要；一般而言，有限责任公司属于中小规模的公司，其在组织与经营上也具有封闭性或非公开性。简而言之，公司的封闭性体现在：其一，股东对外转让出资受到较为严格的限制；其二，设立程序不公开；其三，公司的经营状况不向社会公开。

3) 设立手续和组织相对简易化

与股份有限公司相比，有限责任公司的设立手续较为简单，一般由全体设立人制定公司章程，各自认缴出资额，即可在公司登记机关登记设立。

有限责任公司的公司机关也较为简单，如果股东人数较少和规模较小，有限公司可以不设董事会或监事会；而一人有限责任公司和国有独资公司则不需要设立股东会。

2. 有限责任公司的设立条件

(1) 股东符合法定人数。我国现行公司法规定：有限责任公司由五十个以下股东出资设立。即采取了允许设立一人有限责任公司的立法政策，只对股东人数有最高数额限制。

除国有独资公司外，有限责任公司的股东可以是自然人，也可以是法人。

(2) 有符合公司章程规定的全体股东认缴的出资额。法律、行政法规以及国务院决定对有限责任公司注册资本实缴、注册资本最低限额另有规定的，从其规定。

有限责任公司股东的出资方式可以是多样的。股东可以用货币、实物、工业产权、非专利技术、土地使用权等出资，并可以以依法转让的非货币财产作价出资。

股东应当按期缴纳公司章程中规定的各自所认缴的出资额。有限责任公司股东认缴的

出资，可以在公司成立时一次缴清，也可以在公司成立后分次缴清。

股东不按公司章程规定缴纳所认缴的出资，除应当向公司足额缴纳外，还应当向已足额缴纳出资的股东承担违约责任。

注意：公司成立后，股东不得抽逃出资。

【知识拓展】

股东出资手续

股东以货币出资的，应当将货币足额存入有限责任公司在银行开设的账户。

股东以非货币财产出资的，应当评估作价，核实财产，不得高估或者低估作价；缴资时应当依法办理财产权的转移手续。公司成立后，发现作为设立公司出资的非货币财产的实际价额显著低于公司章程所定价额的，应当由交付该出资的股东补足其差额；公司设立时的其他股东承担连带责任。

当股东缴纳出资后，必须经法定的验资机构验资并出具证明。

(3) 有股东共同制定公司章程。章程应当载明：公司名称和住所；公司经营范围；公司注册资本；股东的姓名或者名称；股东的出资方式和出资额；公司的机构及其产生办法、职权、议事规则；公司的法定代表人；股东会会议认为需要规定的其他事项。

(4) 有公司名称，建立符合有限责任公司要求的组织机构。

(5) 有必要的生产经营条件。

3. 有限责任公司的登记

在具备设立条件后，由全体股东指定的代表或者共同委托的代理人向公司登记机关申请设立登记，提交公司登记申请书、公司章程等文件。

二、有限责任公司的组织机构

我国公司法的规定对有限责任公司组织机构的设置作了多元制的规定：即一般的有限责任公司，其组织机构为股东会、董事会和监事会；股东人数较少和规模较小的有限责任公司，其组织机构为股东会、执行董事和监事；一人有限责任公司不设股东会；国有独资有限责任公司，其组织机构为唯一股东、董事会和监事会。

1. 股东会

1) 股东会的性质和组成

股东会是有限责任公司的权力机关，由全体股东组成。

股东会是非常设机关，而仅以会议形式存在，只有在召开股东会会议时，股东会才作为公司机关存在。

2) 股东会的职权

股东会作为有限责任公司的权力机关，行使下列职权：①决定公司的经营方针和投资计划；②选举和更换非由职工代表担任的董事、监事，决定有关董事的报酬事项；③审议批准董事会的报告；④审议批准监事会或者监事的报告；⑤审议批准公司的年度财务预算方案、决算方案；⑥审议批准公司的利润分配方案和弥补亏损方案；⑦对公司增加或者减

少注册资本作出决议；⑧对发行公司债券作出决议；⑨对公司合并、分立、解散、清算或变更公司形式作出决议；⑩修改公司章程；⑪公司章程规定的其他职权。

3) 股东会的召开和决议

股东会分为定期会议和临时会议两种。定期会议的召开时间由公司章程规定，一般每年召开一次；临时会议可经代表1/10以上表决权的股东，1/3以上的董事，监事会或者不设监事会的公司监事提议而召开。

股东会的首次会议由出资最多的股东召集和主持；以后的股东会会议，凡设立董事会的，一般由董事会召集，董事长主持；不设董事会的，一般由执行董事召集和主持。召开股东会会议，应当于会议召开15日以前通知全体股东。该通知应写明股东会会议召开的日期、时间、地点和目的，以使股东对拟召开的股东会有最基本的了解。

股东会可依职权对所议事项作出决议。一般情况下，股东会会议作出决议时，采取“资本多数决”原则，即由股东按照出资比例行使表决权，但公司章程可以对股东会决议的作出方式另行予以规定，而不按出资比例行使表决权。

股东会的议事方式和表决程序，除公司法有规定的外，由公司章程规定。但下列事项必须经代表2/3以上表决权的股东通过：修改公司章程；公司增加或者减少注册资本；公司分立、合并、解散或者变更公司形式。

全体股东对股东会议决事项以书面形式一致表示同意的，可以不召开股东会会议，而可以直接作出决定，并由全体股东在决定文件上签名、盖章。

2. 董事会

1) 董事会的性质及其组成

董事会是有限责任公司的业务执行机关，是一般有限责任公司的必设机关和常设机关，享有业务执行权和日常经营的决策权，它对股东会负责。

董事会由董事组成，其成员为3～13人。董事的任期由公司章程规定，各个公司可有所不同，但每届任期不得超过3年；董事任期届满时，连选可以连任，并无任职届数的限制；董事在任期届满前，股东会不得无故解除其职务。董事会设董事长一人，可以设副董事长；董事长、副董事长的产生办法由公司章程规定。

我国公司法规定，股东人数较少或公司规模较小的有限责任公司可以不设董事会。不设董事会的有限责任公司，可以设一名执行董事。

董事长和执行董事可以是公司的法定代表人。

2) 董事会的职权

董事会作为有限责任公司的执行机关，行使下列职权：①召集股东会，并向股东会报告工作；②执行股东会的决议；③决定公司的经营计划和投资方案；④制订公司的年度财务预算方案、决算方案；⑤制订公司的利润分配方案和弥补亏损方案；⑥制订公司增加或者减少注册资本以及发行公司债券的方案；⑦制订公司合并、分立、变更公司形式、解散的方案；⑧决定公司内部管理机构的设置；⑨决定聘任或者解聘公司经理及其报酬事项，并根据经理的提名，决定聘任或者解聘公司副经理、财务负责人及其报酬事项；⑩制定公司的基本管理制度；⑪公司章程规定的其他职权。

公司法未规定董事长的职责，一般而言，董事长的职权有：①对外代表公司；②主持股东会会议，召集和主持董事会会议；③检查董事会决议的实施情况；④公司章程规定的

其他职权。

执行董事则兼具了相当于董事会和董事长的身份。

3) 董事会的召开和决议

董事会会议一般由董事长召集和主持。

董事会可依职权对所议事项作出决议。董事会决议的表决，实行一人一票制。

董事会应当对所议事项的决定作成会议记录，出席会议的董事应当在会议记录上签名。

3. 经理

有限责任公司的经理是负责公司日常经营管理工作的高级管理人员。

有限责任公司可以设经理，由董事会聘任或者解聘，经理对董事会负责。经理可以作为公司的法定代表人。

经理作为有限责任公司的日常经营管理机关，行使下列职权：①主持公司的生产经营管理工作，组织实施董事会决议；②组织实施公司年度经营计划和投资方案；③拟订公司内部管理机构设置方案；④拟订公司的基本管理制度；⑤制定公司的具体规章；⑥提请聘任或者解聘公司副经理、财务负责人；⑦决定聘任或者解聘除应由董事会决定聘任或者解聘以外的其他负责管理人员；⑧董事会授予的其他职权；⑨公司章程如果对经理职权有规定的，依其规定。

4. 监事会

1) 监事会的性质及其组成

监事会为经营规模较大的有限责任公司的常设监督机关，专司监督职能；监事会对股东会负责，并向其报告工作。

监事会由监事组成，其成员不得少于 3 人。监事会应当包括股东代表和适当比例的公司职工代表，其中职工代表的比例不得低于 1/3，具体比例由公司章程规定。监事会中的股东代表，由股东会选举产生；监事会中的职工代表由职工民主选举产生；监事会应在其组成人员中推选一名召集人。

监事的任期是法定的，每届为 3 年。监事任期届满，连选可以连任。

股东人数较少或规模较小的有限责任公司，不设立监事会。可以设 1 至 2 名监事，行使监事会的职权。

注意：公司董事、高级管理人员不得兼任监事。

2) 监事会的职权

监事会作为有限责任公司的监督机关，行使下列职权：①检查公司财务；②对董事、高级管理人员执行公司职务时的行为进行监督，对违反法律、法规、公司章程或者股东会决议的董事、高级管理人员提出罢免的建议；③当董事和高级管理人员的行为损害公司的利益时，要求董事和高级管理人员予以纠正；④提议召开临时股东会会议，在董事会不履行公司法规定的召集和主持股东会会议职责时召集和主持股东会会议；⑤向股东会会议提出提案；⑥依照公司法第一百五十二条的规定对董事、高级管理人员提起诉讼；⑦公司章程规定的其他职权。

此外，为便于对董事的监督，我国公司法还规定，监事有权列席董事会会议，并对董事会决议事项提出质询或者建议。监事会或者监事发现公司经营情况异常，可以进行调查，

必要时可以聘请会计师事务所等协助其工作，费用由公司承担。

监事会、不设监事会的公司的监事行使职权所必需的费用由公司承担。

【小资料】

公司董事、监事、高级管理人员的资格

董事、监事、高级管理人员应当遵守法律、行政法规和公司章程，对公司负有忠实义务和勤勉义务。其中，高级管理人员(高管)是指公司的经理、副经理、财务负责人、上市公司董事会秘书和公司章程规定的其他人员。

有下列情形之一的，不得担任公司的董事、监事和高级管理人员。

(1) 无民事行为能力或者限制民事行为能力。

(2) 因贪污、贿赂、侵占财产、挪用财产或者破坏社会主义市场经济秩序，被判处刑罚或者因犯罪被剥夺政治权利，执行期满未逾5年。

(3) 担任破产清算的公司、企业的董事或者厂长、经理，对该公司、企业的破产负有个人责任的，自该公司、企业破产清算完结之日起未逾3年。

(4) 担任因违法被吊销营业执照、责令关闭的公司、企业的法定代表人，并负有个人责任的，自该公司、企业被吊销营业执照之日起未逾3年。

(5) 个人所负数额较大的债务到期未清偿。

公司违反上述规定选举、委派董事、监事或者聘任高级管理人员的，该选举、委派或者聘任无效。董事、监事和高级管理人员在任职期间出现上述所列情形的，公司应当解除其职务。

三、有限责任公司的股权转让

1. 股东之间转让的规则

有限责任公司的股东相互之间可以自由转让股权。可以是转让部分股权，也可以是转让全部股权。在转让部分股权的情况下，转让方仍保留股东身份，只是转让方与受让方各自的股权比例发生变化。在全部转让的情况下，转让方退出公司。

由于公司法承认了一人有限责任公司的法律地位，所以如果因有限公司股东相互之间转让股权而导致公司只剩下一个股东时，公司仍可以继续存在，但此时公司须符合公司法关于一人有限责任公司的有关条件。

2. 股东对外转让的规则

有限责任公司的股东可以将其持有的公司股权转让给股东以外的第三人，但须符合公司法规定的相关条件。

1) 其他股东行使同意权

股东向股东以外的第三人转让股权，无论是部分转让还是全部转让，应当经其他股东过半数的同意。

注意：此项同意以股东人数计算，而非以股东持有的有表决权的股数计算。

程序上，欲对外转让股权的股东应当就股权转让事项以书面形式通知其他股东，征求其他股东的同意。其他股东可以同意也可以不同意，但应当给予转让方答复；如果其他股东在接到转让方的书面通知之日起30日未予答复，则视为其同意转让方对外转让股权。

如半数以上的其他股东不同意转让，则不同意的股东应当购买该转让的股权；不购买的视为同意转让。

公司法的这一规定为有限责任公司股东提供了有效的股权退出机制，方便了投资行为，保护了股东投资的自由与退出公司的自由。

2) 其他股东具有优先购买权

股东对外转让股权，取得了其他股东的同意，则在同等条件下，其他股东享有优先购买权。所谓同等条件，主要是指股权转让的价格，但也包括转让的其他条件，如支付方式、支付期限以及其他由转让方提出的合理条件。所以，如果第三人愿意以更优惠或对转让方更有利的条件购买股权，而其他股东声明放弃优先购买权或不愿意以此条件购买，则转让方可以向第三人转让股权。

同等条件下的优先购买权并非强制性规定。如果公司章程中对股东对外转让股权有不同的或相反的规定，则从其约定。公司章程可以规定股东对外转让股权时其他股东不享有优先购买权；可以规定其他股东享有优先购买权的具体条件；可以规定其他股东行使优先购买权的程序等。

3. 强制执行转让的规则

在因股权质押担保等情形而导致人民法院依法采取强制执行措施而转让有限责任公司的股东在公司中的股权的情形下，人民法院应当将此强制执行措施的有关情况通知股东所在的公司和全体股东，包括被强制执行股权的股东和其他股东。

其他股东在同等条件下享有优先购买权，这被称为强制执行程序中的股东优先购买权。但该优先购买权应当自接到人民法院的通知之日起20日行使，逾期不行使的，视为放弃优先购买权，第三人可以通过强制执行措施授让该股权。

对于该非通过协商而是通过强制执行程序购买股权的新股东，公司和其他股东不得否认其效力，公司应当注销原股东的出资证明书，并向新股东签发出资证明书，修改公司章程和股东名册中有关股东及其出资额的记载，此项对于公司章程的修改不需再由股东会表决而直接发生效力。

4. 股东对公司转让的特殊规则

一般情况下，不允许股东向公司转让股份，其实质是避免公司注册资本和资产的变相减少。但有限责任公司有较强的人合性质，股东相互之间的信任与合作对于公司的经营管理和发展非常重要，在某些情形下，股东对公司失去信心，又无人愿意受让其股权，法律应当为这些股东提供合理的救济渠道，保障股东退出公司的正当自由，保护人们的投资积极性与安全感。这种救济渠道被称为股东的股权收购请求权。

有下列情形之一的，对股东会该项决议投反对票的股东可以请求公司按照合理的价格收购其股权：①公司连续5年不向股东分配利润，而公司5年连续盈利，并且符合公司法规定的分配利润条件的；②公司合并、分立、转让主要财产的；③公司章程规定的营业期限届满或者公司章程规定的其他解散事由出现，股东会会议通过决议修改公司章程使公司存续的。在上述任何一种情形下，对公司股东会会议通过上述决议不赞成，并且投的是反

对票的股东，有权自股东会会议决议通过之日起60日内提出请求，请求公司收购其持有的公司股权，收购股权的价格由该股东与公司协商确定；如果在该股东与公司不能就股权收购事宜达成一致，则股东可以自股东会会议决议作出之日起90日内向人民法院提起诉讼，通过诉讼途径解决该争议。

5. 自然人股东资格的继承

有限责任公司的自然人股东如果死亡或者被宣告死亡，该股东有符合继承法规定的合法继承人，该合法继承人可以继承股东资格。但是，如果公司章程对此种情形另有规定，从其规定。例如，公司章程规定股东死亡时，死亡股东的继承人不能自动取得股东资格而须有其他股东一定比例的同意，或者规定继承人在符合何种条件时方能继承股东资格等。

如果公司章程没有相反规定，则当自然人股东死亡时，其合法继承人愿意取得股东资格的，其他股东应当允许。如果继承人不愿意取得股东资格，则应通过协商或者评估确定该股东的股权价格，由其他股东受让该股权或由公司收购该股权，继承人取得股权转让款。如果该股东有数个合法继承人，且都愿意继承股东资格，则由该数个继承人通过协商确定各自继承股权的份额。

四、特殊的有限责任公司

1. 一人有限责任公司

一人有限责任公司，简称一人公司、独资公司或独股公司，是指只有一个自然人股东或者一个法人股东的有限责任公司。它是有限责任公司的特殊形态，其设立和组织机构适用特别规定；没有专门规定的就适用一般有限责任公司的规定。

1) 一人公司所具有的特征

(1) 股东为一人。一人公司的出资人即股东且只有一人；股东可以是自然人，也可以是法人。这一特征体现了其与一般有限责任公司的不同，也体现其与个人独资企业的区别，后者的投资人只能是自然人，而不包括法人。

(2) 股东对公司债务承担有限责任。一人公司的本质特征同于有限公司，这也体现了一人公司与个人独资企业的本质区别。

(3) 组织机构的简化。一人公司由于只有一个出资人，所以不设股东会，公司法关于由股东会行使的职权在一人公司系由股东独自一人行使。至于一人公司是否设立董事会、监事会，则由公司章程规定，可以设立，也可以不设立，法律未规定其必须设立。

与一般有限责任公司相比，一人公司缺乏相应的制衡和监督，因此，公司法专门对一人公司进行规制，旨在防止股东借一人公司的独立法律地位和股东有限责任而从事损害公司债权人及其他利害关系人的利益。

2) 我国公司法规定的一人公司的限制性条件

(1) 公司营业执照中应当载明自然人或者法人独资。

(2) 股东作出的其行使职权的决定，应当采用书面形式，并由股东签名后置备于公司。

(3) 再投资的限制。此一限制体现在两个方面：一方面，一个自然人只能投资设立一个一人有限责任公司，不能投资设立第二个一人有限责任公司；另一方面，由一个自然人投资设立的一人有限责任公司不能作为股东投资设立一人有限责任公司。

注意：此一限制仅适用于自然人，不适用于法人。

(4) 财务会计制度方面的要求。一人有限责任公司应当在每一会计年度终了时编制财务会计报告，并经会计师事务所审计。这也是它与个人独资企业的区别之一。

(5) 人格混同时的股东连带责任。一人有限责任公司的股东不能证明公司财产独立于股东自己的财产的，即发生公司财产与股东个人财产的混同，进而发生公司人格与股东个人人格的混同，此时适用公司法人格否认制度，股东必须对公司债务承担连带责任，公司的债权人可以将公司和公司股东作为共同债务人进行追索。

【知识拓展】

一人公司的类型

一人公司的公司法理论上有狭义和广义的区分。

狭义的一人公司又称形式意义上的一人公司，指股东只有一人，全部股份由一人拥有的公司。我国公司法上的一人公司是狭义上的概念。在该股东为公司法人时，其设立的一人公司就是通常所称的全资子公司。

广义的一人公司，不仅包括形式意义上的一人公司，还包括实质意义上的一人公司。所谓实质意义上的一人公司，即公司的真实股东只有一人，其真实股东的最低持股比例不低于95%，其余股东仅是为了真实股东一人的利益而持有公司股份的名义股东。所谓名义股东，其并不享有真正意义上的股权，当然也不承担真正意义上的股东义务。这种实质意义上的一人公司在西方国家特别是美国较为普遍，因为美国许多州的公司法律规定董事必须拥有一定数额的公司股份，即资格股，所以许多公司股份的绝大部分比例由一个股东拥有，另外，极小比例的股份由公司董事拥有。此外，家族式的公司亦往往表现为实质意义上的一人公司。

2. 国有独资公司

国有独资公司是指国家单独出资、由国务院或者地方人民政府授权本级人民政府国有资产监督管理机构履行出资人职责的有限责任公司。

国有独资公司是有限责任公司的一种，它不是独立于有限责任公司形态的一种新的公司形态。其性质也是一人公司，但由于其股东的特殊性，即设立人既非自然人，亦非法人，而是由国家出资，所以将其单独作为一种特殊类型的有限责任公司。

国有独资公司的特殊性主要体现在以下组织机构等方面。

(1) 国有独资公司的权力机关。国有独资公司不设股东会。但不设股东会并不意味着国有独资公司没有权力机关，其唯一股东就是公司的权力机关，即国有资产监督管理机构以唯一股东的身份行使股东会的职权。

(2) 国有独资公司的董事会与经理。国有独资公司设董事会为公司的执行机关。董事的人选来自两个方面：其一是由国有资产监督管理机构委派；其二是公司职工代表，由公司职工通过职工代表大会民主选举产生。董事会成员中应当有公司职工代表。董事会的任期每届3年。

国有独资公司董事会的职权比一般有限责任公司董事会的职权要多。其职权包括两部分：一部分是法定职权，即行使一般有限责任公司董事会的职权；另一部分是因授权而行

使的职权，即由国有资产监督管理机构授权行使一般有限责任公司股东会的部分职权。

国有独资公司设经理，履行公司法规定的经理的职责。经理由董事会聘任或者解聘。经国有资产监督管理机构同意，董事会成员可以兼任经理。

国有独资公司的董事长、副董事长、董事及高级管理人员，未经国有资产监督管理机构同意，不得在其他有限责任公司、股份有限公司或者其他经济组织兼职。

(3) 监事会。国有独资公司设监事会，作为公司的监督机构。监事会主要由国务院或者国务院授权的机构、部门委派的人员组成，并有公司职工代表参加。监事会的成员不得少于 5 人，其中职工代表的比例不得少于 1/3。监事列席董事会会议。董事、高级管理人员及财务负责人不得兼任监事。

【课堂讨论】

A 有限责任公司是一家经营灯具批发的企业，注册资本 500 万元。近年来由于市场不景气，公司资本总额与其实有资产悬殊，某年 3 月，A 有限责任公司决定减少注册资本。5 月，股东会以代表 1/2 以上表决权的股东通过决议，将公司注册资本减至人民币 200 万元；公司自作出减少注册资本决议之日就向公司登记机关办理变更登记。

问题：依据《公司法》，A 有限责任公司在减少注册资本的过程中存在哪些问题？

课后作业

一、单项选择题

1. 下列关于“有限责任”的解释，正确的是(　　)。

A. 有限责任公司股东以其认缴的出资额为限对公司承担责任

B. 有限责任公司股东以其实缴的出资额为限对公司承担责任

C. 有限责任公司股东以其全部资产为限对公司承担责任

D. 有限责任公司以其注册资本为限对公司债务承担责任

2. 有限责任公司股东的首次出资额，不得低于注册资本的(　　)。

A. 10%　　B. 15%　　C. 20%　　D. 25%

3. 有权同意国有独资公司董事兼任经理的是(　　)。

A. 国有资产监督管理委员会　　B. 公司董事会

C. 公司监事会　　D. 公司董事长

4. 某有限责任公司有甲、乙、丙三个股东，丙持股 40%。现丙为了顺利离婚，欲将其持有的公司股权的一半让与即将与之离婚的妻子，下列说法正确的是(　　)。

A. 在任何情况下，甲、乙均享有优先购买权

B. 丙必须就此事书面通知甲、乙并征求他们的同意

C. 在符合转让条件的情况下，受让人丙妻应当将股权转让款支付给公司

D. 未经工商变更登记，受让人丙妻不能取得公司股东资格

5. 根据我国《公司法》的规定，公司董事、监事、经理持有的本公司的股票(　　)。

A. 自公司股票上市交易之日起 1 年内不得转让

B. 在 3 年内不得转让

C. 在任职期间不得转让

D. 在公司股东会批准前不得转让

二、多项选择题

1. 甲、乙两个自然人准备设立一个从事商品批发的有限责任公司，经咨询得到以下咨询意见，其中正确的有(　　)。

A. 有限公司最低注册资本应当达到50万元人民币

B. 公司必须设立董事会

C. 公司可以不设监事会

D. 公司不得向社会公开募集股份

2. 根据《公司法》的规定，下列各项中可以提议召开有限责任公司股东会临时会议的有(　　)。

A. 代表1/4以上有表决权的股东

B. 持有公司股份10%以上的股东

C. 1/3以上的董事

D. 1/3以上的监事

3. 根据《公司法》的规定，股份有限公司发生下列情形时，应当召开临时股东大会(　　)。

A. 董事人数不足公司章程规定的人数的1/2时

B. 公司未弥补的亏损达股本总额的1/3时

C. 持有公司股份5%以上的股东请求时

D. 监事会提议召开时

4. 有限责任公司股东会必须以特别决议通过的事项包括(　　)。

A. 公司增加或减少注册资本　　B. 公司分立、合并或变更公司形式

C. 公司解散　　D. 股东向公司以外的人转让出资

5. 某有限责任公司的董事有私房一幢，因家庭经济紧张急需出售，但近期内买主难寻，即决定将该房屋卖给本公司，此销售行为是否可以进行？(　　)

A. 须经董事会同意方可　　B. 须经股东会同意方可

C. 公司章程必须有允许的规定方可　　D. 应绝对禁止

三、判断题

1. 有限责任公司的股东以其认缴的股份为限对公司承担责任；股份有限公司的股东以其认购的出资额为限对公司承担责任。(　　)

2. 公司股东依法享有资产收益、参与重大决策、公司日常管理和选择管理者等权利。(　　)

3. 依照《中华人民共和国公司法》设立的有限责任公司，不得在公司名称中标明“有限责任公司”或者“有限公司”字样。(　　)

4. 股东应当按期足额缴纳公司章程中规定的各自所认缴的出资额。股东以货币出资的，应当将货币出资足额存入有限责任公司在银行开设的账户；以非货币财产出资的，应当依法办理其财产权的转移手续。股东不按照前款规定缴纳出资的，除应当向公司足额缴纳外，还应当向已按期足额缴纳出资的股东承担违约责任。(　　)

5. 有限责任公司成立后，发现作为设立公司出资的非货币财产的实际价额显著低于公司章程所定价额的，应当由交付该出资的股东补足其差额；公司设立时的其他股东承担连带责任。 （ ）

四、案例分析

A股份有限公司拟召开2012年度股东大会年会，审议批准董事会报告、审议批准监事会报告、审议批准年度财务预算方案和决算方案、审议批准公司的利润分配方案。公司在国务院证券管理部门指定的报纸上登载了召开股东大会年会的通知。通知内容如下。

A股份有限公司关于召开2012年度股东大会年会的通知

兹定于2012年×月×日在公司本部办公楼二层会议室内召开2012年度股东大会年会，特通知如下。

一、凡持有本公司股份50万股以上的股东可向本公司索要本通知，并持通知出席股东大会会议。

二、持有本公司股份不足50万股的股东，可自行组合，每50万股选出一名代表，向本公司索要本通知，并持通知出席股东大会会议。

三、持有本公司股份不足50万股的股东，5月10日前不自行组合产生代表的，本公司将向其寄送“通讯表决票”，由其通讯表决。

A股份有限公司董事长 ×××

2012年×月×日

问题：阅读上述资料，指出上述通知有哪些违法之处？根据是什么？

第五节 股份有限公司

【知识链接】

股 份

股份是股份有限公司特有的概念，它是股份有限公司资本最基本的构成单位。

股份具有以下特征：股份所代表的金额相等；股份表示股东享有权益的范围；股份通过股票这种证券形式表现出来。

股份有限公司的股份依据不同的标准，可以划分为以下不同的种类。

第一，普通股和优先股。①普通股股东有权在公司提取完毕公积金、公益金以及支付了优先股股利后，参与公司的盈余分配，其股利不固定。公司终止清算时，普通股股东在优先股股东之后取得公司剩余财产。普通股股东有出席或委托代理人出席股东大会并行使表决权的权利。②优先股股东在公司盈余或剩余财产的分配上享有比普通股股东优先的权利，如优先股的利率事先约定，优先股先于普通股分配红利，公司终止清算时，优先股先于普通股收回投资。但优先股股东没有表决权。

第二，表决权股、限制表决权股和无表决权股。①表决权股。持有表决权股的股东享有表决权。表决权股又可分为：普通表决权股，即一股拥有一票表决权；多数表决权股，即该股东享有超过其拥有股份数的表决权，持有多数表决权股的股东为特定股东，一般都

是公司的董事或监事，但通常各国公司法对发行多数表决权股限制较为严格；特别表决权股，即只对公司的某些特定事项享有表决权。②限制表决权股。持有该种股份的股东，其表决权受到公司章程的限制。通常应在公司章程中载明限制表决权股，而且不得对个别股东分别实行。③无表决权股。持有该种股份的股东，不享有表决权。通常，对无表决权的股份，必须给予其利益分配的优先权，即以盈余分配方面的优先作为无表决权的补偿。

第三，记名股和无记名股。①记名股。这是指将股东姓名记载于股票之上的股份。记名股不仅要求在股票上记载股东姓名，而且要求记载于公司的股东名册上。公司向发起人、法人发行的股票，应当为记名股票，并应当记载该发起人、法人的名称或者姓名，不得另立户名或者以代表人姓名记名；发起人的股票，应当标明发起人股票字样。记名股转让时，应作记名背书，并在移交股票后，变更公司股东名册上之记载。②无记名股。这是指发行的不将股东姓名记载于股票之上的股份。这种股份的股东权利完全依附于股票，凡持票人均可主张其股东权利。无记名股在转让时，只需在合法场所交付于受让人，即可发生股权转移的效力。无记名股票通常是向自然人股东发行的股票。

第四，额面股和无额面股。①额面股，又称面值股，是指股票票面标明一定金额的股份。②无额面股，又称比例股，是指股票不标明金额，只标明每股占公司资本的比例。

第五，国家股、法人股、个人股和外资股。这是我国目前特有的股份种类。

一、股份有限公司的设立

1. 股份有限公司的概念和特征

股份有限公司，简称股份公司，是指将其全部资本分为等额股份，股东以其所持股份为限对公司承担责任，公司以其全部资产对公司的债务承担责任的企业法人。它具有以下特征。

1) 公司的全部资本分为等额股份

股份作为公司资本的基本单位，全部资本分为等额股份，每股金额相等，且一股一权、同股同权、同股同利，体现了股东平等原则。资本股份化是股份有限公司最重要的特征。

2) 股东负有限责任

股份有限公司股东对公司的责任仅以其所持股份为限，公司则以其全部资产对外承担负责。此与有限责任公司的股东所负的有限责任是同样的，投资者个人风险较小。

3) 股份公司具有开放性与社会性

股份有限公司可以通过对外公开发行股票，向社会募集资金，便于集中资本；任何投资者都可以通过购买股票而成为股份有限公司的股东，理论上说，股东人数是无限的；任何股东可以自由转让其持有的公司股份，从而使股份有限公司具有最广泛的社会性。同时，为了便于投资者的决策及有利于对公司的法律监管，法律规定了股份有限公司的信息披露制度。因此，股份有限公司也被称为开放性公司。

2. 股份有限公司的设立条件

按照我国公司法的规定，设立股份有限公司应当具备下列条件。

(1) 发起人符合法定人数：发起人是指筹办公司的设立事务、认购公司的股份、进行公司设立行为的人，他可以是自然人，也可以是法人或其他经济组织。

设立股份有限公司，应当有 2 人以上 200 人以下作为发起人，其中须有半数以上的发起人在中国境内有住所。可见，股份有限公司不能是一人公司，其股东至少为2人。

(2) 有符合公司章程规定的全体发起人认购的股本总额或者募集的实收股本总额。

法律、行政法规以及国务院决定对股份有限公司的注册资本实缴、注册资本最低限额另有规定的，从其规定。

股份有限公司采取发起设立方式设立的，注册资本为在公司登记机关登记的全体发起人认购的股本总额。在发起人认购的股份缴足前，不得向他人募集股份。

股份有限公司采取募集方式设立的，注册资本为在公司登记机关登记的实收股本总额。

(3) 股份发行、筹办事项符合法律规定。

(4) 发起人制定公司章程。章程应当载明下列事项：公司名称和住所；公司经营范围；公司设立方式；公司股份总数、每股金额和注册资本；发起人的姓名或者名称、认购的股份数、出资方式和出资时间；董事会的组成、职权和议事规则；公司法定代表人；监事会的组成、职权和议事规则；公司利润分配办法；公司的解散事由与清算办法；公司的通知和公告办法；股东大会认为需要规定的其他事项。

(5) 有公司名称，建立符合股份有限公司要求的组织机构。

(6) 有公司住所。

3. 股份有限公司的设立程序

1) 发起设立

发起设立是指由发起人认购公司应发行的全部股份，不向发起人之外的任何人募集而设立公司。发起设立的程序包括以下几方面。

(1) 发起人认购股份。发起人应当书面认足公司章程规定其认购的股份。认购采用书面形式，载明认股人的姓名或名称、住所、认股数、应交股款金额、出资方式，由认股人填写、签章。认购书一经填妥并签署，即具有法律上的约束力。

(2) 发起人缴清股款。发起人在认购股份后，按照公司章程规定缴纳出资。发起人以实物、知识产权、非专利技术或者土地使用权出资的，应当依法估价，并办理财产权转移手续。

(3) 选举董事会和监事会。发起人缴纳首期出资后，应当选举董事会和监事会。

(4) 申请设立登记。董事会应向公司登记机关申请设立登记，申请时应当报送公司章程以及其他文件。公司登记机关自接到股份有限公司的设立申请之日起 30 日内作出是否予以登记的决定。对符合法律规定条件的，发给公司营业执照。公司以营业执照签发日期为公司成立日期。公司成立后，应当进行公告。

2) 募集设立

募集设立是指由发起人认购公司应发行股份的一部分，其余部分向社会公开募集而设立公司。募集设立的程序包括以下几方面。

(1) 发起人认购股份。以募集方式设立股份有限公司的，发起人认购的股份不得少于公司应发行股份总数的 35%。法律、行政法规对此另有规定的，从其规定。

(2) 公告招股说明书，制作认股书。招股说明书应当附有发起人制定的公司章程，并载明下列事项：发起人认购的股份数；每股的票面金额和发行价格；无记名股票的发行总数；募集资金的用途；认股人的权利和义务；本次募股的起止期限及逾期未募足时，认股人可撤回所认股份的说明。

(3) 签订承销协议和代收股款协议。发起人不能自己直接销售和收受股款，而要他人承销和代收：发起人就股份承销的方式、数量、起止日期、承销费用的计算与支付等具体事项，与证券公司签订承销协议；就代收和保存股款的具体事宜，与银行签订代收股款协议。

(4) 召开创立大会。创立大会通常被认为是股份有限公司募集设立过程中的决议机构。发起人应当在发行股份的股款缴足后30日内主持召开创立大会。创立大会由发起人、认股人组成。创立大会的职权包括：审议发起人关于公司筹办情况的报告；通过公司章程；选举董事会成员；选举监事会成员；对公司的设立费用进行审核；对发起人用于抵作股款的财产的作价进行审核；发生不可抗力或者经营条件发生重大变化直接影响公司设立的，可以作出不设立公司的决议。创立大会对前款所列事项作出决议，必须经出席会议的认股人所持表决权过半数通过。

(5) 设立登记并公告。以募集方式设立的公司在创立大会结束后30日内，由董事会向公司登记机关即工商行政管理局申请设立登记，并按照公司登记管理条例的规定，提交有关文件，包括：公司登记申请书；创立大会的会议记录；公司章程；法定代表人、董事、监事的任职文件及其身份证明；发起人的法人资格证明或者自然人身份证明；公司住所证明。其中，以募集方式设立股份有限公司公开发行股票的，还应当向公司登记机关报送国务院证券监督管理机构的核准文件。

4. 公司设立中发起人的责任

发起人在进行公司设立行为过程中，应当签订发起人协议，明确各自在公司设立过程中的权利和义务。在设立公司的过程中，发起人应当承担下列责任。

(1) 公司不能成立时，对设立行为所产生的债务和费用负连带责任。

(2) 公司不能成立时，对认股人已缴纳的股款，负返还股款并加算同期银行存款利息的连带责任。

(3) 在公司设立过程中，由于发起人的过失使公司利益受到损害的，应当对公司承担赔偿责任。

(4) 发起人虚假出资，如未支付货币、实物或者未转移财产权，欺骗债权人和社会公众的，责令改正，处以虚假出资金额5%以上、15%以下的罚款。

(5) 发起人在公司成立后抽逃其出资的，责令其改正，处以所抽逃出资金额5%以上、15%以下的罚款。

二、股份有限公司的组织机构

股份有限公司的组织机构包括股东大会、董事会、监事会等。

1. 股东大会

1) 股东大会的性质及其组成

股东大会为股份有限公司必须设立的机关，是股份有限公司的最高权力机关。股东大会由全体股东组成。

2) 股东大会的职权

股东大会的职权主要有两类。其一，审议批准事项，如审议批准董事会的报告；审议批准监事会的报告；审议批准公司的年度财务预算方案、决算方案；审议批准公司的利润

分配方案和弥补亏损方案等。其二，决定、决议事项，如决定公司的经营方针和投资计划；选举和更换董事，决定有关董事的报酬事项；选举和更换由股东代表出任的监事，决定有关监事的报酬事项；对公司增加或减少注册资本作出决议；对发行公司债券作出决议；对公司合并、分立、解散和清算等事项作出决议；修改公司章程等。

公司法关于有限责任公司股东会职权的规定适用于股份有限公司的股东大会。

3) 股东大会的召开

股东大会分为年会和临时会议两种。

年会应当每年召开一次，通常在每个会计年度终了后 6 个月内召开。

临时股东大会则应在有下列情况之一时 2 个月内召开：董事人数不足公司法规定的人数或者公司章程规定的人数的 2/3 时；公司未弥补的亏损达到实收股本总数的 1/3 时；单独或合计持有公司股份 10%以上的股东请求时；董事会认为必要时；监事会提议召开时。

股东大会会议由董事会负责召集，董事长主持会议，董事长不能履行职务或者不履行职务时，由副董事长履行职务；副董事长不能履行职务或者不履行职务时，由半数以上董事共同推举一名董事主持。

召开股东大会，应在会议召开的 20 日前通知各股票的股东。通知中应写明股东大会会议将审议的事项，股东大会会议召开的日期和地点等。临时股东大会不得对通知中未列明的事项作出决议。股份有限公司发行无记名股票的，应于股东大会召开的 30 日前进行公告。无记名股票的股东要出席股东大会的，必须于会议召开 5 日以前至股东大会闭会时将股票交存于公司，否则，不得出席会议。

4) 股东大会的决议

股东出席股东大会会议，所持每一股份有一表决权。但是公司持有的本公司的股份没有表决权。

股东大会的决议实行股份多数决定的原则，所谓股份多数决定原则，是指股东大会依持有多数股份的股东的意志作出决议。股东大会决议实行股份多数表决原则，必须具备两个条件：一是要有代表股份多数的股东出席；二是要有出席会议的股东所持表决权的多数通过。

股东大会作出决议，必须经出席会议的股东所持表决权过半数通过，但是股东大会作出修改公司章程、增加或者减少注册资本的决议以及公司合并、分立、解散或者变更公司形式的决议，必须经出席会议的股东所持表决权的 2/3 通过。公司转让、受让重大资产或者对外提供担保等事项必须经股东大会作出决议的，董事会应当及时召集股东大会会议，由股东大会就上述事项进行表决。

股东大会对所议事项的决定应当作成会议记录，主持人、出席会议的董事应当在会议记录上签名。会议记录应当与出席股东的签名册及代理出席的委托书一并保存，供股东查阅。

股东大会必须按照法定的召集方法召集，并依照法定的决议方法通过内容不违法的决议。具备该条件的决议，才具有法律效力。如果股东大会的决议违法，股东有权通过诉讼途径请求法院宣告决议无效或撤销决议。

5) 累积投票权

股东大会选举董事、监事，可以依照公司章程的规定或者股东大会的决议，实行累积投票制，即股东大会选举董事、监事时，每一股份拥有与应选董事或者监事人数相同的表决权，股东拥有的表决权可以集中使用。

所谓累积投票权，是指股东大会选举两名以上的董事或监事时，股东所持的每一股份

拥有与当选董事或监事总人数相等的投票权，股东既可以用所有的投票权集中投票选举某一人，也可以分散投票选举数人，按得票多少依次决定董事人选的表决权制度。由此可见，累积投票权是股份有限公司的股东大会在投票表决一些重要事项时，例如选举董事或监事时，给予全体股东的一种与表决公司的其他一般事项所不同的特别表决权，这种表决权的特别之处主要表现在两点。第一，表决权的数额计算方式特别。在实行累积投票时，股东的表决权票数是按照股东所持有的股票数与所选举的董事或监事人数的乘积计算，而不是直接按照股东所持有的股票数计算。第二，股东拥有的表决权可以集中使用。即根据累积投票制，可以集中投票给一个或几个董事候选人。

累积投票权制度的意义在于限制大股东或控股股东对董事、监事选举过程的控制与操纵，有利于保护中小股东的利益。

注意：我国公司法规定的累积投票权是任意性的，而非强制性的，即公司可以采用累积投票权制度，也可以不采用该制度，是否采用由公司章程作出规定或由股东大会作出决议。

【知识拓展】

累积投票权的计算

如某公司要选 5 名董事，公司股份共 10000 股，股东共 10 人，其中 1 名大股东持有 5100 股，即拥有公司 51%的股份，其余 9 名股东共计持有 4900 股，合计拥有公司 49%的股份，若按直接投票制度，每股有一个表决权，则控股 51%的大股东就能够使自己推选的 5 名董事全部当选，其他股东无法表达自己的意志。

但若采取累积投票制，股东的表决权票数等于股东所持有的股票数乘以所选举的董事或监事人数，即表决权的总数就成为 10000 × 5 = 50000 票，控股股东总计拥有的票数为 25500 票，其他 9 名股东合计拥有 24500 票，9 名股东可以集中投票给一个或几个董事候选人。因此，根据累积投票制的理论，按所得同意票数多少的排序确定当选董事，其他股东至少可以使自己的 2 名董事当选，而控股比例超过半数的股东也最多只能选上 3 名自己的董事。

2. 董事会

1) 董事会的性质及其组成

董事会是股份有限公司必设的业务执行和经营意思决定机构，对股东大会负责。

董事会由全体董事组成。董事会成员为 5～19 人。董事的产生有两种情况：在公司设立时，采取发起方式设立的公司，董事由发起人选举产生；采取募集方式设立的公司，董事由创立大会选举产生。在公司成立后，董事由股东大会选举产生。

董事会设董事长 1 人，可以设副董事长。董事长和副董事长由董事会以全体董事的过半数选举产生。董事长可以为公司的法定代表人。董事长主持股份有限公司股东大会会议和董事会会议，为其会议主席。

董事的任期由公司章程规定，但每届任期不得超过 3 年。董事任期届满，连选可以连任。董事在任期届满前，股东大会不得无故解除其职务。

2) 董事会的职权

股份有限公司董事会的职权适用公司法关于有限责任公司董事会的职权的规定。

股份有限公司董事会的职权包括：负责召集股东大会，并向股东大会报告工作；执行股东大会的决议；决定公司的经营计划和投资方案；制订公司的年度财务预算方案、决算方案；制订公司的利润分配方案和弥补亏损方案；制订公司增加或减少注册资本的方案以及发行公司债券的方案；拟订公司合并、分立、解散的方案；决定公司内部管理机构的设置；聘任或者解聘公司高级管理人员，根据高级管理人员的提名，聘任或者解聘公司副高级管理人员、财务负责人，决定其报酬事项；制定公司的基本管理制度等。

3) 董事会会议的召开

股份有限公司的董事会会议分为定期会议和临时会议两种。董事会定期会议，每年度至少召开两次会议，每次应于会议召开10日以前通知全体董事和监事；董事会召开临时会议，其会议通知方式和通知时限，可由公司章程作出规定。董事会会议由董事长负责召集。董事长不能履行职务或者不履行职务的，由副董事长履行职务；副董事长不能履行职务或者不履行职务的，由半数以上董事共同推举一名董事履行职务。

股份有限公司董事会会议应有过半数的董事出席方可举行。

董事会作出决议，必须经出席会议全体董事过半数通过。董事会会议的结果表现于董事会决议之中。董事会应当对会议所议事项的决定做成会议记录，由出席会议的董事和记录员在会议记录上签名，董事应当对董事会的决议承担责任，董事会的决议违反法律、行政法规或者公司章程，致使公司遭受严重损失的，参与决议的董事对公司负赔偿责任；但经证明在表决时曾表明异议并记载于会议记录的，该董事可以免除责任。

3. 经理

经理是对股份有限公司日常经营管理负有全责的高级管理人员，由董事会聘任或解聘，对董事会负责。

公司法中关于有限责任公司经理职权的规定适用于股份有限公司的经理。

4. 监事会

1) 监事会的性质及其组成

监事会是股份有限公司必设的监察机构，对公司的财务及业务执行情况进行监督。

监事会由监事组成，其人数不得少于3人。监事的人选由股东代表和公司职工代表构成，其中职工代表的比例不得低于1/3。股东代表由股东大会选举产生；职工代表由公司职工民主选举产生。

监事会设主席1人，可以设副主席。监事会主席、副主席由全体监事过半数选举产生。监事的任期每届为3年，监事任期届满，连选可以连任。

2) 监事会的职权

公司法中关于有限责任公司监事会职权的规定，适用于股份有限公司监事会。

三、股份有限公司的股份发行与转让

1. 股份发行

1) 股份发行的原则

股份的发行，实行公平、公正的原则。具体而言，股份有限公司发行股份时应当做到：

其一，当公司向社会公开募集股份时，应就有关股份发行的信息依法公开披露；其中，包括公告招股说明书，财务会计报告等。

其二，同次发行的同种类股票，每股的发行条件和价格应当相同。任何单位或者个人所认购的股份，每股应当支付相同价额。

其三，发行的同种股份，股东所享有的权利和利益应当是相同的。

2) 股票及其发行价格

股票是股份有限公司签发的证明股东所持股份的凭证。

我国公司法规定，股票发行价格可以按票面金额，也可以超过票面金额即股票溢价发行，但不得低于票面金额发行股票。以超过票面金额发行股票所得溢价款，应列入公司资本公积金。

【概念理解】

股　　票

股份有限公司的股份采取股票的形式，即股票是股份证券化的形式。股票具有以下特征。

首先，股票是一种要式证券，它的制作和记载事项必须按照法定的方式进行。我国公司法规定，股票必须载明下列主要事项：公司名称；公司登记成立的日期；股票种类、票面金额及代表的股份数；股票的编号。股票由董事长签名，公司盖章；发起人的股票，应当标明发起人股票字样。

其次，股票是一种非设权证券，即它仅是一种表彰股东权的证券，而非创设股东权的证券。股东权的存在要以股票的持有为条件，也就是说，股票的合法持有者就是股东权的享有者；但股票仅仅是把已经存在着的股东权表现为证券形式，而不是创设股东权，如股东遗失股票，并不因此丧失股东权和股东资格。

最后，股票是一种有价证券，它以证券的持有为权利存在的条件。股票作为一种有价证券，所表示的是股东的财产权。由此，股票持有者可享有分配股息的权利；公司终止清算时，有取得公司剩余财产的权利等。

3) 股份的交付

股份有限公司只能在成立后向股东正式交付股票，即公司登记成立前不得向股东交付股票。

2. 股份的转让

股份转让实行自由转让的原则。每个股东都有权依公司法的规定，转让自己的股份。

对记名股票采取登记生效主义，即由股东以背书方式或者法律、行政法规规定的其他方式转让；转让后由公司将受让人的姓名或者名称及住所记载于股东名册。

对无记名股票采取交付生效主义，即由股东将该股票交付给受让人后即发生转让的效力。

但是，为了保护公司、股东及债权人的利益，我国公司法对股份转让作了必要的限制，主要有以下特点。

(1) 对股份转让场所的限制：股东转让其股份，必须在依法设立的证券交易场所进行，或者按照国务院规定的其他方式进行。

(2) 对发起人持有本公司股份转让的限制。即发起人持有的本公司股份，自公司成立之日起 1 年内不得转让；公司公开发行股份前已发行的股份，自公司股票在证券交易所上市交易之日起 1 年内不得转让。

(3) 对董事、监事、高级管理人员持有本公司股份转让的限制。即公司董事、监事、高级管理人员应当向公司申报所持有的本公司的股份及其变动的情况，在任职期间内每年转让的股份不得超过其所持有本公司股份总数的 25%；所持本公司股份自公司股票上市交易之日起 1 年内不得转让。上述人员离职后半年内，不得转让其所持有的本公司股份。

(4) 公司不得收购本公司股份，但是，有下列情形之一的除外：减少公司注册资本；与持有本公司股份的其他公司合并；将股份用于员工持股计划或者股权激励；股东因对股东大会作出的公司合并、分立决议持异议，要求公司收购其股份的。将股份用于转换上市公司发行的可转换为股票的公司债券；上市公司为维护公司价值及股东权益所必需。

四、上市公司

1. 上市公司组织机构的特别规定

上市公司是指所发行的股票经国务院或者国务院授权证券管理部门批准在证券交易所上市交易的股份有限公司。它是一般股份有限公司的发展形态。

根据证券法的规定，上市公司的一般条件包括：经批准已向社会公开发行；公司股本总额不少于 3000 万元；向社会公开发行的公司股份达总数的 25%以上，如公司股本总额超过 4 亿的，向社会公开发行的公司股份达总数的 10%以上；而且最近 3 年无重大违法行为，财务会计报告无虚假记载。

上市公司的股票依照法律、行政法规及证券交易所的交易规则上市交易。

公司法对上市公司的组织机构方面进行了若干特别的规定，内容如下。

(1) 上市公司在一年内购买、出售重大资产或者担保金额超过公司资产总额 30%的，应当由股东大会作出决议，并经出席会议的股东所持表决权的 2/3 以上通过。

(2) 上市公司设立独立董事制度。

(3) 上市公司设董事会秘书，负责公司股东大会和董事会会议的筹备、文件保管以及公司股东资料的管理，办理信息披露事务等事宜。

(4) 上市公司的信息披露制度较为严格。上市公司必须依照法律、行政法规的规定，公开其财务状况、经营情况及重大诉讼，在每个会计年度内半年公布一次财务会计报告。

(5) 上市公司董事与董事会会议决议事项所涉及的企业有关联关系的，不得对该项决议行使表决权，也不得代理其他董事行使表决权。该董事会会议由过半数的无关联关系董事出席即可举行，董事会会议所作决议须经无关联关系董事过半数通过。出席董事会的无关联关系董事人数不足 3 人的，应将该事项提交上市公司股东大会审议。

【知识拓展】

关联关系

关联关系指公司控股股东、实际控制人、董事、监事、高管与其直接或者间接控制的企业之间的关系，以及可能导致公司利益转移的其他关系。但是，国家控股的企业之间不

仅因为同受国家控股而具有关联关系。

重大关联交易是指上市公司拟与关联人达成的总额高于 300 万元或高于上市公司最近审计净资产值的 5%的关联交易。

2. 上市公司的独立董事制度

1) 独立董事的概念

中国证监会于 2001 年颁布了《关于在上市公司建立独立董事制度的指导意见》，根据该规范性文件，上市公司应当建立独立董事制度。

上市公司独立董事是指不在公司担任除董事外的其他职务，并与其所受聘的上市公司及其主要股东不存在可能妨碍其进行独立客观判断的关系的董事。

上市公司董事会成员中应当至少包括 1/3 的独立董事，其中至少包括一名会计专业人士(会计专业人士是指具有高级职称或注册会计师资格的人士)。如果上市公司董事会下设薪酬、审计、提名等委员会的，独立董事应当在委员会成员中占有 1/2 以上的比例。

2) 独立董事任职资格

独立董事应当具备与其行使职权相适应的任职条件。

担任独立董事应当符合下列基本条件：根据法律、行政法规及其他有关规定，具备担任上市公司董事的资格；具有《指导意见》所要求的独立性；具备上市公司运作的基本知识，熟悉相关法律、行政法规、规章及规则；具有 5 年以上法律、经济或者其他履行独立董事职责所必需的工作经验；公司章程规定的其他条件。

同时，下列人员不得担任独立董事：在上市公司或者其附属企业任职的人员及其直系亲属、主要社会关系(直系亲属是指配偶、父母、子女等；主要社会关系是指兄弟姐妹、岳父母、儿媳女婿、兄弟姐妹的配偶、配偶的兄弟姐妹等)；直接或间接持有一上市公司已发行股份 1%以上或者是上市公司前 10 名股东中的自然人股东及其直系亲属；在直接或间接持有上市公司已发行股份 5%以上的股东单位或者上市公司前 5 名股东单位任职的人员及其直系亲属；最近 1 年内曾经具有前三项所列举情形的人员；为上市公司或附属企业提供财务、法律、咨询等服务的人员；公司章程规定的其他人员；中国证监会认定的其他人员。

3) 独立董事的职责

独立董事对上市公司及全体股东负有诚信与勤勉义务，独立董事应当按照相关法律法规、本指导意见和公司章程的要求，认真履行职责，维护公司整体利益，尤其要关注中小股东的合法权益不受损害。

独立董事独立履行职责，不受上市公司主要股东、实际控制人或者其他与上市公司存在利害关系的单位或个人的影响。独立董事原则上最多在 5 家上市公司兼任独立董事，并确保有足够的时间和精力有效地履行独立董事的职责。

重要的是独立董事的特别职权：重大关联交易应由独立董事认可后，提交董事会讨论(作出判断前，可以聘请中介机构出具独立财务顾问报告，作为其判断的依据)；向董事会提议聘用或解聘会计事务所；向董事会提请召开临时股东大会；提议召开董事会；独立聘请外部审计机构和咨询机构；可以在股东大会召开前公开向股东征集投票权。独立董事行使上述职权，从程序上说，应当取得全体独立董事的 1/2 以上的同意。如上述提议未被采纳或上述职权不能正常行使，上市公司应将有关情况予以披露。

【课堂讨论】

A 文化用品公司系由甲、乙、丙、丁四位自然人和 B 印刷有限责任公司(以下简称“B 公司”)共同发起设立，于 2010 年组建的股份有限公司(以下简称“C 公司”)。该公司注册资本为 5000 万元，总股本 5000 万股，其中，甲、乙、丙、丁各持有 500 万股，B 公司持有 3000 万股。C 公司 2010 年、2011 年均为保本经营，2012 年盈利 500 万元(税后利润)。2013 年初，公司董事会为 2013 年度股东大会拟定了以下两项议案。

(1) 决定以上一年的 500 万元利润，按每 10 股送 1 股的比例向全体股东发放股票股利。

(2) 为 C 公司取得银行贷款，拟以 C 公司全体股东所持股份质押给银行。

股东大会的表决结果是，全体股东一致同意第(1)项议案；对于第(2)项议案，只有 B 公司赞成，甲、乙、丙、丁均投票反对。

问题：上述两项议案是否可以实施？并说明理由。

课后作业

一、单项选择题

1. 股份有限公司以其(　　)对公司债务承担责任。

A. 注册资本　　B. 全部资产　　C. 盈利　　D. 股东财产

2. 股东的出资在公司登记后，不得(　　)。

A. 抽回　　B. 转让　　C. 增加　　D. 减少

3. 股东会有权决定增加或者减少注册资本，分立、合并、解散或者变更公司形式，有权决定修改公司章程，但必须经代表(　　)以上表决权的股东通过。

A. 1/2　　B. 2/3　　C. 4/5　　D. 3/4

4. 以募集设立方式设立股份有限公司的，发起人认购的股份不得少于公司股份总数的(　　)。

A. 20%　　B. 25%　　C. 35%　　D. 40%

5. 根据《公司法》的规定，关于股份有限公司股份发行的下列表述中，不正确的是(　　)。

A. 股份有限公司向法人发行的股票，只能是记名股票

B. 股份有限公司向社会公众发行的股票，只能是无记名股票

C. 股份有限公司的股票发行价格不得低于票面金额

D. 股份有限公司同次发行同种类股票必须同股同价

二、多项选择题

1. 股份有限公司具有的特点有(　　)。

A. 公司性质的资合性　　B. 股东人数的无穷性

C. 股份形式的证券性　　D. 公司资本的股份性

2. 根据我国《公司法》的规定，下列关于公司变更的表述正确的有(　　)。

A. 有限责任公司可变更为股份有限公司，而股份有限公司则不能变更为有限责任公司

B. 有限责任公司可变更为股份有限公司，股份有限公司也可以变更为有限责任公司

C. 非上市公司可以经过法定程序成为上市公司

D. 上市公司可能因为不再具备上市条件而成为非上市公司

3. 股东的自益权包括(　　)。

A. 利润分配请求权　　B. 股份转让权

C. 知情权　　D. 表决权

4. 某股份有限公司股东大会在审议董事会人选时，有下列四人的任职资格受到股东质疑。其中哪些属于法律规定不得担任董事的情形？(　　)

A. 甲五年前因对一起操纵证券交易行为负有责任，被判处有期徒刑一年

B. 乙被任命为一家国有企业的厂长，由于国家经济结构性调整，该企业两年前被宣告破产

C. 丙为个人独资企业的投资人，一年前该厂因无力清偿大额债务而倒闭，债权人至今仍在追讨

D. 丁为某市政府经济研究所主任

5. 以下事项须经出席股东大会的股东所持表决权的2/3以上通过的是(　　)。

A. 增加注册资本

B. 更换承办公司审计业务的会计师事务所

C. 公司章程规定的营业期限届满，修改公司章程使公司存续

D. 变更公司形式

三、判断题

1. 某股份有限公司的未弥补亏损达到了公司股本总额的1/3，该公司应当在2个月内召开临时股东大会。(　　)

2. 股份有限公司和有限责任公司董事会中的董事(非董事长)均是由股东会议选举产生的。(　　)

3. 股份有限公司的董事会每年度至少召开两次会议，监事会每年召开一次会议。(　　)

4. 发起人持有的本公司股份，自公司成立之日起1年内不得转让。公司公开发行股份前已发行的股份，自公司股票在证券交易所上市交易之日起1年内不得转让。(　　)

5. 无记名股票的转让，只要股东在依法设立的证券交易场所将股票交付给受让人后即发生转让法律效力。(　　)

四、案例分析

某股份有限公司是一家于2008年8月在上海证券交易所上市的上市公司。该公司董事会于2010年10月召开会议，该会议召开的情况以及讨论的有关问题如下。

(1) 股份公司董事会由7名董事组成。出席该次会议的董事有董事A、董事B、董事C、董事D，董事E因出国考察不能出席会议，董事F因参加人民代表大会不能出席会议，电话委托董事A代为出席并表决，董事G因病不能出席会议，委托董事会秘书H代为出席表决。

(2) 出席本次董事会会议的董事讨论并一致作出决定，举行股份公司2009年度股东大会年会，除理性提交有关事项由该次股东大会年会审议通过外，还将就下列事项提交该次会议以普通决议审议通过：增加2名独立董事，修改公司章程。

(3) 根据总经理的提名，出席本次董事会会议的董事讨论并一致同意，聘请张某为公司

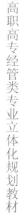

财务负责人，并决定给予张某年薪10万元，董事会会议讨论通过了公司内部机构设置的方案，表决时，除董事B反对外，其他均表示同意。

(4) 该次董事会会议记录，由出席董事会会议的全体董事和列席会议的监事签名后存档。

问题：

(1) 根据本题要点(1)所提示的内容，出席董事会会议的董事人数是否符合规定？董事F和董事G委托他人出席该次董事会会议是否有效？并分别说明理由。

(2) 指出本题要点(2)中不符合有关规定之处，并说明理由。

(3) 根据本题要点(3)所提示的内容，董事会通过的两项决议是否符合规定？并分别说明理由。

(4) 指出本题要点(4)的不规范之处，并说明理由。

本章小结

企业法是调整国家组织管理企业及企业在设立、组织、活动、终止过程中发生的社会关系的法律规范的总称。其体系是指调整不同类型企业的法律法规所组成的内部协调、有机统一的企业法系统。中国现在的企业法体系主要由《公司法》《合伙企业法》《个人独资企业法》等组成。

国家为了对市场进行管理建立和完善了市场准入制度、法人制度、代理制度等。

合伙企业是指自然人、法人和其他组织依照《合伙企业法》在中国境内设立的普通合伙企业和有限合伙企业。其中，普通合伙人对合伙企业债务承担无限连带责任、有限合伙人对合伙债务承担有限责任。

合伙企业财产属于共有，包括合伙人的出资、以合伙企业名义取得的收益和依法取得的其他财产。法律上对合伙人处分财产行为有一定的限制。

普通合伙企业的设立、合伙事务的管理、普通合伙企业的变更与终止等法律都有基本的规定。有限合伙企业的设立、有限合伙企业事务执行均有其特殊性。

公司是以营利为目的、依照《公司法》设立的具有法人资格的商事组织。正因为公司是法人，其权利义务与公司股东的权利义务是分离的。

公司设立由一系列法律行为组合而成，包括筹措资本、公司登记和营业登记等；公司的变更、合并与分立、解散与清算都有法定的程序；公司收益分配也有法定的顺序。

有限责任公司指股东以其认缴的出资额为限对公司承担责任，公司以其全部资产对其债务承担责任的企业法人。其设立应当具备设立条件并申请设立登记。

一般的有限责任公司，其组织机构为股东会、董事会和监事会，各司其职。其股东的股权转让有法定的规则，股东对外转让股权受到一定的限制。

股份有限公司是指其全部资本分为等额股份，股东以其所持股份为限对公司承担责任，公司以其全部资产对公司的债务承担责任的企业法人。其组织机构包括股东大会、董事会、监事会。

股份有限公司的股份采取股票的形式，股份的发行与转让均由法律严格规定。股份有限公司经国务院或者国务院授权证券管理部门批准在证券交易所上市交易即可成为上市公司。

第三章

合同法律制度

教学目标： 掌握合同的概念、合同订立的过程、合同履行中的权利、违约责任；熟悉合同的内容、合同的效力、合同的担保、合同解除的原因；了解合同的分类、合同的成立、合同的变更、缔约过失责任。

教学重点： 合同的内容；合同的订立；抗辩权的行使；合同的解除。

教学难点： 合同的分类；合同的效力；合同履行的保全；违约责任。

第一节　合同的形式和内容

【知识链接】

一、合同的一般概念

合同是指双方或多方订立的，确定权利和义务关系，并用以共同遵守的条文。可以从以下方面来理解。

1. 合同是行为

合同是双方或多方当事人的行为；是当事人意思表示一致的行为；是当事人设立、变更、终止各自权利和义务的过程。

2. 合同是关系

合同主体是特定的，限于合同当事人，他们的权利和义务具有相对性。也就是说，合同关系主要在合同当事人之间产生法律约束力，只有合同的一方当事人才有资格对另一方当事人提出请求和诉讼。

3. 合同是结果

合同是由合法行为得出的、具有法律约束力的法律文件。

除了民商法以外，其他法律部门也有合同概念，如国际法中有国家合同、行政法中有行政合同、劳动法中有劳动合同等。

二、合同与相关名词

1. 合同与协议

合同与协议两个词基本同义，但协议一词更强调意思表示的一致性。一般来说，在习惯用语中、自然人之间、非正式合同或一些无名合同中多用“协议”；而在法律规范中、组织体之间、正式合同或有名合同多用“合同”一词。

2. 合同与契约

按以前的理解，两个词所强调的双方方向对应性是不同的：契约是当事人内容相同、方向相反的协议，目的是完成某一对应性的行为，如一方买、对方卖的对应；合同是当事人内容相同、方向一致的协议，目的是完成某一共同行为，如成立社团、合伙。而现行立法已淘汰契约的称谓，现在“合同”的概念涵盖了“契约”的含义。

一、合同法概述

1. 合同法的法律依据

合同法是指调整合同法律关系的法律规范的总称。

合同法的法律依据主要是《中华人民共和国民法典》的第三编《合同》(以下简称《民法典・合同编》。《中华人民共和国民法典》于 2020 年 5 月 28 日第十三届全国人民代表大会第三次会议通过，自 2021 年 1 月 1 日起施行。

《民法典・合同编》的目的是保护合同当事人的合法权益，维护社会经济秩序，促进社会主义现代化建设。

从理论上讲，《民法典・合同编》属于合同法典，即是由立法机关通过严谨的立法技

术创制的、具有系统性和科学性的、以合同法命名的基本法；而广义的合同法既包括专门法典，也包括散见于各种法律规定之中的合同法律规范，如《民法典》总则中的规定、各种单行合同条例等。

2.《民法典·合同编》中合同的含义

《民法典·合同编》中的合同是民事主体之间设立、变更、终止民事法律关系的协议。

合同法的调整范围很广：从合同的主体看，中国、外国的自然人、法人、其他组织均属于调整对象；从合同的种类看，包括经济合同、技术合同以及其他各类有关债权债务的民事合同，都在调整之列。但对于该合同的理解，最关键的是需要把握以下几个特征。

1) 该合同是一种民事法律行为

法律上所谓民事，特别强调的是当事人之间的地位平等。这也是《民法典·合同编》中的合同与其他法律中的合同的本质区别。

所谓民事法律行为，是指以当事人意思表示为要素、发生民事法律后果的合法行为。而合同正是当事人通过双方或多方协商，进而意思表示一致，最后产生、变更或者终止一定民事权利义务关系的行为。

【小知识】

事实行为

事实行为，又称为非表意行为，是指行为人不具有设立、变更或消灭民事法律关系的意图的行为。

其中，依照法律规定能引起民事法律后果的事实行为包括：无因管理行为、正当防卫行为、紧急避险行为及侵权行为、违约行为、遗失物的拾得行为、埋藏物的发现行为等。

2) 该合同是财产性质的合同

从法律适用上看，合同法调整的是财产性质的合同。可见，《民法典·合同编》中的合同是民事合同，且仅是民事合同中的一种：民事合同主要包括财产关系和人身关系两类法律关系，而婚姻、收养、监护等有关身份关系的协议，适用有关该身份关系的法律规定；没有规定的，可以根据其性质参照适用《民法典·合同编》规定。

3) 该合同是典型的相对行为

民事行为根据其由一方、双方还是多方作出意思表示，可以分为：单方行为，如遗嘱、遗赠；双方行为或多方行为；共同行为，如公司的设立行为等。

而合同是一种双方行为或多方行为，特别的，合同是主体具有特定性的相对行为。即合同是具有相对性的：主体各方无论是双方或多方，合同当事人由合同而特定，这些特定的主体，其权利、义务只相对于对方才能享有或承担；合同内容一般不对非合同当事人产生约束力。《民法典·合同编》规定："依法成立的合同，仅对当事人具有法律约束力，但是法律另有规定的除外。"

3. 合同法的基本原则

1) 平等原则

平等原则即民商事主体的地位平等，任何一方当事人不得将自己的意志强加于相对方。具体表现为：民商事主体资格上(民事权利能力)一律平等；民事主体意志上的平等，在

民事法律关系中不能凌驾于他人之上，将自己的意志强加于人，而只能通过平等协商的方式去设定、变更、终止民事法律关系；合同双方权利义务上的平等；当事人适用法律上的平等，即我国参与合同关系的法人、自然人，无一例外适用合同法的规定。

2) 自愿原则

自愿原则也称为意思自治原则或合同自由原则。

所谓自愿，是指民事主体在民事活动中，充分表达自己的真实意思，并根据自己的意思设立、变更、终止民事法律关系。

自愿原则具体表现为：当事人有缔结合同的自由，即自主决定是否与他人缔结合同，这是总的前提和基础；当事人有选择相对人的自由，即有权自主决定与何人订立合同；当事人有决定合同方式、内容的自由，即可以自由选择缔结合同的形式、有权自主决定合同的内容、有权通过协议改变法律的任意性规定，如约定合同的内容，订立无名合同、混合合同等；当事人有变更、解除合同的自由，即有权通过协商，在合同成立后变更合同的内容或解除合同。

当然，合同自由不是绝对的自由，它要受到国家法律、法规的强行性规范的限制，当事人不能通过约定排斥这些规范的使用。第一，内容上，不能违背法律法规和社会公共利益，如《民法典》规定的守法和公序良俗原则及具体的规定，当事人不能通过约定排除适用；第二，形式上，法律、法规规定采取一定形式的合同，必须达到形式要求，如要式合同；第三，国家对合同有监督、管理、控制的权力，如国家可以设立具有准司法性质的行政机关以维护公平交易。

【小知识】

限制的适例：强制缔约

所谓强制缔约，是指法律给当事人施加必须订立某种合同的义务。

主要针对邮电、煤气、电力、铁路运输等公用服务事业、公用事业单位，它们对顾客缔结合同的要求不得拒绝。

3) 公平原则

所谓公平原则是指当事人双方的利益要平衡、权利义务大致相当。

公平原则体现在合同的各个方面，渗透到合同的每个步骤中，如权利义务的确定、履行中问题的处理、责任的承担等，而最主要的，还是包含了等价有偿的意思，即在民事活动中，除法律另有规定或当事人另有约定外，当事人取得他人财产利益应向他方给付相应的对价。

公平原则包含两个制度：一是情势变更制度，即因不可归责于当事人的事由，作为法律关系存在的前提的情形发生事先不可预料的变更，从而导致原来的法律关系严重丧失公平时，应变更原法律关系的制度；二是显失公平制度和重大误解制度。

由于公平是一个相对的概念，因此在司法实践中法官具有较大的自由裁量权。

4) 诚实信用原则

诚实信用原则要求当事人以善意的方式行使权利和履行义务。

诚实信用原则确定了合同的行为方式：即以善意方式或规则来行为。如合同的订立阶段，当事人之间具有订约上的联系，应对相对人负善意的注意义务；合同订立后、尚未履

行前，当事人都应认真做好履约准备；合同的履行中，当事人应当根据合同的性质、目的和交易习惯履行通知、协助、保密等义务；如果解除合同，当事人也应遵循诚信原则，如在长期的继续性合同中，任何一方解除合同，应当提前通知对方，使对方有充足的时间做好准备；合同终止后，尽管当事人之间不用承担合同义务，但也应当承担某些必要的附随义务，如受雇人在雇佣合同终止后，应当对雇佣人的商业秘密等情况负有保密义务。

诚实信用原则确定了冲突和矛盾的平衡方法。诚实信用原则要求当事人之间的利益以及当事人利益与社会利益之间的平衡。如在合同发生争议时，当事人双方都应当妥善地处理，避免给对方造成不应有的损失，受损失的一方，也应采取适当措施尽量减少损失，否则无权就扩大的损失请求赔偿，也不能把损失延伸到社会。

诚实信用原则确定了法律和合同的解释方法。诚信原则要求在法律与合同缺乏规定或规定不明确时，司法人员应依据诚信、公平的观念，准确解释法律和合同。如，在合同用词含糊不清、意思不明时，应当平衡当事人双方的利益、公平合理地确定合同内容。

5) 守法和公序良俗原则

守法和公序良俗原则即当事人订立、履行合同，应当遵守法律、行政法规，尊重社会公德，不得扰乱社会经济秩序，损害社会公共利益。它包含了守法原则、禁止权利滥用原则和保护公共秩序与善良风俗原则的内容。

其中，应当遵守“法律、行政法规”主要是指法律、行政法规中的强制性规定。因为合同法将当事人的意思放在突出地位，以任意性规定为多，而任意性规定的作用在于补充当事人意思，不存在违法问题。

6) 绿色原则

绿色原则体现了生态环保理念。绿色原则即当事人订立、履行合同，应当有利于节约资源、保护生态环境。

《民法典·合同编》明确规定：

一是当事人在履行合同过程中，应当避免浪费资源、污染环境和破坏生态。

二是债权债务终止后，当事人应当遵循诚信等原则，根据交易习惯履行旧物回收义务。在买卖合同中，依照法律、行政法规的规定或者按照当事人的约定，标的物在有效使用年限届满后应予回收的，出卖人负有自行或者委托第三人对标的物予以回收的义务。

二、合同的分类

为适应社会经常性经济交易活动的需要，建立“有名合同”的法律制度，《民法典·合同编》依据合同所反映的交易关系的性质划分了合同的种类，如买卖、赠与、租赁、借款、承揽、运输、委托、中介等合同。

而在学理上，合同的分类较为复杂：为了在市场交易与各种经营活动中正确处理不同的合同关系，促进商品经济的发展，我国以大陆法系的科学明晰的分类为基础，划分为以下几类。

1. 有名合同与无名合同

以法律上是否规定了一定合同的名称为标准，分为有名合同与无名合同。

有名合同，又叫典型合同，是指法律上已经确定了一定的名称和内容的合同，如《民

法典·合同编》规定的买卖、租赁、承揽等合同。

无名合同，又称非典型合同，是指法律上未确定名称与内容的合同。无名合同又可以分为三类：一是纯无名合同，即对于其内容法律完全无规定的合同；二是混合合同，即在某一有名合同中规定其他有名合同事项的合同；三是准混合合同，即在某一个有名合同中规定其他无名合同事项的合同。

法律关于有名合同内容的规定，主要目的是“规范”，是为了使当事人之间的合同更完善齐备，而并非意味着对当事人合同自由的干预，更不是要代替当事人订立合同。注意，根据合同自由原则，如订立的合同属于有名合同的范围而没有按有名合同的规定来订立，合同仍然有效。

2. 单务合同与双务合同

以当事人双方是否互负对待给付义务为标准，分为单务合同与双务合同。

所谓对待给付义务，即“你与则我与”：一方当事人愿意负担义务，目的在于使相对方负担对待履行的义务。生活中的绝大多数合同属于双务合同，如买卖、租赁等，这是财产交换关系在法律上最典型的表现，体现了平等、等价的交易原则。

单务合同表现为当事人双方义务不对等：或仅有一方负担给付义务，如借用合同中只有借用人负按约定使用并按期归还借用物的义务；或仅有一方当事人承担合同约定的主要义务，另一方不负主要义务，也不负与对方相对应的义务，仅承担次要义务，如附条件赠与中，赠与人负有将赠与物交付受赠人的义务，而受赠人负有按约定履行某行为的义务，但双方所负担的义务不是对应的，或者说不是对待的给付。

法律对双务合同规定的内容较直接，当事人双方需要考虑的内容更多。如双务合同适用合同履行抗辩权；如双务合同中风险负担不同：一方如果遭遇不可抗力导致不能履行合同义务，风险负担根据合同的类型按“交付主义”“合理分担主义”“债务人主义”等规则处理；如双务合同因一方过错导致合同不能履行的后果不同、当事人因过失不履行或不完全履行合同时，可以要求违约方履行合同或承担违约责任或解除合同。

3. 有偿合同与无偿合同

以当事人的权利义务是否互为对价为标准，分为有偿合同与无偿合同。

所谓互为对价，是指当事人双方互相给予对方某种利益，且两种利益具有概括的等价性。一般讲来，只要双方互相给予的利益大致相等，就能满足此要求，即这不一定意味着双方互相给予的利益完全相等，只要双方当事人互以彼此的给付为自己给付的条件即可。

实践中绝大多数合同为有偿合同，无偿合同属于合同类型的例外情形。

这种分类对当事人履行义务的要求是不同的：对义务主体的要求而言，有偿合同的当事人双方均必须是完全行为能力人，而无偿合同中纯受利益的一方当事人可以是无民事行为能力人或限制民事行为能力人；对义务内容的要求而言，利益的出让人在无偿合同中原则上只需承担较低的注意义务，而有偿合同的当事人所承担的注意义务显然大于无偿合同，如有偿的保管合同；对于无偿合同而言，在对债权人行使撤销权的条件中，债务人无偿转让财产的行为有害于债权时，债权人就可以行使撤销权，而对于有偿合同，如果不是明显的低价处分合同，撤销权只有在第三人有恶意时方能行使。另外，在善意取得制度中，往往也要求善意第三人通过有偿合同取得该财产，否则不能成立善意取得。

4. 诺成合同与实践合同

以当事人是否需要实际交付实物为标准，分为诺成合同与实践合同。

诺成合同是指当事人意思表示一致便告成立的合同，如买卖、租赁等合同。

实践合同又称为要物合同，指除了当事人双方意思表示一致外，尚需交付标的物才能成立的合同，即必须有一方的实际交付行为，才能产生法律效果，如保管合同、自然人的借款合同。

这种分类的主要意义在于对当事人责任的确定不同：同一事实，对于诺成合同是违约责任，而对于实践合同或许是缔约过失责任。

5. 要式合同与不要式合同

以合同是否必须具备一定的形式为标准，分为要式合同与不要式合同。

要式合同是指依据法律规定必须采取一定形式方能成立生效的合同。如中外合资企业合同应由国家有关机关批准；不动产买卖合同应具备法律规定特定的形式。

不要式合同是指当事人订立的合同不需要采取法律规定的某种形式，当事人可以任意约定合同的形式。

为体现合同自由原则，除法律有特别规定的以外，均可认定为不要式合同。

6. 其他分类

(1) 以合同相互间的主从依附关系来划分，分为主合同与从合同。

主合同是指不需要其他合同的存在即可独立存在的合同；从合同，又被称为“附属合同”，就是不能独立存在，而以其他合同的存在为存在前提的合同。如设立主债务的合同就是主合同，保证合同即为从合同。

主合同无效，从合同也随之无效。

(2) 以订约人究竟为谁的利益而订立合同为标准，分为为本人利益的合同与为第三人利益的合同。

如指定受益人的人寿保险合同就是典型的为第三人利益的合同，第三人未参加合同的签订，通常却可以享有权利而无义务。

(3) 以订立合同是否有事先约定为标准，分为本合同和预约合同。

约定将来订立一定合同的协议为预约；嗣后履行预约而订立的合同为本约，即本合同。

简单地说，预约合同是指当事人双方约定在未来一定期限内订立本约合同的协议，是实践中广泛采用的一种合同的订立方式，如认购书、订购书、商品房预订协议书等。当事人一方不履行预约合同约定的订立合同义务的，对方可以请求其承担预约合同的违约责任。

(4) 以订立合同是否有国家计划为标准，分为计划合同与普通合同。

国家根据抢险救灾、疫情防控或者其他需要下达国家订货任务、指令性任务的，有关民事主体之间应当依照有关法律、行政法规规定的权利和义务订立合同，称为计划合同，如在2020年的新冠病毒疫情期间，为了保证防疫物资的紧急供应，保护社会公众的生命健康，国家可以向生产防护服或者呼吸机的企业下达强制订货任务，订立这类买卖合同，原则上企业不得拒绝订立这类合同。

普通合同亦称非计划合同，不以国家计划为合同成立的前提。

(5) 以合同是否有效力为标准，分为有效合同、无效合同、可撤销合同、效力待定合同。

三、合同的形式

合同的形式即当事人意思表示一致的形式，也即合同的外在表现方式，是合同内容的客观载体。

从中国合同法对合同形式的要求来看，以承认当事人完全的自由，不对合同形式作强制性的要求为基础，同时，对于涉及特殊交易关系的合同，法律也做出特别的强制性的书面形式或其他形式要求。这一做法贯彻了合同自由原则，尊重当事人选择合同形式的自由，可以最大限度地实现交易的便捷和降低交易成本。

法律对合同可以采取的形式做出规定，但是不对合同的形式做出一般的强制性要求。《民法典·合同编》规定："当事人订立合同，可以采用书面形式、口头形式或者其他形式。"

1. 口头形式

合同的口头形式是指当事人以口头语言的方式达成协议，订立合同的形式，包括当面对话、电话联系等形式。

口头形式的优点是简便易行，故在日常小额交易中经常被采用，如商店里的零售买卖。由于口头形式是最为传统，也是适用最为广泛的合同形式，在当事人采用口头形式订立合同时不需要特别指明。口头形式的不足之处在于"口说无凭"，即不易保留证据，因此不利于当事人明确各自的权利义务关系，发生争议时也不容易处理。故对于标的数额较大、双方权利义务关系复杂的非即时清结的合同，一般不宜采用这一形式。

2. 书面形式

书面形式是合同书、信件、电报、电传、传真等可以有形地表现所载内容的形式。有以下三种基本形式。

1) 合同书

合同书是指记载当事人达成的合同内容的纸质文书。

它包括任意合同书和格式合同书。任意合同书是指合同条款完全由当事人双方协商一致达成的合同文书；格式合同书是指合同条款由当事人一方预先拟定，对方只能表示接受或者不接受的合同书。

2) 信函

信函或信件是指合同当事人以传统的纸张为介质，就合同的内容进行往来协商的记载合同内容的文件。

它经常在远途当事人之间订立合同时使用，是一种经常被采用的订立合同的书面形式。

3) 数据电文

以电子数据交换、电子邮件等方式能够有形地表现所载内容，并可以随时调取查用的数据电文，视为书面形式。

电子数据交换和电子邮件：由于它们借助于先进的微电子技术，通过电磁手段，不借助纸张等传统的介质而表达信息，所以产生了对书面性要求的扩张解释。

电子邮件是指与通过计算机网络手段传递的信件。通过一定的转换技术，可以将这种电子邮件的内容表现在计算机的屏幕上，也可以打印在纸张之上。

电子数据交换(简称 EDI)，是一种在公司、企业间传输订单、发票等商业文件进行贸易的电子化手段。国际标准化组织将其描述为："将贸易或者行政事务按照一个共认的标准形成结构化的事务处理或信息数据格式，从计算机到计算机的电子传输。"

另外，在交易实践中，当事人之间往往存在一些与合同有关的书面凭证，比如车票、机票、保险单、购物发票、借条等。严格地说，这些凭证并不是合同书，无法单独根据这些凭此确定合同的具体内容。但是，它们能够证明当事人之间已经存在的合同关系。至于当事人的合同权利义务关系，则应当根据相关法律与行政法规的规定、当事人一方的格式合同条款以及当事人之间协商的内容进行确定。

采用书面形式的最大优点在于：发生合同争议时有据可查，有利于减少纠纷，即使发生了纠纷也因举证简单而易于分清责任从而解决争议。

3. 其他形式

从双方从事的民事行为能够推定双方有订立合同意愿的，可以认定是以"其他形式"订立的合同。

其中，默示形式较为突出。所谓默示形式，是指当事人并不直接用口头或者书面形式进行意思表示，而是通过实施某种行为或者以不作为的沉默方式进行意思表示。前者如房屋租赁合同约定的租赁期限已经届满，双方并未通过口头或者书面形式延长租赁期限，但承租人继续交付租金，出租人依然接受租金，从双方交付和接受租金的积极行为中就可以推断出双方有延长租赁期限的意思。后者如在附试用期的买卖中，买受人在试用期届满时，对是否购买标的物没有作出表示而保持沉默的，则视为买受人愿意购买试用物。

注意：沉默只有在有法律规定、当事人约定或者符合当事人之间的交易习惯时，才可以视为意思表示。

4. 格式合同的特殊规定

在合同书的形式中，格式合同具有特殊性。

格式合同又称定式合同、格式条款合同、定型化合同、附和合同，它由全部或部分格式条款组成。所谓格式条款，是指当事人为了重复使用而预先拟定，并在订立合同时未与对方协商的条款。

由于格式条款在合同订立时没有与对方当事人进行协商或充分协商，限制了对方的合同自由，所以法律对格式条款进行了规制，主要表现在以下几个方面。

(1) 采用格式条款订立合同的一方当事人应当遵循公平原则确定当事人之间的权利和义务。这一规定确立了保护相对人的一般指导思想。

(2) 格式条款订入合同之中，必须遵守特别的要求。《民法典·合同编》规定了格式条款提供者的提请对方注意和说明的义务，即对所有与对方有重大利害关系的条款都应当履行提示和说明义务。

【知识拓展】

格式条款提供者的提请对方注意和说明的义务

这一义务主要涉及格式条款之中的免责条款。免责条款是免除格式条款提供者责任的相关的条款，而格式条款提供者滥用其经济上的优势地位往往也表现在不合理的免责条

款上。

《民法典·合同编》规定：在合同订立时，格式条款提供者应当采用足以引起对方注意的文字、符号、字体等特别标识，并按照对方的要求对该格式条款予以说明。所谓足以引起对方注意，是指有关的免责条款应该以显著、并且容易为相对方所发觉的方式出现，并且在必要时应该主动提醒对方注意该条款的存在；所谓按照对方的要求予以说明，是指在相对方对免责条款涉及的事项的确切内涵和法律意义存在疑惑时，条款提供者应该明确解释该条款的含义，使对方明了情况。

这一制度属于合同成立之中的特别制度，属于强制性规范，有关当事人必须遵守。如果格式条款的提供者不遵守这一规定，将免责条款混杂在普通的合同条款之中，或文字纤细，无法阅读，或隐藏在不易注意的角落或文字晦涩无法理解，这都违反了上述规定。其导致的后果是有关免责条款视为没有被订入合同之中，不成为合同内容的一部分。

(3) 具有特定情形的格式条款无效。格式条款具有一般合同无效的情形和一般合同中的免责条款无效情形的，或者提供格式条款一方不合理地免除或者减轻其责任、加重对方责任、限制对方主要权利的；或者提供格式条款一方排除对方主要权利的，该条款无效。

(4) 关于格式条款的特殊解释规则。《民法典·合同编》确定了不利于提供格式条款一方的解释规则，同时还规定了格式条款和非格式条款不一致时以非格式条款为准的规则。这种特殊的解释规则的目的在于保障相对方的利益。

四、合同的内容

根据合同自由的原则，合同的内容由当事人约定。在实践中，我们可以参照各类合同示范文书订立。

合同的内容一般包括以下条款。

1. 当事人的名称或者姓名和住所

无论法人还是自然人，必须明确与其身份相关的信息，并从法律上确定其管辖。

2. 标的

标的是合同双方当事人权利义务指向的对象。如标的属于实物，称为标的物。

合同不规定标的，就会失去目的和意义。因此，标的是合同的必要条款。

标的条款必须清楚地写明标的的名称。

3. 数量

标的(物)的数量是确定合同标的的具体条件之一。

数量要确切，应选择双方共同接受的计量单位。一般应采用通用的计量单位，也可采用行业或交易习惯认可的计量单位。

要确定双方认可的计量方法，并可规定合理的磅差或尾差。

标的(物)的数量属于买卖合同成立应当具备的必要条款。

4. 质量

标的(物)的质量是确定合同标的的具体条件。

标的的质量一般包括两个方面的要求：一是标的的品种和规格，通常指标的的型号、

批号、尺码、级别等；二是标的的内在品质，通常指标的应达到其应有的功效，并且不含有隐蔽瑕疵、缺陷等。

5. 价款或者报酬

价款或者报酬是当事人取得标的所应支付的代价。合同应当对价款或者报酬的数额作出明确的约定，同时对价款或者报酬的币种作出约定，对不同币种之间的汇率作出约定。

价款或者报酬通常指标的本身的价款或者报酬，但因商业上的需要，产生的运费、保险费、装卸费、报关费等一系列额外费用，需在合同的价款条款中写明。

6. 履行期限、地点和方式

履行期限直接关系到合同义务完成的时间，涉及当事人的期限利益，也是确定违约与否的因素之一。履行期限可以规定为即时履行，也可以规定为定时履行，还可以规定为一定期限内履行。如果是分期履行，还应写明每期的准确时间。

履行地点是确定验收地点、所有权转移、风险承担等的依据，还是确定诉讼管辖的依据之一，因而十分重要，应在合同中写明。

履行方式，同样事关当事人的物质利益。如买卖合同中，是一次交付还是分批交付，是交付实物还是交付提取标的物的单证，是铁路运输还是空运、水运等。因此，履行方式应在合同中写明。

7. 违约责任

违约责任是促使当事人履行债务，使非违约方免受或少受损失的法律措施，对当事人的利益关系影响重大，合同对此应予以明确规定。

如对违约所致损害的计算方法、赔偿范围等予以明确规定，对于将来及时地解决违约问题意义重大。当然，违约责任是法律责任，即使合同中没有违约责任条款，只要未依法或依约免除，违约方就应承担责任。

8. 解决争议的方法

解决争议的方法是由当事人事先约定的解决合同纠纷的途径。其中，主要是当事人之间关于仲裁或协议管辖的约定。

合同的内容除了以上条款以外，当事人还可就包装方式、检验标准和方法、结算方式以及合同使用的文字及其效力等内容进行约定。

【课堂讨论】

A公司开发某杀毒软件，在安装程序中作了“本软件可能存在风险，继续安装视为同意自己承担一切风险”的声明。黄某购买正版软件，安装时同意了该声明。该软件误将操作系统视为病毒而删除，导致黄某电脑瘫痪并丢失其所有的文件。

问题：黄某是否有权要求A公司承担责任？并说明理由。

课后作业

一、单项选择题

1. 下列选项中体现合同关系相对性的是(　　)。

A. 租赁物在租赁期间发生所有权变动的，不影响租赁合同的效力

B. 债务人无偿处分其财产使债权人的债权受到侵害，债权人可请求人民法院撤销债务人的处分行为

C. 债务人向债权人交付标的物被第三人毁坏时，债权人追究第三人的侵权责任

D. 当事人一方因第三人的原因造成违约的，应当向对方承担违约责任

2. 租赁合同是(　　)。

A. 双务合同　　B. 无偿合同

C. 无名合同　　D. 为第三人利益订立的合同

3. 法律行为是指以(　　)为要素，设立、变更或终止权利义务的合法行为。

A. 法律规范　B. 意思表示　C. 法律事实　D. 权利义务

4. 合同终止以后当事人应当遵循保密和忠实等义务，此种义务在学术上称为后契约义务。此种义务的依据是(　　)。

A. 自愿原则　B. 合法原则　C. 诚实信用原则　D. 协商原则

5. 某商场设有自动售报机，顾客只要按要求投入硬币，即可得到当天日报一份，此种成立买卖合同的形式为(　　)。

A. 书面形式　B. 口头形式　C. 推定形式　D. 默示形式

二、多项选择题

1. 无名合同的法律适用规则为(　　)。

A. 直接适用《民法典·合同编》中有名合同的规定

B. 适用《民法典·合同编》通则中的规定

C. 应该参照《民法典·合同编》分则中最相类似的规定

D. 应该参照《民法典·合同编》以外法律中最相类似的规定

2. 商品购买者虽然未对超市销售的商品提出任何要求，但超市应当向商品购买者提供质量合格的商品，超市的这种义务属于(　　)。

A. 合同义务　B. 给付义务　C. 附随义务　D. 法定义务

3. 下列条款中，属于合同必备条款的有(　　)。

A. 标的条款　B. 违约责任条款　C. 当事人条款　D. 货物包装条款

4. 下列选项中，无效的情形有(　　)。

A. 隐瞒事实真相，令对方陷入错误而订立的合同

B. 约定排除因一方故意而造成对方财产损失的赔偿责任的格式条款

C. 排除对方主要权利的非格式条款

D. 排除对方主要权利的格式条款

5. 关于合同的形式，下列选项中正确的有(　　)。

A. 老王邀请老刘参加儿子的婚礼，此为口头形式的合同

B. 甲与乙以粉笔在墙上写字，签订了一份买卖土豆的合同，此为口头形式的合同

C. 甲向乙写信发出要约，乙接受要约，回信承诺，但无合同书，所订立合同为书面形式的合同

D. 小刘是一个聋哑人，其在超市买了一箱方便面，其与超市订立的合同既非书面形式，也非口头形式

三、判断题

1. 飞机票是格式合同，保险单不是格式合同。（　　）

2. 融资租赁合同可以采取口头约定。（　　）

3. 有名合同和无名合同的区分不是绝对的，无名合同如经法律确认或在形成统一的交易习惯后可转为有名合同。（　　）

4. 双务合同为有偿合同，有偿合同也为双务合同。（　　）

5. 我国《民法典》在第四百七十条明文规定的那些条款即合同的必要条款，缺少其中任何一条，合同即无效。（　　）

四、案例分析

甲至乙开的商店购买热水瓶。甲看到货架上标明热水瓶的价格为20元一个，甲付款后，携带热水瓶回来使用。初次使用以后，甲便发现热水瓶的保温效果实在太差，开水放到热水瓶里，不到两小时便凉了。甲便找到乙，要求更换热水瓶。但乙表示："我在商店入口处以十分醒目的标志标明'货物出门，概不退换'，你既然在看到标志之后，仍然到我的商店里买东西，那便意味着你接受了这种规定，所以我也就不应当给你更换热水瓶。"

问题：乙是否应当给甲更换热水瓶？为什么？

第二节　合同的成立与生效

【知识链接】

合同的订立、成立与效力的关系

1. 合同的订立

合同的订立是指订约当事人使其就合同的主要条款所作的意思表示趋于一致的过程，即"订立"强调的是一个过程：当事人双方具有明确的订立合同的目的，而针对合同的主要条款来提出建议和接受建议的过程。

2. 合同的成立

合同的成立是指当事人已经就合同的主要条款所作的意思表示达成了一致，形成了一个合同。即"成立"强调的是一个结果。

3. 合同的效力

合同的效力是指法律赋予合同对当事人的强制力，包括当事人违反合同将产生的相应法律后果。即"效力"强调的是国家意志。

4. 合同的成立与合同生效的关系

合同的成立是生效的前提。一般情况下，合同都能体现两者的统一性：合同成立并且

符合生效要件，则约定的权利义务也应发生，同时，合同具有法律效力。

但合同也经常出现成立但不符合或不完全符合生效要件的情形，这时，合同效力并不同时发生。其主要区别如下。

(1) 法律要件不同：合同的成立要件具有法定性，是由法律统一规定的，当事人不可另作约定；而合同的生效要件、普通要件具有法定性，但其特别要件具有意定性，可由当事人作自由的约定，如附条件或附期限的合同、需要审批或登记的合同等，则其效力也相应延后。

(2) 对当事人意思表示的要求不同：合同的成立只要求“一致”而不强求真实，而合同有效则要求意思表示不仅一致而且必须“真实”。

(3) 对合同的解释方法不同：合同的成立主要体现了当事人的意志，因此在合同规定有疏漏或不明确时，法院应当依据尊重当事人意愿和鼓励交易的原则，通过合同解释的方法，探求当事人的真实意思，以确定合同的内容。

(4) 法律后果不同：即国家主动干预的程度不同，体现了国家对已经成立合同的态度和评价问题。合同的成立是指过程的完成，并不一定就能产生当事人预期的法律后果，如违法的合同即使成立也不能产生当事人预期的法律效力。而合同生效是指有效之后得到了国家的确认和保护，具有法律约束力。故合同无效只存在缔约责任问题，合同有效后违反合同即须承担违约责任。

一、合同的订立

合同订立一般有两个要件：①订立是双方或多方的法律行为，要有两个或两个以上的当事人；②合同当事人完成意思表示一致的过程，最后完成合同成立的目的。

订立合同是当事人之间的协议过程，即在合同内容上的“合意”和在形式上达成“合同”。这一过程就是要约与承诺。

1. 要约

1) 要约的概念和要件

要约也叫发价、出价或者报价，在国际商贸中常常称为发盘或出盘，是希望和他人订立合同的意思表示。其中，发出要约的人称为要约人，接受要约的人称为受要约人或相对人。

注意：要约是一种意思表示；要约的目的性很明确，是希望与相对人订立合同，若无此目的，即不构成要约。可以说，要约是一种订约行为，是订立合同的必经阶段。

要约的构成要件如下。

其一，要约是由特定人作出的意思表示。要约人必须是特定的，即客观上能够予以确定的、订立合同一方的当事人。唯有如此，受要约人才能对之作出承诺，从而订立合同。

其二，要约必须反映要约人订立合同的基本意图。要约人这种订立合同的意图一定要通过其发出的要约充分表现出来。实践中，应根据要约实际使用的语言、文字和其他情况判断要约人是否决定与受要约人订立合同。当某一意思表示不具有订立合同的主观目的时，就不具有订立合同的效力，如“正在考虑”“打算”等表示。

其三，要约的对象从原则上说应向特定的人发出。要约人应当向其希望与之缔结合同

的受要约人发出。要约的相对人的特定，意味着要约人对谁有权作出承诺可以进行选择，同时，这种特定人的要求也是为了避免一物数卖，影响交易安全。

但是，法律没有禁止向不特定的人发出要约，这属于特殊的要约。向社会公众发出的要约，受要约人不可能特定。这种要约有特殊的构成要件：首先，要约人必须明确表示发出的是要约而非要约邀请，如在广告中已注明“本广告构成要约”或注明“本广告所列的各种商品将售予最先支付现金或最先开来信用证的人”等；其次，要约人明确承担发出要约所产生的法律后果，即应当表明在受要约人承诺后，要约人具有履行所有合同的能力。典型的如商店内商品的标价陈列悬赏广告等。

其四，要约的内容必须具体确定。所谓“具体”即指其内容中必须包括足以使合同成立的主要条款；所谓“确定”是指那些足以使合同成立的要约的内容必须明确，使受要约人了解未来合同中双方当事人的基本权利和义务。

其五，表明经受要约人承诺，要约人即受该意思表示约束。

2) 要约与要约邀请

要约邀请也称要约引诱，是指希望他人向自己发出要约的表示。

要约邀请的直接目的仅仅在于促使对方发出要约，即邀请对方向自己发出要约。它是当事人在订立合同的过程中的一种预备行为，可以认为它是以订立合同为最终目的的一种表意行为，但并非订立合同的一种必经程序。

要约与要约邀请的区别关系到合同是否成立，以及有关当事人是否应当承担合同上的义务和责任等问题。比较而言，要约具有法律上的拘束力，因而与要约邀请截然不同：要约邀请发出以后，要约邀请人是可以将其撤回的，只要没有给善意相对人造成信赖利益的损害，要约邀请人一般不必承担法律责任。

要约与要约邀请如何区分？司法实践的一般标准包括以下几点。

第一，法律是否有明文规定。如，法律明文规定：拍卖公告、招标公告、招股说明书、债券募集办法、基金招募说明书、商业广告和宣传、寄送的价目表等为要约邀请。

第二，当事人是否愿意在法律上受到约束。要约邀请人只是希望对方向自己提出订约的表意，该行为不能有任何直接订立合同的意思表示，如当事人在其订约建议中申明“以我方最后确认为准”，因而属要约邀请；而要约是为当事人之间建立权利义务关系的表意行为。

第三，提议内容是否包含合同的主要条款。要约邀请不必包含合同的主要条款；而要约的内容中应当包含合同的主要条款，如数量、价格。

第四，发出的方式是否针对特定的人。要约原则上向特定的人发出，因此，要约通常采取对话或信件方式；要约邀请对象多为不特定的人，往往通过报刊、电视、网络等进行。

还有其他参考因素，如当事人交易的习惯和相对人的身份、信用、资历、品行等情况，又如合同的性质是否需要双方实际接触等。

3) 要约的效力

要约到达受要约人时生效。

要约一经发出即对要约人产生了法律上的拘束力。在内容上，要约人必须受自己发出的要约的拘束，非依法律规定或受要约人的同意，有不得随意撤销或变更要约的义务；在期限上，即在要约的有效期限内，有等待义务；要约如被接受，要约人有订立合同的义务。

而受要约人取得依其承诺使合同成立的法律资格。

【知识拓展】

要约的时间问题

要约的存续时间：由要约人确定承诺期限的，该期限为存续期限；没有规定承诺期限的，一般情况下，口头要约从相对人了解要约的内容时开始生效，受要约人应立即作出承诺，才能拘束要约人；书面要约应以合理期限作为要约存续的期间。“合理期限”根据每个要约的具体情况才能确定，通常考虑三个因素：一是要约到达受要约人的时间；二是受要约人作出承诺所需要的时间；三是承诺通知到达要约人所必需的时间。另外，还要考虑要约的传递方式、行业习惯等多种因素。

要约的生效时间：我国采取到达主义。所谓到达主义，又称受信主义，是指要约只有在到达受要约人时才能产生法律上的效力。所谓到达，并不要求要约一定实际到了受要约人及其代理人手中，只要将要约送到了受要约人所能够控制的处所，如受要约人的信箱等即视为到达；采用数据电文形式订立合同时，收件人指定特定系统接收数据电文的，数据电文进入该特定系统的时间，即视为到达时间；未指定特定系统的，该数据电文进入收件人的任何系统的首次时间，即视为到达时间。

4) 要约的撤回和撤销

要约的撤回是指在要约发出以后，尚未到达受要约人之前，要约人取消其要约、使其失去法律效力的行为。要约人撤回要约的通知应当在要约到达受要约人之前或者与要约同时到达受要约人。任何一项要约都可以撤回：因为该要约尚未发生效力，要约的撤回实际上不会损害受要约人的利益。

要约的撤销是指在要约发生法律效力后，要约人取消要约从而使要约归于消灭的行为。要约的撤销不同于要约的撤回，后者发生于生效前，前者发生于生效后，由于该要约已发生效力，要约的撤销可能损害受要约人的利益。因此，《民法典·合同编》规定：撤销要约的意思表示以对话方式作出的，该意思表示的内容应当在受要约人作出承诺之前为受要约人所知道；撤销要约的意思表示以非对话方式作出的，应当在受要约人作出承诺之前到达受要约人。同时合同法还规定，有下列情形之一的，要约不得撤销：要约人以确定承诺期限或者其他形式明示要约不可撤销；受要约人有理由认为要约是不可撤销的，并且已为履行合同做了合理准备工作。

5) 要约的失效

要约的失效，即要约丧失法律拘束力。依《民法典·合同编》规定，要约失效的事由有以下几种：

一是要约被拒绝；二是要约被依法撤销；三是承诺期限届满，受要约人未作出承诺；四是受要约人对要约的内容作出实质性变更。

2. 承诺

1) 承诺的概念和要件

承诺是受要约人同意要约的意思表示。

承诺应当具备以下几个要件。

其一，承诺必须是由受要约人作出，并向要约人作出。承诺权是受要约人依法享有的一项权利，是否行使是其自由，只有受要约人才有权作出承诺。

其二，承诺必须在合理期限内向要约人发出。承诺应当在要约确定的期限内到达要约人；要约没有确定承诺期限的，如果要约以对话方式作出的，应当及时作出承诺的意思表示，但当事人另有约定的除外；如果要约以非对话方式作出，承诺应当在合理期限内到达要约人。

其三，承诺的内容必须与要约的内容相一致，即承诺的内容是对要约的同意。如对要约的内容作出实质性的变更，法律上视为是对原要约的拒绝，是“反要约”或“新要约”。

注意：如果承诺仅仅是对非实质性内容作出更改的话，一般不会影响合同的有效成立。但《民法典·合同编》规定了两种情况，即使承诺仅仅是进行了非实质性内容的变更，同样也不能产生法律上的效力：一是要约人及时表示反对的，即立即对变更表示了不同意；二是要约人在要约中已明确表示，承诺不得对要约的内容作出任何变更，否则无效，同样也会被视为是对要约的拒绝。

其四，承诺的方式不能违背要约的要求。承诺应当以通知的方式作出，但根据交易习惯或者要约表明可以通过行为作出承诺的除外。一般认为，要约是以什么形式作出的，承诺即应以什么形式作出；除法律有特别规定或双方另有约定外，只能以明示的方法作出，沉默或不作为其本身并不能构成承诺。

2) 承诺的生效

承诺通知到达要约人时生效。

如承诺不需要通知，则根据交易习惯或者要约的要求作出承诺的行为时生效。

如承诺迟到，即受要约人在承诺期限内发出承诺，按照通常情形能够及时到达要约人，但由于其他原因承诺到达要约人时超过承诺期限的，除要约人及时通知受要约人因承诺超过期限不接受该承诺的以外，该承诺有效。

3) 承诺迟延与承诺撤回

承诺迟延是指受要约人未在承诺期限内发出的承诺。受要约人超过承诺期限发出承诺的，除要约人及时通知受要约人该承诺有效以外，为新要约。

承诺撤回是指受要约人在其作出的承诺生效之前将其撤回的行为。承诺可以撤回，但撤回承诺的通知应当在承诺通知到达要约人之前或者与承诺通知同时到达要约人。

二、合同的成立

1. 合同成立的要件

承诺生效时合同成立，但是法律另有规定或者当事人另有约定的除外。

合同成立的一般要件是：两个或两个以上的当事人；合同当事人意思表示一致。

另外，基于合同的性质和内容的不同，有些合同除一般要件外，还可以有其他成立要件，具体而言，对于诺成合同，承诺生效合同即告成立；对于实践合同，若交付标的物先于承诺生效，承诺同样使合同成立，若交付标的物后于承诺生效，则合同自交付标的物时成立。如属于要式合同，则应当完成一定的形式。

简而言之，合同成立包含两个意义：“合意”(协商一致)的内容和“合同”的形式。

2. 合同成立的时间和地点

合同成立的时间由承诺实际生效的时间所决定。如当事人采用合同书形式订立合同，

自当事人均签名、盖章或者按指印时合同成立。

合同成立的地点由承诺生效的地点所决定。当事人采用合同书形式订立合同的，双方当事人签字或者盖章的地点为合同成立地点；采取数据电文形式订立合同的，收件人的主营业地为合同成立的地点；没有主营业地的，其经常居住地为合同成立地点；当事人另有约定的，按照其约定。总之，不要式合同是以承诺发生效力的地点为合同成立地点，而要式合同则是以完成法定或约定形式的地点为合同成立地点。

明确时间和地点的意义在于：地点与案件的管辖有密切的联系，而且它与合同成立的时间密切相关。

3. 合同成立的特殊情形

1) 合同的实际成立

法律、行政法规规定或者当事人约定采用书面形式订立合同，当事人未采用书面形式，但一方已经履行主要义务，对方接受的，该合同成立。即：合同书(包括确认书)在签字或盖章之前，只要一方已经履行了主要义务，对方接受的，当事人一方不得以未采取书面形式或未签字盖章为由，而否认合同关系的实际存在。

2) 合同确认书

合同的确认书是一种特殊的承诺形式，确认书实际上是对要约所作出的最终的、明确的、肯定的承诺，是对双方初步协议的最后确认。

当事人采用信件、数据电文等形式订立合同的，可以在合同成立之前要求签订确认书，签订确认书时合同成立。

3) 电子合同

与一般合同的订立相比，电子合同的订立具有一定特殊性。例如，很少有线下交易合同的反复磋商过程，双方当事人的信息不对称等，特别是判断电子合同何时成立较为困难。对此，《民法典·合同编》明确规定，当事人一方通过互联网等信息网络发布的商品或者服务信息符合要约条件的，对方选择该商品或者服务并提交订单成功时合同成立，但是当事人另有约定的除外。

4. 合同的解释

合同解释是指对合同条款及其相关资料所作的分析和说明。合同解释的根本目的在于确定当事人的真实意思，即通过全面考虑与交易有关的环境因素，探求当事人的真意。

合同成立后，由于主客观原因，合同用语、文字往往不能准确地反映当事人的真实意思，有时甚至相反，这就要求合同解释。在实践中，当事人对合同的理解不一致甚至产生纠纷时，就由当事人、调解人乃至受理合同纠纷的法院或仲裁机构对合同及其相关资料作具有法律拘束力的分析和说明。

合同解释的原则主要有以下几点。

(1) 文义解释原则。合同条款由语言文字所构成，要确定合同条款的含义，必须先了解、确定其所用词句的含义。因此，解释合同必须由文义解释入手。

(2) 体系解释原则。体系解释又称整体解释，是指把全部合同条款和构成部分看成一个统一的整体，从各条款及构成部分的相互关联、所处的地位和整体联系上阐明某一合同用语的含义。

(3) 目的解释原则。当事人订立合同均为达到一定目的，合同的各项条款及其用语均为

达到该目的的手段。因此，确定合同用语的含义乃至整个合同的内容自然须适合于合同的目的。

(4) 参照习惯或惯例原则。习惯和惯例是人们在长期反复实践的基础上形成的，当在合同的文字或条款的含义发生歧义时，应按照习惯或惯例的含义予以明确；在合同存在漏洞，致使当事人的权利义务不明确时，参照习惯或惯例加以补充。

三、合同的效力

1. 合同效力的概念

合同的效力是法律赋予合同对当事人的强制力，即当事人违反合同产生的相应法律后果。这是合同的一般法律约束力，存在于成立至终止的全过程。

合同的效力主要表现在明确了合同对合同当事人之间的效力。合同当事人应当做到以下几点：①不得擅自变更或者解除合同；②按约定履行合同义务；③依法或依诚实信用原则履行一定的合同外的义务，如完成报批、登记手续以使合同生效、不得恶意影响附条件合同的条件成就或不成就、不得损害附期限合同的期限利益等。这体现了合同的相对性。

其次，合同对第三人也具有拘束力，他人必须尊重和不妨害该合同。说明合同的效力内在地包含了对外的效力。

2. 生效的合同

依法成立的合同，自成立时生效，但是法律另有规定或者当事人另有约定的除外。

合同生效有以下要件：

1) 合同主体须具有缔约能力

合同当事人应当具有相应的民事权利能力和民事行为能力。

民事权利能力是订立合同的前提条件，而民事行为能力是合同是否有效的决定因素。法律针对不同的合同，对合同行为的实施主体的资信状况、认知能力、独立承担责任的能力有不同的要求。

作为当事人的自然人应当具有缔约能力：行为人必须具有健全的理智，才能作出合乎法律要求的意思表示。所以，当事人必须能够认识或判断自己订立合同将会产生的法律后果。完全民事行为能力人可以订立合同；而限制民事行为能力人只能订立与其年龄、智力和精神健康状况相适应的合同，其他所有的行为则须经法定代理人同意或追认；无民事行为能力人原则上不能独立实施民事行为，只有在实施纯受利益而不负担义务的行为时才具有法律上的效力。

作为当事人的法人应当具有缔约能力：由于法人的意思机关的存在才使法人具有意思能力，因而法人以其意思机关的意思为其意思，使其具有行为能力。法人的权利能力和行为能力有所限制，体现在对法人经营范围的限制上，但为了鼓励合同交易，《民法典·合同编》明确规定，超越经营范围订立的合同原则有效，不得仅以超越经营范围确认合同无效。

同时，法律规定当事人依法可以委托代理人订立合同，即法律规定了代理制度，代理人也必须具备相应的缔约能力。

2) 意思表示真实

为保护行为人的利益，对意思表示的考查不仅以行为人表示于外部的意思为根据，而

且考虑行为人的内心意思。真实的意思产生于当事人地位平等、行为自由和自愿，因而在欺诈、胁迫、乘人之危、重大误解、显失公平等情形下属于无效或可撤销的合同。

3) 不违反法律、行政法规的强制性规定，不违背公序良俗。

合法是民事法律行为的本质属性和有效的当然要件。“不违法”是指不违反法律中的强制性规范，如毒品不得买卖、房屋买卖必须过户等。

另外，某些特殊合同还应当具备一些特殊的要件：如附条件或期限的合同，于条件的成就或期限的到来后方能生效；法律、法规规定应办理批准、登记等手续的合同，于手续完成后方能生效。

【概念理解】

附条件或附期限的合同

附条件或附期限的合同是指当事人对合同的生效约定了一定的条件或期限(附款)，合同已成立但并不立即发生效力，而待条件成就或期限到来时合同才生效。

所谓“条件”是指一种可能性的事实：即将来发生、发生与否不确定、是约定的事实(非法定事实)且事项合法。

关于条件拟制的问题有以下规定：当事人为自己的利益不正当地阻止条件成就的，视为条件已成就；不正当地促成条件成就的，视为条件不成就。

法律也规定了不得附条件的情形。①妨碍相对人利益的，主要是指形成权的行使，如法定抵销不得附加条件。②违反法律强制性规定的，如票据行为中，背书不得附有条件。背书附有条件的，所附条件不具有效力。③违背社会公共利益或社会公德的。

所谓“期限”是指一种必然性事实：期限是确定的、将来一定能到来的事实。

3. 无效的合同

合同无效是指合同已经具备成立要件，但欠缺一定的生效要件，因而自始、确定、当然地不发生法律效力。合同的无效分为全部无效和部分无效两种。

无效的具体原因包括以下几点。

(1) 无民事行为能力人实施的民事法律行为。

(2) 行为人与相对人恶意串通，损害他人合法权益。

这是指合同当事人在明知或者应当知道其所订立的合同会损害他人合法权益的情况下而故意共同实施订立合同的行为。

(3) 行为人与相对人以虚假的意思表示实施的民事法律行为。

行为人与相对人串通合谋实施的与其内心意思不一致的行为。这种行为通常由表面行为及隐藏行为两个行为构成：表面行为是虚构的民事法律行为，如实际上买卖房屋，而订立了一个房屋租赁合同，以租赁掩盖买卖；以虚假的意思表示隐藏的民事法律行为的效力，依照有关法律规定处理。

(4) 违背公序良俗。

(5) 违反法律、行政法规的强制性规定。但是，该强制性规定不导致该民事法律行为无效的除外。

4. 效力未定的合同

效力未定的合同是指其有效或无效处于不确定状态，尚待享有形成权的第三人同意(追认)或拒绝的意思表示来确定其效力的合同。

1) 效力未定的合同的特征

(1) 效力是不确定的，悬而未决的状态。

(2) 效力确定取决于享有形成权的第三人的行为。该第三人称同意权人或追认权人，其行为是此合同的辅助民事行为。

(3) 经第三人行为后，其效力确定地溯及于行为成立时，即自始有效或自始无效。

2) 效力未定的合同的类型

(1) 民事行为能力欠缺：限制民事行为能力人实施的纯获利益的民事法律行为或者与其年龄、智力、精神健康状况相适应的民事法律行为有效；实施的其他民事法律行为经法定代理人同意或者追认后有效。

(2) 代理权的欠缺：无权代理的行为对被代理人不发生效力，但经被代理人追认的，仍对被代理人发生效力。注意，无权代理人以被代理人的名义订立合同，被代理人已经开始履行合同义务或者接受相对人履行的，视为对合同的追认。

注意：表见代理所订立的合同不属于效力未定的合同。法人的法定代表人或者非法人组织的负责人超越代表权限订立的合同不属于效力未定的合同。

3) 效力未定的合同的补救方式

(1) 第三人的追认权：追认应采用明示的方式，追认权人的追认或拒绝追认的意思表示应在一定期限内、向效力未定的相对人为之；过期视为拒绝追认。

(2) 相对人的催告权：相对人将效力未定事由告知追认权人，并催告追认权人自收到通知之日起三十日内予以追认。如经催告后，追认权人未作表示的，视为拒绝追认。

(3) 相对人的撤销权：相对人撤销其意思表示的权利；此意思既可以向追认权人表示，也可以向对方行为人表示。撤销权的行使是有条件的，即：相对人须为善意，始享有撤销权；应于追认权人未予追认之前撤销；撤销应当以通知的方式作出。相对人撤销其意思表示后，效力未定合同自始无效。

5. 可撤销的合同

可撤销的合同是指行为人的意思与表示不一致及意思表示不自由，导致非真实意思表示，法律并不使之绝对无效，而是权衡当事人的利害关系，赋予表意人撤销权的民事行为。主要包括以下几点。

(1) 基于重大误解而订立的合同。

重大误解是指怠于注意或因认识能力的局限而导致的意思与表示严重不一致。如对行为的性质，对方当事人，标的物的品种、质量、规格和数量等的错误认识，使行为的后果与自己的意思相悖，并造成较大损失。

重大误解可能是一方也可能是双方的错误或误解。如售货员看错商品价格标签，误将价格为 1888 元的照相机当成价格为 888 元的照相机出卖，属于一方的重大误解。

(2) 乘人之危导致显失公平的合同。

乘人之危导致显失公平是指一方利用对方处于危困状态、缺乏判断能力等情形，致使

双方的权利与义务明显违反公平、等价有偿原则。

(3) 受欺诈订立的合同。

欺诈是指故意表示不真实的情况，旨在使他人发生错误，并迎合自己作出意思表示的行为。一方以欺诈手段，使对方在违背真实意思的情况下订立合同，或第三人实施欺诈行为，使一方在违背真实意思的情况下订立合同，对方知道或者应当知道该欺诈行为的，受欺诈方有权请求撤销。

(4) 受胁迫订立的合同。

胁迫是指一方当事人以将来要发生的损害或者以直接施加损害相威胁，而使对方当事人产生恐惧并与之订立合同的行为；胁迫行为施加的是一种威胁，这种威胁必须是非法的。一方或者第三人以胁迫手段，使对方在违背真实意思的情况下订立合同，受胁迫方有权请求撤销。

对以上合同，当事人可以行使撤销权以救济自己的权利。

所谓撤销权，是权利人以其单方的意思表示撤销已经成立的合同的权利，即撤销权人撤销合同的意思表示无须相对人同意，即能产生撤销合同的效力。这种权利在性质上属于形成权：是否请求撤销由撤销权人自由选择；其内容包括请求撤销已成立的合同或合同内容的权利。

撤销权人应依法向人民法院或仲裁机构提出撤销的请求。

如果出现下列情形之一，则撤销权消灭：(一)当事人自知道或者应当知道撤销事由之日起一年内、重大误解的当事人自知道或者应当知道撤销事由之日起九十日内没有行使撤销权；(二)当事人受胁迫，自胁迫行为终止之日起一年内没有行使撤销权；(三)当事人知道撤销事由后明确表示或者以自己的行为表明放弃撤销权。还要明确的是，当事人自民事法律行为发生之日起五年内没有行使撤销权的，撤销权消灭。

注意：以上合同在被撤销前是具有合同的效力的。只有享有撤销权的表意人提出撤销的请求，则其效力溯及合同成立时才消灭。

【课堂讨论】

甲公司与乙工厂洽商成立一个新公司，双方草签了合同，甲公司要将合同带回本部加盖公章，临行前，甲公司法定代表人提出，乙工厂须先征用土地并培训工人后甲公司方能在合同上盖章，乙工厂出资1000万元征用土地培训工人，征地和培训工人将近完成时，甲公司提出因市场行情变化，无力出资设立新公司，要求终止与乙工厂的合作。乙工厂遂起诉到法院。

问题：甲公司与乙工厂之间的合同是否成立？为什么？

课 后 作 业

一、单项选择题

1. 某商店橱窗内展示的衣服上标明“正在出售”，并且标示了价格，则“正在出售”的标示视为(　　)。

A. 要约　　B. 承诺　　C. 要约邀请　　D. 既是要约又是承诺

2. 当事人采用合同书形式订立合同的，自(　　)。

A. 双方当事人制作合同书时合同成立

B. 双方当事人表示受合同约束时合同成立

C. 双方当事人签字或者盖章时合同成立

D. 双方当事人达成一致意见时合同成立

3. 甲的儿子患重病住院，急需用钱又借贷无门，乙趁机表示愿意借给两万元，但半年后须加倍偿还，否则以甲的房子代偿，甲表示同意。根据合同法规定，甲、乙之间的借款合同(　　)。

A. 因基于重大误解而可撤销　　B. 因受欺诈而可撤销

C. 因受胁迫而可撤销　　D. 因乘人之危导致显失公平而可撤销

4. 下列附条件合同效力的描述，正确的是(　　)。

A. 附生效条件的合同，自条件成就时失效

B. 附解除条件的合同，自条件成就时生效

C. 对附生效条件的合同，当事人为自己的利益不正当地阻止条件成就时，该合同生效

D. 对附解除条件的合同，当事人为自己的利益不正当地阻止条件成就时，该合同继续有效

5. 根据《民法典·合同编》的规定，撤销权人行使撤销权的最长期限为五年，此五年为(　　)。

A. 不变期间，不适用诉讼时效中止、中断或者延长的规定

B. 不变期间，不适用诉讼时效中止、中断的规定，但适用诉讼时效延长的规定

C. 不变期间，适用诉讼时效中止、中断的规定，但不适用诉讼时效延长的规定

D. 不变期间，适用诉讼时效中止、中断或延长的规定

二、多项选择题

1. 下列合同中，属于无效合同的有(　　)。

A. 一方以欺诈、胁迫手段订立的合同

B. 恶意串通，损害他人合法权益的合同

C. 以虚假的意思表示订立的合同

D. 违背公序良俗的合同

2. 下列属于要约邀请的有(　　)。

A. 某时装店在其橱窗内展示流行服装样品

B. 自选商场的货架上摆放各类明码标价的商品

C. 某公司为了推销本公司商品，向街上过往行人发放商品价目表

D. 甲公司向社会公众公告其招股说明书

3. 要约失效的原因有(　　)。

A. 要约被拒绝

B. 要约人依法撤回要约

C. 要约被依法撤销

D. 承诺期限届满，受要约人未作出承诺

4. 下面属于合法有效的合同的是(　　)。
   A. 13 岁的小学生李某向学校附近小食品店的王大妈买了一把塑料玩具手枪
   B. 20 岁的大学生张某为了请班里漂亮女生去高级酒吧，偷偷将父亲的一本邮票册卖给了邮票贩子葛某
   C. 某县土产公司派业务员任某前往某市购买干果，公司开出的介绍信上写着，“兹派遣我公司业务员任某前往贵公司联系购买干果事宜”，任某到达目的地后发现当地香蕉质优价廉，便以县土产公司的名义与该市果品公司签订了 15 吨香蕉的买卖合同。香蕉运到县土产公司后，土产公司拒绝接受
   D. 甲与乙签订的一份合同中约定，“只要太阳从西边出来，甲就可以不归还其欠乙的一万元”
5. 下面情形中，合同尚未成立的是(　　)。
   A. 甲对乙说：“我的那本丙丁教授主编的《中国民法》八十元卖给你，要不要？”乙说：“好，一言为定。”
   B. 甲计算机公司与乙销售公司签订了销售 500 台 A 型电脑的合同，双方就合同的全部条款都已经协商完毕打印好后各执一份，但没有签字盖章。不久甲公司便将 500 台 A 型电脑运送到了乙销售公司
   C. 甲超级市场发传真给乙食品厂，上面写着“请速运 20 箱 A 品牌牛肉味方便面来我司”。乙食品厂立即派车送去了 30 箱 A 品牌牛肉味方便面
   D. 郭某打电话给马某说：“昨天你想买的那枚珍珠我决定卖给你了，8000 块钱。”马某说：“我要和我老婆商量一下，明天给你答复。”第二天，马某发电子邮件给郭某说：“决定 8000 元买你的珍珠，请速送来。”

三、判断题

1. 合同的成立仅仅是说明双方当事人有发生、变更和消灭各种民事权利义务的目的，并不一定能产生当事人预期的法律后果。　(　　)

2. 要约生效以后，任何人都有权对要约作出承诺，受要约人之外的第三人作出的承诺，同样具有法律上的效力。　(　　)

3. 仅凭受要约人作出的承诺行为，任何情况下都不能使承诺产生法律上的效力。　(　　)

4. “你结婚那天我送你一枚戒指”，这是附期限的合同。　(　　)

5. 受欺诈、受胁迫的合同为无效的合同。　(　　)

四、案例分析

中学生赵某，15 周岁，身高 175 厘米，但面貌成熟，像二十七八岁。赵某为了买一辆摩托车，欲将家中一套闲房卖掉筹购车款。后托人认识李某，与李某签订了购房合同，李某支付定金 5 万元，双方遂到房屋管理部门办理了房屋产权转让手续。赵某父亲发现此事后，起诉到法院。

试分析：

该房屋买卖合同是否有效？请说明原因。

第三节　合同的履行与变更

【知识链接】

一、债的含义

债是因合同、侵权行为、无因管理、不当得利以及法律的其他规定，在当事人之间产生的特定的权利和义务关系，即债是指特定当事人之间请求为一定给付的民事法律关系。

其中，债的主体是指参与债的关系的当事人：享有债权的主体叫作债权人，负有债务的主体称为债务人。在多数债中，当事人双方既享债权又负债务。

债的内容是指债权和债务：债权是指权利人请求特定义务人为或者不为一定行为的权利；债务是指债务人依约定或法定应为给付的义务。

债的客体是给付：所谓给付是指债务人应为行为的抽象概括。而给付的具体形态包括交付财物、支付金钱、移转权利、提供劳务、提交成果及不作为等。

债的发生具有任意性和多样性，各种合法行为甚至不法行为都能产生债，如生活中的各种合同关系以及致人损害而引起的赔偿关系。其中，合同是产生债的最常见的最重要的原因，这种债被称为“合同之债”。

二、合同履行的重要性

合同履行乃是社会经济健康、迅速、协调、持续运转的重要前提条件。没有适当、全面的合同履行，任何国家的经济都不可能正常迅速地流转与运行。

合同履行是全部合同法律制度的核心，是合同法律约束力最集中的体现，是消灭合同之债最主要的方式，也是实现当事人订约目的的唯一途径。

合同履行被视为一个行为过程，而不再被简单地归结为给付、清偿等最后阶段的完成行为。合同履行的原则、抗辩权的行使、合同履行的保全措施、合同履行中的担保等构成了较为完整的合同履行的理论体系。

一、合同履行概述

1. 合同履行的含义和特征

合同的履行，是指合同的当事人按照合同的约定，全面完成各自承担的合同义务，使合同关系得以全部终止的整个行为过程。

其法律特征如下。

1) 履行是当事人实现合同内容的行为

任何合同的履行，均须有当事人的履约行为。通常表现为债务人积极的行为，如交付约定的标的物，完成一定的工作并交付工作成果及提供一定的服务等；在一些情况下也表现为债务人消极的不作为，如技术秘密转让合同中受让人未经让与人许可不得将该技术秘密转让给第三人的义务以及双方当事人的保密义务等。

同时，履行重在合同的内容得以实现。合同履行是给付行为和给付结果的统一，给付仅系履行之手段，其目的在于将合同债权转变成物权或与物权具有相等价值的权利，在于

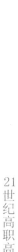

通过债务人的约定给付使债权人获得满足，获得给付结果。

2) 履行是一个行为的过程

合同的履行是当事人全面完成合同义务的整个行为过程，不仅包括当事人的依约交付行为，还包括当事人为完成最终的交付行为所实施的一系列准备行为。除即时清结的合同外，绝大多数合同自成立生效至履行完毕，都要持续一定的时间；为确保合同的履行，必须把准备行为和最终的交付行为作为一个相互联系的整体进行考察；它是贯穿于合同订立生效至全部义务完成的全过程的一种动态活动。

其法律意义在于：一方面，它能使当事人自合同成立生效之时起，就关注自己和对方履行合同义务的情况，发现障碍就及时排除，确保合同义务得到全面、正确的履行；另一方面，它能使当事人尽早发现对方不能履约或不能完全履行合同义务的情况，以便采取相应的补救措施，避免使自己陷入被动和不利，防止损失的发生或扩大。

3) 履行是合同效力的具体体现

合同一经生效，即在当事人之间产生相互的权利和义务。一方当事人权利的实现有赖于他方当事人义务的履行。因此，离开了合同的履行，合同的效力也就无从实现。

2. 合同履行的原则

在合同的履行中，当事人应当遵循以下原则。

(1) 依约履行原则。合同履行是双方当事人按照合同约定实施的行为，而约定必须遵守，并全面履行，这是一条古老的法律原则。

(2) 诚实信用原则。首先，履行合同的主要义务是当事人应当重视的，但也应注意，不能忽视了附随义务，如通知、协助、保密等义务的履行。即，要求当事人全面地、适当地履行合同义务。

(3) 协作履行原则。合意、合作等是合同应有之意，当事人之间在实质上有协作履行的基础和义务。

(4) 绿色原则。当事人在履行合同过程中，应当避免浪费资源、污染环境和破坏生态。

3. 合同履行中的补充规则

如果在履行过程中出现了当事人没有约定或约定不明的情形，则遵循以下规则。

(1) 当事人可以协议补充。

(2) 如不能达成协议补充，则可以按合同相关条款或交易习惯来履行。

(3) 如上述方式仍不能确定的，适用下列规定：①质量要求不明确的，按照强制性国家标准履行；没有强制性国家标准的，按照推荐性国家标准履行；没有推荐性国家标准的，按照行业标准履行；没有国家标准、行业标准的，按照通常标准或者符合合同目的的特定标准履行。②价款或者报酬不明确的，按照订立合同时履行地的市场价格履行；依法应当执行政府定价或者政府指导价的，按照规定履行。③履行地点不明确，给付货币的，在接受货币一方所在地履行；交付不动产的，在不动产所在地履行；其他标的，在履行义务一方所在地履行。④履行期限不明确的，债务人可以随时履行，债权人也可以随时要求履行，但是应当给对方必要的准备时间。⑤履行方式不明确的，按照有利于实现合同目的的方式履行。⑥履行费用的负担不明确的，由履行义务一方负担；因债权人原因增加的履行费用，由债权人负担。

4. 电子合同履行的专门规定

随着信息技术和网络技术飞速发展，电子商务交易的大发展既为人们的工作、生活提供了极大便利，同时也对传统合同制度提出了新挑战。《民法典·合同编》针对电子合同的特殊性专门作了规定：

通过互联网等信息网络订立的电子合同的标的为交付商品并采用快递物流方式交付的，收货人的签收时间为交付时间。电子合同的标的为提供服务的，生成的电子凭证或者实物凭证中载明的时间为提供服务的时间；前述凭证没有载明时间或者载明时间与实际提供服务的时间不一致的，以实际提供服务的时间为准。

电子合同的标的为采用在线传输方式交付的，合同标的进入对方当事人指定的特定系统并且能够检索识别的时间为交付时间。

电子合同当事人对交付方式、交付时间另有约定的，按照其约定。

【小知识】

合同第三人违约的责任

当事人约定由债务人向第三人履行债务的，债务人未向第三人履行债务或者履行债务不符合约定的，应当向债权人承担违约责任。

当事人约定由第三人向债权人履行债务的，第三人不履行债务或者履行债务不符合约定的，债务人应当向债权人承担违约责任。

二、合同履行的抗辩权

合同履行抗辩权，是指双务合同的一方当事人在法定条件下对抗另一方当事人的请求权，拒绝履行其债务的权利。合同履行抗辩权只有在双务合同中才存在。

合同履行抗辩权是一种自我保护手段，在实践中这种方法也被证明十分有效。

合同履行抗辩权根据其结果可以分为：一是消灭的抗辩权，即合同当事人可以使合同关系消灭的抗辩权；二是延缓的抗辩权，即指合同当事人使该合同的履行受到拒绝，或者使该合同的履行中止，使对方当事人的请求权在一定期限内不能实现的抗辩权。

合同履行抗辩权根据其法律特性可以分为以下三种。

1. 先履行抗辩权

先履行抗辩权，也称顺序履行抗辩权，是指双务合同的当事人互负债务，但履行有先后顺序，应当顺序履约，而应当先履行的一方未履行，后履行的一方可以拒绝其履行请求，或者，应当先履行的一方履行债务不符合约定，后履行的一方可以拒绝其相应的履行请求的权利。

简单说，先履行抗辩权发生于有先后履行顺序的双务合同中，基本上适用于先履行一方违约的场合。

根据合同法的规定，构成先履行抗辩权须符合以下要件。

(1) 须双方当事人互负债务。

(2) 双方债务须有先后履行顺序，至于该顺序是当事人约定的，还是法律直接规定的，

在所不问。

(3) 先履行一方未履行债务或其履行不符合约定：先履行一方未履行债务，既包括先履行一方在履行期限届至或届满前未予履行的状态，又包含先履行一方于履行期限届满时尚未履行的现象；履行债务不符合约定，在这里是指迟延履行、瑕疵履行等。

先履行抗辩权行使时，产生了后履行一方可一时中止履行自己债务的效力，以对抗先履行一方的履行请求，以此保护自己的期限利益、顺序利益；但是，在先履行一方采取了补救措施、变违约为适当履行的情况下，先履行抗辩权消失，后履行一方应当履行其债务。可见，先履行抗辩权属一时的抗辩权，而不是永久性抗辩权。当然，先履行抗辩权的行使不影响后履行一方主张违约责任。

2. 同时履行抗辩权

同时履行抗辩权，是指双务合同的当事人未约定先后履行顺序，应当同时履行，一方在对方未为对待给付之前，有权拒绝其履行请求的权利。

所谓同时履行，是指双方当事人所负担的给付应同时提出，相互交换。合同当事人基于双务合同履行各自的义务，当事人之间才存在对待给付，一方负担的义务是以他方负担义务为前提的，一方在他方未为对待履行以前，可以拒绝自己的履行，如买卖、互易、租赁、承揽、保险等合同。当事人之间的给付具有对等关系或对应关系，使得同时履行抗辩权具有公平性。

具体说来，同时履行抗辩权的成立条件如下。

(1) 在同一双务合同中互负对待给付义务。主张同时履行抗辩权，必须基于同一双务合同中当事人互负的对待给付义务。如果双方当事人的债务不是基于同一合同而发生，即使在事实上有密切关系，也不得主张同时履行抗辩权。

这里的债务，首先应为主给付义务。但在从给付义务的履行与合同目的的实现具有密切关系时，应认为它与主给付义务之间有牵连关系，可产生同时履行抗辩权。

(2) 双方债务均已届清偿期。同时履行抗辩权制度旨在使双方当事人所负的债务同时履行，因此，只有在双方所负债务同时届期时，才能主张同时履行抗辩权。如，在买卖合同中，如当事人没有约定履行的先后顺序，买方的价金交付与卖方的所有权移转应同时进行。在非同时履行的双务合同中，无论是先履行方还是后履行方，均不得主张同时履行抗辩权。

(3) 对方未履行债务。一方向他方请求履行债务时，须自己已为履行或提出履行，否则，对方可行使同时履行抗辩权，拒绝履行自己的债务。但是，如果一方未履行或未提出履行的债务与对方所负债务无对价关系，对方不得主张同时履行抗辩权。

(4) 对方的债务可能履行。同时履行抗辩权的宗旨是促使双方当事人同时履行债务，如果对方的对待给付已不可能，则不发生同时履行抗辩权问题，而应依合同解除制度解决。

同时履行抗辩权原则上可以对抗债务人的部分履行。双务合同的一方当事人提出部分履行时，对方当事人有权拒绝受领。若受领部分给付，可以提出相当部分的对待给付，也可以主张同时履行抗辩权，拒绝为给付。同时履行抗辩权也可以对抗债务人的瑕疵履行：一方在对方履行债务不符合约定时，有权拒绝其相应的履行请求。

同时履行抗辩权应以意思通知的方式行使，一经行使，即具有对抗对方的履行请求、排除己方迟延履行责任的效力。但同时履行抗辩权属一时性抗辩权，一旦对方履行，该抗辩权即告消灭。

3. 不安抗辩权

不安抗辩权，是指双务合同的当事人互负债务，但履行有先后顺序，应当按顺序履约，而先履行的一方在法律规定的情形下，可以拒绝自己的履行。

不安抗辩权成立的条件如下：

(1) 双方当事人因同一双务合同而互负债务。不安抗辩权为双务合同的效力表现，其成立须双方当事人因同一双务合同而互负债务，并且该两项债务存在对价关系。

(2) 后给付义务人的履行能力明显降低，有不能为对待给付的现实危险。不安抗辩权制度保护先给付义务人是有条件的，只有在后给付义务人有不能为对待给付的现实危险、危及先给付义务人的债权实现时，才能行使不安抗辩权。所谓后给付义务人的履行能力明显降低，有不能为对待给付的现实危险，包括：其经营状况严重恶化；转移财产、抽逃资金，以逃避债务；丧失商业信誉；其他丧失或者可能丧失履行能力的情况。注意，这些情形应当是发生在合同成立以后，如果在订立合同时即已经存在，先给付义务人若明知此情况而仍然缔约，法律则无必要对其进行特别保护。

(3) 先给付义务人应当有确切证据。行使不安抗辩权的先给付义务人负有证明后给付义务人的履行能力明显降低、有不能为对待给付的现实危险的义务。

不安抗辩权行使的基本步骤如下：①先给付义务人有确切证据并举证上述现实危险。先给付义务人负举证义务，可防止其滥用不安抗辩权，借口后给付义务人丧失或可能丧失履行能力而随意拒绝履行自己的债务。如果先给付义务人没有确切证据而中止履行，应当承担违约责任。②先给付义务人应当及时通知后给付义务人。该通知的内容包括中止履行的意思表示和指出后给付义务人提供适当担保的合理期限。为了兼顾后给付义务人的利益，也便于其能及时提供适当担保。及时通知可使后给付义务人尽量减少损害，及时地恢复履行能力或提供适当的担保以消除不安抗辩权，使先给付义务人履行其义务。③先给付义务人有权中止履行。所谓中止履行，就是暂停履行或者延期履行，履行义务仍然存在。注意，先给付义务人主张不安抗辩权若不能成立，则应对其中止履行承担违约责任。④在后给付义务人提供适当担保时，应当恢复履行。所谓适当担保，既指设定担保的时间适当，更指设定的担保能保障先给付义务人的债权得以实现。⑤先给付义务人解除合同。先给付义务人中止履行后，后给付义务人在合理期限内未恢复履行能力并且未提供适当担保的，视为以自己的行为表明不履行主要债务，中止履行的一方可以解除合同并可以请求对方承担违约责任。

三、合同的保全与担保

1. 合同的保全

合同的保全是指法律为防止因合同当事人一方(债务人)的财产不当减少而给债权人的债权带来危害，允许债权人实施的保全行为。

这是合同之债权的对外效力，是合同相对性原理的例外。通常是由于债务人本身的财产不能清偿债权，即已无资力的情形下，法律给予债权人的救济权利。由于合同的保全涉及第三人，为了保证这项权利的正确行使，当事人必须经过诉讼程序来行使自己的权利。

法律规定两种保全的权利。

1) 代位权

债务人怠于行使到期债权或者与该债权有关的从权利，影响债权人的到期债权实现，债权人有保全债权的必要，可行使代位权。可以理解为：合同中的债权人代债务人之位，向第三人行使权利。

还有一种特殊情况也可以行使代位权：债权人的债权到期前，债务人的债权或者与该债权有关的从权利存在诉讼时效期间即将届满或者未及时申报破产债权等情形，影响债权人的债权实现的，债权人可以代位向债务人的相对人请求其向债务人履行、向破产管理人申报或者作出其他必要的行为。

【小知识】

专属于债务人自身的债权

专属于债务人自身的债权，是指基于扶养关系、抚养关系、赡养关系、继承关系产生的给付请求权和劳动报酬、退休金、养老金、抚恤金、安置费、人寿保险、人身伤害赔偿请求权等权利。专属于债务人自身的债权，不可以行使代位权。

债权人依法提起代位权诉讼，债权人以自己的名义起诉，一般是以次债务人为被告，债务人为第三人。人民法院认定代位权成立的，由债务人的相对人向债权人履行义务，债权人接受履行后，债权人与债务人、债务人与相对人之间相应的权利义务终止。债务人对相对人的债权或者与该债权有关的从权利被采取保全、执行措施，或者债务人破产的，依照相关法律的规定处理。还有，债权人行使代位权的必要费用，由债务人负担。

2) 撤销权

撤销权，又称废罢诉权，是指债务人减少其清偿资力，债权人可能因此不能实现或不能完全实现其债权，债权人可以行使撤销权以保全债权。撤销权的行使范围以债权人的债权为限。

从客观上看，债务人对债权有损害行为：包括积极减少财产和消极增加债务。法定情形包括：债务人以放弃其债权、放弃债权担保、无偿转让财产等方式无偿处分财产权益，或者恶意延长其到期债权的履行期限，影响债权人的债权实现；债务人以明显不合理的低价转让财产、以明显不合理的高价受让他人财产或者为他人的债务提供担保，影响债权人的债权实现，债务人的相对人知道或者应当知道该情形。

在程序上，债权人以自己的名义起诉，债务人为被告，可以列受益人为第三人。债务人影响债权人的债权实现的行为被撤销的，自始没有法律约束力。还有，债权人行使撤销权的必要费用，由债务人负担。

应当注意的是，撤销权自债权人知道或者应当知道撤销事由之日起一年内行使。自债务人的行为发生之日起五年内没有行使撤销权的，该撤销权消灭。

2. 合同的担保

担保的法律依据主要是《中华人民共和国民法典》第二编《物权》的第四分编《担保物权》、第三编《合同》中的“定金合同”和第二分编中的《保证合同》。

概括地说，一切能保障债权人的债权实现的法律措施都可称之为担保。

担保是一种从属性的活动。担保只能因为当事人订立担保合同而产生，而且担保合同

只能是主合同的从合同，以主合同的存在为前提，并且随着主合同的变化而发生变化：一般说来，主合同有效，则担保合同有效；主合同撤销，则担保权消灭；主合同无交易，担保合同无效。

《中华人民共和国民法典》规定了五种担保方式：保证、抵押、质押、留置和定金。理论上看，保证属于人的担保；抵押、质押、留置属于物的担保；定金属于金钱担保。

下面介绍两种担保方式。

1) 保证

保证是指保证人和债权人约定，当债务人不履行到期债务或者发生当事人约定的情形时，保证人按照约定履行债务或者承担责任的行为。

具有代为清偿债务能力的法人、其他组织或者自然人，可以作保证人。当然，如果是自然人作保证人，除应具备“代为清偿债务能力”外，还应具有民事行为能力。注意，法律明文规定，机关法人不得为保证人，但是经国务院批准为使用外国政府或者国际经济组织贷款进行转贷的除外；以公益为目的的非营利法人、非法人组织不得为保证人。

保证合同可以是单独订立的书面合同，也可以是主债权债务合同中的保证条款。保证的方式包括：

一是一般保证。债务人不能履行债务时，由保证人承担保证责任的，为一般保证。一般保证，保证人属于补充责任，具有先诉抗辩权：即保证人在主合同纠纷未经审判或者仲裁，并就债务人财产依法强制执行仍不能履行债务前，对债权人可以拒绝承担保证责任。

二是连带责任保证。保证人与债务人对债务承担连带责任的，为连带责任保证。连带责任保证，保证人不具有先诉抗辩权，因此其保证责任比一般保证要重得多。

当事人对保证方式没有约定或者约定不明确的，按照一般保证承担保证责任。

保证人按照保证担保的范围承担保证责任。保证担保的范围包括主债权及利息、违约金、损失赔偿金和实现债权的费用；当事人另有约定的，按照约定。

2) 定金

定金是指以担保债权实现为目的，依据合同当事人的约定，由一方向对方预先给付一定数额的货币。

定金是以货币作为担保，所产生的是债权而不是物权；定金担保有数额的限制：定金的数额由当事人约定，但不得超过主合同标的额的百分之二十；而且，定金一般只在买卖合同中使用。

定金担保应当以书面形式约定，属于要式合同；定金合同从实际交付定金之日起成立，属于实践合同；收受定金一方提出异议并拒绝接受定金的，定金合同不生效。

一般情况下，如果是违约定金，给付定金的一方不履行约定债务的，无权要求返还定金；收受定金的一方不履行约定债务的，应当双倍返还定金。

四、合同的变更和转让

合同的变更有广义、狭义之分。狭义的合同变更指合同内容的变更，指合同当事人权利义务的变化；广义的合同变更包括合同主体和内容的变更，我们把合同主体的变更称为合同的转让。

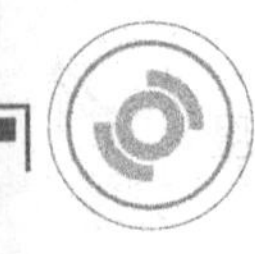

1. 合同的变更

合同的变更指依法成立的合同于其尚未履行或者尚未完全履行完毕之前，由当事人达成协议对内容进行修改和补充。这里是指狭义的合同变更。

合同变更的实质是在保留原合同的实质内容的基础上产生了一个新的合同关系，使其在变更的范围内已使原来的债权债务关系得以消灭，而尚未变更的部分依然有效。

具体而言，合同变更的要件如下。

(1) 原已存在有效的合同关系。合同的变更，是改变原合同关系，无原合同关系便无变更的对象，所以，合同变更以原已存在合同关系为前提。同时，原合同关系若非合法有效，如合同无效、合同被撤销、追认权人拒绝追认效力未定的合同，也无合同变更的余地。

(2) 合同变更仅仅涉及内容的局部变更，其中，当事人不可变更，标的不可变更，而且不是合同性质的变化，如买卖变为赠与，则合同关系失去了同一性。合同内容的变化包括：标的物数量的增减；标的物品质的改变；价款或者酬金的增减；履行期限的变更；履行地点的改变；履行方式的改变；结算方式的改变；所附条件的增添或除去；单纯债权变为选择债权；担保的设定或取消；违约金的变更；利息的变化。

(3) 经当事人协商一致，或合约、合法地单方变更。

当事人协商一致，可以变更合同。在一般情况下，合同的变更与其订立一样，是双方法律行为，由双方当事人协商一致，在原来合同的基础上达成新的协议；但约定必须明确，当事人对合同变更的内容约定不明确的，推定为未变更。

而单方变更是指在基于法律的直接规定或者在情势变更的情况下，无须征得对方当事人的同意，一方当事人变更合同，亦能产生法律上的效力。从原因与程序上着眼，单方变更有以下几种情况。①法定变更。基于法律的直接规定变更合同。②形成权变更。形成权人基于其形成权变更：如在选择之债中，享有选择权的当事人对选择权的行使，无疑使合同的内容发生了变更。③诉请变更。基于司法裁判而变更：一方当事人可以请求人民法院或者仲裁机关对重大误解或显失公平的合同予以变更。在情势变更情况下，作为该合同基础的事由，由于不可归责于当事人的原因(含不可抗力)，发生了不能预料的变化，此时，如果依然坚持原来合同的法律效力，必然产生显失公平的结果，有违诚实信用原则。

(4) 法律、行政法规规定变更合同应当办理批准等手续的，应遵守其规定。

合同变更后，当事人应按变更后的合同内容履行；未变更部分继续有效，已经履行的债务不因合同的变更而失去合法性；合同的变更不影响当事人要求赔偿的权利，原则上，提出变更的一方对对方因合同变更所受损失应负赔偿责任。

2. 合同的转让

合同的转让是指在合同的内容与客体保持不变的情形下，将合同由原来的主体转移给别的主体的一种法律行为。

合同的转让实际上是广义的合同变更的一种，属于债的转移的最主要的内容。它以原合同的债权债务关系的存在为前提，保持了债的同一性；仅仅是主体的变更，不改变合同的内容与客体。从内容上看，合同当事人的权利义务转让前后是一致的；从关系上看，由第三人加入合同，替代形成新的合同关系人；从诉讼上看，债权债务关系的变化较为复杂，使诉讼也更为复杂。

1) 合同转让的有效要件

(1) 有合法有效的合同关系存在。

(2) 有合法有效的转让协议或文件，如转让合同、法院的判决、行政行为文书等。

(3) 须此债权债务具有可移转性。根据法律，有些合同不得转让：如根据合同性质不得转让，那些具有人身性质的合同诸如讲课、演出、特别代理等；根据当事人特别约定不得转让；依照法律规定，如抵押权不得转让，如不作为义务不得转让等。

(4) 符合法律规定的程序。法律、行政法规规定转让权利或者转移义务应当办理批准等手续的，依照其规定。

2) 合同转让的类型

(1) 合同权利的让与。合同权利的让与是指债权转移，基于当事人行为(订立合同)而发生的合同权利的移转。

债权人转让权利的，应当通知债务人。未经通知，该转让对债务人不发生效力。而且债权人转让权利的通知不得撤销，但是经受让人同意的除外。

(2) 合同义务的转让。合同义务的转让是指债务移转，又称债务的承担，指第三人为承担债务而与债权人或债务人达成协议。其包括以下几种：①免责的合同义务转让，指由第三人即承担人代替债务人承担其全部债务，原债务人脱离债的权利义务关系，而承担人成为新的债务人。②并存的合同义务的转让，指第三人加入债的关系与债务人共同承担债务，原债务人并不脱离债的关系，而依然是债务人。

实践中，如果是债权人与第三人签订合同而由第三人承担债务的，不需征得原债务人的同意，但应通知原债务人。如果是第三人与债务人签订合同而承担债务的，必须得到债权人的同意。

一旦债务全部或部分转移，第三人成为新债务人或共同债务人；新债务人可以主张原债务人对债权人的抗辩；新债务人应当承担与主债务有关的从债务，但该从债务专属于原债务人自身的除外。

(3) 合同权利和义务的概括移转：合同权利和义务概括移转是指将债权债务一并移转给第三人，由其完全替代出让人的法律地位，成为合同法律关系的新当事人。

如是意定的概括移转，如合同承受，当事人一方经对方同意，可以将自己在合同中的权利和义务一并转让给第三人。

如是法定的概括移转，如企业合并，无须征得相对人同意，依通知或公告而发生效力。即，当事人订立合同后合并的，由合并后的法人或者其他组织行使合同权利，履行合同义务；当事人订立合同后分立的，除债权人和债务人另有约定的以外，由分立的法人或者其他组织对合同的权利和义务享有连带债权，承担连带债务。

【课堂讨论】

A公司将新办公大楼工程发包给了B公司，双方约定：工程款为2000万元，工期为1年，工程完工后结清全部工程款。合同签订后，B公司雇请工人甲、乙等百余人开始施工。工程按期完工，B公司将新大楼交给A公司使用，但B公司尚欠工人甲、乙等工资合计56万元。甲、乙等人多次向B公司催要未果，于是向法院起诉了B公司，要求给付所欠工资。法院判决B公司败诉。但在判决执行过程中，B公司的所有员工，包括其法定代表人均不见踪影。在查找B公司财产的过程中，甲、乙等人发现，A公司尚欠B公司工程款180万

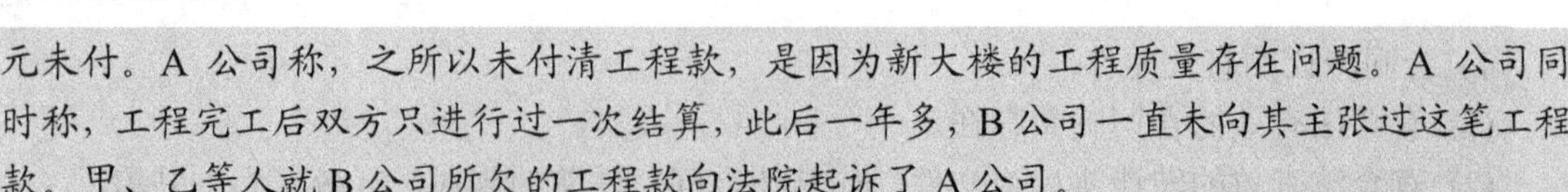

元未付。A 公司称，之所以未付清工程款，是因为新大楼的工程质量存在问题。A 公司同时称，工程完工后双方只进行过一次结算，此后一年多，B 公司一直未向其主张过这笔工程款。甲、乙等人就 B 公司所欠的工程款向法院起诉了 A 公司。

问题：

(1) 甲、乙等人起诉 A 公司所依据的是什么权利？

(2) 甲、乙等人提起诉讼时，应当以谁的名义提出？

(3) 甲、乙等人在诉讼中提出，要求 A 公司支付其欠 B 公司的全部 180 万元工程款。这种要求能否得到法院支持？为什么？

课后作业

一、单项选择题

1. 可撤销的合同中具有撤销权的当事人自订立合同之日起(　　)内不行使撤销权的，该撤销权消灭。

A. 6 个月　　B. 5 年　　C. 2 年　　D. 1 年

2. 合同当事人对合同履行地点没有约定或约定不明确的，事后也达不成协议的，则(　　)。

A. 给付货币的，在接受货币一方所在地履行

B. 交付不动产的，在交付不动产一方所在地履行

C. 交付动产的，在动产所在地履行

D. 不作为债务在债务人所在地履行

3. 债务人欲将合同的义务全部或者部分转移给第三人，则(　　)。

A. 应当通知债权人　　B. 应当经债权人同意

C. 不必经债权人同意　　D. 不必通知债权人

4. 甲公司与乙公司签订买卖合同。合同约定甲公司先交货。交货前夕，甲公司派人调查乙公司的偿债能力，有确切材料证明乙公司负债累累，根本不能按时支付货款。甲公司遂暂时不向乙公司交货。甲公司的行为是(　　)。

A. 违约行为　　B. 行使同时履行抗辩权

C. 行使先诉抗辩权　　D. 行使不安抗辩权

5. 甲向乙借款 1 万元，到期没有偿还，而甲的经济状况十分糟糕，除了下列权利外别无财产可供偿还，在符合条件的情况下，债权人乙可以代位行使甲的权利是(　　)。

A. 甲对其儿女的请求支付赡养费的权利

B. 甲对其母的继承权

C. 甲对其债务人所享有的偿还货款的请求权

D. 甲因被第三人打伤而对第三人享有的损害赔偿请求权

二、多项选择题

1. 实际履行的构成条件包括(　　)。

A. 必须有违约行为存在

B. 必须由非违约方在合理的期限内提出继续履行的请求

C. 实际履行在事实上是可能的和在经济上是合理的

D. 必须依据法律和合同的性质能够履行

2. 下列有关双务合同抗辩权的陈述，正确的是(　　)。

A. 双务合同抗辩权包括同时履行抗辩权、先履行抗辩权和不安抗辩权

B. 双务合同抗辩权的行使，将导致合同的消灭

C. 同时履行抗辩权可以适用于连带之债

D. 双务合同抗辩权是一时的抗辩权和延缓的抗辩权

3. 甲欠乙5000元，乙多次催促，甲拖延不还。后乙告知甲必须在半个月内还钱，否则将起诉甲。甲立即将家中仅有的值钱物品，包括九成新的电冰箱和彩电各一台以150元价格卖给知情的丙，被乙发现。下列说法正确的是(　　)。

A. 乙可书面通知甲、丙，撤销该买卖合同

B. 如乙发现之日为2020年5月1日，则自2021年5月2日起，乙不再享有撤销权

C. 如乙向法院起诉，应以甲为被告，法院可以追加丙为第三人

D. 如乙的撤销权成立，则乙为此支付的律师代理费、差旅费应由甲和丙来承担

4. 下列关于代位权与撤销权的说法中，正确的有(　　)。

A. 代位权的行使是为了使债务人的财产在应当增加而未增加的情况下予以增加

B. 撤销权的行使主要是为了避免债务人的财产不应减少而减少的情况发生

C. 代位权与撤销权均是合同相对性的例外

D. 享有担保物权保障债权实现的债权人不享有代位权

5. 下列合同的转让合法的是(　　)。

A. 甲律师考试辅导班约请乙教授讲课，乙教授答应了。因讲课当天乙教授要出差，便让自己的博士生代劳

B. 甲公司与美国乙公司创办中外合资企业，合同经过有关机关批准后，甲公司将合同权利义务转让给丙公司

C. 债权人王某因出国急需用钱便将债务人葛某欠自己的两万元债权以1万5千元的价格转让给了柳某，王某将此事打电话通知了葛某

D. 丁对丙的房屋享有抵押权，为给自己的小舅子从银行借款提供担保，将该抵押权转让给了银行

三、判断题

1. 代位权行使的结果直接归于代位权人。(　　)

2. 同时履行抗辩权只存在于双务合同中。(　　)

3. 实际履行权是合同不履行的一种救济。(　　)

4. 代位权和撤销权的行使不以诉讼为必要条件。(　　)

5. 不安抗辩权人行使不安抗辩权必须提供确切的证据。(　　)

四、案例分析

2020年5月10日，甲银行与丙公司签订了一份借款合同，约定：①借款金额90万美元，用于购买原材料，期限4个月；②丙公司必须按照约定用途使用借款。丙公司为了能从甲银行贷得上述款项，在该公司总经理段某与乙银行原行长李某已协商的情况下，从李

家取得盖有乙银行公章的空白信纸 2 张，其中一张用于乙银行为丙公司从甲银行的 90 万美元贷款进行保证，落款时间为：2020 年 5 月 8 日。内容为：“乙银行为丙公司从甲银行处贷到的 90 万美元的贷款进行担保，当丙公司不能偿还债务时由乙银行还本付息。”该担保书提交给甲银行后，分行提出还应有外汇额度担保，因此丙公司要求丁贸易公司担保，该公司提出必须有反担保单位，于是丙公司在盖有乙银行公章的第二张空白信纸上填写乙银行为丁贸易公司担保的反担保书，落款时间为：2020 年 5 月 10 日。反担保书注明：“丙公司经由丁贸易公司担保从甲银行贷款 90 万美元。为确保丁贸易公司权益，我行愿意为该公司提供反担保。如到期金利公司不能按期还款时，我行将负责偿还贷款本金 90 万美元及利息。”丁贸易公司接到反担保书后，于当年 5 月 11 日为丙公司 90 万美元贷款出具了担保书，担保书注明：“甲银行与丙公司在 2020 年 5 月 10 日签订借款合同，我公司愿意为丙公司提供贷款本金 90 万美元的担保并无条件承担贷款本息的连带责任。”该款到期后，丙公司没有还款。甲银行起诉至法院，试问：

(1) 本案存在哪些法律关系？他们之间关系如何？

(2) 乙银行提供的两份担保效力如何？为什么？

(3) 丁贸易公司为丙公司提供的担保效力如何？为什么？

第四节　合同的解除与责任

【知识链接】

合同的终止

合同的终止也称合同的消灭，指因一定的法律事实的出现而使既存的债权债务关系在客观上不复存在。

依据法律事实是否必然会引起合同的终止为标准，可分为以下两种。

1. 必然的终止事由

(1) 清偿。清偿是指为实现债的目的而为给付，即债务已经履行。合同的全面、适当的履行是债的消灭的最基本原因。

(2) 抵销。抵销是指互负给付相同之债的当事人在对等范围内的债务相互消灭的意思表示。当然，如果当事人互负债务，标的物种类、品质不相同的，经协商一致，也可以抵销。

(3) 提存。提存是指因债权人的原因，致使债务人难于交付标的物的，经公证机关证明，债务人将标的物交有关部门保存，以消灭债权债务关系的行为。

(4) 免除。免除是债权人以债消灭为目的而抛弃债的意思表示。

(5) 混同。混同指某一具体之债的债权人、债务人合为一体。

合同解除的，该合同的权利义务关系终止。

2. 可能的终止事由

如自然人死亡、法人解散。

合同终止时，合同的内容客观上不复存在，它已不须再履行或无法再履行；终止以后，合同失去了法律上的效力，除法律另有规定外，主债权债务关系归于消灭；同时，使合同的担保及其他从权利义务如抵押权、违约金债权、利息债权也归于消灭；但依据诚实信用

原则及交易惯例，合同当事人还负有一定的后合同义务，如根据交易习惯履行通知、协助、保密、旧物回收等义务。

一、合同的解除

1. 合同解除的含义

合同的解除，是指合同有效成立后，在一定条件下，通过当事人的单方行为或者双方合意，终止合同效力或者溯及力，消灭合同关系的行为。

合同解除有以下法律特征。

(1) 合同解除是对有效合同的解除。合同解除以有效成立的合同为标的，其目的在于解决有效成立的合同提前消灭的问题。

这是合同解除与合同无效、合同撤销及要约或承诺的撤回等制度的不同之处。

(2) 合同的解除必须具有解除事由。合同一经有效成立，即具有法律约束力，双方当事人必须信守，不得擅自变更或解除，这是合同法的重要原则。只是在主客观情况发生变化，使合同履行成为不必要或不可能的情况下，才允许解除合同。这不仅是合同解除制度的存在依据，也表明合同解除必须具备一定的条件，否则便构成违约。

对合同解除的条件，我国合同法既有一般性规定，又有适用于个别合同的特殊规定。

(3) 合同解除必须通过解除行为实现。具备合同解除的条件，合同并不必然解除。要使合同解除，一般还需要解除行为。

解除行为有两种类型：一是当事人双方协商同意；二是享有解除权一方的单方意思表示。

(4) 合同解除的法律效果是使合同关系消灭。

2. 合同解除的分类

(1) 根据当事人意思表示是否一致，合同解除可分为单方解除与协议解除。

单方解除是指当事人一方依法律规定或合同约定使合同的效力溯及消灭的意思表示。在合同依法成立之后、全部履行之前，由于主客观情况的变化，使合同无法履行，当事人可行使解除权。注意，狭义的合同解除仅指单方解除。

协议解除又称双方解除，是指当事人双方通过协商同意将合同解除的行为。一般情况下，这是在解除事由发生后的约定。实质上，协议解除是当事人双方为了消灭原合同而订立的一个新的解除合同。

【小知识】

解 除 权

解除权是指合同当事人一方能够依法律规定或合同约定凭单方意思表示解除合同，使合同溯及力消灭的权利。

它在法律性质上属于形成权，即不需对方当事人同意，只需解除权人的单方意思表示，即可发生解除合同的法律效果。

(2) 根据解除权发生的依据不同，合同解除可分为法定解除与约定解除。

法定解除是指依据法律的直接规定而产生的解除权。在法定解除中，有的以适用于所有合同的条件为解除条件，称为一般法定解除；有的则以仅适用于特定合同的条件为解除条件，称为特别法定解除。

约定解除，是当事人以合同形式约定为一方或双方设定解除权的解除。有关解除权的合意在合同中称为解约条款；当然，当事人也可以在合同成立后专门另订解约合同。解除权可以赋予当事人一方，也可以赋予当事人双方。

注意：约定解除不同于协议解除，主要区别在于两者发生的时间不同，约定解除是双方在解除事由发生前的约定。

3. 合同的法定解除事由

《民法典·合同编》规定，有下列情形之一的，当事人可以解除合同。

(1) 因不可抗力致使不能实现合同目的。

不可抗力致使合同目的不能实现，该合同失去意义，应归于消灭。在此情况下，我国合同法允许当事人通过行使解除权的方式消灭合同关系。

(2) 在履行期限届满之前，当事人一方明确表示或者以自己的行为表明不履行主要债务。

此即所谓拒绝履行，也称毁约，包括明示毁约和默示毁约。作为合同解除条件，一是要求债务人有过错；二是债务人拒绝行为违法，即无合法理由；三是债务人有履行能力。

(3) 当事人一方迟延履行主要债务，经催告后在合理期限内仍未履行。

此即所谓迟延履行。根据合同的性质和当事人的意思表示，履行期限在合同的内容中非属特别重要时，即使债务人在履行期届满后履行，也不致使合同目的落空。在此情况下，原则上不允许当事人立即解除合同，而应由债权人向债务人发出履行催告，给予一定的履行宽限期。债务人在该履行宽限期届满时仍未履行的，债权人有权解除合同。

(4) 当事人一方迟延履行债务或者有其他违约行为致使不能实现合同目的。

对某些合同而言，履行期限至为重要，如债务人不按期履行，合同目的即不能实现，于此情形，债权人有权解除合同。其他违约行为致使合同目的不能实现时，也应如此。

(5) 法律规定的其他情形。

法律针对某些具体合同规定了特别法定解除条件的，从其规定。

4. 解除合同的程序

对于单方解除合同的，《民法典·合同编》对解除权的行使有以下明确规定。

(1) 关于解除权的行使期限，《民法典·合同编》规定以下两点：①法律规定或当事人约定解除权行使期限的，期限届满当事人不行使的，该权利消灭。②法律没有规定或当事人没有约定解除权行使期限，自解除权人知道或者应当知道解除事由之日起一年内不行使，或者经对方催告后在合理期限内不行使的，该权利消灭。

(2) 关于解除权的行使程序，《民法典·合同编》规定以下两点：①一方行使解除权解除合同的，应当通知对方。合同自通知到达对方时解除；通知载明债务人在一定期限内不履行债务则合同自动解除，债务人在该期限内未履行债务的，合同自通知载明的期限届满时解除。对方对解除合同有异议的，任何一方当事人均可以请求人民法院或者仲裁机构确认解除行为的效力。②当事人一方未通知对方，直接以提起诉讼或者申请仲裁的方式依法主张解除合同，人民法院或者仲裁机构确认该主张的，合同自起诉状副本或者仲裁申请书副本送达对方时解除。

至于协议解除，由于协议解除实质上形成了一个新合同，因此，应遵循由要约到承诺的一般缔约程序及其他相关要求，以实现当事人双方意思表示一致。

5. 合同解除的效力

《民法典·合同编》规定：合同解除后，尚未履行的，终止履行；已经履行的，根据履行情况和合同性质，当事人可以请求恢复原状或者采取其他补救措施，并有权请求赔偿损失。

合同解除有两方面的效力：一是向将来发生效力，即终止履行；二是合同解除可以产生溯及力，即引起恢复原状的法律后果。

那么，合同解除是否涉及损害赔偿？法律规定，合同解除与损害赔偿可以并存。但对于损害赔偿的范围，有不同观点。其一认为，无过错一方所遭受的一切损害均可请求赔偿，既包括债务不履行的损害赔偿，也包括因恢复原状所发生的损害赔偿；其二认为，对损害赔偿范围的确定应具体分析，在许多情况下，损害赔偿与合同解除是相互排斥的，选择了其中任何一种便足以使当事人利益得到充分的保护，没有必要同时采取两种方式，如协议解除、因不可抗力而解除等。

【小知识】

溯　及　力

溯及力，也称溯及既往的效力，是指法律对其生效以前或某事实发生以前的事件和行为是否适用，如果适用，就具有溯及力，如果不适用，就没有溯及力。

一般认为，非继续性合同的解除原则上有溯及力，继续性合同的解除原则上无溯及力。

二、缔约过失责任

1. 缔约过失责任的含义

缔约过失是指在订立合同过程中，因合同当事人一方致合同不成立或无效所具有的过失。据此，所谓缔约过失责任，是指在订立合同过程中，一方因违背其依据诚实信用原则所应尽的义务而致另一方信赖利益的损失，依法应承担的民事责任。

承担缔约过失责任的要件包括以下几种。

(1) 此种责任发生于合同订立阶段。

这是它与违约责任的根本区别：责任发生时间是要约生效后，合同成立之前。只有在合同尚未成立，或者虽已成立，但因为不符合法定的有效要件而被确认为无效或被撤销时，才可能发生缔约过失责任。因此，合同是否成立，是判定是否产生缔约过失责任的关键。

(2) 一方当事人违反了依诚实信用原则所担负的先合同义务。由于合同尚未成立，因此当事人并不承担合同义务。然而，在订约阶段，当事人依诚实信用原则负有说明、告知、注意、忠实、保密等义务，此谓先合同义务，属于法定义务。

特别应当重视的是，《民法典·合同编》专门指出了合同缔结人的保密义务，规定：当事人在订立合同过程中知悉的商业秘密或者其他应当保密的信息，无论合同是否成立，不得泄露或者不正当地使用；泄露、不正当地使用该商业秘密或者信息，造成对方损失的，应当承担赔偿责任。

(3) 一方当事人有过错。顾名思义，缔约“过失”责任属于过错责任，无过错则无此责任。当事人只对自己缔约时的故意或过失负责。

(4) 另一方的信赖利益因此而受到损失。所谓信赖利益是缔约相对人因相信合同会有效成立，对此产生了信赖，而付出的费用或直接财产的减少。那么，缔约过失责任救济的是法律肯定的信赖利益，不同于违约责任，它救济的是履行利益。信赖利益损失既包括财产的直接减少，也包括应增加而未增加的利益(履约收益)。

2. 缔约过失责任的适用

《民法典·合同编》规定了缔约过失责任的三种情形。

(1) 假借订立合同，恶意进行磋商。

恶意磋商，即非出于订立合同之目的而借订立合同之名与他人磋商。其真实目的，或阻止对方与他人订立合同，或使对方贻误商机，或仅为戏耍对方。

(2) 故意隐瞒与订立合同有关的重要事实或者提供虚假情况。

缔约当事人依诚实信用原则负有如实告知义务，主要包括：告知对方自己的财产状况与履约能力；告知标的物的瑕疵；告知标的物的性能和使用方法。若违反此项义务，无论隐瞒还是虚告，即构成欺诈，如因此致对方受损害，应负缔约过失责任。

(3) 有其他违背诚实信用原则的行为。

法律作出概括性规定包含了现实中的诸多情形：违反强制缔约义务，如出租车司机无正当理由拒载；未尽保护、照顾等附随义务，如商场地滑，致顾客摔伤；违反有效要约和要约邀请；违反初步协议或许诺；无权代理未被被代理人追认等。

3. 缔约过失责任的赔偿范围

根据《民法典·合同编》的规定，缔约过失责任的形式是损害赔偿。

缔约过失损害赔偿的范围，是相对人因缔约过失而遭受的信赖利益损失，包括直接损失和间接损失。具体而言包括以下几点。

(1) 在合同不成立，或虽已成立但被宣告为无效或被撤销的情况下，构成缔约过失的一方应赔偿对方的直接损失，通常包括订立合同的费用、准备履行合同所支出的费用以及上述费用的利息，如差旅费、通信费、仓库预租费；间接损失主要指对方因此丧失商机所造成的损失。

(2) 由于一方当事人在订立合同的过程中未尽照顾、保护义务而使对方遭受人身损害时，应赔偿因此产生的实际财产损失。

(3) 由于一方当事人在订立合同的过程中未尽通知、说明义务致使另一方遭受财产损失时，也应赔偿其实际财产损失。

三、违约责任概述

1. 违约责任的含义

违约责任是违反合同的民事责任的简称，是指合同当事人因违反合同义务应承担的民事责任。

违约责任具有以下特征。

(1) 违约责任是一种民事责任。

民事责任是指民事主体在民事活动中，因实施民事违法行为或基于法律的特别规定，依据民法所应承担的民事法律后果。违约责任作为一种民事责任，在目的、构成要件、责任形式等方面均有别于行政责任、刑事责任等类型的法律责任。

(2) 违约责任的主体是合同当事人。

合同关系的相对性决定了违约责任的相对性。违约责任是合同当事人之间的民事责任，它发生在合同相对人之间，由违约的一方对另一方承担责任；合同当事人以外的第三人对当事人之间的合同不承担违约责任。

(3) 违约责任是当事人不履行或不完全履行合同的责任。

发生违约责任的前提是当事人之间具有有效合同：这一特征使违约责任与合同法上的其他民事责任如缔约过失责任、无效合同的责任等区别开来。而发生违约责任的原因是当事人不履行或不完全履行合同的义务而应负的责任。

(4) 违约责任具有补偿性和一定的任意性。

违约责任以补偿守约方因违约行为所受损失为主要目的，以损害赔偿为主要责任形式，故具有补偿性质。

违约责任可以由当事人在法律规定的范围内约定，具有一定的任意性。如当事人可以约定一方违约时应当根据违约情况向对方支付一定数额的违约金，也可以约定因违约产生的损失赔偿额的计算方法。

那么，如何认定当事人是否负违约责任？

违约责任构成要件有二：一是当事人有违约行为，这被称为违约责任的积极要件；二是当事人无免责事由，这被称为违约责任的消极要件。与侵权责任不同，违约责任不以损害有无为要件，即违约是否导致相对人损害，在所不问。

2. 违约行为

1) 违约行为的含义

违约行为是指当事人一方不履行合同义务或者履行合同义务不符合约定条件的行为。

我们应当这样理解：

其一，违约行为的主体是合同当事人，违约行为侵害的客体是合同对方的债权。因违约行为的发生，使债权人的债权无法实现，从而侵害了债权。

其二，违约行为是一种客观的违反合同的行为。能够产生违约责任的违约行为有两种情形：一是“不履行”合同义务，即未按合同约定提供给付；二是“不完全履行”合同义务，即表明合同当事人一方履行不符合约定条件，其履行存在瑕疵。

其三，违约行为的认定以当事人的行为是否在客观上与约定的行为或者合同义务相符合为标准，而不管行为人的主观状态如何。

2) 实际违约

实际违约，即实际发生的违约行为。

实际违约的具体形态包括：不履行、迟延履行、不完全履行。

不履行，包括履行不能和拒绝履行。履行不能是指债务人在客观上已经没有履行能力，如在以特定物为标的的合同中，该特定物灭失；而拒绝履行是指债务人在履行期限届满后能履行而明示不履行的意思表示。

迟延履行，是指对履行期已满而能履行的债务，因可归于债务人的事由未为给付所发生的迟延。这是时间上的不完全履行，是对债权的消极侵害。

不完全履行，又可称为不适当履行，是指债务人虽然履行了债务，但其履行不符合合同的约定，包括瑕疵给付和加害给付。如履行的数量不足、品种不合、地点不妥、方法不当或导致对方其他损失等。

3) 预期违约

预期违约也称先期违约，是指在合同履行期限到来之前，一方无正当理由但明确表示其在履行期到来后将不履行合同，或者其行为表明其在履行期到来后将不可能履行合同。

预期违约有其鲜明的特征：它是当事人在合同履行期到来之前的违约；侵害的是对方当事人期待的债权而不是现实的债权；与实际违约后果不同，预期违约主要造成对方信赖利益的损害。

预期违约包括两种形态，即明示毁约和默示毁约。

明示毁约，又称明示预期违约，是指一方当事人无正当理由，明确地向对方表示将在履行期届至时不履行合同。其要件为：一方当事人明确肯定地向对方作出毁约的表示；须表明将不履行合同的主要义务；且无正当理由。对于明示毁约，债权人得直接行使解除权而解除合同。

默示毁约，又称默示预期违约，是指在履行期到来之前，一方以自己的行为表明其将在履行期届至后不履行合同。其特点为：债务人虽然没有表示不履行合同，但其行为表明将不履行合同或不能履行合同。如，特定物买卖合同的出卖人在合同履行期届至前将标的物转卖给第三人。对于默示毁约，则债权人只能行使不安抗辩权，不能直接解除合同。

【知识拓展】

违约行为的分类

根据不同的标准，对违约行为作以下分类。

(1) 实际违约与预期违约。

(2) 不履行、迟延履行、不完全履行。

(3) 单方违约与双方违约。其中，双方违约是指双方当事人分别违反了自己的合同义务。注意，在双方违约情况下，双方的违约责任不能相互抵销：《民法典·合同编》明文规定，当事人双方都违反合同的，应当各自承担相应的责任。

(4) 根本违约与非根本违约。以违约行为是否导致另一方订约目的不能实现为标准，违约行为可作此分类。其主要区别在于，根本违约可构成合同法定解除的理由。

3. 违约的免责事由

免责事由，也称免责条件，是指当事人对其违约行为免予承担违约责任的事由。

合同法上的免责事由可分为两大类，即法定免责事由和约定免责事由。法定免责事由是指由法律直接规定、不需要当事人约定即可援用的免责事由，主要指不可抗力。约定免责事由是指当事人约定的免责条款。

1) 不可抗力

不可抗力，是指不能预见、不能避免并不能克服的客观情况。

所谓“不能预见”，即当事人无法知道事件是否发生、何时何地发生、发生的情况如何。对此应以一般人的预见能力为标准加以判断。

所谓“不能避免”，即无论当事人采取什么措施，或即使尽了最大努力，也不能防止或避免事件的发生。

所谓“不能克服”，即以当事人自身的能力和条件无法战胜这种客观力量。

不可抗力主要包括以下三大类：一是自然灾害，如台风、洪水、冰雹等；二是政府行为，如征收、征用等；三是社会事件，如罢工、骚乱等。

因不可抗力不能履行民事义务的，不承担民事责任。法律另有规定的，依照其规定。

在不可抗力的适用上，有以下问题值得注意：第一，合同中是否约定不可抗力条款，不影响直接援用法律规定。第二，不可抗力条款是法定免责条款。约定不可抗力条款如小于法定范围，当事人仍可援用法律规定主张免责；如大于法定范围，超出部分应视为另外成立了免责条款，依其约定。第三，不可抗力作为免责条款具有强制性，当事人不得约定将不可抗力排除在免责事由之外。

不可抗力发生后，当事人不能履行合同的，应及时通知对方，以减轻可能给对方造成的损失，并应当在合理期限内提供证明；根据不可抗力的影响，违约方可部分或全部免除责任。但有以下情况的例外：金钱债务的迟延责任不得因不可抗力而免除；迟延履行而发生不可抗力的不具有免责效力。

2) 免责条款

免责条款是指当事人在合同中约定免除将来可能发生的违约责任的条款，其所规定的免责事由即约定免责事由，这属于约定免责。

约定的免责条款不能排除当事人的基本义务，也不能排除故意或重大过失的责任，同时，如违反诚实信用原则或社会公共利益的，不发生免责效果。

3) 自己有过失

相对人的过失可以免除一方当事人部分或全部责任。如当事人一方违约造成对方损失，对方对损失的发生有过错的，可以减少相应的损失赔偿额。

如果是合同关系之外的第三人有过失而造成违约，如何处理？法律明文规定，当事人一方应当依法向对方承担违约责任。当事人一方和第三人之间的纠纷，依照法律规定或者按照约定处理。

四、违约责任的形式

违约责任的形式，即承担违约责任的具体方式，包括继续履行、采取补救措施和赔偿损失三种基本形式，还有违约金和定金责任等其他形式。

1. 继续履行

继续履行，也称强制实际履行，是指违约方根据对方当事人的请求继续履行合同规定的义务的违约责任形式。其特征如下。

(1) 继续履行是一种独立的违约责任形式。继续履行不依附于其他责任形式，且不同于一般意义上的合同履行，体现了法的强制性。

(2) 继续履行的内容表现为按原合同约定的标的履行义务。

(3) 继续履行以守约方请求为条件，法院不得径行判决。

我国对于违约行为，采取以继续履行为主，赔偿为辅的救济原则。对于因履行迟延、履行不当或履行拒绝的违约行为，原则上均可请求继续履行或补充履行，甚至由第三人替代履行；同时，要求继续履行，不影响对赔偿损失的请求权。

但是，当事人一方不履行非金钱债务或者履行非金钱债务不符合约定的，有下列情形之一，即：法律上或者事实上不能履行；债务的标的不适于强制履行或者履行费用过高；债权人在合理期限内未请求履行；均不得请求强制实际履行。

2. 采取补救措施

采取补救措施作为一种独立的违约责任形式，是指矫正合同不适当履行，使履行缺陷得以消除的具体措施。

关于采取补救措施的具体方式，包括：修理、更换、重作、退货、补足商品数量、退还货款和服务费用、减少价款或者报酬等。在采取补救措施的适用上，应注意以下几点：①如合同对质量不合格的违约责任没有约定或者约定不明确，而依《民法典·合同编》确定违约责任，才适用这些补救措施。②应以标的物的性质和损失大小为依据，确定与之相适应的补救方式。③受害方对补救措施享有选择权，但选定的方式应当合理。

采取补救措施与继续履行和赔偿损失具有互补性。

3. 赔偿损失

赔偿损失，在合同法上也称违约损害赔偿，是指违约方以支付金钱的方式弥补受害方因违约行为所减少的财产或者所丧失的利益的责任形式。

损害赔偿具有根本救济功能，是最重要的违约责任形式，任何其他责任形式都可以转化为损害赔偿。而且，违约人继续履行或采取补救措施后，相对人还有损失的，还可请求损害赔偿。

损害赔偿的确定方式如下。

1) 法定损害赔偿

法定损害赔偿是指由法律规定的，由违约方对守约方因其违约行为而对守约方遭受的损失承担的赔偿责任。

根据《民法典·合同编》的规定，法定损害赔偿应遵循以下原则和规则。

(1) 完全赔偿原则，即违约方对于守约方因违约所遭受的全部损失承担的赔偿责任。《民法典·合同编》规定，损失“包括合同履行后可以获得的利益”，可见其赔偿范围包括现有财产损失和可得利益损失。前者又称为直接损失、积极损失，主要表现为标的物灭失、为准备履行合同而支出的费用、停工损失、为减少违约损失而支出的费用、诉讼费用等；后者又称为间接损失、消极损失，是指在合同适当履行后可以实现和取得的财产利益。

(2) 合理预见规则，违约损害赔偿的范围以违约方在订立合同时预见到或者应当预见到的损失为限。合理预见规则是限制法定违约损害赔偿范围的一项重要规则，由于损害赔偿主要是补偿性质，所以除根据消费者权益保护、食品安全等方面的法律规定的赔偿责任外，违约赔偿的预期利益不得超过违约人缔约时预见到或可能预见到违约可能造成的损失。注意，合理预见规则不适用于约定损害赔偿。

(3) 减轻损失规则，一方违约后，另一方应当及时采取合理措施防止损失的扩大；否则，不得就扩大的损失要求赔偿。

2) 约定损害赔偿

约定损害赔偿，是指当事人在订立合同时，预先约定一方违约时应当向对方支付一定数额的赔偿金或约定损害赔偿额的计算方法。

它具有以下特性：①预定性，它是当事人缔约时确定损害赔偿的条款；②从属性，违约条款以主合同的有效成立为前提；③附条件性，损害赔偿以损失的发生为条件。

4. 违约金

违约金是依当事人的约定，在当事人一方不履行债务时，向对方给付一定数额的金钱。

我国现行的违约金制度属于补偿性、约定性的制度。因此，违约金的数额，由当事人在合同中预先约定，即成为合同条款之一，但约定违约金的数额应与不履行债务造成的损失大致相当。如过高或过低的，当事人可请求法院或仲裁机构减少或增加，实践中，当事人约定的违约金超过造成损失的百分之三十的，一般可以认定为过高。

违约金与约定损害赔偿是有区别的：违约金不以有实际损失的发生为前提；同时，违约金不足以赔偿的，还可要求赔偿其余损失或请求法院或仲裁机构增加违约金；但违约金增加后，与再请求的损害赔偿不能同时存在，且增加后的违约金数额以不超过实际损失额为限。

另外，如因迟延履行而给付违约金后，不免除违约人的合同义务，还应继续履行合同。

5. 定金

定金既是担保，又是违约责任形式。

定金的数额由当事人约定，但不得超过主合同标的额的百分之二十；当事人约定的定金数额超过主合同标的额的百分之二十的，超过部分不产生定金的效力。

债务人履行债务的，定金应当抵作价款或者收回。给付定金的一方不履行债务或者履行债务不符合约定，致使不能实现合同目的的，无权请求返还定金；收受定金的一方不履行债务或者履行债务不符合约定，致使不能实现合同目的的，应当双倍返还定金。

注意：在既约定违约金又约定定金时，相对人可以选择一宗行使，不能同时请求。

【课堂讨论】

河北某县的张某系养牛专业户，为了引进良种乳牛，与该县的畜牧站签订了良种乳牛引进合同。合同约定，良种乳牛款共10万元，张某预付定金2万元，违约金按照合同总额的10%计算。合同没有明确约定合同的履行地点。后张某从畜牧站将良种乳牛拉回，为此支付运费1000元。张某拉回乳牛后，在饲养中发生了不可抗力，导致乳牛无法产奶，张某预计的收入落空，无法及时偿还购牛款。畜牧站遂诉至法院。

问题：

(1) 张某要求畜牧站支付运费，该请求能否得到法院支持？为什么？

(2) 针对畜牧站要求付款的请求，张某以不可抗力要求免责，能否成立？为什么？

(3) 如果张某的行为构成违约，合同中规定的定金与违约金条款能否同时适用？为什么？

课后作业

一、单项选择题

1. 甲与乙订立了合同，约定由丙向甲履行债务，现丙履行的行为不符合合同的约定，甲有权请求(　　)。

A. 丙承担违约责任　　B. 乙承担违约责任

C. 乙和丙承担违约责任　　D. 乙或者丙承担违约责任

2. 下列允许解除合同的情况有(　　)。

A. 法定代表人变更

B. 当事人一方发生合并、分立

C. 由于不可抗力致使合同不能履行

D. 作为当事人一方的公民死亡或作为当事人一方的法人终止

3. 债权人吴某下落不明，债务人王某难以履行债务，遂将标的物提存，王某将标的物提存后，该标的物如果意外毁损灭失，其损失应由(　　)。

A. 吴某承担　　B. 王某承担

C. 吴某和王某共同承担　　D. 提存机关承担

4. 根据《民法典·合同编》的规定，抵销(　　)。

A. 可以附条件　　B. 可以附期限

C. 可以附条件和期限　　D. 不得附条件或者期限

5. 甲公司于某年 10 月 4 日到乙公司购买一批原料，当场提货并付款 25 万元。次日，甲公司因货物质量不合格，将这批原料退回乙公司，乙公司签收，但未退款。10 月 7 日，甲公司到乙公司购买电器一批，价款 28 万元，提货时与乙公司约定 2 日内付款。2 日期满，甲公司未付款，乙公司上门催收。甲公司认为前后债务相抵，只需支付 3000 元。双方发生争议。下列对此案的处理意见中正确的是(　　)。

A. 甲公司应先付给乙公司 28000 元，再请求乙公司退款 25000 元

B. 乙公司应先退给甲公司 25000 元，再请求甲公司付款 28000 元

C. 甲公司付给乙公司 3000 元，双方了结债务

D. 甲公司应付给乙公司 14000 元，待乙公司退款之后，再付给乙公司 14000 元

二、多项选择题

1. 甲与乙签订销售空调 100 台的合同，但当甲向乙交付时，乙以空调市场疲软为由，拒绝受领，要求甲返还货款。下列说法正确的是(　　)。

A. 甲可以向有关部门提存这批空调

B. 空调在向当地公证机关提存后，因遇火灾，烧毁 5 台，其损失应由甲承担

C. 提存费用应由乙支付

D. 若自提存之日起 5 年内乙不领取空调，则归甲所有

2. 李某向王某借款 10 万元，由于李某无力偿还，其兄李某某代为偿还。下列表述中正确的有(　　)。

A. 李某和王某之间的合同关系消灭，李某免除再向王某清偿的义务

B. 李某某向王某清偿的时候，王某不得拒绝受领

C. 李某某向王某清偿的时候，王某可以拒绝受领

D. 李某某清偿后可向李某求偿

3. 下面不属于可以适用《民法典·合同编》缔约过失责任规定的情形有(　　)。

A. 甲某租用幸福巷30号乙某的房屋一间为期三年，此间其亲友的信件都寄往此处。租期届满后，甲某没有继续承租乙的房屋，乙怀恨在心。甲走后仍有一些乙的信件寄往幸福巷30号，乙将这些信统统扔进了垃圾箱，在甲前来询问时，告诉他说自己并没有收到什么信

B. 张三某日上街办事，因事情紧急便抄近路从一家超级市场穿过，恰好该超市正在修理地下管线，地面挖了个坑，由于修理工人去取材料，便临时在坑上面铺了几张硬纸板，张三正好踩在这个坑上，摔了进去将小腿骨折断

C. 李婶带着自己5岁的儿子小黑子去超级市场购物，小黑子去收银台帮妈妈将购得的物品打包时，一脚踩在一片白菜叶子上，跌了一跤，两颗门牙被撞掉

D. 甲将一头病弱的马鹿谎称是非常健壮的马鹿卖给了乙，乙买后不到两天马鹿就死亡了

4. 所谓不可抗力是指符合(　　)的客观情况。

A. 不能预见　　B. 任何合理的人都无法预见

C. 不能克服　　D. 不能避免

5. 下列情形中，合同非违约人只能要求违约人损害赔偿而不能要求其实际履行的是(　　)。

A. 甲影业公司与某著名青春偶像派演员订立合同，约请担任某电视连续剧之男主角，不久因知广大观众对该演员曾担任过男主角的一部武打电视连续剧中的表演极不满意，正式开拍时，影业公司只让该演员担任一个不重要的配角

B. 张某将祖传的一块御赐鸡血石请著名雕刻家代刻成名章，然而该雕刻家顽皮的小孙子不慎将此石打碎

C. 高男与郭女为准备婚事在某饭店订下20桌结婚酒席，然而结婚那天，饭店竟根本未准备此20桌结婚酒席

D. 双方订立以某物为标的之买卖合同，买方迟延交货，不久国家法令禁止买卖此物

三、判断题

1. 如果仅仅是由于让与人未履行告知义务或怠于交付义务，致使受让人无从证明自己的权利而造成债务人拒绝履行合同义务的，让与人无须承担损害赔偿的责任。(　　)

2. 债务人不可以主张以其合同权利与让与的合同权利抵销。(　　)

3. 合同的解除必须履行通知手续。(　　)

4. 赔偿损失仅仅是指当事人的权利受到对方侵权后，要求对方给予补偿的一种民事权利。(　　)

5. 部分违约是指部分无效合同中，当事人已经履行了合同有效部分规定的义务，因为是部分无效、部分有效的合同，尚有部分义务是无法履行的。(　　)

四、案例分析

某出版社发行新版《金庸全集》，甲购得一套。乙在甲处看到此书，感觉不错，但若

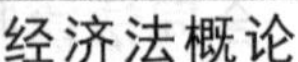

自己前去购买，又嫌麻烦，便与甲协商转让事宜。2007年4月1日，甲、乙签订合同，约定乙支付甲600元，而甲须于2007年4月6日前，交于乙一套《金庸全集》，除此之外无特别约定。当时乙便将600元交给了甲，甲便打算到时将其所购买的《金庸全集》交给乙即可。2007年4月2日，甲家因遭雷击引发火灾，致使置于书架之上的《金庸全集》被火烧毁。请回答下列问题：

(1) 《金庸全集》被火烧毁之后，甲、乙之间的合同效力如何？为什么？

(2) 《金庸全集》被火烧毁之后，甲或乙能否单方解除合同？为什么？

(3) 如果甲与乙当初在合同中明确约定，甲应将其所购买的那一套《金庸全集》交付给乙，那么在《金庸全集》被火烧毁之后，甲或乙能否单方解除合同？为什么？

本章小结

合同法是指调整合同法律关系的法律规范的总称。其基本原则包括平等原则、自愿原则、公平原则、诚实信用原则、守法和公序良俗原则、绿色原则等。

《民法典·合同编》中的合同是指平等主体的自然人、法人及其他组织之间设立、变更、终止民事权利义务关系的协议。《民法典·合同编》依据合同所反映的交易关系的性质划分了合同的种类；对合同可以采取的形式做出规定，对合同的内容作出了指导。

合同的订立是当事人之间协议过程，这一过程就是要约与承诺。要约是希望和他人订立合同的意思表示；承诺是受要约人同意要约的意思表示。承诺生效时合同成立。

合同的效力是法律赋予合同对当事人的强制力。依法成立的合同，自成立时生效。而无效的合同欠缺一定的生效要件，因而自始、确定、当然地不发生法律效力。效力未定的合同处于不确定状态，尚待享有形成权的第三人来确定其效力的合同。可撤销的合同是因为行为人非真实意思表示，法律赋予表意人撤销权。

合同的履行是指合同的当事人按照合同的约定，全面完成各自承担的合同义务，使合同关系得以全部终止的整个行为过程。当事人应当遵循依约履行原则、全面履行原则、协作履行原则和诚实信用原则。如在履行过程中出现了当事人没有约定或约定不明的情形，则遵循法定规则。

合同履行抗辩权，是指双务合同一方当事人在法定条件下对抗另一方当事人的请求权、拒绝履行其债务的权利，是一种自我保护手段。包括先履行抗辩权、同时履行抗辩权、不安抗辩权等。合同的保全是指法律为防止因债务人的财产不当减少而给债权人的债权带来危害，允许债权人实施的保全行为。合同的担保是一切能保障债权人债权实现的法律措施。

合同可以变更和转让，也可以解除。合同的解除是指合同有效成立后，在一定条件下通过当事人的单方行为或者双方合意终止合同效力或者溯及力消灭合同关系的行为。

合同当事人在合同成立前的缔约过程中，如因合同当事人一方违背其依据诚实信用原则所应尽的义务而致另一方信赖利益的损失，应承担缔约过失责任。

而合同当事人因违反合同义务应承担违约责任。承担违约责任的具体方式，包括继续履行、采取补救措施和赔偿损失三种基本形式，还有违约金和定金责任等其他形式。

第四章

工业产权法律制度

教学目标： 掌握获得专利权的条件、商标的构成；熟悉专利法和专利权的概念、商标和商标法的概念；了解专利权的主体、客体、商标权的内容及管理。

教学重点： 专利权的取得；商标注册。

教学难点： 获得专利权的条件；商标的构成。

第一节　专利法律制度

【知识链接】

一、工业产权的概念

工业产权是指人们依法对应用于商品生产和流通中的创造发明和显著标记等智力成果，在一定的时间、地域享有其特有利益的权利。

工业产权是知识产权的一部分。所谓知识产权是指人们对智力创造成果和工商业标记可依法直接支配并享有其利益的权利，包括著作权(版权)、专利权、商标专用权和其他如发现权、发明权和其他智力成果权等。

而工业产权保护对象是特定的领域，即工商业领域，所应用的发明创造成果和识别性标记，它们是以满足物质需求为目的的，主要有专利权、商标权，此外，商号权、地理标记权、商业秘密权、植物新品种权也应当属于工业产权。

二、工业产权法

工业产权法是指调整国家确认、保护和使用工业产权而发生的各种社会关系的法律规范的总称。它属于民商法的特别法，也是经济法的组成部分。

工业产权法的法律渊源，从国内法律规范看，主要有《民法通则》《专利法》《商标法》《反不正当竞争法》等；从国际公约看，我国加入的最重要的是《保护工业产权巴黎公约》。

其他知识产权的保护：商号权、地理标记权、商业秘密权等尚未形成特定权利，未纳入专门法予以保护的智力成果，适用反不正当竞争法、合同法，要给予必要的保护。

三、专利的概念

专利一词有三重含义：一是对专利权的简称；二是指受专利法保护的发明创造；三是指专利文献，主要是专利说明书。

一、专利法概述

1. 专利法的法律依据

专利法是国家调整在确认和保护发明创造的专有权以及在利用它们的过程中产生的各种社会关系的法律规范的总称。

专利法的法律依据主要是《中华人民共和国专利法》(以下简称《专利法》)。该法于 1984 年 3 月 12 日第八届全国人民代表大会常务委员会第五次会议通过，于 1985 年 4 月 1 日开始施行；其后经过 1992 年 9 月 4 日第一次修正，2000 年 8 月 25 日第二次修正，2008 年 12 月 27 日第三次修正，最后一次修正自 2009 年 10 月 1 日生效。

《专利法》的目的是保护专利权人的合法权益，鼓励发明创造，推动发明创造的应用，提高创新能力，促进科学技术进步和经济社会发展。

2. 专利权及其特征

专利权是指按专利法的规定，由国家专利机关授予发明人、设计人或其所属单位在一

定期限内对该发明或设计享有的专有权利。

专利权是具有人身权和财产权双重性质的权利，具有以下特征。

(1) 客体的无形性：专利权的客体是特定客体，即智力成果，这是一种无形财产。同时，专利权的智力成果本身不是一种物体，但它们可以固定化，并与有形物质相结合，具有价值和使用价值。

(2) 专有性或排他性。由法律赋予其独占性支配权，这种权利类似有形财产的所有权。它专属权利人，排除了其他人享有同样权利的可能性。

(3) 地域性。除国际公约或双边协定外，专利权由一国法律承认和保护，只能在该国领域内发生法律效力，而不具有域外效力。

(4) 时间性。专利权的保护有一定的期限，超过法定期间，专利权自行消失，成为社会的共同财富，为人们自由使用。

二、专利权的主体

专利权的主体即专利权人，是指依法享有专利权并承担相应义务的人。

专利权的主体包括以下几种。

1. 发明人或设计人

发明人或设计人，是指对发明创造的实质性特点作出了创造性贡献的人，其中，发明人是指发明或实用新型的完成人；设计人是指外观设计的完成人。发明人或设计人只能是自然人，不能是单位、集体或课题组。

发明人或设计人必须具备以下实质条件。

(1) 直接参加发明创造。在完成发明创造过程中，只负责组织工作的人不是发明人或设计人。

(2) 对发明创造的实质性特点作出创造性贡献。在完成发明创造过程中，为物质技术条件的利用提供方便的人或者从事其他辅助性工作的人，例如资料员、试验员、描图员、机械加工人员等均不是发明人或设计人。

(3) 客观方面是非职务发明创造。既不是执行本单位的任务，也没有主要利用单位提供的物质技术条件所完成的发明创造，即在职务以外完全依靠自身能力和条件完成的。

非职务发明创造，申请专利的权利属于发明人或者设计人；申请被批准后，该发明人或者设计人为专利权人。

需要说明的是，发明创造活动是一种事实行为，不受民事行为能力的限制。因此，无论从事发明创造的人是否具备完全民事行为能力，只要他完成了发明创造，就应认定为发明人或设计人。发明创造是智力劳动的结果，发明人或者设计人对非职务发明创造申请专利，任何单位或者个人不得压制。

2. 发明人或设计人的单位

对于职务发明创造来说，专利权的主体是该发明创造的发明人或者设计人的所在单位。

职务发明创造，是指执行本单位的任务或者主要是利用本单位的物质技术条件所完成的发明创造。这里所称的“单位”，涵盖所有法人和非法人社会组织，包括企业、事业单位、社会团体、国家机关，既包括固定工作单位，也包括临时工作单位。

职务发明创造分为两类。

一是执行本单位任务所完成的发明创造，包括三种情况：①在本职工作中做出的发明创造；②履行本单位交付的本职工作之外的任务所做出的发明创造；③退职、退休或者调动工作后 1 年内作出的，与其在原单位承担的本职工作或者原单位分配的任务有关的发明创造。

二是主要利用本单位的物质技术条件所完成的发明创造。本单位的物质技术条件，是指本单位的资金、设备、零部件、原材料或者不对外公开的技术资料等。一般认为，如果在发明创造过程中，全部或者大部分利用了单位的资金、设备、零部件、原料以及不对外公开的技术资料，这种利用对发明创造的完成起着必不可少的决定性作用，就可以认定为主要利用本单位物质技术条件。如果仅仅是少量利用了本单位的物质技术条件，且这种物质条件的利用对发明创造的完成无关紧要，则不能因此认定是职务发明创造。

职务发明创造的专利申请权和取得的专利权归发明人或设计人所在的单位所有；申请被批准后，该单位为专利权人。

当然，发明人或设计人享有署名权和获得奖金、报酬的权利，即职务发明创造的发明人和设计人有权在专利申请文件及有关专利文献中写明自己是发明人或设计人；被授予专利权的单位应当按规定对职务发明创造的发明人或者设计人发给奖金；在发明创造专利实施后，单位应根据其推广应用的范围和取得的经济效益，对职务发明创造的发明人或者设计人给予合理的报酬。另外，单位转让其职务发明创造的专利权时，职务发明创造的发明人或设计人有优先受让权。

注意：如果是利用本单位的物质技术条件所完成的发明创造，单位与发明人或者设计人订有合同，对申请专利的权利和专利权的归属作出约定的，从其约定。

3. 共同发明人或设计人

两个以上单位或者个人合作完成的发明创造，一个单位或者个人接受其他单位或者个人委托所完成的发明创造，除另有协议的以外，申请专利的权利属于完成或者共同完成的单位或者个人；申请被批准后，申请的单位或者个人为专利权人。

4. 合法受让人

受让人是指通过合同或继承而依法取得专利权的单位或个人。

专利申请权和专利权可以转让：专利申请权转让之后，如果获得了专利，那么受让人就是该专利权的主体；专利权转让后，受让人成为该专利权的新主体。

5. 外国人

外国人包括具有外国国籍的自然人和法人。

在中国有经常居所或者营业所的外国人，享有与中国公民或单位同等的专利申请权和专利权。在中国没有经常居所或者营业所的外国人、外国企业或者外国其他组织在中国申请专利的，依照其所属国同中国签订的协议或者共同参加的国际条约，或者依照互惠原则，可以申请专利，但应当委托国务院专利行政部门指定的专利代理机构办理。

三、专利权的客体

专利权的客体，也称为专利法保护的对象，是指依法应授予专利的发明创造。

专利权的客体包括以下几种。

1. 发明

发明是指对产品、方法或者其改进所提出的新的技术方案。通常意义上，发明是自然科学领域的智力成果，文学、艺术和社会科学领域的成果不能构成专利法意义上的发明。

发明分为三种类型。

(1) 产品发明是关于新产品或新物质的发明。这种产品或物质是自然界从未有过的，是人利用自然规律作用于特定事物的结果。如果某物品完全处于自然状态下，没有经过任何人的加工或改造而存在，就不是我国专利法所规定的产品发明，不能取得专利权。

(2) 方法发明是指为解决某特定技术问题而采用的手段和步骤的发明。能够申请专利的方法通常包括制造方法和操作使用方法两大类，前者如产品制造工艺、加工方法等，后者如测试方法、产品使用方法等。

(3) 改进发明是对已有的产品发明或方法发明所作出的实质性革新的技术方案。

2. 实用新型

实用新型又称“小发明”，是指对产品的形状、构造或者其结合所提出的适于实用的新的技术方案。它与发明的主要区别：①实用新型仅指具有一定形状的产品发明，方法发明及没有固定形状和构造的产品发明不属于本范畴；②对产品创造性要求相对较低。

实用新型专利只针对产品：该产品应当是经过工业方法制造的、占据一定空间的实体。而一切有关产品的方法、用途如产品的处理方法、制造方法、使用方法或产品用途等不属于实用新型专利的保护客体，如车间的除尘方法、一种水杯的制造方法、数据处理方法等不能获得实用新型专利保护；未经人工制造的自然存在的物品如天然玉石等也不属于实用新型专利的保护客体。

3. 外观设计

外观设计，是指对产品的形状、图案或者其结合，以及色彩与形状、图案的结合所作出的富有美感并适于工业应用的新设计。

外观设计的载体必须是产品，即任何用工业方法生产出来的物品，又不能重复生产的手工艺品、农产品、畜产品、自然物等则不能作为外观设计的载体。

可以构成外观设计的组合有：产品的形状；产品的图案；产品的形状和图案；产品的形状和色彩；产品的图案和色彩；产品的形状、图案和色彩。

【知识拓展】

与产品相关的定义

产品的形状是指产品所具有的、可以从外部观察到的确定的空间形状，包括产品外部的点、线、面的移动、变化、组合而呈现出的外表轮廓，可以是二维形态也可以是三维形态的空间外形，如型材的断面形状、凸轮形状等。无确定形状的产品，如气态、液态、粉末状、颗粒状的物质或材料，其形状不能作为实用新型产品的形状特征。

产品的构造是指产品的各个组成部分的安排、组织和相互关系。它可以是机械构造，也可以是线路构造。机械构造是指构成产品的零部件的相对位置关系、连接关系和必要的

机械配合关系等；线路构造是指构成产品的元器件之间的确定的连接关系。

产品的图案是指由任何线条、文字、符号、色块的排列或组合在产品的表面所构成的图形，并应当是固定、可见的，而不应是时有时无的或者需要在特定的条件下才能看见的。可以通过绘图或其他能够体现设计者的图案设计构思的手段制作。

产品的色彩是指用于产品上的颜色或者颜色的组合，制造该产品所用材料的本色不是外观设计的色彩。

同时，专利法规定了不予保护的对象。

(1) 违反法律、社会公德或妨害公共利益的发明创造。发明创造本身的目的与国家法律相违背的，如用于赌博的设备、用于吸毒的器具等，不能被授予专利权；发明创造本身的目的并没有违反国家法律，但是由于被滥用而违反国家法律的，则不属此列。

(2) 科学发现。发明必须是一种技术方案，是发明人将自然规律在特定技术领域进行运用和结合的结果，而不是自然规律本身；而科学发现则是指揭示自然界已经存在但尚未被人们所认识的事物，是对自然界中客观存在的现象、变化过程及其特性和规律的揭示。科学发现不同于改造客观世界的技术方案，不是专利法意义上的发明创造，因此不能被授予专利权。

(3) 智力活动的规则和方法。智力活动是指人的思维运动，它源于人的思维，经过推理、分析和判断产生出抽象的结果，或者必须经过人的思维运动作为媒介才能间接地作用于自然产生结果。它仅是指导人们对信息进行思维、识别、判断和记忆的规则和方法，由于其没有采用技术手段或者利用自然法则，也未解决技术问题和产生技术效果，因而不构成技术方案。

(4) 疾病的诊断和治疗方法。它是以有生命的人或者动物为直接实施对象，进行识别、确定或消除病因、病灶的过程，将其排除在专利保护范围之外，是出于人道主义的考虑和社会伦理的原因。另外，这类方法直接以有生命的人体或动物体为实施对象，理论上认为不属于产业，无法在产业上利用，不属于专利法意义上的发明创造。但是药品或医疗器械可以申请专利。

(5) 动物和植物品种。但是对于动物和植物品种的生产方法，可以授予专利权。

(6) 用原子核变换方法获得的物质。

(7) 对平面印刷品的图案、色彩或者二者的结合作出的主要起标识作用的设计。

(8) 对违反法律、行政法规的规定获取或者利用遗传资源，并依赖该遗传资源完成的发明创造。

另外，申请专利的发明创造涉及国家安全或者重大利益需要保密的，按照国家有关规定办理。

四、专利权的取得

1. 授予专利权的条件

授予专利权的发明和实用新型，应当具备新颖性、创造性和实用性。

1) 新颖性

新颖性是指该发明或者实用新型不属于现有技术；也没有任何单位或者个人就同样的发明或者实用新型在申请日以前向国务院专利行政部门提出过申请，并记载在申请日以后

公布的专利申请文件或者公告的专利文件中。

即所谓新颖性，必须不属于现有技术，同时还不得出现抵触申请。

所谓现有技术，是指申请日以前在国内外为公众所知的技术。技术为公众所知，主要包括：通过出版物在国内外为公众所知；在国内通过使用或实施方式为公众所知；其他方式如口头方式等为公众所知。

所谓抵触申请，是指一项申请专利的发明或者实用新型在申请日以前，已有同样的发明或者实用新型由他人向国务院专利行政部门提出过申请，并记载在申请日以后公布的专利申请文件或者公告的专利文件中。先申请被称为后申请的抵触申请。

但在下列情形下，申请专利的发明、实用新型和外观设计在申请日以前6个月内，不丧失新颖性：在中国政府主办或者承认的国际展览会上首次展出的；在规定的学术会议或者技术会议上首次发表的；他人未经申请人同意而泄露其内容的。

2) 创造性

创造性是指与现有技术相比，该发明具有突出的实质性特点和显著的进步，该实用新型具有实质性特点和进步。

从法律用语上看，发明与现有技术相比，是有突出的实质性特点和显著的进步，而实用新型则是有实质性特点和进步，可见，发明的创造性比实用新型的创造性要求更高。而创造性的判断以所属领域普通技术人员的知识和判断能力为准。

3) 实用性

实用性是指该发明或者实用新型能够制造或者使用，并且能够产生积极效果。即该技术能够在产业中制造或者使用，具有可实施性及再现性，并能够产生更好的经济效益或社会效益。

我国对授予专利权的外观设计，主要是新颖性的要求，主要条件包括：不属于现有设计，不得出现抵触申请；与现有设计或者现有设计特征的组合相比，应当具有明显区别；不得与他人在申请日以前已经取得的合法权利相冲突。

2. 专利申请原则

(1) 自愿原则：可以申请也可以不申请，这是发明创造人的权利。

(2) 书面原则：申请专利的各种手续，都应当以书面形式或者国家知识产权局专利局规定的其他形式办理。

(3) 申请在先原则：两个或者两个以上的申请人分别就同样的发明创造申请专利的，专利权授给最先申请的人。

(4) 单一性原则：一发明一申请，同样的发明创造只能授予一项专利权。但是，同一申请人同日对同样的发明创造既申请实用新型专利又申请发明专利，先获得的实用新型专利权尚未终止，且申请人声明放弃该实用新型专利权的，可以授予发明专利权。

(5) 优先权原则：第一次提出申请后，再次提出申请时的一种权利，其目的是使在后申请日提前到第一次提出申请的日期。

其中优先权包括国内优先权和国际优先权。

国内优先权：申请人自发明或者实用新型在中国第一次提出专利申请之日起十二个月内，又向国务院专利行政部门就相同主题提出专利申请的，可以享有优先权。(注意：只适用发明或实用新型)

国际优先权：申请人自发明或者实用新型在外国第一次提出专利申请之日起十二个月

内，或者自外观设计在外国第一次提出专利申请之日起六个月内，又在中国就相同主题提出专利申请的，依照该外国同中国签订的协议或者共同参加的国际条约，或者依照相互承认优先权的原则，可以享有优先权。

3. 授予专利权的程序

(1) 提交专利申请文件。申请发明或者实用新型专利的，应当提交请求书、说明书及其摘要和权利要求书等文件。申请外观设计专利的，应当提交请求书以及该外观设计的图片或者照片等文件，并且应当写明使用该外观设计的产品及其所属的类别。

(2) 确定专利申请日。国务院专利行政部门收到专利申请文件之日为申请日。如果申请文件是邮寄的，以寄出的邮戳日为申请日。申请人享有优先权的，优先权日视为申请日。

(3) 审批专利申请。发明专利的审批包括初步审查、早期公开、实质审查、授权登记公告。实用新型和外观设计专利的审批包括初步审查、授予决定、登记公告。

五、专利权的内容

1. 专利权人的权利

1) 独占实施权

发明和实用新型专利权被授予后，除专利法另有规定的以外，任何单位或者个人未经专利权人许可，都不得实施其专利，即不得为生产经营目的制造、使用、许诺销售、销售、进口其专利产品，或者使用其专利方法以及使用、许诺销售、销售、进口依照该专利方法直接获得的产品。所谓许诺销售，是指以做广告、在商店橱窗中陈列或者在展销会上展出等方式作出销售商品的意思表示。

外观设计专利权被授予后，任何单位或者个人未经专利权人许可，都不得实施其专利，即不得为生产经营目的制造、销售、进口其外观设计专利产品。

2) 实施许可权

实施许可权是指专利权人可以许可他人实施其专利技术并收取专利使用费。

许可他人实施专利的，当事人应当订立书面合同。

3) 转让权

专利权可以转让，包括出卖、赠与、投资入股等方式。

转让专利权的，当事人应当订立书面合同，并向国务院专利行政部门登记，由国务院专利行政部门予以公告，专利权的转让自登记之日起生效。注意，中国单位或者个人向外国人转让专利权的，必须经国务院有关主管部门批准。

4) 标示权

标示权是指专利权人享有在其专利产品或者该产品的包装上标明专利标记和专利号的权利。

另外，还有排除侵害的请求权、专利权的放弃权。专利权的放弃权即专利权期限届满前，专利权人可以书面声明放弃专利权。

2. 专利权人的义务

专利权人的义务主要是缴纳专利年费。专利权人应当自被授予专利权的当年开始缴纳年费。未按规定缴纳年费的，可能导致专利权终止。

此外，职务发明创造专利的单位，在授予专利权后，应当按照规定对发明人或设计人进行奖励；专利实施后，根据其推广应用所取得的经济效益，应按规定对发明人或者设计人发给合理的报酬。

3. 专利权的期限

发明专利权的期限为 20 年，实用新型专利权和外观设计专利权的期限为 10 年，均自申请日起计算。专利权期限届满后，专利权终止。

六、专利权的保护和限制

1. 专利权的保护范围

发明或者实用新型专利权的保护范围以其权利要求的内容为准，说明书及附图可以用于解释权利要求的内容。其含义是专利权的保护范围应当以权利要求书中明确记载的必要技术特征所确定的范围为准，也包括与该必要技术特征相等同的特征所确定的范围。等同特征，是指与所记载的技术特征以基本相同的手段，实现基本相同的功能，达到基本相同的效果，并且本领域的普通技术人员无须经过创造性劳动就能够联想到的特征。

外观设计专利权的保护范围以表示在图片或者照片中的该产品的外观设计为准，简要说明可以用于解释图片或者照片所表示的该产品的外观设计。确定外观设计是否相同或近似，应当以同类产品为基础。

2. 专利的强制许可

强制许可又称为非自愿许可，是指国务院专利行政部门依照法律规定，不经专利权人的同意，直接许可具备实施条件的申请者实施发明或实用新型专利的一种行政措施。其目的是促进获得专利的发明创造得以实施，防止专利权人滥用专利权，维护国家利益和社会公共利益。我国专利法将强制许可分为三类。

1) 不实施时的强制许可

有下列情形之一的，国务院专利行政部门根据具备实施条件的单位或者个人的申请，可以给予实施发明专利或者实用新型专利的强制许可。①专利权人自专利权被授予之日起满三年，且自提出专利申请之日起满四年，无正当理由未实施或者未充分实施其专利的。这种强制许可应当限定其实施主要是为供应国内市场的需要。②专利权人行使专利权的行为被依法认定为垄断行为，为消除或者减少该行为对竞争产生的不利影响的。注意，强制许可涉及的发明创造为半导体技术的，其实施限于本条款所规定的情形。

2) 根据公共利益需要的强制许可

在国家出现紧急状态或者非常情况时，或者为了公共利益的目的，国务院专利行政部门可以给予实施发明专利或者实用新型专利的强制许可。这种强制许可应当限定其实施主要是为供应国内市场的需要。

为了公共健康目的，对取得专利权的药品，国务院专利行政部门可以给予制造并将其出口到符合中华人民共和国参加的有关国际条约规定的国家或者地区的强制许可。

注意：强制许可涉及的发明创造为半导体技术的，其实施限于公共利益的目的。

3) 从属专利的强制许可

一项取得专利权的发明或者实用新型之前已经取得专利权的发明或者实用新型具有显著经济意义的重大技术进步，其实施又有赖于前一发明或者实用新型的实施的，国务院专利行政部门根据后一专利权人的申请，可以给予实施前一发明或者实用新型的强制许可。

在依照前述规定给予实施强制许可的情形下，国务院专利行政部门根据前一专利权人的申请，也可以给予实施后一发明或者实用新型的强制许可。

这种强制许可也应当限定其实施主要是为供应国内市场的需要。

以上取得实施强制许可的单位或个人不享有独占的实施权，无权允许他人实施；而且应当付给专利权人合理的使用费。

3. 专利侵权行为及其救济

专利侵权行为是指在专利权有效期限内，行为人未经专利权人许可又无法律依据，以营利为目的实施他人专利的行为。

简单地说，未经专利权人许可，实施其专利，即侵犯其专利权。专利侵权行为包括制造、使用、许诺销售、销售、进口、假冒等各种行为。但以下行为不视为侵犯专利权。

(1) 专利产品或者依照专利方法直接获得的产品，由专利权人或者经其许可的单位、个人售出后，使用、许诺销售、销售、进口该产品的。

(2) 在专利申请日前已经制造相同产品、使用相同方法或者已经做好制造、使用的必要准备，并且仅在原有范围内继续制造、使用的。

(3) 临时通过中国领陆、领水、领空的外国运输工具，依照其所属国同中国签订的协议或者共同参加的国际条约，为运输工具自身需要而在其装置和设备中使用有关专利的。

(4) 专为科学研究和实验而使用有关专利的。

(5) 为提供行政审批所需要的信息，制造、使用、进口专利药品或者专利医疗器械的，以及专门为其制造、进口专利药品或者专利医疗器械的。

侵犯其专利权，引起纠纷的，由当事人协商解决；不愿协商或者协商不成的，专利权人或者利害关系人可以向人民法院起诉，也可以请求管理专利工作的部门处理。管理专利工作的部门处理时，认定侵权行为成立的，可以责令侵权人立即停止侵权行为，当事人不服的，可以自收到处理通知之日起十五日内依照《中华人民共和国行政诉讼法》向人民法院起诉；侵权人期满不起诉又不停止侵权行为的，管理专利工作的部门可以申请人民法院强制执行。进行处理的管理专利工作的部门应当事人的请求，可以就侵犯专利权的赔偿数额进行调解；调解不成的，当事人可以依照《中华人民共和国民事诉讼法》向人民法院起诉。侵犯专利权的诉讼时效为二年，自专利权人或者利害关系人得知或者应当得知侵权行为之日起计算。

【课堂讨论】

A 纺织品公司 2010 年 4 月设计成功一种床单用花布图案，同月向专利局递交外观设计专利申请，2011 年获此项专利权。为了扩大生产，该公司与 B 服装公司签订合同，许可 B 公司实施该项专利生产床单。B 公司生产一年后，认为自己也是专利权人，又许可 C 纺织厂实施该项专利。D 床上用品商店一向与 C 有业务关系，不知此事实真相，替 C 销售了大

量床单。半年后，A 纺织品公司发现了上述情况，以 B、C 和 D 为共同被告向法院起诉，要求他们承担赔偿损失的责任。

问题：本案应该如何处理？为什么？

课后作业

一、单项选择题

1. 发明或实用新型专利权的保护范围以其(　　)的内容为准。
   A. 说明书　　B. 权利要求书　　C. 附图　　D. 说明书和附图
2. 专利权的地域性是指在(　　)拥有法律保护。
   A. 权利人所在的民族区域
   B. 申请地所在的国家或者地区
   C. 权利人所在国家的建交国家或地区
   D. 权利人的国籍国或地区
3. 工业产权中的创造性成果权包括(　　)。
   A. 发明专利权、实用新型权、外观设计权
   B. 商标权、商号权
   C. 服务标记权、货源标记权、原产地名称权
   D. 制止不正当竞争权
4. 发明专利的保护期是 20 年，起算日期为(　　)。
   A. 申请日　　B. 发明完成日
   C. 专利权生效日　　D. 专利申请文件公开日
5. 下列行为中不视为侵犯专利权的是(　　)。
   A. 为生产经营的目的使用不知是假冒的专利产品
   B. 购进假冒的专利产品再行销售的
   C. 在专利权人的专利申请日以前从事相同产品的制造，在专利授权后扩大该产品的生产规模
   D. 专为科学实验的目的使用他人的专利

二、多项选择题

1. 产品专利侵权行为的表现形态有(　　)。
   A. 制造专利产品　　B. 销售专利产品
   C. 为科学研究而使用专利　　D. 进口专利产品
2. 专利侵权的判断原则包括(　　)。
   A. 全面覆盖原则　　B. 等同性原则
   C. 禁止反悔原则　　D. 无过错原则
3. 专利法规定不授予专利权的项目包括(　　)。
   A. 违反国家法律的发明创造　　B. 科学发现
   C. 动物新品种　　D. 食品制作方法
4. 申请专利的发明创造在申请日前六个月内不丧失新颖性的情形包括(　　)。

A. 在中国政府主办或者承认的国际展览会上首次展出的

B. 在国务院有关主管部门或者全国性学术团体组织召开的学术、技术会议上首次发表的

C. 申请人在国内外学术刊物上首次发表的

D. 承担保密义务的他人未经申请人同意而泄露其内容的

5. 专利权人的权利包括(　　)。

A. 使用权　　B. 转让权　　C. 放弃权　　D. 获奖权

三、判断题

1. 工业产权的法律保护受一定的地域性限制。(　　)

2. 中国人向外国人转让专利权，必须经国务院有关部门批准。(　　)

3. 发明、实用新型和外观设计专利都可以强制许可。(　　)

4. 外观设计的新颖性，是指与申请日以前在国内外书面公开过，或在国内使用公开过的外观设计不相同或不相近似。(　　)

5. 发明和实用新型专利的保护期限为20年，外观设计专利的保护期限为10年。(　　)

四、案例分析

公司甲与业余发明人乙订立了一份技术开发协议，约定由乙为甲开发完成一项电冰箱温控装置技术，由甲为乙提供技术开发资金、设备、资料等方面的支持，并支付报酬。在约定的时间内乙完成了合同约定的任务，并按约定将全部技术资料和权利都交给了甲公司。此外，乙在完成开发任务的过程中，还开发出了一项附属技术T，并以自己的名义就技术T申请专利。甲公司知道此事后，认为技术T的专利申请权应归甲公司所有，因此，甲、乙双方就技术T的专利申请权归属发生争议。请你根据本案所提供的材料，分析以下问题:

(1) 该技术T的专利申请权应归谁所有？为什么？

(2) 该纠纷可通过哪些途径解决？

第二节　商标法律制度

【知识链接】

一、商标的概念

商标是指经营者在商品或服务项目上使用的，将自己经营的商品或提供的服务与其他经营者经营的商品或提供的服务区别开来的一种商业识别标志。其特征有以下几点。

(1) 其是能为人们感官所感知的一种标识。

(2) 这种标识的主要作用在于识别性。商标识别对象是商品及服务项目，即识别商品或服务的来源，区别不同商品生产者、经营者和商业服务者。

(3) 可以反映商品的综合信息。在长期的商品交易、商业服务中，商标汇集了商业信誉，反映商品质量和服务水平，为商品的购买者和服务对象提供了特殊的信息。

(4) 为工业产权法所保护。商标是一种特有的智力成果，属于工业产权。

而其他商业标记如名称、包装、装潢、商号等也能够起到某种识别作用，但它们是以

"显著特征""富于美感"等为基本要求的，不能从根本上区别不同的商品生产者、经营者和商业服务者，而且，对它们主要是通过《反不正当竞争法》等来保护的。

二、商标的分类

(1) 按商标的结构分类，可以分为文字商标、图形商标、字母商标、数字商标、三维标志商标、颜色组合商标和声音商标，以及上述要素组合商标。

(2) 按商标的形态分类，可分为平面商标和立体商标。

平面商标是指由文字、图形、字母、数字、色彩的组合，或前述要素的相互组合构成的商标。立体商标是由产品的容器、包装、外形以及其他具有立体外观的三维标志构成的商标。

(3) 按商标使用的领域和作用不同，可分为商品商标、服务商标、集体商标和证明商标。

商品商标是指使用于各种商品上，用来区别不同生产者和经营者的商标。服务商标是指使用于服务项目上，用来区别服务提供者的商标。集体商标是指以团体、协会或者其他组织名义注册，供该组织成员在商事活动中使用，以表明使用者在该组织中的成员资格的标志，如行业协会注册的商标。证明商标，是指由对某种商品或者服务具有监督能力的组织所控制，而由该组织以外的单位或者个人将其使用于其商品或者服务，用于证明该商品或者服务的原产地、原料、制造方法、质量或者其他特定品质的标志，如国际羊毛局注册并负责管理的纯羊毛标志。

(4) 按商标的权利样态不同分类，可以分为注册商标、未注册商标和驰名商标。

一、商标法概述

1. 商标法的法律依据

商标法是国家调整在确认、保护商标专用权和商标使用过程中发生的社会关系的法律规范的总称。

商标法的法律依据主要是《中华人民共和国商标法》(以下简称《商标法》)。该法于1982年8月23日第五届全国人民代表大会常务委员会第二十四次会议通过，1983年3月1日起施行；其后经过1993年2月22日第一次修正，2001年10月27日第二次修正，2013年8月30日第三次修正，2019年4月23日第四次修正。

《商标法》的目的是加强商标管理，保护商标专用权，促使生产、经营者保证商品和服务质量，维护商标信誉，以保障消费者和生产、经营者的利益，促进社会主义市场经济的发展。

2. 商标法的作用

(1) 有利于加强对商标的管理。商标法理顺了三重关系：商标管理机关与自然人、法人或者其他组织在商标注册、使用和管理过程中所发生的关系；自然人、法人或者其他组织自身及相互之间因注册商标的转让、许可使用和商标争议而发生的关系；国家工商行政管理部门与地方工商行政管理部门内部在商标管理中的关系。

(2) 有利于监督产品质量和服务质量，保障社会主义竞争的正常秩序。通过商标可以了解商品的来源和服务处所，这对于确立企业信誉，追究商品生产者、经营者和商业服务者的产品质量及服务责任具有重要意义。

(3) 有利于企业创名牌、保名牌。商品和服务质量是商标信誉的基础，商标本身也起到了广告的作用，而信誉卓著的商标又为消费者和服务对象提供了安全感。因此，商标法促使商品生产者、经营者和商业服务者保证和提高产品及服务质量。

(4) 有利于保障我国注册商标专用权人在国际市场上的合法权益，更好地发展国际贸易。

二、商标权的主体和客体

1. 商标权的主体

1) 商标注册申请人

自然人、法人或者其他组织都可以按程序申请商标注册而取得商品、服务的商标专用权。

商标权可以共有。两个以上的自然人、法人或者其他组织可以共同向商标局申请注册同一商标，共同享有和行使该商标专用权。

这种按照商标注册程序办理而取得的商标权，被称为商标权的原始取得。

2) 注册商标的受让人

注册商标可以转让。转让人和受让人应当签订转让协议，并共同向商标局提出申请，经核准后予以公告。受让人自公告之日起享有商标专用权。

这种按合同转让注册商标的程序办理而取得的商标权，被称为商标权的继受取得。

3) 外国人或者外国企业

外国人或者外国企业可以取得商品、服务的商标专用权。

外国人或者外国企业在中国申请商标注册的，应当按其所属国和中华人民共和国签订的协议或者共同参加的国际条约办理，或者按对等原则办理；但应当委托国家认可的具有商标代理资格的组织代理。

2. 商标权的客体

商标权的客体只能是注册商标。

所谓注册商标，是指经过商标局核准注册并刊登在商标公告上的商标。非注册商标不享有法律赋予的商标专用权，当非注册商标与注册商标相同或相近似并用于相同或相类似的产品和服务项目时，非注册商标应立即停止使用。

三、商标权的取得

1. 商标注册的概念

商标注册是指商标使用人将使用的商标依法提出注册申请，经商标局依法审核批准后，授予注册人以商标专用权的法律活动。

商标注册是取得商标权的条件，这是依法申请的行政活动。商标注册制度是保护商标专用权的一项基本法律制度，虽然无论商标注册与否都允许使用，但只有经过注册的商标才能取得专用权，受法律保护。

2. 商标注册的原则

1) 自愿注册原则

自愿注册原则是指商标使用人是否申请商标注册取决于自己的意愿。在自愿注册原则

下，商标注册人对其注册商标享有专用权，受法律保护。未经注册的商标，可以在生产服务中使用，但其使用人不享有专用权，无权禁止他人在同种或类似商品上使用与其商标相同或近似的商标，但驰名商标除外。

在实行自愿注册原则的同时，我国规定了在极少数商品上使用的商标实行强制注册原则，作为对自愿注册原则的补充。目前必须使用注册商标的商品有人用药品、烟草制品以及由国家工商行政管理局公布必须使用注册商标的其他商品，如未经核准注册，不得在市场销售。

2) 申请在先原则

申请在先原则又称注册在先原则，是指两个或者两个以上的商标注册申请人，在同一种商品或者类似商品上，以相同或者近似的商标申请注册的，申请在先的商标，其申请人可获得商标专用权，在后的商标注册申请予以驳回。

如果是同一天申请，初步审定并公告使用在先的商标，驳回其他人的申请，不予公告；同日使用或均未使用的，申请人之间可以协商解决，协商不成的，由各申请人抽签决定。

我国商标法在坚持申请在先原则的同时，还强调申请在先的正当性，防止不正当的抢注行为。申请商标注册不得损害他人现有的在先权利，也不得以不正当手段抢先注册他人已经使用并有一定影响的商标。

3) 申请简化原则

在注册程序上，采用“多类商品、一个商标、一份申请”的原则，依照商标注册用商品和服务国际分类表规定的类别提出申请。如果商标注册申请人在核定使用范围之外的商品上申请注册同一商标的，应当按商品分类表另行提出注册申请。

3. 商标注册的条件

商标构成的必备条件包括以下两项。第一，应当具备法定的构成要素。任何能够将自然人、法人或者其他组织的商品与他人的商品区别开来的标志，包括文字、图形、字母、数字、三维标志、颜色组合和声音，以及上述要素的组合，均可以作为商标申请注册。第二，商标应当具有显著特征。商标的显著特征可以通过两种途径获得：①标志本身固有的显著性特征，如立意新颖、设计独特的商标；②通过使用获得显著特征，如直接叙述商品质量等特点的叙述性标志经过使用取得显著特征，并便于识别的，可以作为商标注册。

而作为注册商标，有更严格的要求。法律规定了以下禁止条件。

1) 不得侵犯他人的在先权利或合法利益

其主要内容有以下几点：①不得在相同或类似商品上与已注册或申请在先的商标相同或近似；②就相同或者类似商品申请注册的商标是复制、模仿或者翻译他人未在中国注册的驰名商标，容易导致混淆的，不予注册并禁止使用；③就不相同或者不相类似商品申请注册的商标是复制、模仿或者翻译他人已经在中国注册的驰名商标，误导公众，致使该驰名商标注册人的利益可能受到损害的，不予注册并禁止使用；④未经授权，代理人或者代表人以自己的名义将被代理人或者被代表人的商标进行注册，被代理人或者被代表人提出异议的，不予注册并禁止使用；⑤不得以不正当手段抢先注册他人已经使用并有一定影响的商标；⑥不得侵犯他人的其他在先权利，如外观设计专利权、著作权、姓名权、肖像权、商号权、特殊标志专用权、奥林匹克标志专有权以及知名商品特有名称、包装、装潢专用权等。

2) 不得违反商标法禁止使用的条款

下列标志不得作为商标使用：同中华人民共和国的国家名称、国旗、国徽、国歌、军旗、军徽、军歌、勋章相同或者近似的，以及同中央国家机关的名称、标志、所在地特定地点的名称或标志性建筑物的名称、图形相同的；同外国的国家名称、国旗、国徽、军旗等相同或者近似的，但该国政府同意的除外；同政府间国际组织的旗帜、徽记、名称等相同或者近似的，但经该组织同意或者不易误导公众的除外；与表明实施控制、予以保证的官方标志、检验印记相同或者近似的，但经授权的除外；同“红十字”“红新月”的标志、名称相同或者近似的；带有民族歧视性的；带有欺骗性，容易使公众对商品的质量等特点或者产地产生误认的；有害于社会主义道德风尚或者有其他不良影响的。

另外，县级以上行政区划名称或者公众知晓的外国地名，不得作为商标。但该地名具有其他含义或者作为集体商标、证明商标组成部分的除外，已经注册的使用地名的商标继续有效。

商标中有商品的地理标志，而该商品并非来源于该标志所标示的地区，误导公众的，不予注册并禁止使用；但是，已经善意取得注册的继续有效。

【小资料】

地理标志是指标示某商品来源于某地区，该商品的特定质量、信誉或者其他特征，主要由该地区的自然因素或者人文因素所决定的标志。

3) 不得违反商标法禁止注册的条款

这些禁止注册标志是指禁止作为商标注册但可以作为未注册商标或其他标志使用。

下列标志不得作为商标注册：仅有本商品的通用名称、图形、型号的；仅直接表示商品的质量、主要原料、功能、用途、重量、数量及其他特点的；其他缺乏显著特征的。前述所列标志经过使用取得显著特征，并便于识别的，可以作为商标注册。

另外，以三维标志申请注册商标的，仅由商品自身的性质产生的形状、为获得技术效果而需有的商品形状或者使商品具有实质性价值的形状，不得注册。

4) 不得恶意囤积注册商标

现实中，申请人的目的在于满足其商品或者服务需要而取得商标专用权，但也出现了不以使用为目的的商标注册申请。法律认为这属于恶意囤积注册商标、谋取不正当利益的行为。为打击这种行为，《商标法》明确规定，不以使用为目的的恶意商标注册申请，商标局应当予以驳回；而且将上述情形作为提出异议和请求宣告无效的事由。

同时，为防止代理人的恶意行为，《商标法》对商标代理机构作出了规制：其一，强调了商标代理机构的注意义务，即商标代理机构必须审查委托人的商标注册申请是否存在上述情形；其二，明确了对商标代理机构的处罚措施，如果其出现恶意申请商标注册、恶意诉讼行为将受到严厉的惩罚。

4. 商标注册的程序

1) 申请的代理

商标注册的国内申请人可以自己直接到商标局办理注册申请手续，也可以委托商标代理组织办理。外国人或者外国企业在我国申请注册商标和办理其他商标事宜的，应当委托依法成立的商标代理组织代理。

当事人委托商标代理组织申请商标注册或者办理其他商标事宜，应当提交代理委托书。代理委托书应当载明代理内容及权限；外国人或者外国企业的代理委托书还应当载明委托人的国籍。

2) 注册申请

首次申请商标注册，申请人应当提交申请书、商标图样、证明文件并交纳申请费。

申请人用药品商标注册，应当附送卫生行政部门发给的药品生产企业许可证或者药品经营企业许可证副本，申请烟草制品的商标注册的，应当附送国家烟草主管机关批准生产的证明文件。

注册商标在使用过程中，需要扩大核定的使用范围的，都必须另行提出注册申请；注册商标需要改变其标志的，应当重新提出注册申请；注册商标需要变更注册人的名称、地址或者其他注册事项的，应当提出变更申请。

在实行申请在先原则的情形下，申请日期的确定具有很重要的意义。申请日期一般以商标局收到申请文件的日期为准。申请人享有优先权的，优先权日为申请日。

商标法规定了可以享有优先权的两种情况：其一，商标注册申请人自其商标在外国第一次提出商标注册申请之日起 6 个月内，又在中国就相同商品以同一商标提出商标注册申请的，依照该外国同中国签订的协议或者共同参加的国际条约，或者按照相互承认优先权的原则，可以享有优先权；其二，商标在中国政府主办的或者承认的国际展览会展出的商品上首次使用的，自该商品展出之日起 6 个月内，该商标的注册申请人可以享有优先权。

3) 审查和核准

商标局对受理的商标注册申请，依法进行审查，应当自收到商标注册文件之日起九个月内审查完毕，符合有关规定的予以初步审定，并予以公告；对不符合规定或者在部分指定商品上使用商标的注册申请不符合规定的，予以驳回或者驳回在部分指定商品上使用商标的注册申请，书面通知申请人并说明理由。商标注册申请人对驳回申请不服的，可依法向商标评审委员会申请复审，对复审决定不服的，可依法在收到通知之日起 30 日内提起行政诉讼。

对初步审定的商标，自公告之日起 3 个月内，在先权利人、利害关系人及任何人均可以依法提出异议，这就是商标异议制度。商标局依法对提起的异议进行裁定，当事人对该裁定不服的，可依法提起复审，当事人对复审裁定不服的，可依法提起诉讼。

当事人对公告期满无异议的，予以核准注册，发给商标注册证，并予公告。经裁定异议不能成立而核准注册的，商标注册申请人取得商标专用权的时间自初审公告 3 个月期满之日起计算。经异议核准注册的商标，自该商标异议期满之日起至异议裁定生效前，对他人在同一种或者类似商品上使用与该商标相同或者近似的标志的行为不具有追溯力，但是，因该使用人的恶意给商标注册人造成的损失，应当给予赔偿。

四、商标权的内容和保护

1. 商标权的内容

商标权是指商标注册人在法定期限内对其注册商标所享有的受国家法律保护的各种权利，从内容上看，包括专用权、禁止权、许可权、转让权和标示权等，其中专用权是最重要的权利，其他权利都是由该权利派生出来的。

1) 专用权

注册商标专用权是指注册商标的所有人对其注册商标所享有的独占使用权。

专用权以核准注册的商标和核定使用的商品为限，具有排他性，他人不得侵犯。与此相对应的是对相对人的禁止权，注册商标权人有权禁止他人未经许可在同一种商品或者类似商品上使用与其注册商标相同或者近似的商标。

2) 转让权

商标转让权是指商标权人依法享有的将其注册商标依法定程序和条件，转让给他人的权利。

转让注册商标的，转让人和受让人应当签订转让协议，并共同向商标局提出申请。商标注册人对其在同一种或者类似商品上注册的相同或者近似的商标，应当一并转让。未一并转让的，由商标局通知其限期予以改正。期满不予改正的，视为放弃转让该注册商标的申请，商标局应当书面通知申请人。转让注册商标经核准后，予以公告，受让人自公告之日起享有商标专用权。受让人应当保证使用该注册商标的商品质量。注册商标的转让不影响转让前已经生效的商标使用许可合同的效力，但商标使用许可合同另有约定的除外。

3) 使用许可权

许可权是指商标权人可以通过签订商标使用许可合同许可他人使用其注册商标的权利。商标使用许可的类型主要有独占使用许可、排他使用许可、普通使用许可等。

许可人应当监督被许可人使用其注册商标的商品质量，被许可人必须在使用该注册商标的商品上标明被许可人的名称和商品产地。商标使用许可合同应当报商标局备案，商标使用许可合同未在商标局备案的，不得对抗善意第三人。

4) 标示权

商标注册人使用注册商标，有权标明“注册商标”字样或者注册标记“注”或“R”。在商品上不便标明的，可以在商品包装或者说明书以及其他附着物上标明。

2. 注册商标的期限和续展

商标权具有时间性。注册商标的有效期为 10 年，自核准注册之日起计算。

注册商标的续展是指在注册商标有效期满时，需要继续使用该注册商标的，经过法定手续延长商标专用权的有效期。每次续展延长的期限为 10 年，自该商标上一届有效期满次日起计算，续展的次数法律不作限制。

申请续展注册应当在注册商标有效期满前 12 个月内，在此期间未能提出申请的，可以给予 6 个月的宽展期。如果超过宽展期仍未提出续展申请的，注销其注册商标，商标权即告丧失。

3. 驰名商标的保护

驰名商标是指在一定地域范围内具有较高知名度并为相关公众知晓的商标。

由于驰名商标的声誉较高，其标志的商品通常具有较高的市场占有率，而商标本身具有巨大的商业价值，因此，它们是不法经营者假冒或仿冒的重点对象，围绕驰名商标的不正当竞争行为大大多于普通商标。因而，《商标法》对驰名商标规定了特殊的保护措施。

为了保护驰名商标，《商标法》第十三条规定：“就相同或者类似商品申请注册的商标是复制、模仿或者翻译他人未在中国注册的驰名商标，容易导致混淆的，不予注册并禁止使用。就不相同或者不相类似商品申请注册的商标是复制、模仿或者翻译他人已经在中

国注册的驰名商标，误导公众，致使该驰名商标注册人的利益可能受到损害的，不予注册并禁止使用。”

【知识拓展】

驰名商标的认定

驰名商标应当根据当事人的请求，作为处理涉及商标案件需要认定的事实进行认定。驰名商标的认定可以由特定的行政机关认定，也可以由人民法院在审理案件时进行认定。人民法院在审理商标纠纷案件中，根据当事人的请求和案件的具体情况，可以对涉及的注册商标是否驰名依法作出认定。当事人对曾经被行政机关或者人民法院认定的驰名商标请求保护的，对方当事人对涉及的商标驰名不持异议，人民法院不再审查，提出异议的，人民法院依照商标法相关规定予以审查。

认定驰名商标应当考虑下列因素：①相关公众对该商标的知晓程度；②该商标使用的持续时间；③该商标的任何宣传工作的持续时间、程度和地理范围；④该商标作为驰名商标受保护的记录；⑤该商标驰名的其他因素。

这里的“相关公众”，是指与商标所标识的某类商品或者服务有关的消费者和与前述商品或者服务的营销有密切关系的其他经营者。

4. 商标侵权行为及其法律救济

商标侵权行为是指违反商标法规定，假冒或仿冒他人注册商标，或者从事其他损害商标权人合法权益的行为。主要表现形式有以下几种。

(1) 假冒或仿冒行为。假冒或仿冒行为是指未经商标注册人的许可，在同一种商品或者类似商品上使用与其注册商标相同或者近似的商标。

假冒行为是在同一种商品上使用与他人注册商标相同的商标。假冒注册商标是最严重的侵害商标专用权的行为，情节严重的，还要依法追究刑事责任。《商标法》规定，对属于假冒注册商标的商品，可以应权利人请求责令销毁；假冒注册商标的商品不得在仅去除假冒注册商标后进入商业渠道。

仿冒行为包括：在同一种商品上使用与他人注册商标相近似的商标；在类似商品上使用与注册商标相同的商标；在类似商品上使用与他人注册商标相近似的商标。

对商标的使用，包括将商标用于商品、商品包装或者容器以及商品交易文书上，或者将商标用于广告宣传、展览以及其他商业活动中。

【概念理解】

“相同商标”，是指被控侵权的商标与原告的注册商标相比较，二者在视觉上基本无差别。

“近似商标”，是指被控侵权的商标与原告的注册商标相比较，其文字的字形、读音、含义或者图形的构图及颜色，或者其各要素组合后的整体结构相似，或者其立体形状、颜色组合近似，易使相关公众对商品的来源产生误认或者认为其来源与原告注册商标的商品有特定的联系。

“类似商品”，是指在功能、用途、生产部门、销售渠道、消费对象等方面相同，或

者相关公众一般认为其存在特定联系、容易造成混淆的商品。在认定商品或者服务是否类似时，应以相关公众对商品或者服务的一般认识综合判断，商标注册用商品和服务国际分类表、类似商品和服务区分表作为判断类似商品或者服务的参考。

(2) 销售侵犯商标权的商品。这类侵权行为的主体是商品经销商，不管行为人主观上是否有过错，只要实施了销售侵犯注册商标专用权的商品的行为，都构成侵权。只是在行为人主观上是善意时，可以免除其赔偿责任。

(3) 伪造、擅自制造他人注册商标标识或者销售伪造、擅自制造的注册商标标识。这种侵权行为是商标标识侵权的问题，包括“制造”和“销售”两种行为。

(4) 未经商标注册人同意，更换其注册商标并将该更换商标的商品又投入市场。这种行为又称为反向假冒行为、撤换商标行为。构成这种侵权行为必须具备以下两个要件：一是行为人未经商标所有人同意而擅自更换商标；二是撤换商标的商品又投入市场进行销售。

(5) 给他人的注册商标专用权造成其他损害的行为。其行为包括：在同一种或者类似商品上，将与他人注册商标相同或者近似的标志作为商品名称或者商品装潢使用，误导公众的；故意为侵犯他人注册商标专用权行为提供仓储、运输、邮寄、隐匿等便利条件的；将与他人注册商标相同或者相近似的文字作为企业的字号在相同或者类似商品上突出使用，容易使相关公众产生误认的；复制、模仿或者翻译他人注册的驰名商标或其主要部分在不相同或者不相类似商品上作为商标使用，误导公众，致使该驰名商标注册人的利益可能受到损害的；将与他人注册商标相同或者相近似的文字注册为域名，并且通过该域名进行相关商品交易的电子商务，容易使相关公众产生误认的。

以上行为引起纠纷的，由当事人协商解决；不愿协商或者协商不成的，商标注册人或者利害关系人可以向人民法院起诉，也可以请求工商行政管理部门处理。

五、注册商标的管理

商标管理是国家商标主管机关依法对于注册商标和未注册商标的使用以及商标印制等行为所进行的管理活动。对注册商标使用管理主要包括以下几点。

1. 已注册商标的撤销

(1) 使用了不得作为商标使用和注册的标志的，或者以欺骗手段及其他不正当手段取得注册的，由商标局撤销该注册商标。其他单位或者个人可以请求商标评审委员会裁定撤销该注册商标。

(2) 误导、混淆、他人有在先权的，自商标注册之日起 5 年内，商标所有人或者利害关系人可以请求商标评审委员会裁定撤销该注册商标。对恶意注册的，驰名商标所有人不受 5 年的时间限制。

(3) 使用注册商标，有下列行为之一的，由商标局责令限期改正或者撤销其注册商标：自行改变注册商标的；自行改变注册商标的注册人名义、地址或者其他注册事项的；自行转让注册商标的；连续 3 年停止使用的。

(4) 使用注册商标，但其商品粗制滥造，以次充好，有欺骗消费者的行为的，由各级工商行政管理部门分别不同情况，责令限期改正，并可以予以通报或者处以罚款，或者由商标局撤销其注册商标。

2. 注册商标被撤销的效力

被撤销的注册商标，其商标专用权视为自始即不存在。

撤销注册商标的决定或者裁定，对在撤销前人民法院做出并已执行的商标侵权案件的处理决定，以及已经履行的商标转让或者使用许可合同，不具追溯力。但是，因商标注册人的恶意，给他人造成损失的，恶意注册方则应当予以赔偿。

注册商标被撤销、被宣告无效或者期满不再续展的，自撤销、宣告无效或者注销之日起 1 年内，商标局对与该商标相同或者近似的商标注册申请，不予核准。

3. 对未注册商标的使用管理

使用未注册商标，有冒充注册商标、违反《商标法》不得使用的规定、粗制滥造、以次充好、欺骗消费者等行为的，由地方工商行政管理部门予以制止，限期改正，并可以予以通报或者处以罚款。

4. 注册商标的注销

下列情况下，商标局可以注销注册商标。

(1) 注册商标法定期限届满，未续展和续展未获批准的。

(2) 商标注册人申请注销其注册商标或者注销其商标在部分指定商品上的注册的，该注册商标专用权或者该注册商标专用权在该部分指定商品上的效力自商标局收到其注销申请之日起终止。

(3) 商标注册人死亡或者终止，自死亡或者终止之日起 1 年期满，该注册商标没有办理转移手续的，任何人可以向商标局申请注销该注册商标。提出注销申请的，应当提交有关该商标注册人死亡或者终止的证据。注册商标因商标注册人死亡或者终止而被注销的，该注册商标专用权自商标注册人死亡或者终止之日起终止。

【课堂讨论】

甲厂自 2010 年起在其生产的衬衫上使用“长城”商标。2011 年，乙服装厂也开始使用“长城”商标。2012 年 1 月，乙厂的“长城”商标经国家商标局核准注册，其核定使用的商品为服装等。2012 年 3 月，乙厂发现甲厂在衬衫上使用“长城”商标，很容易引起消费者的误认，因此甲、乙双方发生侵权纠纷。

问题：

(1) 甲、乙两个厂谁构成了侵权？为什么？

(2) 侵权行为始于何时？请说明理由。

(3) 侵权方能否继续使用“长城”商标？请你提出可行性的建议。

课 后 作 业

一、单项选择题

1.　在商标注册方面，我国采用(　　)。

A. 一律自愿申请注册

B. 一律强制注册

C. 自愿注册原则，法律规定必须使用注册商标的，依其规定

D. 强制注册原则，法律规定可以不注册的，依其规定

2. 在我国，两个以上的人同日就同样的商标申请商标权的，商标权应授予(　　)的人。

A. 最先设计　　B. 最先使用　　C. 最先申请　　D. 最先生产

3. 转让注册商标，转让人和受让人应当(　　)。

A. 由转让人提出申请

B. 共同向商标局提出申请

C. 经双方协议，无须申请和备案

D. 双方签订转让合同，向当地县级以上工商行政管理部门备案

4. 一家饼干厂要以“香脆”作为商标申请注册，依我国商标法规定获得注册应具备的条件是(　　)。

A. 已经使用　　B. 已经使用并具有显著特征

C. 售后服务好　　D. 商品销售量大

5. 麦当劳商标属于(　　)。

A. 等级商标　　B. 集体商标　　C. 证明商标　　D. 立体商标

二、多项选择题

1. 商标权的客体包括(　　)。

A. 文字商标　　B. 拼音商标　　C. 图形商标　　D. 图文组合商标

2. 商标按使用者的不同分为(　　)。

A. 注册商标　　B. 销售商标　　C. 制造商标　　D. 服务商标

3. 商标注册人的专有权利有(　　)。

A. 使用权　　B. 许可使用权　　C. 禁止权　　D. 转让权

4. 下列标志不得作为商标注册的是(　　)。

A. 仅有本商品的通用名称、图形、型号的

B. 仅有直接表示商品质量的

C. 缺乏显著的特征的

D. 立体图形

5. 使用注册商标，其商品在(　　)情况下，由工商部门分别不同情况，责令限期改正，并可予以通报或处以罚款，或由商标局撤销其注册商标。

A. 商品粗制滥造　　B. 商品以次充好

C. 欺骗消费　　D. 假冒注册商标

三、判断题

1. 商标只能用在商品上，不能用在服务方面。(　　)

2. 商标有文字商标、图形商标、音像商标和组合商标等种类。(　　)

3. 同一申请人在不同类别的商品上使用同一商标的，可在一份商标申请文件中申请。(　　)

4. 商标专用权的保护期限为20年，期限届满可以续展。(　　)

5. 注册商标的保护期限从商标申请注册之日开始，专利的保护期限从专利授权之日开始。(　　)

四、案例分析

A 食品厂是“乐华”注册商标的商标权人，该商标使用在罐头商品上，B 厂在罐头上使用未注册商标“月华”牌，且包装是用与“乐华”商标相似装潢。C 仓储公司帮助 B 厂运输、存储“月华”罐头并在某地商场销售。

问题：

(1) “月华”与“乐华”是否构成商标近似？为什么？

(2) B 厂的商标是否侵犯了“乐华”的商标权？为什么？

(3) C 仓储公司是否应承担责任？

(4) 某地商场是否应承担责任？

本章小结

工业产权是指人们依法对应用于商品生产和流通中的创造发明和显著标记等智力成果，在一定的时间、地域享有其特有利益的权利。主要有专利权、商标权；此外，商号权、地理标记权、商业秘密权、植物新品种权也属于工业产权。

专利权是指按专利法的规定，由国家专利机关授予发明人、设计人或其所属单位在一定期限内对该发明或设计享有的专有权利。专利权是具有人身权和财产权双重性质的权利。

专利权的主体包括发明人或设计人、发明人或设计人的单位、合法受让人等。专利权的客体包括发明、实用新型、外观设计等。专利权人的权利包括独占实施权、实施许可权、转让权、标示权等。

可以授予专利权的发明和实用新型，应当具备新颖性、创造性和实用性；可以授予专利权的外观设计应当具备新颖性。

商标是指经营者在商品或服务项目上使用的，将自己经营的商品或提供的服务与其他经营者经营的商品或提供的服务区别开来的一种商业识别标志。商标权是指商标注册人在法定期限内对其注册商标所享有的受国家法律保护的各种权利，包括专用权、禁止权、许可权、转让权和标示权等。

商标权的主体包括商标注册申请人、注册商标的受让人等，商标权的客体是注册商标。商标注册是取得商标权的条件。

第五章

劳动法律制度

教学目标： 掌握劳动法的概念、劳动合同的订立；熟悉劳动基准法的基本内容、劳动合同的终止；了解其他相关的劳动基本法律、用人单位的相关责任。

教学重点： 劳动基准；劳动合同的订立。

教学难点： 工资制度；劳动合同的终止。

第一节　基本劳动法律

【知识链接】

一、劳动的含义

劳动是指人类创造物质或精神财富的活动。

中国宪法规定：公民有劳动的权利和义务。一方面，公民享有劳动权，即公民在法律规定的条件下，能够享有平等的就业机会权和选择职业的自主权；另一方面，劳动是一切有劳动能力的公民的光荣职责。

二、劳动法的发展

劳动法出现于19世纪初期，它的产生是与资本主义的发展和工人运动日益壮大分不开的。18世纪末19世纪初，无产阶级反对资产阶级的斗争由自发性的运动发展到了有组织和自觉的运动，工人群众强烈要求废除原有的“劳工法规”，缩短工作时间、增加工资、禁止使用童工等，工人运动的浪潮为劳动法的产生创造了外部条件。

1802年，英国政府通过了一项限制纺织工厂童工工作时间的法律《学徒健康与道德法》。该法规定，禁止纺织工厂使用9岁以下学徒，并规定18岁以下的学徒其劳动时间每日不得超过12小时；禁止学徒在晚9时至第二天凌晨5时之间从事夜工。这个法规显然在改善童工处境方面只是迈出了一小步，但它改变了劳工法规都是为剥削而制定的性质，从此揭开了立法史新的一页。

第二次世界大战后，资本主义国家劳资矛盾愈发突出，在劳动立法方面曾出现过一批现代的反工人立法，用以限制工会和工人的权利，主要是罢工等方面的权利，如美国议会1947年通过的《塔夫脱－哈特莱法案(劳资关系法)》等。但是在工人运动的压力之下，各国普遍于20世纪60～70年代根据新的经济状况颁布了一些改善工人劳动条件的法律，如1976年日本重新修订了《劳动标准法》，制定了关于最低工资、劳动安全与卫生、职业培训、女工保护等方面的规定。

一、劳动法概述

1. 劳动法的法律依据

劳动法是调整劳动关系以及与劳动关系密切联系的其他社会关系的法律规范的总称。

劳动法的法律依据主要是《中华人民共和国劳动法》(以下简称《劳动法》)。该法于1994年7月5日由第八届全国人民代表大会常务委员会第八次会议通过，自1995年1月1日起施行。

《劳动法》的目的是保护劳动者的合法权益，调整劳动关系，建立和维护适应社会主义市场经济的劳动制度，促进经济发展和社会进步。

同时，《劳动合同法》《就业促进法》《劳动争议调解仲裁法》《妇女权益保障法》等法律，作为《劳动法》的特别法，为全面调整劳动关系、在规范主体行为等方面各自发挥着重要作用。

但在劳动法律中，最基础的内容是劳动基准法。

所谓劳动基准，就是劳动条件的最低标准。而劳动基准法，就是在劳动法中规定和确认一系列劳动标准，用人单位必须遵守，且要求用人单位向劳动者提供的劳动条件只能等于或优于劳动基准，以保证劳动者权益的实现。

劳动基准法主要由规定劳动标准的各项法律制度所构成，包括工时标准、最低工资标准、职业安全卫生法等。

2. 劳动法的适用范围

在中华人民共和国境内的企业、个体经济组织和与之形成劳动关系的劳动者，适用《劳动法》；而国家机关、事业组织、社会团体实行劳动合同制度的以及按规定应实行劳动合同制度的工勤人员、其他通过劳动合同与国家机关、事业组织、社会团体建立劳动关系的劳动者、实行企业化管理的事业组织的人员，依照《劳动法》执行。

注意：农村劳动者、现役军人和家庭保姆及享有特权的外国人不适用《劳动法》。

3. 劳动法律关系的主体

劳动法律关系是当事人依据劳动法律规范，在实现劳动过程中形成的权利义务关系。即，它是受国家劳动法律规范、调整和保护的劳动关系，是国家干预劳动关系的后果，具有以国家意志为主导、以当事人意志为主体的特征。

劳动法律关系的主体有狭义和广义之分。狭义的劳动法律关系包括劳动者和用人单位。广义的劳动法律关系主体还应包括工会组织和雇主组织。

1) 劳动者

劳动者是具有劳动能力、以从事劳动获取合法劳动报酬的自然人。

自然人要成为劳动者，须具备主体资格，即须具有劳动权利能力和劳动行为能力。所谓劳动权利能力是指自然人能够依法享有劳动权利和承担劳动义务的资格或能力；所谓劳动行为能力是指自然人能够以自己的行为依法行使劳动权利和履行劳动义务的能力。

依我国《劳动法》规定：凡年满16周岁、在法定劳动年龄内有劳动能力的公民是具有劳动权利能力和劳动行为能力的人。即劳动者的法定最低就业年龄为16周岁。

根据《劳动法》的规定，劳动者的劳动权利主要有：平等就业和选择职业的权利；取得劳动报酬的权利；休息休假的权利；获得劳动安全卫生保护的权利；接受职业技能培训的权利；享受社会保险和福利的权利；依法参加工会和职工民主管理的权利；提请劳动争议处理的权利及法律规定的其他劳动权利。

2) 用人单位

用人单位是中华人民共和国境内的企业、个体经济组织等劳动法律关系主体的统称。

用人单位应具有相应的主体资格，即同时具有用人权利能力和用人行为能力。用人权利能力是用人单位依法享有的用人权利和承担用人义务的资格或能力；用人行为能力是指用人单位能够以自己的行为依法行使用人权利和履行用人义务的能力。

用人单位的用人主体资格一般依存于民事主体资格；用人单位的用人权利能力和用人行为能力的范围取决于法律、法规的规定及用人单位的用人需求。

对不具备合法经营资格的用人单位的违法犯罪行为，依法追究法律责任；劳动者已经付出劳动的，该单位或者其出资人应当依照法律有关规定向劳动者支付劳动报酬、经济补偿、赔偿金等；给劳动者造成损害的，应当承担赔偿责任。个人承包经营违反法律规定招

用劳动者，给劳动者造成损害的，发包的组织与个人承包经营者承担连带赔偿责任。

根据《劳动法》的规定，用人单位的主要劳动权利有招工权、用人权、奖惩权、分配权等。

二、工作时间

1. 工作时间的种类

工作时间，又称劳动时间，是指法律规定的劳动者在一昼夜和一周内从事劳动的时间。它包括每日工作的小时数、每周工作的天数和小时数。

工作时间的种类如下。

(1) 标准工作时间，又称标准工时，是指法律规定的在一般情况下普遍适用的、按照正常作息办法安排的工作日和工作周的工时制度。

我国的标准工时为劳动者每日工作 8 小时，每周工作 40 小时，在 1 周(7 日)内工作 5 天。实行计件工作的劳动者，用人单位应当根据每日工作 8 小时、每周工作 40 小时的工时制度，合理确定其劳动定额和计件报酬标准。

(2) 缩短工作时间，是指法律规定的在特殊情况下劳动者的工作时间长度少于标准工作时间的工时制度，即每日工作少于 8 小时。

缩短工作日适用于：从事矿山井下、高山、有毒有害、特别繁重或过度紧张等作业的劳动者；从事夜班工作的劳动者；哺乳期内的女职工。

(3) 延长工作时间，是指超过标准工作日的工作时间，即日工作时间超过 8 小时，每周工作时间超过 40 小时。延长工作时间必须符合法律、法规的规定。

(4) 不定时工作时间和综合计算工作时间。

不定时工作时间又称不定时工作制，是指无固定工作时数限制的工时制度。适用于工作性质和职责范围不受固定工作时间限制的劳动者，如企业中的高级管理人员、外勤人员、推销人员、部分值班人员，从事交通运输的工作人员以及其他因生产特点、工作特殊需要或职责范围的关系，适合实行不定时工作制的职工等。

综合计算工作时间又称综合计算工时工作制，是指以一定时间为周期，集中安排并综合计算工作时间和休息时间的工时制度。即分别以周、月、季、年为周期综合计算工作时间，但其平均日工作时间和平均周工作时间应与法定标准工作时间基本相同。对符合下列条件之一的职工，可以实行综合计算工作日：交通、铁路、邮电、水运、航空、渔业等行业中因工作性质特殊，需连续作业的职工；地质及资源勘探、建筑、制盐、制糖、旅游等受季节和自然条件限制的行业的部分职工；其他适合实行综合计算工时工作制的职工。

【知识拓展】

实行不定时工作制和综合计算工时工作制的企业，应根据劳动法的有关规定，与工会和劳动者协商，履行审批手续，在保障职工身体健康并充分听取职工意见的基础上，采用集中工作、集中休息、轮流调休、弹性工作时间等适当方式，确保职工的休息休假权利和生产、工作任务的完成。

对于实行不定时工作制的劳动者，企业应根据标准工时制度合理确定劳动者的劳动定额或其他考核标准，以便安排劳动者休息。其工资由企业按照本单位的工资制度和工资分配办法，根据劳动者的实际工作时间和完成劳动定额情况计发。

实行综合计算工时工作制的企业，在综合计算周期内，某一具体日(或周)的实际工作时间可以超过 8 小时(或 40 小时)，但综合计算周期内的总实际工作时间不应超过总法定标准工作时间，超过部分应视为延长工作时间，并按《劳动法》的规定支付工资报酬。而且，延长工作时间的小时数平均每月不得超过 36 小时。

2. 延长工作时间

延长工作时间，即俗称的加班加点。加班是指劳动者在法定节日或公休假日从事生产或工作；加点是指劳动者在标准工作日以外延长工作的时间。

为保证劳动者休息权的实现，《劳动法》规定任何单位和个人不得擅自延长职工工作时间。

《劳动法》第四十一条规定了以下情况下的加班加点：用人单位由于生产经营需要，经与工会和劳动者协商后可以延长工作时间，一般每日不得超过一小时；因特殊原因需要延长工作时间的，在保障劳动者身体健康的条件下延长工作时间每日不得超过三小时，但是每月不得超过三十六小时。

但在下列特殊情况下，延长工作时间不受《劳动法》第四十一条的限制。

(1) 发生自然灾害、事故或者因其他原因，威胁劳动者生命健康和财产安全，或使人民的安全健康和国家资财遭到严重威胁，需要紧急处理的。

(2) 生产设备、交通运输线路、公共设施发生故障，影响生产和公共利益，必须及时抢修的。

(3) 在法定节日和公休假日内工作不能间断，必须连续生产、运输或营业的。

(4) 必须利用法定节日或公休假日的停产期间进行设备检修、保养的。

(5) 为了完成国防紧急生产任务，或者完成上级在国家计划外安排的其他紧急生产任务，以及商业、供销企业在旺季完成收购、运输、加工农副产品紧急任务的。

(6) 法律、行政法规规定的其他情形。

作为补偿，劳动法规定了加班加点的工资标准。

(1) 安排劳动者延长工作时间的，支付不低于工资的 150%的工资报酬。

(2) 休息日安排劳动者工作又不能安排补休的，支付不低于工资的 200%的工资报酬。

(3) 法定休假日安排劳动者工作的，支付不低于工资的 300%的工资报酬。

3. 休息休假

休息休假是指劳动者为行使休息权在国家规定的法定工作时间以外，不从事生产或工作而自行支配的时间。

1) 休息时间的种类

(1) 工作日内的间歇时间，是指在工作日内给予劳动者休息和用膳的时间。一般为 1～2 小时，最少不得少于半小时。

(2) 工作日间的休息时间，即两个邻近工作日之间的休息时间，一般不少于 16 小时。

(3) 公休假日，又称周休息日，是劳动者在 1 周(7 日)内享有的休息日，公休假日一般为每周 2 日，一般安排在周六和周日休息。不能实行国家标准工时制度的企业和事业组织，可根据实际情况灵活安排周休息日，应当保证劳动者每周至少休息 1 日。

2) 休假的种类

(1) 法定节假日，是指法律规定用于开展纪念、庆祝活动的休息时间。

(2) 探亲假，是指劳动者享有保留工资、工作岗位而同分居两地的父母或配偶团聚的假期。

探亲假适用于在国家机关、人民团体、全民所有制企业、事业单位工作满 1 年的固定职工。

(3) 年休假，是指职工工作满一定年限，每年可享有的带薪连续休息的时间。

根据劳动法的规定，机关、团体、企业、事业单位、民办非企业单位、有雇工的个体工商户等单位的职工连续工作满 1 年以上的，享受带薪年休假。职工累计工作已满 1 年不满 10 年的，年休假 5 天；已满 10 年不满 20 年的，年休假 10 天；已满 20 年的，年休假 15 天。

单位应当保证职工享受年休假。国家法定休假日、休息日不计入年休假的假期。职工在年休假期间享受与正常工作期间相同的工资收入。

三、工资制度

1. 工资的含义

工资是指用人单位依据国家有关规定和集体合同、劳动合同约定的标准，根据劳动者提供劳动的数量和质量，以货币形式支付给劳动者的劳动报酬。

工资具有如下特征。

(1) 工资是基于劳动关系而对劳动者付出劳动的物质补偿。

(2) 工资标准必须是事先规定的，事先规定的形式可以是工资法规、工资政策、集体合同、劳动合同。

(3) 工资的支付是以劳动者提供的劳动数量和质量为依据的。

(4) 工资须以法定货币形式定期支付给劳动者本人。

我国关于工资分配的原则主要有：工资总量宏观调控原则；用人单位自主分配(劳动者参与工资分配过程)原则；按劳分配为主的原则；同工同酬男女平等原则；工资水平随经济发展逐步提高原则等。

2. 工资的形式

所谓工资形式，是指计量劳动和支付劳动报酬的方式。在我国，企业可根据本单位的生产经营特点和经济效益，依法自主确定本单位的工资分配形式。

我国的工资形式主要有以下几种。

(1) 计时工资，是按单位时间工资标准和劳动者实际工作时间计付劳动报酬的工资形式。我国常见的有小时工资、日工资、月工资。

(2) 计件工资，是按照劳动者生产合格产品的数量或作业量以及预先规定的计件单价支付劳动报酬的一种工资形式。劳动提成工资是计件工资的形式之一。

计件工资是计时工资的转化形式。

(3) 奖金，是给予劳动者的超额劳动报酬和增收节支的物质奖励。有月奖、季度奖和年度奖，经常性奖金和一次性奖金，综合奖和单项奖等。

(4) 津贴，是对劳动者在特殊条件下的额外劳动消耗或额外费用支出给予物质补偿的一种工资形式。主要有岗位津贴、保健性津贴、技术性津贴等。

(5) 补贴，是为了保障劳动者的生活水平不受特殊因素的影响而支付给劳动者的工资形式。

它与劳动者的劳动没有直接联系，其发放根据主要是国家有关政策规定，如物价补贴、边远地区生活补贴等。

(6) 特殊情况下的工资，是对非正常工作情况下的劳动者依法支付工资的一种工资形式。主要有加班加点工资，事假、病假、婚假、探亲假等工资以及履行国家和社会义务期间的工资等。

3. 最低工资保障制度

最低工资保障制度是指国家通过立法、强制规定用人单位支付给劳动者的工资不得低于国家规定的最低工资标准，以保障劳动者能够满足其自身及其家庭成员基本生活需要的法律制度。这项制度是国家对劳动力市场的运行进行干预的一种重要手段。我国劳动法明确规定：用人单位支付给劳动者的工资不得低于当地最低工资标准。

所谓最低工资，是指劳动者在法定工作时间内提供了正常劳动的前提下，其所在用人单位应支付的最低劳动报酬。

最低工资的支付以劳动者在法定工作时间内提供了正常劳动为条件。劳动者因探亲、结婚、直系亲属死亡按照规定休假期间，以及依法参加国家和社会活动，视为提供了正常劳动，用人单位支付给劳动者的工资不得低于其适用的最低工资标准。

劳动者与用人单位形成或建立劳动关系后，试用、熟练、见习期间，在法定工作时间内提供了正常劳动，其所在的用人单位应当支付其不低于最低工资标准的工资。

最低工资的具体标准由省、自治区、直辖市人民政府规定，报国务院备案。在确定和调整最低工资标准时，综合参考下列因素：①劳动者本人及平均赡养人口的最低生活费用；②社会平均工资水平；③劳动生产率；④就业状况；⑤地区之间经济发展水平的差异。最低工资标准发布实施后，如确定最低工资标准参考的因素发生变化，或本地区职工生活费用价格指数累计变动较大时，应当适时调整，但每年最多调整一次。

最低工资标准应当高于当地的社会救济金和失业保险金标准，低于平均工资。并且不包括下列各项：①加班加点工资；②中班、夜班、高温、低温、井下、有毒有害等特殊工作环境条件下的津贴；③国家法律、法规和政策规定的劳动者保险、福利待遇；④用人单位通过贴补伙食、住房等支付给劳动者的非货币性收入。

4. 工资支付保障

工资支付保障是为保障劳动者劳动报酬权的实现，防止用人单位滥用工资分配权而制定的有关工资支付的一系列规则。主要有如下内容。

(1) 工资应以法定货币支付，不得以实物及有价证券代替货币支付。

(2) 工资应在用人单位与劳动者约定的日期支付。工资一般按月支付，至少每月支付一次。实行周、日、小时工资制的，可按周、日、小时支付。

(3) 劳动者依法享受年休假、探亲假、婚假、丧假期间，以及依法参加社会活动期间，用人单位应按劳动合同规定的标准支付工资。

(4) 工资应支付给劳动者本人，也可由劳动者家属或委托他人代领，用人单位可委托银

行代发工资。

(5) 工资应依法足额支付，除法定或约定允许扣除工资的情况外，严禁非法克扣或无故拖欠劳动者工资。

(6) 用人单位依法破产或清算时，劳动者有权获得其工资。如《企业破产法》在破产清偿顺序中规定，用人单位应按清偿顺序首先支付本单位劳动者的工资。

【知识拓展】

对代扣工资的限制

用人单位不得非法克扣劳动者的工资，有下列情况之一的，用人单位可以代扣劳动者工资：①用人单位代扣代缴的个人所得税；②用人单位代扣代缴的应由劳动者个人负担的社会保险费用；③用人单位依审判机关判决、裁定扣除劳动者工资，依照人民法院判决、裁定，用人单位可以从应负法律责任的劳动者工资中扣除其应负担的扶养费、赡养费、抚养费和损害赔偿等款项；④法律、法规规定可以从劳动者工资中扣除的其他费用。

对扣除工资金额的限制：①因劳动者本人原因给用人单位造成经济损失的，用人单位可以按照劳动合同的约定要求劳动者赔偿其经济损失。经济损失的赔偿，可从劳动者本人的工资中扣除，但每月扣除金额不得超过劳动者月工资的 20%，若扣除后的余额低于当地月最低工资标准的，则应按最低工资标准支付；②用人单位对劳动者违纪罚款，一般不得超过本人月工资标准的 20%。

四、职业安全卫生

1. 职业安全卫生的含义

职业安全卫生，包括职业安全和职业卫生两类。所谓职业安全，是指防止和消除劳动过程中的伤亡事故；所谓职业卫生，是指保护劳动者在劳动过程中的健康，预防和消除职业病、职业中毒和其他职业危害。

为减少和避免因工伤亡事故以及职业危害、职业中毒和职业病，我国对职业安全卫生进行了大量的立法。而《职业安全卫生法》，是指以保护劳动者在职业劳动过程中的安全和健康为宗旨，以劳动安全卫生规则等为内容的法律规范的总称。

《职业安全卫生法》与其他劳动法规相比有其特有的特征。

(1) 保护对象的特定性。《职业安全卫生法》保护的对象是特定的，即保护的是劳动者在生产、劳动过程中的生命安全和健康。

(2) 法规内容具有技术性。《职业安全卫生法》主要由劳动安全、劳动卫生技术规程和标准组成，是具有技术性的法律规范。

(3) 法律规范多为强制性和禁止性规范。

2. 职业安全卫生工作的方针和制度

我国职业安全卫生工作方针是：安全第一，预防为主。

职业安全卫生制度主要包括：职业安全卫生标准制度、安全生产保障制度、职业卫生与职业病防治制度、职业安全卫生责任制度、职业安全教育制度、职业安全卫生认证制度、

安全卫生设施“三同时”制度、安全卫生检查与监察制度、伤亡事故报告处理制度等内容。

其中，用人单位根据劳动环境，应当提供各种劳动安全卫生设施。如提供防护、保险、信号、危险识别标记等装置，并对这些安全设施进行日常的试验、检验和保养；提供通风、照明、防尘、防毒、防辐射、防暑、防冻、防潮、防噪、防震、消毒等卫生设施；提供各种个人防护装备；提供各种生产辅助设备等。

3. 特殊劳动保护

1) 女职工的特殊劳动保护

女职工的特殊劳动保护是指根据女职工的生理特点和抚育子女的需要，对其在劳动过程中的安全健康所采取的有别于男子的特殊保护。

为保护女职工的身体健康，法律规定：禁止安排女职工从事矿山井下作业、国家规定的第四级体力劳动强度的劳动和其他禁忌从事的劳动；不得安排女职工在经期从事高处、高温、低温、冷水作业和国家规定的第三级体力劳动强度的劳动；不得安排女职工在怀孕期间从事国家规定的第三级体力劳动强度的劳动和孕期禁忌从事的劳动；对怀孕 7 个月以上的女职工，不得安排其延长工作时间和夜班劳动；女职工生育享受不少于 90 天的产假；不得安排女职工在哺乳未满 1 周岁的婴儿期间从事国家规定的第三级体力劳动强度的劳动和哺乳期禁忌从事的其他劳动，不得安排其延长工作时间和夜班劳动。

2) 未成年工的特殊劳动保护

未成年工是指年满 16 周岁未满 18 周岁的劳动者。

对未成年工特殊劳动保护的措施主要有：未成年工上岗，用人单位应对其进行有关的职业安全卫生教育、培训等上岗前培训；应当提供适合未成年工身体发育的生产工具；对有可能危害未成年人健康、安全或道德的职业或工作，最低就业年龄不应低于 18 周岁；用人单位不得安排未成年工从事矿山井下、有毒有害、国家规定的第四级体力劳动强度和其他禁忌从事的劳动；对未成年工定期进行健康检查。

3) 关于童工的规定

除法律另有规定以外，任何单位不得与未满 16 周岁的未成年人发生劳动法律关系。

凡用人单位使用童工的，由劳动保障行政部门给予处罚；童工患病或者受伤的，用人单位应当负责送到医疗机构治疗，并负担治疗期间的全部医疗和生活费用。

拐骗童工，强迫童工劳动，使用童工从事高空、井下、放射性、高毒、易燃易爆以及国家规定的第四级体力劳动强度的劳动，使用不满 14 周岁的童工，或造成童工死亡或严重伤残的，依照《刑法》关于拐卖儿童罪、强迫劳动罪或者其他罪的规定追究刑事责任。

五、其他基本法律

1. 《就业促进法》

1) 《就业促进法》概述

《中华人民共和国就业促进法》(简称《就业促进法》)于 2007 年 8 月 30 日第十届全国人民代表大会常务委员会第二十九次会议通过，自 2008 年 1 月 1 日起施行。

《就业促进法》的目的是促进就业，促进经济发展与扩大就业相协调，促进社会和谐稳定。

其内容包括：政策支持、公平就业、就业服务和管理、职业教育和培训、就业援助、监督检查和法律责任，共九章。

2) 劳动就业的原则

劳动者依法享有平等就业的权利。劳动者就业，不因民族、种族、性别、宗教信仰等不同而受歧视。

劳动者依法享有自主择业的权利；用人单位依法享有自主用人的权利。即平等自愿、协商一致的双向选择。

鼓励劳动者自主创业、自谋职业。

从总体上说，“劳动者自主择业，市场调节就业，政府促进就业”是就业促进工作的方针，而达到“充分就业”(现阶段是指将失业率控制在4%～5%)是就业促进工作的目标。

3) 职业培训

国家依法发展职业教育，鼓励开展职业培训，促进劳动者提高职业技能，增强就业能力和创业能力。

鼓励劳动者参加各种形式的培训。鼓励、指导企业加强职业教育和培训。

企业应当按照国家有关规定提取职工教育经费，对劳动者进行职业技能培训和继续教育培训。

国家采取措施建立健全劳动预备制度。

国家对从事涉及公共安全、人身健康、生命财产安全等特殊工种的劳动者，实行职业资格证书制度。

2. 《社会保险法》

《中华人民共和国社会保险法》(简称《社会保险法》)于2010年10月28日由第十一届全国人民代表大会常务委员会第十七次会议通过，自2011年7月1日起施行。

《社会保险法》的目的是规范社会保险关系，维护公民参加社会保险和享受社会保险待遇的合法权益，使公民共享发展成果，促进社会和谐稳定。

所谓社会保险是指国家通过立法设立社会保险基金，使劳动者在暂时或永久丧失劳动能力以及失业时获得物质帮助和补偿的一种社会保障制度，包括基本养老保险、基本医疗保险、工伤保险、失业保险、生育保险等社会保险制度。

3. 《劳动争议调解仲裁法》

《中华人民共和国劳动争议调解仲裁法》(简称《劳动争议调解仲裁法》)于2007年12月29日由第十届全国人民代表大会常务委员会第三十一次会议通过，自2008年5月1日起施行。

《劳动争议调解仲裁法》的目的是公正及时解决劳动争议，保护当事人合法权益，促进劳动关系和谐稳定。

所谓劳动争议，又称劳动纠纷，是指劳动关系双方当事人因执行劳动法律、法规或履行劳动合同、集体合同发生的纠纷。

用人单位与劳动者发生劳动争议，当事人可以依法申请调解、仲裁、提起诉讼，也可以协商解决。

【课堂讨论】

小张和小王是某公司的职工，小张与公司签订的劳动合同中约定的工作时间为标准工时制，小王与公司签订的劳动合同中约定的工作时间为综合计算工时制(计算周期为按月结算)，两人的月工资均为 1100 元。小张和小王 2012 年 3 月实际工作时间为每天 8 小时，仅每周日休息。

问题：小张和小王所得的加班工资是否相同？为什么？

课 后 作 业

一、单项选择题

1. 我国《劳动法》规定，安排劳动者延长劳动时间的，用人单位应支付不低于劳动者正常工作时间工资(　　)的工资报酬。

   A. 100%　　B. 150%　　C. 200%　　D. 300%

2. 职工累计工作已满 1 年不满(　　)年的，年休假 5 天。

   A. 5　　B. 6　　C. 9　　D. 10

3. 根据劳动法的规定和劳动关系的性质，下列纠纷属于劳动争议的是(　　)。

   A. 某私营企业职工张某与某地方劳动保障行政部门的工伤认定机关因工伤认定结论而发生的争议
   B. 进城务工的农民黄某与其雇主某个体户之间因支付工资报酬发生的争议
   C. 某国有企业退休职工王某与社会保险经办机构因退休费用的发放而发生的争议
   D. 某有限责任公司的职工李某是该公司的股东之一，因股息分配与该公司发生的争议

4. 法律规定职工每日工作 8 小时，每周工作 40 小时，属于(　　)。

   A. 标准工作时间　　B. 缩短工作时间
   C. 不定时工作时间　　D. 综合计算工作时间

5. 能够产生劳动法律关系的法律事实(　　)。

   A. 只能是主体双方的合法行为
   B. 只能是主体双方的违法行为
   C. 可以是主体双方的合法行为，也可以是违法行为
   D. 事件

二、多项选择题

1. 劳动法基本原则的内容是(　　)。

   A. 保证劳动者劳动权原则　　B. 平等就业权原则
   C. 劳动关系民主化原则　　D. 物质帮助权原则

2. 劳动法律关系主要包括的类型有(　　)。

   A. 劳动合同关系　　B. 劳动行政法律关系
   C. 劳动服务法律关系　　D. 民事劳务关系

3. 劳动关系转变为劳动法律关系的条件为(　　)。

A. 劳动合同关系　　B. 劳动服务法律关系

C. 存在现实劳动关系　　D. 存在调整劳动关系的法律规范

4. 确定和调整最低工资标准应当综合参考的因素有(　　)。

A. 劳动者本人及平均赡养人口的最低生活费用

B. 社会平均工资水平

C. 劳动生产率

D. 地区之间经济发展水平的差异

5. 我国处理劳动争议，应当遵循(　　)原则。

A. 着重调解、及时处理原则　　B. 依法处理原则

C. 公正处理原则　　D. 三方原则

三、判断题

1. 年休假在1个年度内可以集中安排，也可以分段安排，也可以跨年度安排。　(　　)

2. 单位确因工作需要不能安排职工休年休假的，可以不安排职工休年休假。　(　　)

3. 劳动争议申请仲裁的时效期间为一年。仲裁时效期间从当事人知道或者应当知道其权利被侵害之日起计算。　(　　)

4. 员工缴交养老保险费满15年后，单位就可不缴费了，等达到退休年龄就可办理退休按月领取养老金。　(　　)

5. 女职工在孕期用人单位不可以与其解除劳动合同。　(　　)

四、案例分析

某厂以正常工作安排为由，拒付职工的加班工资。职工不服，推举2名职工代表200名职工向当地劳动争议仲裁委员会申请仲裁。该委员会收到申请书8日后决定受理，并于3个月后作出裁决，裁定该厂依法支付职工的加班工资及经济补偿金。裁决书于裁决当日送交双方当事人后结案。

问题：

(1) 该争议的性质是什么？应适用何种处理程序？

(2) 仲裁委员会在处理过程中是否有错？为什么？

第二节　劳动合同法律制度

【知识链接】

一、劳动合同的概念

劳动合同是劳动者与用人单位之间确立劳动关系、明确双方权利与义务的书面协议。

从理论上看，劳动合同属于诺成性合同、双务有偿合同、继续性合同、要式合同。但最重要的是，劳动合同与一般的民事合同不同，它具有以下三个比较突出的特点。

(1) 劳动合同具有人身性，兼具财产性。

用人单位与劳动者建立劳动合同关系，目的就是为了使用劳动力，而劳动力与劳动者

的人身密不可分。同时，劳动者履行劳动义务，目的就是为了获得报酬，而用人单位使用劳动力也是为了营利，于是，劳动合同就具有了财产性。

(2) 劳动合同具有平等性，兼具隶属性。

任何合同都具有平等性，劳动合同也不例外，是遵循平等自愿、协商一致原则来订立的。但是劳动合同还有隶属性，用人单位已经通过劳动合同获得了劳动者工作时间的劳动力，劳动者与用人单位形成了隶属关系。在劳动合同成立后，用人单位和劳动者平等自愿、协商一致地订立规章制度，这就是平等性的体现。劳动者应当遵守用人单位的规章制度和劳动纪律，这就是隶属性的体现。

(3) 劳动合同是国家干预下的意思自治。

民事合同体现的是当事人之间的意思自治，而劳动合同体现的是在国家干预下的当事人的意思自治。尽管用人单位和劳动者之间的约定是当事人之间的事，但合同的内容、形式等必须符合法律中的强制性规定。也就是说，当事人的意思自治是限定在一定范围里，体现了国家干预的特征。

二、劳动合同立法的突出特点

我国《劳动合同法》在明确劳动者和用人单位双方的权利义务并重的规范基础上，又特别提出了对劳动者的合法权益予以保护。可以说，相对于《劳动法》来说，《劳动合同法》作了“有限度的让步”。

劳动法律制度对劳动合同双方当事人之间的权利分配基本上是平等的，但在实际操作中，用人单位具有优势地位，无法体现出理论上权利分配所带来的平等性，对劳动者来说是不公平的。所以在劳动合同立法的时候，就使用了倾斜性立法技术，一方面加大了对劳动者的保护，另一方面加重了企业违法的成本。

一、劳动合同法概述

1. 劳动合同法的法律依据

劳动合同法的法律依据主要是《中华人民共和国劳动合同法》。该法于2007年6月29日第十届全国人民代表大会常务委员会第二十八次会议通过，自2008年1月1日起施行；其后经过2012年12月28日修改，修改后的《劳动合同法》自2013年7月1日起施行。

《劳动合同法》的目的是完善劳动合同制度，明确劳动合同双方当事人的权利和义务，保护劳动者的合法权益，构建和发展和谐稳定的劳动关系。

2. 《劳动合同法》的适用范围

中华人民共和国境内的企业、个体经济组织、民办非企业单位等组织(以下称用人单位)与劳动者建立劳动关系，订立、履行、变更、解除或者终止劳动合同，适用《劳动合同法》。

国家机关、事业单位、社会团体和与其建立劳动关系的劳动者，订立、履行、变更、解除或者终止劳动合同，依照本法执行。

可以看出，适用《劳动合同法》的用人单位包括以下四种类型：中国境内的企业、个体经济组织、民办非企业单位及与劳动者建立劳动关系的国家机关、事业单位、社会团体。

【小资料】

民办非企业单位

所谓"民办非企业单位"是指企业、事业单位、社会团体和其他社会力量以及公民个人利用非国有资产举办的，从事非营利性社会服务活动的社会组织。

在我国现行体制下，民办非企业单位和社会团体、基金会一样，其实质均为民间组织的一种形式，如民办的院校、俱乐部、医院等。

3. 劳动合同的种类

1) 固定期限劳动合同

固定期限劳动合同又称为定期劳动合同，是指用人单位与劳动者约定合同终止时间的劳动合同。

固定期限劳动合同的具体期限可以不等，该合同到期后，双方可以续订固定期限劳动合同，但连续订立二次固定期限劳动合同后，如再续订，除法定情形外，用工单位应当签订无固定期限的劳动合同。

2) 无固定期限的劳动合同

无固定期限的劳动合同又称为不定期劳动合同，是指用人单位与劳动者约定无确定终止时间的劳动合同。

除劳动者只愿订立固定期限劳动合同外，有下列情形之一的，应当订立无固定期限劳动合同：①劳动者在该用人单位连续工作满十年的；②用人单位初次实行劳动合同制度或者国有企业改制重新订立劳动合同时，劳动者在该用人单位连续工作满十年且距法定退休年龄不足十年的；③连续订立二次固定期限劳动合同，且劳动者没有《劳动合同法》第三十九条和第四十条第一项、第二项规定的情形，续订劳动合同的；④用人单位自用工之日起满一年不与劳动者订立书面劳动合同的，视为用人单位与劳动者已订立无固定期限劳动合同。

对于劳动者而言，无固定期限的劳动合同并不是意味着工作的"终身制"，只要出现了法律规定的情形，无固定期限劳动合同也同样能够解除；而对于用人单位来说，订立无固定期限的劳动合同适用于需要保持人员稳定的岗位，特别是保密性强、技术复杂的岗位，有利于企业维护其经济利益，减少因频繁更换关键岗位的关键人员而带来的损失。

3) 以完成一定工作任务为期限的劳动合同

以完成一定工作任务为期限的劳动合同是指用人单位与劳动者约定以某项工作的完成为合同期限的劳动合同。

实践中，这种合同适用于建筑业、临时性、季节性或其他类似工作性质的工作。

二、劳动合同的订立

1. 订立合同的原则

订立劳动合同，应当遵循合法、公平、平等自愿、协商一致、诚实信用的原则。

基于以上原则，用人单位招用劳动者时，应当如实告知劳动者工作内容、工作条件、工作地点、职业危害、安全生产状况、劳动报酬，以及劳动者要求了解的其他情况；用人

单位有权了解劳动者与劳动合同直接相关的基本情况，劳动者应当如实说明。

而且，招用劳动者时，用人单位不得扣押居民身份证和其他证件，不得要求提供担保，不得以其他名义收取财物。

2. 劳动合同的形式

建立劳动关系，应当订立书面劳动合同。

应当指出的是，用人单位自用工之日起即与劳动者建立劳动关系。所以，书面劳动合同并非建立劳动关系的必要条件。

但如果用人单位违法不订立书面劳动合同，则承担以下法律责任。

(1) 用人单位自用工之日起超过一个月不满一年未与劳动者订立书面劳动合同的，应当向劳动者每月支付二倍的工资。

(2) 用人单位自用工之日起满一年仍然未与劳动者订立书面劳动合同的，除按照以上规定支付二倍的工资外，还应当视为用人单位与劳动者已订立无固定期限劳动合同。

同时，《劳动合同法》对订立劳动合同的时间有一定的宽容：已建立劳动关系，未同时订立书面劳动合同的，只要在自用工之日起一个月内订立了书面劳动合同，其行为即不违法。

3. 劳动合同的内容

劳动合同应当具备以下条款：①用人单位的名称、地址和法定代表人或者主要负责人；②劳动者的姓名、住址和居民身份证或者其他有效身份证件号码；③劳动合同期限；④工作内容和工作地点；⑤工作时间和休息休假；⑥劳动报酬；⑦社会保险；⑧劳动保护、劳动条件和职业危害防护；⑨法律、法规规定应当纳入劳动合同的其他事项。条款中属于劳动合同的必备条款的，需要重点理解以下几点。

(1) 约定劳动合同期限。《劳动合同法》鼓励双方当事人签订长期合同以及无固定期限劳动合同，以维持稳定的劳动关系。

(2) 约定劳动报酬、劳动条件。首先明确的是，劳动报酬不得低于当地最低工资标准；如与劳动者约定的劳动报酬不明确的，新招用的劳动者的劳动报酬按照集体合同规定的标准执行；没有集体合同或者集体合同未规定的，实行同工同酬；没有集体合同或者集体合同未规定劳动条件等标准的，适用国家有关规定。

(3) 约定工作地点。用人单位应当根据本单位的不同性质、自身的发展及工作范围，灵活地与劳动者约定工作地点。

(4) 约定职业危害防护。用人单位对有职业危害的工作在劳动合同必备条款中要告知劳动者，而告知的方法和对危害的严重性的估测应当实事求是。

《劳动合同法》规定，根据双方需要，用人单位与劳动者可以约定试用期、培训、保守秘密、补充保险和福利待遇等其他事项。劳动合同的可备条款有以下几点。

(1) 约定试用期。试用期是一个法定的宽限期，因为劳动具备人身性，劳动的品质不能直接测量出来，双方都需要一段适应时间。劳动合同试用期规定包括四点。

第一，试用期的次数有限制。同一用人单位与同一劳动者只能约定一次试用期，且试用期包含在劳动合同期限内。劳动合同仅约定试用期的，试用期不成立，该期限为劳动合同期限。实践中，有的用人单位和劳动者只签订试用合同，则该试用合同无效。

第二，试用期的期限有限制。劳动合同期限三个月以上不满一年的，试用期不得超过

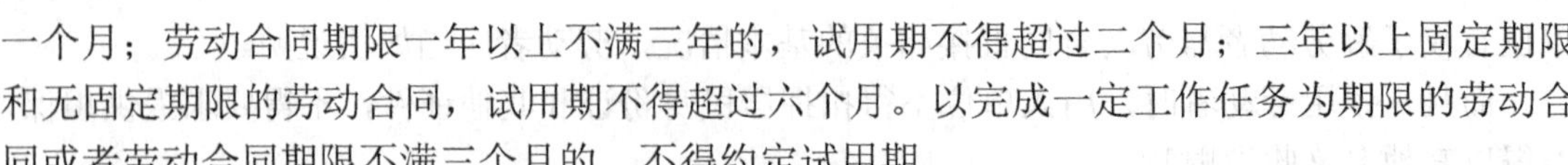

一个月；劳动合同期限一年以上不满三年的，试用期不得超过二个月；三年以上固定期限和无固定期限的劳动合同，试用期不得超过六个月。以完成一定工作任务为期限的劳动合同或者劳动合同期限不满三个月的，不得约定试用期。

第三，试用期的工资有规定。该工资不得低于本单位相同岗位最低档工资或者劳动合同约定工资的百分之八十，并不得低于用人单位所在地的最低工资标准。

第四，试用期的解聘有规定。试用期中，除非有法定理由，用人单位不得解除劳动合同；解除时，单位应向劳动者说明理由。

(2) 约定培训协议。用人单位为劳动者提供专项培训费用，对其进行专业技术培训的，可以与该劳动者订立协议，约定服务期。

(3) 约定保密协议和竞业限制条款。用人单位与劳动者可以在劳动合同中约定保守用人单位的商业秘密和与知识产权相关的保密事项。

对负有保密义务的劳动者，如对用人单位的高级管理人员、高级技术人员和其他负有保密义务的人员，用人单位可以在劳动合同或者保密协议中与劳动者约定竞业限制条款，并约定在解除或者终止劳动合同后，在竞业限制期限内按月给予劳动者经济补偿。但竞业限制期限不得超过2年，约定的竞业限制范围、地域、期限不得违反法律、法规的规定。

注意：除培训协议和竞业限制协议规定的情形外，不得约定由劳动者承担的违约金。

4. 劳动合同的效力

劳动合同由用人单位与劳动者协商一致，并经用人单位与劳动者在劳动合同文本上签字或者盖章生效。如双方自愿，可以约定劳动合同经过公证或鉴证，劳动合同文本于公证或鉴证之日生效。注意，劳动合同文本由用人单位和劳动者各执一份。

下列劳动合同无效或者部分无效(《劳动合同法》第二十六条)。

(1) 以欺诈、胁迫的手段或者乘人之危，使对方在违背真实意思的情况下订立或者变更劳动合同的。

(2) 用人单位免除自己的法定责任、排除劳动者权利的。

(3) 违反法律、行政法规强制性规定的。

另外，劳动合同还可能因为主体不合法、缺少必备条款、形式不合法、程序不完备等因素而无效。

对劳动合同的无效或者部分无效有争议的，只能由劳动仲裁委员会或法院确认。

三、劳动合同的解除和终止

1. 劳动合同的解除

1) 双方协商一致解除

用人单位与劳动者协商一致，可以解除劳动合同(《劳动合同法》第三十六条)。

2) 劳动者的单方解除权

一是预告解除，或称为通知解除(《劳动合同法》第三十七条)。劳动者提前三十日以书面形式通知用人单位，可以解除劳动合同。劳动者在试用期内提前三日通知用人单位，可以解除劳动合同。

二是违反解除(《劳动合同法》第三十八条)。用人单位有下列情形之一的，劳动者可以

解除劳动合同：①未按照劳动合同约定提供劳动保护或者劳动条件的；②未及时足额支付劳动报酬的；③未依法为劳动者缴纳社会保险费的；④用人单位的规章制度违反法律、法规的规定，损害劳动者权益的；⑤因《劳动合同法》第二十六条第一款规定的情形致使劳动合同无效的；⑥法律、行政法规规定劳动者可以解除劳动合同的其他情形。

三是立即解除。用人单位以暴力、威胁或者非法限制人身自由的手段强迫劳动者劳动的，或者用人单位违章指挥、强令冒险作业危及劳动者人身安全的，劳动者可以立即解除劳动合同，不需事先告知用人单位。

3) 用人单位的单方解除权

一是过失性辞退(《劳动合同法》第三十九条)。劳动者有下列情形之一的，用人单位可以解除劳动合同：①在试用期间被证明不符合录用条件的；②严重违反用人单位的规章制度的；③严重失职，营私舞弊，给用人单位造成重大损害的；④劳动者同时与其他用人单位建立劳动关系，对完成本单位的工作任务造成严重影响，或者经用人单位提出，拒不改正的；⑤因《劳动合同法》第二十六条第一款第一项规定的情形致使劳动合同无效的；⑥被依法追究刑事责任的。

二是无过失性辞退(《劳动合同法》第四十条)。有下列情形之一的，用人单位提前三十日以书面形式通知劳动者本人或者额外支付劳动者一个月工资(即工资替代形式)后，可以解除劳动合同：①劳动者患病或者非因工负伤，在规定的医疗期满后(现行医疗期规定为 3 至 24 个月)不能从事原工作，也不能从事由用人单位另行安排的工作的；②劳动者不能胜任工作，经过培训或者调整工作岗位，仍不能胜任工作的；③劳动合同订立时所依据的客观情况发生重大变化，致使劳动合同无法履行，经用人单位与劳动者协商，未能就变更劳动合同内容达成协议的。

三是经济性裁员(《劳动合同法》第四十一条)。有下列情形之一，需要裁减人员二十人以上或者裁减不足二十人但占企业职工总数百分之十以上的，用人单位提前三十日向工会或者全体职工说明情况，听取工会或者职工的意见后，裁减人员方案经向劳动行政部门报告，可以裁减人员：①依照企业破产法规定进行重整的；②生产经营发生严重困难的；③企业转产、重大技术革新或者经营方式调整，经变更劳动合同后，仍需裁减人员的；④其他因劳动合同订立时所依据的客观经济情况发生重大变化，致使劳动合同无法履行的。

注意：裁减人员时，应当优先留用下列人员：①与本单位订立较长期限的固定期限劳动合同的；②与本单位订立无固定期限劳动合同的；③家庭无其他就业人员，有需要扶养的老人或者未成年人的。用人单位依照《劳动合同法》第四十一条第一款规定裁减人员，在六个月内重新招用人员的，应当通知被裁减的人员，并在同等条件下优先招用被裁减的人员。

4) 用人单位不得解除劳动合同情形

劳动者有下列情形之一的，用人单位不得依照《劳动合同法》第四十条、第四十一条的规定解除劳动合同(《劳动合同法》第四十二条)：①从事接触职业病危害作业的劳动者未进行离岗前职业健康检查，或者疑似职业病病人在诊断或者医学观察期间的；②在本单位患职业病或者因工负伤并被确认丧失或者部分丧失劳动能力的；③患病或者非因工负伤，在规定的医疗期内的；④女职工在孕期、产期、哺乳期的；⑤在本单位连续工作满十五年，且距法定退休年龄不足五年的；⑥法律、行政法规规定的其他情形。

注意：“不得解除”是指不得依据两种情况而解除：一是不得依据《劳动合同法》第四十条所列的“用人单位可提前三十日书面通知劳动者解除劳动合同”情况而解除；二是不得依据《劳动合同法》第四十一条所列的“经济裁员”情况而解除。

2. 劳动合同的终止

1) 劳动合同终止的情形

有下列情形之一的，劳动合同终止(《劳动合同法》第四十四条)。

①劳动合同期满的；②劳动者开始依法享受基本养老保险待遇的；③劳动者死亡，或者被人民法院宣告死亡或者宣告失踪的；④用人单位被依法宣告破产的；⑤用人单位被吊销营业执照、责令关闭、撤销或者用人单位决定提前解散的；⑥法律、行政法规规定的其他情形。

2) 劳动合同延续的情形

《劳动合同法》第四十五条规定，劳动合同期满，有《劳动合同法》第四十二条规定情形之一的，劳动合同应当续延至相应的情形消失时终止。

但是，《劳动合同法》第四十二条第二项规定丧失或者部分丧失劳动能力劳动者的劳动合同的终止，按照国家有关工伤保险的规定执行。

3. 劳动合同解除或终止的程序规定

(1) 用人单位单方解除劳动合同，应当事先将理由通知工会。单位违反法律、法规或者合同约定的，工会有权要求纠正。单位应当研究工会意见，并将处理结果书面通知工会。

(2) 解除或者终止劳动合同，用人单位应出具《解除或终止劳动合同证明》，15 日内办理档案和社会保险转移手续。

(3) 解除或者终止劳动合同办结工作交接时，用人单位应依照《劳动合同法》有关规定支付给劳动者一定的经济补偿。

(4) 解除或者终止的劳动合同文本，用人单位至少保存 2 年备查。

四、经济补偿金、违约金和赔偿金

1. 用人单位的经济补偿金

1) 用人单位支付经济补偿的情形

有下列情形之一的，用人单位应当向劳动者支付经济补偿。

①劳动者依照《劳动合同法》第三十八条规定解除劳动合同的；②用人单位依照《劳动合同法》第三十六条规定向劳动者提出解除劳动合同并与劳动者协商一致解除劳动合同的；③用人单位依照《劳动合同法》第四十条规定解除劳动合同的；④用人单位依照《劳动合同法》第四十一条第一款规定解除劳动合同的；⑤除用人单位维持或者提高劳动合同约定条件续订劳动合同，劳动者不同意续订的情形外，依照《劳动合同法》第四十四条第一项规定终止固定期限劳动合同的；⑥依照《劳动合同法》第四十四条第四项、第五项规定终止劳动合同的；⑦法律、行政法规规定的其他情形。

2) 经济补偿标准

经济补偿按劳动者在本单位工作的年限，每满一年支付一个月工资的标准向劳动者支付。六个月以上不满一年的，按一年计算；不满六个月的，向劳动者支付半个月工资的经

济补偿。

为公平起见，法律规定了最高补偿限额：劳动者月工资高于用人单位所在直辖市、设区的市级人民政府公布的本地区上年度职工月平均工资三倍的，向其支付经济补偿的标准按职工月平均工资三倍的数额支付，向其支付经济补偿的年限最高不超过十二年。

2. 劳动者的违约金

(1) 服务期的违约金。用人单位为劳动者提供了专项培训并约定了服务期，劳动者违反服务期约定则应当按照约定向用人单位支付违约金。

注意：约定的违约金数额不得超过用人单位提供的培训费用，而用人单位要求劳动者支付的违约金不得超过服务期尚未履行部分所应分摊的培训费用。

(2) 保密义务和竞业限制的违约金。劳动者违反竞业限制约定的，应当按照约定向用人单位支付违约金。

竞业限制的人员限于用人单位的高级管理人员、高级技术人员和其他负有保密义务的人员。

3. 用人单位的赔偿金

1) 订立劳动合同违法

用人单位自用工之日起超过一个月不满一年未与劳动者订立书面劳动合同的，应当向劳动者每月支付二倍的工资。

用人单位违反《劳动合同法》规定不与劳动者订立无固定期限劳动合同的，自应当订立无固定期限劳动合同之日起向劳动者每月支付二倍的工资。其中，包含了已满一年未订立书面合同的而视为已订立无固定期限合同的情况。

2) 约定的试用期违法

违法约定的试用期已经履行的，由用人单位以劳动者试用期满月工资为标准，按已经履行的超过法定试用期的期间向劳动者支付赔偿金。

3) 侵犯劳动报酬权

用人单位有下列情形之一(①未按照劳动合同的约定或者国家规定及时足额支付劳动者劳动报酬的；②低于当地最低工资标准支付劳动者工资的；③安排加班不支付加班费的；④解除或者终止劳动合同，未依照《劳动合同法》规定向劳动者支付经济补偿的)，由劳动行政部门责令限期支付劳动报酬、加班费或者经济补偿。劳动报酬低于当地最低工资标准的，应当支付其差额部分。逾期不支付的，责令用人单位按应付金额百分之五十以上百分之一百以下的标准向劳动者加付赔偿金。

4) 违法解除或终止劳动合同

用人单位违反本法规定解除或者终止劳动合同的，应当按经济补偿标准的二倍支付赔偿金。

五、特殊的用工制度

1. 劳务派遣

1) 劳务派遣单位

劳务派遣单位是经营劳务派遣业务的公司，是用人单位。

设立劳务派遣单位，首先应当具备注册资本不得少于人民币二百万元，有与开展业务相适应的固定的经营场所和设施，有符合法律、行政法规规定的劳务派遣管理制度等基本条件；然后向劳动行政部门依法申请行政许可；经许可的，才能依法办理相应的公司登记，经营劳务派遣业务。

2) 三方关系的规制

第一，合同问题，劳务派遣单位应当与被派遣劳动者订立二年以上的固定期限劳动合同。

劳务派遣单位派遣劳动者应当与接受以劳务派遣形式用工的单位(以下称用工单位)订立劳务派遣协议。用工单位应当根据工作岗位的实际需要与劳务派遣单位确定派遣期限，不得将连续用工期限分割订立数个短期劳务派遣协议。

劳务派遣单位应当将劳务派遣协议的内容告知被派遣劳动者。

第二，工资问题，派遣单位按月支付劳动报酬；被派遣劳动者在无工作期间，劳务派遣单位应当按照所在地人民政府规定的最低工资标准，向其按月支付报酬。

劳务派遣单位不得克扣用工单位按照劳务派遣协议支付给被派遣劳动者的劳动报酬。

被派遣劳动者享有与用工单位的劳动者同工同酬的权利。

第三，工作条件，用工单位应当履行执行国家劳动标准，提供相应的劳动条件和劳动保护等义务。

3) 劳务派遣范围

劳动合同用工是我国企业的基本用工形式。劳务派遣用工是补充形式，只能在临时性、辅助性或者替代性的工作岗位上实施。

用工单位应当严格控制劳务派遣用工数量，不得超过其用工总量的一定比例，具体比例由国务院劳动行政部门规定。

【小资料】

相关工作岗位

临时性工作岗位是指存续时间不超过六个月的岗位。

辅助性工作岗位是指为主营业务岗位提供服务的非主营业务岗位。

替代性工作岗位是指用工单位的劳动者因脱产学习、休假等无法工作的一定期间内，可以由其他劳动者替代工作的岗位。

2. 非全日制用工

非全日制用工，是指以小时计酬为主，劳动者在同一用人单位一般平均每日工作时间不超过四小时，每周工作时间累计不超过二十四小时的用工形式。

非全日制用工双方当事人可以订立口头协议，但不得约定试用期。

非全日制用工劳动报酬：小时计酬标准不得低于所在地规定的最低小时工资标准，结算支付周期最长不得超过十五日。

任何一方都可以随时通知对方终止用工。终止用工，用人单位不向劳动者支付经济补偿。

【课堂讨论】

2011年1月10日，小张入职时，公司告知他有三个月的试用期，但是没有与小张签订书面的劳动合同。2011年3月15日，公司通知小张，由于他在试用期表现不佳，所以公司决定辞退他。小张觉得很委屈，因为在试用期内他确实努力工作而且自认为表现是很好的。

问题：在这种情况下，小张应该怎么办？

课后作业

一、单项选择题

1. 已建立劳动关系，未同时订立书面劳动合同的，应当自用工之日起(　　)内订立书面劳动合同。

A. 半个月　　B. 一个月　　C. 两个月　　D. 三个月

2. 劳动者在试用期的工资不得低于本单位相同岗位最低工资或劳动合同约定工资的(　　)。

A. 50%　　B. 60%　　C. 80%　　D. 100%

3. 根据我国劳动法律规定，劳动合同中的劳动条件和劳动报酬标准，应该(　　)。

A. 参考集体合同中的标准　　B. 不需要考虑集体合同中的标准

C. 相当于集体合同中的标准　　D. 不得低于集体合同中的标准

4. 根据有关法律规定，企业职工在患病或非因工负伤，需要停止工作治疗的，给予(　　)的医疗期。

A. 1至12个月　　B. 12个月　　C. 3至18个月　　D. 3至24个月

5. 依据《劳动合同法》的规定，劳动者在(　　)情况下，用人单位可以解除劳动合同，但应提前三十天以书面形式通知劳动者本人。

A. 在试用期间被证明不符合录用条件的

B. 患病或者负伤，在规定的医疗期内的

C. 严重违反用人单位规章制度的

D. 不能胜任工作，经过培训或调整工作岗位仍不能胜任工作的

二、多项选择题

1. 有下列(　　)情形之一，劳动者提出或者同意续订、订立劳动合同的，除劳动者提出订立固定期限劳动合同外，应当订立无固定期限劳动合同。

A. 劳动者在该用人单位连续工作满十年的

B. 用人单位初次实行劳动合同制度或者国有企业改制重新订立劳动合同时，劳动者在该用人单位连续工作满十年且距法定退休年龄不足十年的

C. 连续订立二次固定期限劳动合同，且劳动者没有《劳动合同法》第三十九条和第四十条第一项、第二项规定的情形，续订劳动合同的

D. 法律法规规定的其他情形

2. 下列(　　)劳动合同无效或者部分无效。

A. 以欺诈、胁迫的手段或者乘人之危，使对方在违背其真实意思的情况下订立或

者变更劳动合同的

B. 用人单位免除自己的法定责任、排除劳动者权利的

C. 违反法律、行政法规强制性规定的

D. 法律法规规定的其他情形

3. 用人单位招用劳动者时，不得有(　　)的行为。

A. 扣押劳动者的居民身份证或其他证件

B. 要求劳动者提供担保或者以其他名义向劳动者收取财物

C. 了解劳动者与劳动合同直接相关的基本情况

D. 了解劳动者的家庭住址

4. 以下关于试用期的规定表述正确的是(　　)。

A. 劳动合同期限不满三年的，试用期不得超过六个月

B. 同一用人单位与同一劳动者只能约定一次试用期

C. 试用期包含在劳动合同期限内

D. 劳动合同期限不满三个月的，试用期为一个星期

5. 以下关于服务期的表述正确的是(　　)。

A. 用人单位经与劳动者协商一致，可以与该劳动者订立协议，约定服务期

B. 劳动者违反服务期约定的，应当按照约定向用人单位支付违约金

C. 用人单位与劳动者约定服务期的，不影响按照正常的工资调整机制提高劳动者在服务期间的劳动报酬

D. 用人单位要求劳动者支付的违约金不得超过服务期尚未履行部分所应分摊的培训费用

三、判断题

1. 因用人单位作出的开除、除名、辞退、解除劳动合同、减少劳动报酬、计算劳动者工作年限等决定而发生的劳动争议，用人单位负举证责任。　　(　　)

2. 劳动者患病或者非因工负伤，医疗期满后，不能从事原工作也不能从事由用人单位另行安排的工作的，用人单位可以解除劳动合同。　　(　　)

3. 劳动合同订立时所依据的客观情况发生重大变化，致使原劳动合同无法履行，经与当事人协商不能就变更劳动合同达成协议的，用人单位可在提前30日通知劳动者后，解除劳动合同。　　(　　)

4. 个人承包经营违反本法规定招用劳动者，给劳动者造成损害的，发包的组织与个人承包经营者承担连带赔偿责任。　　(　　)

5. 在用人单位内，可以设立劳动争议调解委员会。劳动争议调解委员会由职工代表、用人单位代表和工会代表组成。劳动争议调解委员会主任由用人单位代表担任。劳动争议经调解达成协议的，当事人应当履行。　　(　　)

四、案例分析

某公司在与员工签订劳动合同时遇到一个棘手问题，员工甲2008年1月1日进厂，但公司一直遗忘与员工甲签订劳动合同，员工甲知道公司如果不与其签订书面劳动合同，依法需要向其支付双倍的工资，因此一直不动声色，直至2008年5月1日，公司对劳动合同进行了一次普查，才发现与员工甲漏签了劳动合同，公司表示要与员工甲补签劳动合同，

员工甲同意补签，但是公司要先支付其2008年1月至4月的另一倍工资，否则员工甲只愿意将补签劳动合同日期定在2008年5月1日。

问题：公司应当如何处理上述案件较为妥当？

本章小结

《劳动法》是调整劳动关系以及与劳动关系密切联系的其他社会关系的法律规范的总称。劳动法律关系的主体包括劳动者和用人单位。

《劳动法》中，最基础的内容是劳动基准法。包括对标准工作时间、延长工作时间、休息休假的规定；对工资的形式、工资支付及最低工资保障的制度安排；对劳动者职业安全卫生的制度保障等。

为促进社会和谐稳定，国家还颁布了就业促进法、社会保险法、劳动争议调解仲裁法等一系列基本的劳动法律。

《劳动合同法》属于《劳动法》的下位法，其立法目的是完善劳动合同制度，明确劳动合同双方当事人的权利和义务，保护劳动者的合法权益，构建和发展和谐稳定的劳动关系。

《劳动合同法》确立了订立合同应当遵循合法、公平、平等自愿、协商一致、诚实信用的原则。规定建立劳动关系应当订立书面劳动合同，并明确了劳动合同的必备条款。

针对劳动合同的解除，分别对双方协商一致解除、劳动者的单方解除、用人单位的单方解除等作出明确的规定，特别是对经济补偿金、违约金和赔偿金等作出了强制性规定。

另外，对特殊的用工制度如劳务派遣、非全日制用工也作出了制度安排。

第六章

市场管理法律制度

教学目标： 掌握垄断和不正当竞争的概念、消费者权利、经营者的产品质量义务；熟悉垄断和反不正当竞争法的内容、产品质量的概念；了解垄断和不正当竞争法的法律责任、产品质量的监督管理。

教学重点： 垄断和不正当竞争行为；消费者权利。

教学难点： 垄断的含义；产品质量。

第一节　竞争法律制度

【知识链接】

反垄断法与反不正当竞争法的关系

1. 竞争法的地位和作用

竞争法指以市场经济领域的竞争关系为主要调整对象，以保护正当的竞争为主旨，以反垄断和反不正当竞争为核心内容的法律规范的总称。

竞争法在西方称之为“经济宪法”“市场经济的大宪章”，可见其在经济中的重要地位。世界上最早的竞争法是1890年美国《谢尔曼法》，即《保护贸易和商业不受非法限制与垄断之害法》。

2. 我国竞争法的现状

我国在立法方面采取分立式立法，即以《反垄断法》和《反不正当竞争法》为主体，全面促进自由、公平的市场竞争。正因为是分立式立法，这两部法律既有联系也有区别。

两者的共同点有以下几点。

(1) 在经济政策方面，都为了推动和保护竞争，禁止经营者以不公平、不合理的手段谋取经济利益，损害竞争者和消费者的合法权益，从而维护市场秩序，推动国家经济发展和技术进步。

(2) 在法律政策方面，都是国家行政机关或司法机构发布禁令、许可，提出损害赔偿或行政处罚的法律依据。

(3) 在市场管理方面，维持和加强有效竞争。所谓有效竞争，须就个案判断。就市场结构而言，包括：存在相当数量的买主或卖主；买主卖主均不占有大部分市场；任何企业之间无共谋；有新设企业进入市场的可能性。而所谓对竞争的实质限制，即是指几乎不可能期待有效竞争的状态。

两者的侧重点在于以下几点。

《反垄断法》以贯彻国家竞争政策，保持竞争性市场结构为宗旨，防止有效竞争不足；从宏观领域，保障整体市场正常运转，间接维护经营者的自由权利。

《反不正当竞争法》是以维护市场的公平竞争和反对不正当竞争行为为目的，防止竞争过滥；从微观领域，直接保护经营者合法权益。

一、反垄断法

(一)反垄断法概述

1. 反垄断法的法律依据

反垄断法，又可称“自由竞争法”，是调整市场竞争过程中因规制限制竞争行为而产生的社会关系的法律规范的总称。

反垄断法的法律依据主要是《中华人民共和国反垄断法》。该法于 2007 年 8 月 30 日

由第十届全国人民代表大会常务委员会第二十九次会议通过，自 2008 年 8 月 1 日起施行。

《反垄断法》的目的是预防和制止垄断行为，保护市场公平竞争，提高经济运行效率，维护消费者利益和社会公共利益，促进社会主义市场经济健康发展。

《反垄断法》调整的主要是具有竞争关系的经营者之间的法律关系，并将具有行政垄断性质的反竞争行为纳入调整范围。

2. 垄断及其特征

所谓垄断是指经营者违反法律规定，在特定市场内滥用市场支配地位或者与其他经营者合谋，排除或限制竞争，损害消费者权益，违反公共利益的行为。

从广义上理解，垄断即“限制竞争”；但一般意义上，限制竞争是上位概念，限制竞争包括垄断。

垄断以市场上的独占地位或支配地位为标志。垄断排除了经营者之间的竞争，同时也排除了用户或消费者进行选择的可能性。

市场经济下的垄断一般是经济垄断，但也有行政垄断或国家垄断。

3. 相关概念

1) 经营者

经营者是指从事商品生产、经营或者提供服务的自然人、法人和其他组织。

2) 管理机构

国务院设立反垄断委员会，负责组织、协调、指导反垄断工作，履行下列职责：①研究拟订有关竞争政策；②组织调查、评估市场总体竞争状况，发布评估报告；③制定、发布反垄断指南；④协调反垄断行政执法工作；⑤国务院规定的其他职责。

3) 相关市场的限定

一个市场是否有竞争性，首先要确定市场或市场的竞争者。而“相关市场”即是指经营者在一定时期内就特定商品或者服务进行竞争的商品范围和地域范围。

市场范围可由下列两个方面考虑。

一是相互竞争的产品，这被称为“相关的产品市场或物的市场”。这些产品是否相互竞争，我们应该考查几个问题：是否涉及一个行业；是否具有相同性质或用途；是否在生产中使用相同和特定的设备；是否为同一类客户所使用；是否被同一类卖主销售；价格上的变化是否使市场波动等。

二是销售这些产品的地域范围，这被称为“相关的地域市场或空间市场”。这些产品是否在该地域中相互竞争，我们应该考查两个重要因素：第一，产品的运费及与价值的关系，如水泥，其分量重价值轻，竞争地域范围相对较小；第二，产品的易腐性差别，如时令水果、面包和钢材、房屋等，竞争地域范围区别很大。交易领域范围则按各自地区分别成立竞争关系。

另外，相关交易领域也可以考虑包括：一定交易对象，如同类或类似商品、服务；一定交易阶段，如或生产或批发或零售阶段；一定交易形态，如大宗和小宗交易；一定交易地域等各种因素。总之，一定交易领域即成立竞争关系的相关市场。

(二)垄断行为

1. 垄断协议

1) 垄断协议概述

垄断协议是指两个或两个以上的经营者以协议、决议或其他联合方式实施的限制竞争行为。垄断协议控制制度是反垄断法的三大支柱制度之一。

垄断协议表现出发生量大、涉及面广、对市场影响速度快等特点，对有效竞争的破坏具有普遍性和持续性。

垄断协议构成要件如下。

一是协议或者协同行为由多个独立主体构成。法律要求联合者在事实上具有独立决策能力，是“多个主体共同行为”，从而与由单个经营者所实施的市场垄断行为如滥用市场支配地位等区别开来。

二是经营者之间存在通谋或协同一致的行为。此行为可以表现在各方签署形成的协议、合同、备忘录中，也可以表现在企业团体的决定或决议中，还可以是行为人之间协同一致的行为，即没有文字形式的协议或者决定，但是却出现了高度协调统一的动作，如在同一天有竞争关系的经营者集体提高某类产品的价格。

2) 垄断协议的种类及规制

(1) 横向垄断协议。横向垄断协议指在生产或销售过程中处于同一经营阶段的同业竞争者的联合，如两家汽车生产公司之间。

法律禁止具有竞争关系的经营者达成下列垄断协议：①固定或者变更商品价格；②限制商品的生产数量或者销售数量；③分割销售市场或者原材料采购市场；④限制购买新技术、新设备或者限制开发新技术、新产品；⑤联合抵制交易；⑥国务院反垄断执法机构认定的其他垄断协议。

(2) 纵向垄断协议。纵向垄断协议是指在同一产业中处于不同阶段而有买卖关系的企业间的联合，如汽车生产商与汽车销售商之间。

法律禁止经营者与交易相对人达成下列垄断协议：①固定向第三人转售商品的价格；②限定向第三人转售商品的最低价格；③国务院反垄断执法机构认定的其他垄断协议。

(3) 行业协会的垄断协议行为。我国行业协会种类繁多，其中，典型的行业协会是由单一行业的经营者组成，具有非营利性和中介性，维护成员利益并代表本行业利益从事活动的社团法人。维护成员利益并代表本行业利益是行业协会的本分，行业协会可以采用很多办法，但不得组织本行业的经营者达成上述垄断协议，形成行业垄断。

经营者能够证明所达成的协议属于下列情形之一的，不属于垄断协议：①为改进技术、研究开发新产品的；②为提高产品质量、降低成本、增进效率，统一产品规格、标准或者实行专业化分工的；③为提高中小经营者经营效率，增强中小经营者竞争力的；④为实现节约能源、保护环境、救灾救助等社会公共利益的；⑤因经济不景气，为缓解销售量严重下降或者生产明显过剩的；⑥为保障对外贸易和对外经济合作中的正当利益的；⑦法律和国务院规定的其他情形。总之，对于并非以限制竞争为目的或者为某种公共利益而达成的合意或者一致行动，反垄断法是允许的，这被称为垄断协议的豁免。

2. 滥用市场支配地位

1) 市场支配地位的认定因素

市场支配地位，又称市场控制地位，是指企业或企业联合组织在市场上所达到或具有的某种状态，该状态反映出企业或企业联合组织在相关的产品市场、地域市场和时间市场上拥有决定产品产量、价格和销售等方面的控制能力。

认定市场支配地位的主要因素是：经营者是否具备市场支配地位首先取决于其在相关市场中是否具有“控制交易条件”及“阻碍、影响其他经营者”的能力。

我国借鉴世界相关因素的共性，规定：①该经营者在相关市场的市场份额以及相关市场的竞争状况；②该经营者控制销售市场或者原材料采购市场的能力；③该经营者的财力和技术条件；④其他经营者对该经营者在交易上的依赖程度；⑤其他经营者进入相关市场的难易程度；⑥与认定该经营者市场支配地位有关的其他因素。即“以市场份额为主、兼顾反映企业综合经济实力的其他因素”的认定标准。

2) 市场支配地位的认定方法

第一步，认定“相关市场”。

第二步，认定“企业支配能力”。

在认定“相关市场”的基础上，判断企业的支配能力取决于包括市场份额在内的多种因素。对影响企业市场支配能力的因素进行考查，对各种指标做定性、定量分析，作出企业是否具有支配能力和支配能力大小的结论。

如“市场份额”从三个方面予以考虑：一是市场份额的计算方法，即被告在相关市场上的销售额，除以该市场的总销售额，再乘以百分之百，以此方法计算所得出的百分比，即为该企业的市场份额；二是市场份额的数值因素，一般而言，涉嫌具有市场支配地位的企业，其市场份额越大，行使市场力量的可能性就越大；三是市场份额的时间因素，即瞬间拥有巨大的市场份额并不必然使得企业具有支配地位，只有当企业能够在较长时间内维持该优势时，才构成支配地位。

第三步，推定市场支配地位。

为了方便执法和司法实践中的操作，我国设计了市场支配地位推定制度。它由相互关联的三项内容构成。

首先是一般规定：“有下列情形之一的，可以推定该经营者具有市场支配地位：①一个经营者在相关市场的市场份额达到二分之一的；②两个经营者在相关市场的市场份额合计达到三分之二的；③三个经营者在相关市场的市场份额合计达到四分之三的。”

其次是例外规定：“有前款第二项、第三项规定的情形，其中有的经营者市场份额不足十分之一的，不应当推定该经营者具有市场支配地位”。

再次是反证规定：“被推定具有市场支配地位的经营者，有证据证明不具有市场支配地位的，不应当认定其具有市场支配地位。”

3) 滥用市场支配地位行为的判断

市场支配地位本身并不受道德谴责，也不必然被反垄断法禁止或制裁，但具有市场支配地位的企业不能利用其市场支配地位危害竞争，损害公共利益和私人利益。

滥用市场支配地位行为，是指具有市场支配地位的企业利用其市场支配地位危害竞争，损害竞争对手和社会公共利益及其他私人利益的行为。

反垄断法列举了常见的滥用行为：①以不公平的高价销售商品或者以不公平的低价购

买商品，即垄断价格；②没有正当理由，以低于成本的价格销售商品，即亏本销售，又称作掠夺性定价；③没有正当理由，拒绝与交易相对人进行交易，即拒绝交易，又称瓶颈垄断，主要针对如供水、供电等市场支配地位的公用企业；④没有正当理由，限定交易相对人只能与其进行交易或者只能与其指定的经营者进行交易，即强制交易；⑤没有正当理由搭售商品，或者在交易时附加其他不合理的交易条件，即所谓“捆绑式”销售；⑥没有正当理由，对条件相同的交易相对人在交易价格等交易条件上实行差别待遇；⑦国务院反垄断执法机构认定的其他滥用市场支配地位的行为。

3. 经营者集中

1) 经营者集中的含义

经营者集中是一个宽泛模糊的概念，近似的概念有企业合并或者收购、经济力集中、企业并购或者兼并等。它的核心是指两个或两个以上企业以一定的方式或手段所形成的企业间的资产、营业和人员的整合。反垄断法使用了“经营者集中”这一概念，但却未正面给出其定义，而是以列举的方式对其予以限定。

经营者集中是指下列情形：①经营者合并；②经营者通过取得股权或者资产的方式取得对其他经营者的控制权；③经营者通过合同等方式取得对其他经营者的控制权或者能够对其他经营者施加决定性影响。

2) 经营者集中的申请和审查

要求某些经营者集中事先提出申报并对其进行审查是反垄断法设立的重要制度。

第一，经营者集中的申报制度。经营者集中申报制度主要包括申报的时间(事先申报制度)、申报的标准、申报的例外以及申报的文件与资料等内容。

第二，经营者集中的审查制度。对经营者集中的审查由“初步审查”和“进一步审查”组成，审查的内容包括：参与集中的经营者在相关市场的市场份额及其对市场的控制力；相关市场的市场集中度；经营者集中对市场进入、技术进步的影响；经营者集中对消费者和其他有关经营者的影响；经营者集中对国民经济发展的影响；国务院反垄断执法机构认为应当考虑的影响市场竞争的其他因素。

经营者集中具有或者可能具有排除、限制竞争效果的，即“实质性减少竞争”，国务院反垄断执法机构应当作出禁止经营者集中的决定。

3) 禁止经营者集中的除外规定

经营者集中对市场经济的发展和有序竞争具有积极促进与消极妨碍双重作用。

其积极作用主要表现为：优化资源配置、提高经济效益、增强企业的国际竞争力、促进产业发展与转型、贯彻国家产业政策、促进就业等整体经济利益及社会公共利益等。尤其在经济全球化背景下，“整体经济”“公共利益”以及“国际竞争力”等成为许多国家在企业合并判例中对合并不予禁止的主要理由。因此进行法律调控时，一方面必须尊重经济规律，承认规模经济的合理性，允许经济力集中和企业适度合并；另一方面又要预防经营者以不法手段实施集中，或者使经营者集中失控，导致一定市场或者行业内竞争的丧失。

借鉴国外经验，我国例外规定是：经营者能够证明该集中对竞争产生的有利影响明显大于不利影响，或者符合社会公共利益的，国务院反垄断法执法机构可以作出对经营者集中不予禁止的决定。

为了有效预防这类集中可能带来的负面影响，反垄断法还规定：对不予禁止的经营者集中，国务院反垄断执法机构可以决定附加减少集中对竞争产生不利影响的限制性条件。显示出立法者对经营者集中采取了较为灵活的态度，给予了反垄断执法机构相对宽松的执法裁量空间，以便在产业政策与竞争政策之间寻求到合理的平衡点，更好地发挥反垄断法作为一种政策工具的特点。

4. 滥用行政权力排除、限制竞争

所谓滥用行政权力排除、限制竞争，是指拥有行政权力的政府机关以及其他依法具有管理公共事务职能的组织滥用行政权力，排除、限制竞争的各种行为。

判断是否构成滥用行政权力排除、限制竞争，应从以下要件入手。

从行为的实施者来看，必须是行政机关或者依照法律、法规授权具有管理公共事务职能的其他组织。这两类主体的特点一是均拥有一定的行政权力；二是上述主体实施了“滥用行政权力”的行为；三是该行为产生了破坏市场机制、损害公平竞争秩序、排除或者限制竞争的严重后果。

反垄断法重点约束行政机关和法律、法规授权的具有管理公共事务职能的组织的下列行为。

(1) 地区封锁行为。行政机关和法律、法规授权的具有管理公共事务职能的组织实施的：第一，限制商品在地区间自由流通；第二，排斥或限制招标投标；第三，排斥或者限制外地投资或设立分支机构。

(2) 强制交易行为。行政机关和法律、法规授权的具有管理公共事务职能的组织限定或者变相限定单位或者个人经营、购买、使用其指定的经营者提供的商品。

(3) 强制经营者实施危害竞争的垄断行为。这是指行政管理者为了本地区或本部门的利益，违背经营者的意愿，强制其从事有利于本地区、本部门的垄断行为。如强制联合或合并而限制竞争就是其中最典型的一种。

(4) 制定含有限制竞争内容的行政法规、行政命令等。

二、反不正当竞争法

(一)反不正当竞争法概述

1. 反不正当竞争法的法律依据

反不正当竞争法，又可称“公平竞争法”，是调整市场竞争过程中因规制不正当竞争行为而产生的社会关系的法律规范的总称。

反不正当竞争法的法律依据主要是《中华人民共和国反不正当竞争法》。该法于 1993 年 9 月 2 日第八届全国人民代表大会常务委员会第三次会议通过，自 1993 年 12 月 1 日起施行，2017 年 11 月 4 日修订，2019 年 4 月 23 日修正。

《反不正当竞争法》的目的是促进社会主义市场经济健康发展，鼓励和保护公平竞争，制止不正当竞争行为，保护经营者和消费者的合法权益。

《反不正当竞争法》调整的主要是经营者之间不正当竞争关系、监督检查部门与市场竞争主体之间的竞争管理关系以及在政府及其经营者之间产生的与竞争有牵涉的关系。

2. 不正当竞争的含义

不正当竞争是指采取非法的或有悖于公认的商业道德的手段和方式竞争。不正当竞争行为是指经营者违反法律规定，损害其他经营者或者消费者的合法权益，扰乱市场竞争秩序的行为。

不正当竞争的特征如下。

第一，一定是由经营者所为，即行为人是经营者。明确行为主体是从事商品生产、经营或者提供服务的自然人、法人和非法人组织。

第二，是在市场交易中的所为，即行为发生在商业关系中，非私人领域或其他领域。

第三，该行为是以竞争为目的，这与一般侵权行为相区别，是涉及竞争的侵权行为。

第四，该行为是产生了危害，违反商业道德，并损害竞争者、消费者的合法权益和正常的市场竞争秩序。

经营者在市场交易中，应当遵循自愿、平等、公平、诚信的原则，遵守公认的商业道德。而不正当竞争行为具有经营性、违法性、危害性。

(二)不正当竞争行为

1. 欺骗性交易行为

欺骗性交易行为又称“混淆行为”，包括经营者采用的下列不正当手段从事市场交易，损害竞争对手。

(1) 擅自使用与他人有一定影响的商品名称、包装、装潢等相同或者近似的标识。

(2) 擅自使用他人有一定影响的企业名称(包括简称、字号等)、社会组织名称(包括简称等)、姓名(包括笔名、艺名、译名等)。

(3) 擅自使用他人有一定影响的域名主体部分、网站名称、网页等。

(4) 其他足以引人误认为是他人商品或者与他人存在特定联系的混淆行为。

2. 商业贿赂行为

经营者不得采用财物或者其他手段贿赂下列单位或者个人，以谋取交易机会或者竞争优势。

(1) 交易相对方的工作人员。

(2) 受交易相对方委托办理相关事务的单位或者个人。

(3) 利用职权或者影响力影响交易的单位或者个人。

经营者的工作人员进行贿赂的，应当认定为经营者的行为；但是，经营者有证据证明该工作人员的行为与为经营者谋取交易机会或者竞争优势无关的除外。

注意：经营者销售或者购买商品，可以以明示方式给对方折扣、给中间人佣金。经营者给对方折扣、给中间人佣金的，必须如实入账；接受折扣、佣金的经营者必须如实入账。

3. 虚假宣传行为

经营者不得对其商品的性能、功能、质量、销售状况、用户评价、曾获荣誉等作虚假或者引人误解的商业宣传，欺骗、误导消费者。

经营者不得通过组织虚假交易等方式，帮助其他经营者进行虚假或者引人误解的商业

宣传。

注意：社会团体和其他组织，在虚假广告中向消费者推荐商品或者服务，损害消费者合法权益的，应当依法承担连带责任。

4. 侵犯商业秘密行为

经营者不得实施下列侵犯商业秘密的行为：

(1) 以盗窃、贿赂、欺诈、胁迫、电子侵入或者其他不正当手段获取权利人的商业秘密。

(2) 披露、使用或者允许他人使用以前项手段获取的权利人的商业秘密。

(3) 违反约定或者违反权利人有关保守商业秘密的要求，披露、使用或者允许他人使用其所掌握的商业秘密。

(4) 教唆、引诱、帮助他人违反保密义务或者违反权利人有关保守商业秘密的要求，获取、披露、使用或者允许他人使用权利人的商业秘密。

经营者以外的其他自然人、法人和非法人组织实施前款所列违法行为的，视为侵犯商业秘密。

第三人明知或者应知商业秘密权利人的员工、前员工或者其他单位、个人实施前款所列违法行为，仍获取、披露、使用或者允许他人使用该商业秘密的，视为侵犯商业秘密。可见，侵犯商业秘密的人不受经营者身份的限制。

【小知识】

商业秘密

商业秘密，是指不为公众所知悉、具有商业价值并经权利人采取相应保密措施的技术信息、经营信息等商业信息，是一种无形财产权。

注意：是否侵权必须首先认定商业秘密确实存在。商业秘密如是合法获得，如自主研发，或者通过反向工程破译他人的商业秘密，则是可以自主利用的。

5. 不正当有奖销售行为

经营者进行有奖销售不得存在下列情形：

(1) 所设奖的种类、兑奖条件、奖金金额或者奖品等有奖销售信息不明确，影响兑奖；

(2) 采用谎称有奖或者故意让内定人员中奖的欺骗方式进行有奖销售；

(3) 抽奖式的有奖销售，最高奖的金额超过五万元。

6. 诋毁商誉行为

经营者不得编造、传播虚假信息或者误导性信息，损害竞争对手的商业信誉、商品声誉。

认定诋毁商誉行为要注意以下三点：①行为主体是经营者才构成诋毁商誉行为，而新闻单位作出以上行为，只构成一般侵权，非不正当竞争行为；②如果所陈述或发布的是真实的消息，也不构成诋毁商誉行为；③行为主体针对一个或多个特定的竞争对手，如对比性广告，应认定为商业诋毁行为。

7. 互联网不正当竞争行为

根据互联网领域反不正当竞争的客观需要，规定了经营者利用网络从事生产经营活动，应当遵守《反不正当竞争法》的各项规定。并具体规定：经营者不得利用技术手段，通过影响用户选择或者其他方式，实施下列妨碍、破坏其他经营者合法提供的网络产品或者服务正常运行的行为：

(1) 未经其他经营者同意，在其合法提供的网络产品或者服务中，插入链接、强制进行目标跳转。

(2) 误导、欺骗、强迫用户修改、关闭、卸载其他经营者合法提供的网络产品或者服务。

(3) 恶意对其他经营者合法提供的网络产品或者服务实施不兼容。

(4) 其他妨碍、破坏其他经营者合法提供的网络产品或者服务正常运行的行为。

(三)法律责任

从民事责任看，经营者违反《反不正当竞争法》规定，给被侵害的经营者造成损害的，应当承担损害赔偿责任。被侵害的经营者的损失难以计算的，赔偿额为侵权人在侵权期间因侵权所获得的利益；并应当承担被侵害的经营者因调查该经营者侵害其合法权益的不正当竞争行为所支付的合理费用。

被侵害的经营者的合法权益受到不正当竞争行为损害的，可以向人民法院提起诉讼。

【课堂讨论】

可口可乐收购汇源失败案例看反垄断

关于可口可乐收购汇源的时间回放。

2008年9月3日，可口可乐提出24亿美元收购汇源全部股价。

2008年9月8日，国内企业联名上书反对收购案。

2008年9月19日，可口可乐递交申请材料至商务部。

2008年12月5日，商务部表示立案受理。

2009年3月18日，商务部宣布可口可乐收购汇源未通过审查，成为反垄断法实施以来的第一例未通过审查的收购案。

问题：

(1) 经济全球化的今天，“经济无国界”，你是否认同“品牌无国界”？

(2) 目前我国很多行业的产业集中度比较低，生产力比较低下。那么，未来以市场化的手段提高产业集中度是否是有效途径？有何益处？

(3) 在提高产业集中度的过程中，如何判断界定提高产业集中度和过度控制的界限？

(4) 并购是商业行为，但大的并购，或者特殊的并购，对市场、经济、社会乃至对国家安全都会产生一定的影响，自然会引起人们的关注和评价。必要的时候，政府也要干预。你认为商务部此次否决的主要原因是什么？试从市场话语权的角度分析问题。

课后作业

一、单项选择题

1. 在《反不正当竞争法》中，商业贿赂主要指(　　)。

   A. 回扣　　B. 让利　　C. 折扣　　D. 佣金

2. 实施滥用行政权力不正当竞争行为的主体是(　　)。

   A. 具有独占地位的经营者　　B. 公用企业

   C. 专卖企业　　D. 政府及其所属部门

3. 经营者的不正当竞争行为给被侵害的经营者造成的损失难以计算，赔偿额为(　　)。

   A. 受害人在被侵权期间所获得的利益

   B. 侵权人在侵权期间所获得的利益

   C. 侵权人在侵权期间因侵权所获得的利益

   D. 侵权人在侵权期间所获得的利益的一倍半

4. 下列(　　)不属于协议垄断中的横向限制。

   A. 直接或间接地固定价格或其他交易条件

   B. 维持转售价格

   C. 限制生产、销售、技术发展或投资

   D. 瓜分市场，划分销售或采购地区

5. 下列(　　)垄断协议不是禁止经营者与交易相对人达成的。

   A. 固定向第三人转售商品的价格

   B. 限定向第三人转售商品的最低价格

   C. 限定只能销售其独家的商品，禁止销售其他经营者的商品

   D. 国务院反垄断执法机构认定的其他垄断协议

二、多项选择题

1. 滥用行政权力行为主要表现有(　　)。

   A. 限定他人购买其指定的经营者的商品

   B. 限制其他经营者的正当的经营活动

   C. 限制外地商品进入本地市场

   D. 分割统一市场，进行部门封锁

2. 有下列(　　)情形之一的，不属于不正当竞争行为。

   A. 最高奖的金额为3000元的抽奖式有奖销售

   B. 以低于成本的价格销售鲜活商品

   C. 擅自使用某个体工商户的商号

   D. 在级别低的名优产品上使用级别高的名优标志

3. 下列(　　)行为属于互联网领域的不正当竞争行为。

   A. 电子商务平台的经营者线下“雇水军”、线上“刷单、刷评价”

   B. 电子商务平台的经营者未经其他经营者同意，在其合法提供的网络产品或者服

务中，插入链接、强制进行目标跳转等流量劫持行为

C. 电子商务平台的经营者误导、欺骗、强迫用户修改、关闭、卸载其他经营者合法提供的网络产品或者服务等不当干扰行为

D. 电子商务平台的经营者恶意对其他经营者合法提供的网络产品或者服务实施不兼容行为

4. 按照垄断的产生和形成原因的不同，垄断可分为(　　)。

A. 经济垄断　　B. 行政垄断　　C. 国家垄断　　D. 自然垄断

5. 根据我国《反垄断法》的规定，该法的立法目的包括(　　)。

A. 预防和制止垄断行为　　B. 提高经济运行效率

C. 维护交易安全　　D. 维护消费者利益和社会公共利益

三、判断题

1. 凡是以低于成本价格销售商品的行为均被认为是不正当竞争行为。　(　　)

2. 佣金是给付中间人的，不是付给合同的另一方当事人的，但是，合同当事人的经办人也可以收取佣金。　(　　)

3. 监督检查部门在监督检查不正当竞争行为时有权查询和复制与不正当竞争行为有关的协议、单据、文件、记录、业务函电和其他资料。　(　　)

4. 经营者集中达到国务院规定的申报标准的，经营者应当事先向国务院反垄断委员会申报，未申报的不得实施集中。　(　　)

5. 经营者依照有关知识产权的法律、行政法规规定行使知识产权的行为，不适用《反垄断法》；但是，经营者滥用知识产权，排除、限制竞争的行为，适用《反垄断法》。　(　　)

四、案例分析

A单位经过介绍人B向C服装厂订购工作服500套，双方在合同中订明，C服装厂给A单位10%的折扣优惠。A单位依照合同通过银行转账支付了450套的货款。C服装厂提款后一个月交货给A单位。同时服装厂为了酬谢介绍人B，支付介绍费1 000元。

问题:

(1) C服装厂与A单位的交易行为中有无不合法的行为？为什么？

(2) 介绍人B收取服装厂的1000元是否合法？

第二节　消费者法律制度

【知识链接】

市场管理法的功能

市场管理法是调整市场管理关系的法律规范的总称，是建立和维护市场秩序的规则，是经济法的重要组成部分。

由于市场经济的两面性，为了克服市场经济的局限性和不良后果，国家必然干预市场。市场管理法的功能如下。

1. 维护自由的竞争秩序

一方面，市场经济本身要运用竞争的优胜劣汰机制，使国家以最少的管理费用获得最

大的经济效益、最大的灵活性和最大的技术进步。另一方面，市场不同程度地存在着限制竞争、摆脱竞争的自然倾向，如获得竞争优势的企业滥用市场优势、限制性合并甚至故意兼并，或对市场价格随意涨跌。而在我国还存在行政性限制力量，如部门垄断和地区封锁。

2. 维护公平的竞争秩序

从目的上讲，以经济效益为基础的竞争，才能引导企业，满足消费者，其结果是合理配置社会资源；从方式上看，市场竞争必须以正当的方式进行，才能使市场保持健康的发展。

3. 保护消费者利益

从市场竞争的意义上讲，消费者的保护法是一种市场力量平衡法，其目的是建立公平的市场秩序，满足社会的消费需求，合理分配社会收入。

4. 市场管理功能的统一性

以上四种功能是相对意义上的区分。实际上，我国每一部有关市场管理的重要法规都同时带有保护竞争者、保护消费者和保护社会公共利益的三种功能。

总之，国家需要对合法与非法市场行为划界，应当是市场规则的制定者；国家必须授权某个机关作为管理市场秩序的执法机关，应当是市场活动的裁判员。

一、消费者权益保护法

(一)消费者权益保护法概述

1. 消费者权益保护法的法律依据

消费者权益保护法是调整在保护公民消费权益过程中所产生的社会关系的法律规范的总称。

消费者权益保护法的法律依据主要是《中华人民共和国消费者权益保护法》。该法于1993 年 10 月 31 日由第八届全国人民代表大会常务委员会第四次会议通过，2009 年 8 月 27 日第 1 次修正，2013 年 10 月 25 日第 2 次修正。

《消费者权益保护法》的目的是保护消费者的合法权益，维护社会经济秩序，促进社会主义市场经济健康发展。

2. 消费者权益保护法的原则

首先是国家保护原则。这是消费者权益保护法的核心原则：国家保护消费者的合法权益不受侵害；国家采取措施，保障消费者依法行使权利，维护消费者的合法权益。

其次是全社会保护原则。保护消费者的合法权益是全社会的共同责任。国家鼓励、支持一切组织和个人对损害消费者合法权益的行为进行社会监督；大众传播媒介应当做好维护消费者合法权益的宣传，对损害消费者合法权益的行为进行舆论监督。

《消费者权益保护法》专章规定消费者的权利而未规定其义务，表现对消费者的倾斜性；列举的权利多，体现出较高的保护水平；强调经营者与消费者平等地位；强调全社会保护消费者权益。现在，我国形成了以《民法典》为基础，《产品质量法》《药品管理法》《反不正当竞争法》《广告法》《食品卫生法》《价格法》等一系列法律法规组成的消费者保护法律体系，使消费者权益在法律上有了切实的保障。

【知识拓展】

《屠场》的故事

厄普顿·辛克莱(Upton Sinclair，1878—1968)，美国著名最负盛名的揭弊作家之一，他的作品大多揭露了20世纪初期的各种社会弊病。

报告文学《屠场》(*The Jungle*)是他的代表作，该作品于1905年在杂志上连载，1906年成书。厄普顿·辛克莱亲身到屠宰厂“潜伏”了七个星期，以自然主义的手法描写了芝加哥的肉类加工业，第一次告诉美国人：你看看你每天吃的都是什么东西？！当时香肠已经工业化生产，该作品描写道：车间里脏臭不堪，四处乱窜的老鼠不小心掉进肉池，干脆一块儿做成香肠，劳累的工人下班前不妨在肉池里洗个澡，甚至在里面大小便。

作品既出，公众哗然，掀起了“清洁食品运动”的怒潮，进而影响整个世界。《屠场》改变了美国食品安全史，直接推动了《纯净食品及药物管理法》的通过，催生了美国食品安全守护神——美国食品药品监督管理局(FDA)。

法权不会从天上掉下来，得到它总要经过抗争。

3. 消费者的界定

消费者是指为生活消费需要购买、使用商品或者接受服务的市场主体。

消费者权益保护法的适用对象就是消费者。对于消费者，可以从以下三方面理解。

(1) 消费者是指为个人生活消费需要购买、使用商品和接受服务的自然人。

国际标准化组织(ISO)的消费者政策委员会将消费者定义为“为了个人目的购买或者使用商品和接受服务的个体社会成员”。因为，分散的、单个的自然人在市场中处于弱者地位，需要法律的特殊保护，所以，从事消费活动的社会组织、企事业单位不属于消费者保护法意义上的“消费者”。

(2) 农民购买、使用直接用于农业生产的生产资料时，参照消费者权益保护法执行。

消费者权益保护法的宗旨在于保护作为经营者对立面的特殊群体即消费者的合法权益。农民购买直接用于农业生产的生产资料，虽然不是为个人生活消费，但是作为经营者的相对方，其弱者地位是不言而喻的。

(3) 经营者为消费者提供其生产、销售的商品或者服务，适用消费者权益保护法。

消费者权益保护法以保护消费者利益为核心，在处理经营者与消费者的关系时，经营者首先应当遵守该法的有关规定；该法未作规定的，应当遵守其他有关法律、行政法规的规定。

4. 消费者组织

消费者协会和其他消费者组织是依法成立的对商品和服务进行社会监督的保护消费者合法权益的社会团体。

消费者协会履行下列职能：①向消费者提供消费信息和咨询服务；②参与有关行政部门对商品和服务的监督、检查；③就有关消费者合法权益的问题，向有关行政部门反映、查询，提出建议；④受理消费者的投诉，并对投诉事项进行调查、调解；⑤投诉事项涉及商品和服务质量问题的，可以提请鉴定部门鉴定，鉴定部门应当告知鉴定结论；⑥就损害消费者合法权益的行为，支持受损害的消费者提起诉讼；⑦对损害消费者合法权益的行为，

通过大众传播媒介予以揭露、批评。

消费者组织不得从事商品经营和营利性服务，不得以牟利为目的向社会推荐商品和服务。

【小知识】

消费者组织

1936 年，美国消费者联盟成立。这是世界上第一家消费者组织，至今仍享有很高的声誉。1960 年，国际消费者组织联盟在荷兰海牙成立。

中国第一个消费者组织——河北省新乐县维护消费者利益委员会于 1983 年 3 月 21 日成立，同年 5 月 21 日正式定名为“新乐县消费者协会”。1984 年 12 月，国家工商局请求成立中国消费者协会，次年 1 月 12 日，国务院正式发文批复同意成立中国消费者协会。1987 年，中国消费者协会加入了国际消费者组织联盟。

(二)消费者的权利

消费者的权利是指在消费活动中，消费者依法享有的各项权利的总和。消费者权益保护法为消费者设立了相互独立又相互关联的九项权利。

1. 安全保障权

消费者在购买、使用商品和接受服务时享有人身、财产安全不受损害的权利，即消费者有权要求经营者提供的商品和服务符合保障人身、财产安全的要求。

2. 知悉真情权

消费者享有知悉其购买、使用的商品或者接受的服务的真实情况的权利。

消费者有权根据商品或者服务的不同情况，要求经营者提供商品的价格、产地、生产者、用途、性能、规格、等级、主要成分、生产日期、有效期限、检验合格证明、使用方法说明书、售后服务，或者服务的内容、规格、费用等有关情况。

3. 自主选择权

消费者享有自主选择商品和服务的权利，包括：①消费者有权自主选择提供商品或者服务的经营者；②消费者有权自主选择商品品种或者服务的方式；③消费者有权自主决定是否购买任何一种商品或是否接受任何一项服务；④消费者有权对商品或服务进行比较、鉴别和选择。经营者不得以任何方式干涉消费者行使自主选择权。

4. 公平交易权

公平交易是指经营者与消费者之间的交易应在平等的基础上达到公正的结果。公平交易权体现在两个方面：第一，交易条件公平，即消费者在购买商品或接受服务时，有权获得质量保证、价格合理、计量正确等公平交易条件；第二，不得强制交易，消费者有权按照其真实意愿从事交易活动，对经营者的强制交易行为有权拒绝。

5. 获取赔偿权

获取赔偿权也称作消费者的求偿权。消费者因购买、使用商品或者接受服务受到人身、

财产损害的，享有依法获得赔偿的权利。

享有求偿权的主体包括：①商品的购买者、使用者；②服务的接受者；③第三人，指消费者之外的由于某种原因在事故发生现场而受到损害的人。求偿的内容包括：①人身损害的赔偿，无论是生命健康还是精神方面的损害均可要求赔偿；②财产损害的赔偿，依照消费者权益保护法及合同法等相关法律的规定，包括直接损失及可得利益的损失。

6. 结社权

消费者享有依法成立维护自身合法权益的社会团体的权利。

在实践中，中国消费者协会及地方各级消费者协会的工作对推动我国消费者运动的健康发展，沟通政府与消费者的联系，解决经营者与消费者的矛盾，充分地保护消费者权益，起到了积极的作用。

7. 获得相关知识权

消费者享有获得有关消费和消费者权益保护方面的知识的权利。

所谓消费知识主要指有关商品和服务的知识；所谓消费者权益保护知识主要指有关消费者权益保护方面及权益受到损害时如何有效解决方面的法律知识。消费者应当努力掌握所需商品或者服务的知识和使用技能，正确使用商品，提高自我保护意识。

8. 受尊重权

消费者在购买、使用商品和接受服务时，享有其人格尊严、民族风俗习惯得到尊重的权利。尊重他人的人格尊严和不同民族的风俗习惯，是一个国家和社会文明进步的重要标志，也是法律对人权保障的基本要求。

9. 监督批评权

监督权是上述各项权利的必然延伸，对消费者权利的切实实现至关重要。所谓监督权是指消费者享有对商品、服务及保护消费者权益工作进行监督的权利，其表现在：一是有权对经营者的商品和服务进行监督，在权利受到侵害时有权提出检举或控告；二是有权对国家机关及工作人员进行监督，对其在保护消费者权益工作中的违法失职行为进行检举、控告；三是表现为对消费者权益工作的批评、建议权。

【小知识】

逐步扩张的消费者权利

1962 年 3 月 15 日，美国总统肯尼迪在国会做国情咨文，他总结消费者有 4 项权利：安全权，即人身、财产不受损害的权利；知情权，即了解有关商品和消费信息的权利；选择权，即不受强迫消费的权利；监督权，即提意见的权利。1969 年，尼克松又补充了第五项权利：求偿权。此后，欧洲理事会在其《消费者保护宪章》中增加了求偿权、获得援助权、受教育权、结社权等。国际消费者组织联盟又增加了环境权。

(三)经营者的义务

1. 履行法定义务及约定义务

经营者向消费者提供商品或者服务，应当依照《中华人民共和国产品质量法》和其他

有关法律、法规的规定履行义务。经营者和消费者有约定的，应当按照约定履行义务，但双方的约定不得违背法律、法规的规定。

2. 接受监督的义务

经营者应当听取消费者对其提供的商品或者服务的意见，接受消费者的监督。

3. 保证商品和服务安全的义务

经营者应当保证其提供的商品或者服务符合保障人身、财产安全的要求。对可能危及人身、财产安全的商品和服务，应当向消费者作出真实的说明和明确的警示，并说明和标明正确使用商品或者接受服务的方法以及防止危害发生的方法。

经营者发现其提供的商品或者服务存在严重缺陷，即使正确使用商品或者接受服务仍然可能对人身、财产安全造成危害的，应当立即向有关行政部门报告和告知消费者，并采取防止危害发生的措施。

4. 提供真实信息的义务

经营者应当向消费者提供有关商品或者服务的真实信息，不得作引人误解的虚假宣传。

经营者对消费者就其提供的商品或者服务的质量和使用方法等问题提出的询问，应当作真实、明确的答复。商店提供商品应当明码标价。

5. 标明真实名称和标记的义务

经营者应当标明其真实名称和标记。

租赁他人柜台或者场地的经营者，应当标明其真实名称和标记。

6. 出具凭证或单据的义务

经营者提供商品或者服务，应当按照国家有关规定或者商业惯例向消费者出具购货凭证或者服务单据；消费者索要购货凭证或者服务单据的，经营者必须出具。

7. 保证质量的义务

经营者应当保证在正常使用商品或者接受服务的情况下其提供的商品或者服务应当具有的质量、性能、用途和有效期限；但消费者在购买该商品或者接受该服务前已经知道其存在瑕疵的除外。

经营者以广告、产品说明、实物样品或者其他方式表明商品或者服务的质量状况的，应当保证其提供的商品或者服务的实际质量与表明的质量状况相符。

8. 履行“三包”或其他责任的义务

经营者提供商品或者服务，按照国家规定或者与消费者的约定，承担包修、包换、包退或者其他责任的，应当按照国家规定或者约定履行，不得故意拖延或者无理拒绝。

9. 不得单方作出对消费者不利规定的义务

经营者不得以格式合同、通知、声明、店堂告示等方式作出对消费者不公平、不合理的规定，或者减轻、免除其损害消费者合法权益应当承担的民事责任。格式合同、通知、声明、店堂告示等含有前款所列内容的，其内容无效。

10. 不得侵犯消费者人格权的义务

经营者不得对消费者进行侮辱、诽谤，不得搜查消费者的身体及其携带的物品，不得侵犯消费者的人身自由。

(四)争议的解决

消费者和经营者发生消费者权益争议的。可以通过下列途径解决。

1. 与经营者协商和解

当消费者和经营者因商品或服务发生争议时，协商和解应作为首选方式，特别是因误解产生的争议，通过解释、谦让及其他补救措施，便可化解矛盾，平息争议。协商和解必须在自愿平等的基础上进行。

2. 请求消费者协会调解

消费者协会作为保护消费者权益的社会团体，调解经营者和消费者之间的争议，应依照法律、行政法规及公认的商业道德从事调解，并由双方自愿接受和执行。

3. 向有关行政部门申诉

政府有关行政部门依法具有规范经营者的经营行为、维护消费者合法权益和市场经济秩序的职能。消费者权益争议涉及的领域很广，当权益受到侵害时，消费者可根据具体情况，向不同的行政职能部门，如物价部门、工商行政管理部门、技术质量监督部门等提出申诉，求得行政救济。

4. 提请仲裁

消费者权益争议亦可通过仲裁途径予以解决。不过，仲裁必须具备的前提条件是双方订有书面仲裁协议或仲裁条款，而在一般的消费活动中，大多数情况下没有签订仲裁协议。因此，在消费领域，很少有以仲裁方式解决争议的。

5. 向人民法院提起诉讼

消费者权益保护法及相关法律都规定，消费者权益受到损害时，可径直向人民法院起诉，也可因不服行政处罚决定而向人民法院起诉。司法审判具有权威性、强制性，是解决各种争议的最后手段。

为切实保护消费者利益，法律规定了解决争议的一些特定规则，其中有以下两项内容需要我们加以了解。

(1) 销售者的先行赔付义务。消费者在购买、使用商品时，其合法权益受到损害的，可以向销售者要求赔偿。销售者赔偿后，属于生产者的责任或者属于向销售者提供商品的其他销售者的责任的，销售者有权向生产者或者其他销售者追偿。

(2) 生产者与销售者的连带责任。消费者或者其他受害人因商品缺陷造成人身、财产损害的，可以向销售者要求赔偿，也可以向生产者要求赔偿。属于生产者责任的，销售者赔偿后，有权向生产者追偿。属于销售者责任的，生产者赔偿后，有权向销售者追偿。此时，销售者与生产者被看作一个整体，对消费者承担连带责任。

二、产品质量法

(一)产品质量法概述

1. 产品质量法的法律依据

产品质量法是调整产品质量监督管理关系和产品质量责任关系的法律规范的总称。

产品质量法的法律依据主要是《中华人民共和国产品质量法》。该法于 1992 年 2 月 22 日由第七届全国人民代表大会常务委员会第三十次会议通过，自 1992 年 9 月 1 日起施行，后于 2000 年 7 月 8 日修订。

《产品质量法》的目的是加强对产品质量的监督管理，提高产品质量水平，明确产品质量责任，保护消费者的合法权益，维护社会经济秩序。

在我国境内从事产品生产和销售活动的企业、其他组织和个人(包括外国人)均必须遵守《产品质量法》。具体来说，《产品质量法》调整的法律关系包括三方面：①产品质量监督管理关系，即各级技术质量监督部门、工商行政管理部门在产品质量的监督检查、行使行政惩罚权时与市场经营主体所发生的法律关系；②产品质量责任关系，即因产品质量问题引起的消费者与生产者、销售者之间的法律关系，包括因产品缺陷导致的人身、财产损害在生产者、销售者、消费者之间所产生的损害赔偿法律关系；③产品质量检验、认证关系，即因中介服务所产生的中介机构与市场经营主体之间的法律关系，因产品质量检验和认证不实损害消费者利益而产生的法律关系。

2. 产品的界定

从经济学定义看，人类劳动创造的物质资料均为“产品”，但产品质量法所称的产品，是指经过加工、制作，用于销售的产品。

很多天然物不属于产品，如石头、树叶、树根、阳光、空气、水等，但经过加工、制作可能就能成为产品；自用品不能称为产品，如自用的粮食、蔬菜、字画、工具等，用于销售才是产品。另外，由于建设工程、军工产品在质量监督管理方面的特殊性，它们被排除在该法所称的产品范围之外，另由专门的法律予以调整。

3. 产品标准

产品标准是对产品所作的技术规定，它是判断产品合格与否的主要依据。

产品质量法规定，产品质量应当检验合格。所谓合格，是指产品的质量状况符合标准中规定的具体指标。

我国现行的标准分为国家标准、行业标准、地方标准和经备案的企业标准。凡有国家标准、行业标准的，必须符合该标准；没有国家标准、行业标准的，允许适用其他标准，但必须符合保障人体健康及人身、财产安全的要求；同时，国家鼓励企业赶超国际先进水平。对不符合国家标准、行业标准的产品，不符合保障人体健康和人身、财产安全标准和要求的工业产品，禁止生产和销售。

4. 产品质量

根据国际标准化组织的定义，产品质量是指产品能满足规定的或潜在需要的特性和特

性的总和，反映了产品的质量状况。

质量指标包括安全性、适用性、可靠性、维修性、有效性、经济性等。其基本要求包括：不存在危及人身、财产安全的不合理的危险，有保障人体健康和人身、财产安全的国家标准和行业标准的，应当符合该标准；具备产品应当具备的使用性能，但是，对产品存在使用性能的瑕疵作出说明的除外；符合在产品或者其包装上注明采用的产品标准，符合以产品说明、实物样品等方式标明的质量状况。

(二)产品质量的监督管理

1. 产品质量监督管理体制

产品质量监督管理是一项社会化、综合性的系统工程，因此，需要动员全社会的力量。其体制包括以下几点。

1) 政府对产品质量的宏观管理

《产品质量法》对政府宏观管理产品质量的职能提出了明确具体的要求：一是加强统筹规划和组织领导；二是鼓励推行科学的质量管理方法，采用先进的科学技术，鼓励企业产品质量达到并超过行业标准、国家标准和国际标准；三是运用法律手段，强化个人责任。

2) 产品质量的行政监督

产品质量行政监督部门包括国家及地方各级技术质量监督局，有关部门包括各级卫生行政部门、劳动部门、商品检验部门等，它们依相关法律授予各自的职权，对某些特定产品的质量进行监督管理。

为增强产品质量法的刚性，使产品质量监督部门有职权依法行政，有关部门在各自的职责范围内负责产品质量监督工作。查处涉嫌违法时可行使现场检查、向当事人调查、查阅复制资料、查封或者扣押等行政手段。

3) 产品质量的社会监督

产品质量的社会监督包括公民个人的监督权、社会组织的监督权、公众的检举权等。

4) 产品质量检验、认证

为保证产品质量，我国依法组建了产品质量检验、产品质量认证等中介机构，以依法按照有关标准，客观公正地出具检验结果或认证标志。

产品质量检验机构是指专门承担产品质量检验工作的法定技术机构。产品质量检验机构分为两类：一类是依法设置的县级以上政府技术监督部门所属的产品质量检验所；另一类是经授权依法从事产品质量检验的机构，如由省级以上技术监督部门授权的国家级产品质量监督检验中心、产品质量监督检验站等。

产品质量认证工作应由专门的认证机构进行，我国的产品质量认证是由专门的认证委员会完成的。认证委员会在国务院标准化行政主管部门的统一管理下，以独立于生产者、销售者的第三方身份开展认证活动。

2. 产品质量监督管理制度

根据《产品质量法》规定，质量监督管理制度主要由下列内容构成。

1) 产品质量出厂检验制度

产品质量出厂检验制度是指只有经过检验，质量合格的产品才能出厂销售的制度，如符合强制性国家标准(代号 GB)或符合推荐性国家标准(代号 GB/T)。

2) 产品质量抽查制度

产品质量抽查制度是国家对产品质量监督管理的基本制度之一。

抽查的重点是可能危及人体健康和人身、财产安全的产品，影响国计民生的重要工业产品以及消费者、有关组织反映有质量问题的产品。

对抽查的要求如下：为检验的公正，法律规定抽查的样品应当在待销产品中随机抽取；为防止增加企业的负担，不得向被检查人收取检验费用，抽取样品的数量也不得超过检验的合理需要。生产者、销售者对抽查结果有异议的，可以在规定的时间内向监督抽查部门或者上级产品质量监督部门申请复检。为避免重复抽查，国家监督抽查的产品，地方不得另行重复抽查；上级监督抽查的产品，下级不得另行重复抽查。

3) 质量状况信息发布制度

为使质量监督管理工作公开、透明，使社会公众及时了解产品质量状况，引导和督促市场经营主体切实提高产品质量，国务院和省、自治区、直辖市人民政府的产品质量监督部门应当定期发布其监督抽查的产品的质量状况公告。政府质量信息发布是消费者知情权的基本要求，也是行使监督权的前提条件。

4) 企业质量体系认证制度及产品质量认证制度

企业质量体系认证是由独立的认证机构对企业的质量保证和质量管理能力所作的综合评定，它是由企业自愿申请，由认证机构依据国家颁布的标准依法进行的，该标准与国际通用的 ISO 9000《质量管理与质量保证》系列标准等同。

产品质量认证是依据产品标准和相应的技术要求，由独立的认证机构确认某一产品符合相应标准和相应技术要求的活动。对于认证合格的企业和产品，认证机构发给相应的标志和证书，企业可在产品标识、包装或广告宣传中使用，使产品对消费者更具竞争力，并为企业进入国际市场提供了通行证。

认证分为安全认证和合格认证。

(三)生产者、销售者的产品质量义务

1. 生产者的产品质量义务

生产者的义务包括作为的义务和不作为的义务。

作为的义务主要包括以下两点：①产品质量应符合《产品质量法》对产品质量的要求。②包装及产品标识应当符合下列要求：普通产品，应有产品质量检验的合格证明，有中文标明的产品名称、生产厂的厂名和地址，根据需要标明产品规格、等级、主要成分，限期使用的产品，应标明生产日期和安全使用期或者失效日期，产品本身易坏或者可能危及人身、财产安全的产品，有警示标志或者中文警示说明；而对于特殊产品，如易碎、易燃、易爆、有毒、有腐蚀性、有放射性的物品及其他危险物品，其标识、包装质量必须符合相应的要求，依照规定作出警示标志或者中文警示说明。

不作为的义务包括以下四点：①不得生产国家明令淘汰的产品。②不得伪造产地，不得伪造或者冒用他人的厂名、厂址。③不得伪造或者冒用认证标志、名优标志等质量标志。④不得掺杂、掺假，不得以假充真、以次充好，不得以不合格产品冒充合格产品。

2. 销售者的产品质量义务

(1) 进货验收义务。销售者应当建立并执行进货检查验收制度。严格执行进货验收制

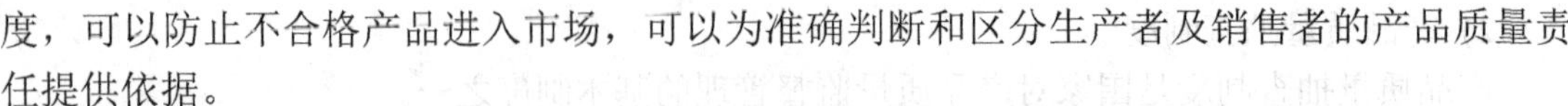

度，可以防止不合格产品进入市场，可以为准确判断和区分生产者及销售者的产品质量责任提供依据。

(2) 保持产品质量的义务。销售者进货后应对保持产品的质量负责，以防止产品变质和腐烂、丧失或降低使用性能、产生危害人身健康及财产的瑕疵等。

(3) 有关产品标识的义务。销售者在销售产品时，应保证产品标识符合产品质量法对产品标识的要求，符合进货时验收的状态，不得更改、覆盖、涂抹产品标识，以保证产品标识的真实性。

(4) 不得违反禁止性规范。对销售者而言，法律规定的禁止性规范有以下几项：①不得销售国家明令淘汰并停止销售的产品和失效、变质的产品；②不得伪造产地，不得伪造或者冒用他人的厂名、厂址；③不得伪造或者冒用认证标志、名优标志等质量标志；④不得掺杂、掺假，不得以假充真、以次充好，不得以不合格产品冒充合格产品。

(四)产品质量责任及归责原则

1. 产品质量责任

产品质量责任是指产品的生产者、销售者以及对产品质量负有直接责任的人违反产品质量法规定的产品质量义务应承担的法律后果。

在下列三种情况下，可判定上述主体应承担产品质量责任。

1) 违反默示担保义务

默示担保义务是指法律、法规对产品质量所作的强制性要求，即使当事人之间有合同的约定，也不能免除和限制这种义务。它要求生产、销售的产品应该具备的安全性和普通公众期待的使用性能，因此是对产品内在质量的基本要求。违反该义务，无论是否造成了消费者的损失，均应承担产品质量责任。

2) 违反明示担保义务

明示担保义务是指生产者、销售者以各种公开的方式，就产品质量向消费者所作的说明或者陈述。这些方式，如订立合同、体现于产品标识及说明书中、展示实物样品、做广告宣传等。一旦生产者、销售者以上述方式明确表示产品所依据和达到的质量标准。就产生了明示担保义务。如果产品质量不符合承诺的标准。必须承担相应的法律责任。

3) 产品存在缺陷

因产品缺陷引起的责任在法律上称为“产品责任”。

2. 产品责任

产品责任特指因产品缺陷引起的赔偿责任，属于侵权责任。

所谓产品缺陷，是指产品存在危及人身、他人财产安全的不合理的危险；产品有保障人体健康和人身财产安全的国家标准、行业标准的，是指不符合该标准。

在大部分国家的相关法律中，产品存在不合理的危险，是认定产品存在缺陷的核心标准。合理的危险是不可避免的危险，不是产品缺陷，但要如实说明，如香烟一般都含有焦油，否则便无香味，包装上应明确注明“吸烟有害健康”。我国的《产品质量法》不仅保留了安全性条款，还将产品标准条款引入产品缺陷领域，使产品缺陷认定在许多场合下变得更容易进行，亦更有利于对消费者权利的保护。

3. 产品责任的归责原则

归责原则是指确定行为人承担法律责任的理由和根据。我国《产品质量法》则对生产者、销售者的产品缺陷责任分别作了以下不同的规定。

1) 生产者的严格责任

因产品存在缺陷造成人身、他人财产损害的，生产者应当承担赔偿责任。也就是说，无论生产者处于什么样的主观心理状态，都应承担赔偿责任。因此，这是一种严格责任。

但严格责任不同于绝对责任，它仍然是一种有条件的责任。《产品质量法》同时规定了法定免责条件，即生产者能够证明有下列情形之一的，不承担赔偿责任：①未将产品投入流通的；②产品投入流通时，引起损害的缺陷尚不存在的；③将产品投入流通时的科学技术水平尚不能发现缺陷的存在的。

2) 销售者的过错责任

由于销售者的过错使产品存在缺陷，造成人身、他人财产损害的，销售者应当承担赔偿责任。但销售者如果能够证明自己没有过错，则不必承担赔偿责任。销售者不能指明缺陷产品、生产者也不能指明缺陷产品的供货者，应当承担赔偿责任。可见，这里的过错是一种推定过错，销售者负有举证责任，否则不能免除赔偿责任。

【课堂讨论】

李某与女友元旦在某公园大酒店举行婚礼，宴请各方宾朋。肖某乘兴与同桌划拳斗酒，因拳技不佳，频频输酒，肖某只好将瓶中酒一饮而尽，他顿时觉得喉咙似有一硬物卡住，并不时有阵阵的刺痛。肖某马上到附近医院就诊，经过医生的仔细观察，诊断证明其喉咙被一细铁丝卡住。肖某于当天动了手术，并在医院躺了一个星期，前后共花去各项费用3200元。肖某于是就到酒店讨说法，要求赔偿损失。酒店以酒水免费为由拒绝赔偿。无奈，肖某只好诉至法院，请求法院判决酒店赔偿其损失3200元。

问题：法院应如何判决？

课 后 作 业

一、单项选择题

1. 售出的产品不具备产品应当具备的使用性能或者产品质量与其说明不符，(　　)应当负责修理、更换及退货，给购买产品的用户赔偿损失。

A. 生产者　　B. 供货者　　C. 销售者　　D. 运输者

2. 李某从甲商场买了一瓶乙肉厂生产的熟食罐头，吃后中毒住院，花去住院费等共计2000元。经查，该批罐头由甲商场委托丙运输公司运回，该运输公司未采取冷藏措施，致使罐头有一定程度的变质。运回后甲商场交由丁储存公司储存，丁公司也未采取冷藏措施，致使罐头进一步变质。本案中李某应向(　　)请求赔偿。

A. 甲商场或丙运输公司　　B. 甲商场或丁公司

C. 甲商场或乙肉厂　　D. 丁公司或丙运输公司

3. 陆某在一百货商场购买“幸福”牌电饭煲一台，遗忘在商场门口，被王某拾得。王某拿至家中使用时，因电饭煲漏电发生爆炸，致其面部灼伤。王某向商场索赔，商场以

王某不当得利为由不予赔偿。对此事件，下列(　　)项表述能够成立。

A. 王某的损害赔偿请求权应以与致损事件相关的法律规定为根据

B. 不法取得他人之物者应承担该物所致的损害

C. 由王某对自己无合法根据占有物品的行为承担损害后果，符合公平原则

D. 按照风险责任原则，陆某作为缺陷商品的购买者应为王某的损害承担责任

4. 消费者李某在购物中心购买了一台音响设备，依法经有关行政部门认定为不合格商品，李某找到购物中心要求退货。下列(　　)处理方法是正确的。

A. 该购物中心认为可以通过更换使李某得到合格产品，因而拒绝退货

B. 该购物中心认为该产品经过修理能达到合格，因而拒绝退货

C. 该购物中心应按照消费者的要求无条件负责退货

D. 该购物中心可以依法选择修理、更换、退货中的任何一方式

5. 某居民因热水器爆炸受到重伤。经查，此热水器为某厂处于研发阶段的样品中丢失的一件且存在严重缺陷。如果该户居民要求赔偿，热水器厂可因何理由抗辩？(　　)

A. 该热水器尚未投入流通　　B. 该居民如何得到热水器事实不清

C. 该居民偷盗样品，应责任自负　　D. 该居民应向向其提供热水器的人索赔

二、多项选择题

1. 消费者协会享有下列职权(　　)。

A. 对商品和服务进行监督

B. 受理消费者的投诉，并对投诉事项进行调查和仲裁

C. 支持受害的消费者提起诉讼

D. 对违法经营者提起诉讼

2. 好味肉联厂增加火腿肠的淀粉含量而减少其中的肉含量制成火腿肠后，使用本厂享有盛誉的好味特级肠的包装及标贴出售。该火腿肠符合食品卫生标准，售价仅为好味特级肠的三分之一，销量甚好。下列对该厂的此种做法定性错误的是(　　)。

A. 属于以不合格产品冒充合格品

B. 与好味特级肠差价显著，不属于以假充真行为

C. 符合食品卫生标准，不属于以假充真行为

D. 属于以假充真行为

3. 甲在商场购买电脑一台，使用 3 个月后发生故障，在“三包”有效期内经两次修理，仍不能正常使用。该商场应如何解决这一问题？(　　)

A. 可以要求甲支付折旧费后调换同型号产品

B. 若甲要求，应无条件调换同型号产品

C. 可以要求甲支付折旧费后退货

D. 若甲要求，应无条件退货

4. 下列(　　)产品的包装不符合《产品质量法》的要求。

A. 某商场销售的“三星”彩电只有韩文和英文的说明书

B. 某厂生产的火腿肠没有标明厂址

C. 某厂生产的香烟上没有表明“吸烟有害健康”

D. 某厂生产的瓶装葡萄酒没有标明酒精度

5. 某体育器材厂生产的拉力器，成品出厂前经检验员的严格检测，将有严重缺陷的产品存入废品房。该库房的管理员从废品库房中私自拿了一件拉力器送给了朋友。其朋友在正常使用的情况下因产品缺陷导致断裂，对其人身造成了严重损害。对该损害的处理，以下说法正确的是(　　)。

A. 体育器材厂对受害者的损害不承担任何责任，库房管理员承担责任

B. 体育器材厂承担主要责任，库房管理员承担次要责任

C. 体育器材厂和库房管理员承担连带责任

D. 体育器材厂如果能举出充分证据证明受害者的产品不是在市场上购买的就免责

三、判断题

1. 缺陷产品的生产者应对因该产品造成的人身、财产损害承担责任。(　　)

2. 因缺陷产品造成损害要求赔偿的诉讼时效为 1 年。(　　)

3. 损害赔偿请求权在造成损害的产品最初投入商品流通之日起满 10 年丧失，但尚未超过明示的安全使用期的除外。(　　)

4. 经营者对行政处罚决定不服，可以自收到处罚决定之日起十五日内向上一级机关申请复议。(　　)

5. 消费者只能对与自己当次消费行为有关的经营者的行为进行监督。(　　)

四、案例分析

某年 9 月 26 日，A 广告公司为奖励职工王某对该公司做出的特殊贡献，以 500 元的价款从某百货公司购果汁机一台作为奖品奖励给王某。王某收到后，又将该果汁机送给其表妹刘某。10 月 16 日，刘某按照所附说明书使用果汁机榨果汁时，榨汁容器突然炸裂，刘某被飞出的碎片击中，并造成头部多处受伤。刘某家人发现后，当即将其送往医院，经医院治疗 15 天后，伤口基本痊愈，但面部留下三处永久性疤痕。治疗期间，共花去住院费、医药费、治疗费等 1300 元，住院期间，刘某母亲一直请假在医院陪伴护理，其所在单位扣发半个月工资、奖金，共 650 元，经技术监督部门技术鉴定，造成事故的直接原因是榨汁容器使用材料不符合国家规定的标准。出院后，刘某就其所受损害的赔偿问题多次与百货公司交涉，但百货公司认为，造成刘某损害的榨汁机不是由其生产，并且，榨汁机并非由百货公司出售给刘某，因此，拒绝对刘某承担赔偿责任。

问题：

(1) 百货公司拒绝向刘某承担责任的理由是否能够成立？为什么？

(2) 刘某可以通过哪些路径寻找法律的保护？

(3) 本案的最终责任应当如何确定？

(4) 按照法律规定，刘某可以就哪些损害主张赔偿？

本 章 小 结

垄断是指经营者违反法律规定，在特定市场内滥用市场支配地位或者与其他经营者合谋，排除或限制竞争，损害消费者权益，违反公共利益的行为。垄断行为包括垄断协议、滥用市场支配地位、经营者集中、滥用行政权力排除和限制竞争等。

不正当竞争是指采取非法的或有悖于公认的商业道德的手段和方式竞争。不正当竞争行为包括欺骗性交易行为、商业贿赂行为、虚假宣传行为、侵犯商业秘密行为、不正当有奖销售行为和诋毁商誉行为等及其他限制竞争行为。

消费者是指为生活消费需要购买、使用商品或者接受服务的市场主体。消费者权益保护法在市场经济条件下有着十分重要的意义。消费者权益保护法为消费者设立了相互独立又相互关联的九项权利，即安全保障权、知悉真情权、自主选择权、公平交易权、获取赔偿权、结社权、获得相关知识权、受尊重权、监督批评权。

产品质量是指产品能满足规定的或潜在需要的特性和特性的总和。加强对产品质量的监督管理、提高产品质量水平、明确产品质量责任意义重大。

我国建立了产品质量出厂检验制度、产品质量抽查制度、质量状况信息发布制度、企业质量体系认证制度及产品质量认证制度；规定了生产者、销售者的产品质量义务；明确了生产者、销售者等的产品质量责任。

第七章

争议解决法律制度

教学目标：掌握仲裁的概念、仲裁的条件、民事诉讼的概念和原则；熟悉仲裁的程序、审判管辖；了解仲裁和法院的关系、法院审判程序。

教学重点：仲裁协议；民事诉讼原则。

教学难点：仲裁协议；审判程序。

第一节 仲裁法律制度

【知识链接】

仲 裁

1. 仲裁的概念

“仲裁”一词从字义上讲，“仲”者居中之意，“裁”者衡量、评断、出结论之意。

仲裁作为一个法律概念有着其特定的含义，是指发生争议的双方当事人根据其在争议发生前或后所达成的协议，自愿将该争议提交中立的第三者进行裁决的争议解决制度和方式，又称“公断”。

仲裁具有以下三要素：①以双方当事人自愿协商为基础；②由双方当事人自愿选择的中立第三者进行裁判；③经由中立第三者作出的裁决对双方当事人具有约束力。

作为一种解决财产权益纠纷的民间性裁判制度，仲裁既不同于解决同类争议的司法、行政途径，也不同于人民调解委员会的调解和当事人的自行和解。它是非经司法诉讼途径即具法律约束力的争议解决方式，这一方式广泛运用于民商事的争议解决过程中。

2. 仲裁的特点

(1) 自愿性。当事人的自愿性是仲裁最突出的特点。仲裁以双方当事人的自愿为前提，即是否将发生在双方当事人之间的纠纷提交仲裁，交予哪个仲裁机构仲裁，仲裁庭如何组成，由谁组成，以及仲裁的审理方式、开庭形式等都是在当事人自愿的基础上，由双方当事人协商确定的。

(2) 经济性。时间上具有快捷性，仲裁的一裁终局制使得当事人之间的纠纷能够迅速得以解决；程序上具有灵活性，仲裁程序与诉讼相比更加灵活，更具有弹性；快捷性；保密性：实务中具有保密性，仲裁以不公开审理为原则，因此当事人的商业秘密和贸易活动不会因仲裁活动而泄露。

(3) 专业性。仲裁由具有一定专业水平和能力的专家担任仲裁员，专家仲裁由此成为民商事仲裁的重要特点之一。

(4) 独立性。仲裁机构独立于行政机构和其他机构，仲裁机构之间也无隶属关系，仲裁庭独立进行仲裁，不受任何行政机关、社会团体和个人的干涉。

(5) 约束性。仲裁裁决具有法律效力。

3. 仲裁的类型

仲裁划分为国内仲裁和涉外仲裁。国内仲裁是指不具有涉外因素的一国之内民商事纠纷的仲裁；涉外仲裁则是指涉外经济贸易、运输和海事中发生的民商事纠纷的仲裁。

仲裁也划分为机构仲裁和临时仲裁。机构仲裁是指根据双方当事人达成的仲裁协议，将纠纷提交给约定的某一常设仲裁机构所进行的仲裁；临时仲裁是指根据双方当事人达成的仲裁协议，将纠纷提交给由双方当事人选择的仲裁员临时组成的仲裁庭所进行的仲裁。

一、仲裁法概述

1. 仲裁法的法律依据

仲裁法是调整仲裁法律关系的法律规范的总称。

仲裁法的法律依据主要是《中华人民共和国仲裁法》。该法于 1994 年 8 月 31 日由第八届全国人民代表大会常务委员会第九次会议通过，自 1995 年 9 月 1 日起施行。

《仲裁法》的目的是保证公正、及时地仲裁经济纠纷，保护当事人的合法权益，保障社会主义市场经济健康发展。

2. 我国仲裁法的特点

(1) 机构仲裁：根据我国仲裁法的规定，在我国只能采取机构仲裁的方式，而不能进行临时仲裁。

(2) 裁决和调解相结合：我国仲裁法明确规定，仲裁庭仲裁的各个阶段均可组织调解，表明仲裁程序中调解与裁决的有机结合是我国仲裁的显著特点。达成调解协议的，仲裁庭制作调解书，调解书与裁决书具有同等法律效力。

(3) 对涉外仲裁进行特别规定：基于涉外仲裁自身的特点，我国仲裁法以专章对涉外仲裁的特定事项作出了有别于国内仲裁的特别规定。

3. 仲裁范围

仲裁范围，也就是纠纷的可仲裁性问题，即指仲裁作为一种解决纠纷的方式，可以解决哪些纠纷，不能解决哪些纠纷。

仲裁范围是由仲裁法加以规定的。根据仲裁法的规定，平等主体的公民、法人和其他组织之间发生的合同纠纷和其他财产权益纠纷，可以仲裁。下列纠纷不能仲裁：①婚姻、收养、监护、扶养，继承纠纷；②依法应当由行政机关处理的行政争议。另外，劳动争议和农业集体经济组织内部的农业承包合同纠纷的仲裁，另行规定。

4. 仲裁法的基本原则和基本制度

1) 仲裁法所规定的基本原则

(1) 自愿原则：自愿原则是仲裁制度的根本原则，是仲裁制度存在和发展的基础。

仲裁的自愿原则体现在各个方面，主要是：当事人是否将他们之间所发生的纠纷提交仲裁，由双方当事人自愿协商决定；当事人将哪些争议事项提交仲裁，由双方当事人在法律规定的范围内自行约定；当事人将他们之间的纠纷提交哪个仲裁委员会仲裁，由双方当事人自愿协商决定；仲裁庭如何组成，由谁组成，由当事人自主选定；双方当事人还可以自主约定仲裁的审理方式、开庭方式等有关的程序事项。

(2) 根据事实、符合法律规定、公平合理解决纠纷的原则：这一原则是对“以事实为根据，以法律为准绳”原则的肯定和发展，即在仲裁中要坚持以事实为根据、以法律为准绳的原则，同时，在法律没有规定或者规定不完备的情况下，仲裁庭可以按照公平合理的一般性原则来解决纠纷。

(3) 独立仲裁原则：仲裁委员会独立于行政机关，与行政机关没有隶属关系；仲裁委员会之间也没有隶属关系；同时，仲裁庭独立裁决案件，仲裁委员会以及其他行政机关、社会团体和个人不得干预。

2) 仲裁法所规定的基本制度

(1) 协议仲裁制度：当事人申请仲裁、仲裁委员会受理仲裁案件以及仲裁庭对仲裁案件的审理和裁决都必须依据双方当事人之间所订立的有效的仲裁协议；仲裁协议是当事人仲裁意愿的体现，没有仲裁协议就没有仲裁制度。

(2) 或裁或审制度：仲裁与诉讼是两种不同的争议解决方式，在两者之间，当事人之间发生的争议只能由双方当事人在仲裁或者诉讼中选择其一加以采用；有效的仲裁协议即可排除法院对案件的司法管辖权。

(3) 一裁终局制度：我国仲裁法明确规定，仲裁实行一裁终局制度，即仲裁裁决一经仲裁庭作出，即为终局裁决。仲裁裁决作出后，当事人就同一纠纷再申请仲裁或者向人民法院起诉，仲裁委员会或者人民法院不予受理，当事人应当自动履行仲裁裁决，一方当事人不履行的，另一方当事人可以向法院申请强制执行。

二、仲裁协议

1. 仲裁协议的概念

仲裁协议是指双方当事人自愿将他们之间已经发生或者可能发生的争议提交仲裁解决的书面协议。仲裁协议是仲裁的前提。

仲裁协议本质上是一种合同，但与一般的合同相比，具有以下特征。

(1) 仲裁协议是双方当事人共同的意思表示，是他们将争议提交仲裁的共同意愿的体现。其签订建立在双方当事人自愿、平等和协商一致的基础上，用以授权仲裁委员会通过仲裁的方式解决争议。

(2) 仲裁协议中双方当事人的权利义务具有同一性：在仲裁协议中，双方当事人具有共同的目标，即当发生特定的纠纷后，通过仲裁方式予以解决，因此他们之间的权利义务是同一的，这主要表现为任何一方当事人都有权将所发生的争议提交仲裁解决，同时任何一方当事人也具有不得就该争议向法院提起诉讼的义务。

(3) 仲裁协议的内容具有特殊性：即仲裁协议是一种纠纷解决的合同；双方当事人提交仲裁解决的事项具有法律规定的可仲裁性；双方当事人在仲裁协议中可以任意选择他们共同认可的仲裁委员会。

(4) 仲裁协议具有广泛的约束力：仲裁协议约束着双方当事人，任何一方当事人不得就协议仲裁的争议事项向法院提起诉讼；仲裁协议约束着法院，法院不得受理任一方当事人已订有仲裁协议的争议事项；仲裁协议约束着仲裁庭，仲裁庭应当依照仲裁协议中的授权行使仲裁权，解决当事人之间的纠纷。

(5) 仲裁协议具有严格的要式性：即仲裁协议必须以书面形式订立，口头方式达成的仲裁的意思表示无效。强调仲裁协议的书面形式，是为了从法律上确认当事人以仲裁方式解决争议的主观意愿，以此作为仲裁的依据。

仲裁协议的类型主要有仲裁条款、仲裁协议书和其他有关书面文件中包含的仲裁协议等三种类型。

2. 仲裁协议的内容

仲裁协议必须具备法定的内容，否则，仲裁协议将被认定为无效。根据仲裁法规定，仲裁协议应当包括下列内容。

1) 请求仲裁的意思表示

请求仲裁的意思表示是仲裁协议的首要内容，因为当事人以仲裁方式解决纠纷的意愿正是通过仲裁协议中请求仲裁的意思表示体现出来的。

请求仲裁的意思表示应当满足三个条件：其一，以仲裁方式解决纠纷必须是双方当事人共同的意思表示，而不是一方当事人的意思表示；其二，必须是双方当事人在协商一致的基础上的真实意思表示，而不是在外界影响或强制下所表现出来的虚假意思；其三，必须是双方当事人自己的意思表示，而不是任何其他人的意思表示。

2) 仲裁事项

仲裁事项即当事人提交仲裁的具体争议事项，同时，仲裁事项也是仲裁庭审理和裁决纠纷的范围。在实践中，当事人只有把订立于仲裁协议中的争议事项提交仲裁，仲裁机构才能受理；仲裁庭也只能在仲裁协议确定的仲裁事项的范围内进行仲裁，超出这一范围进行仲裁，所作出的仲裁裁决，经一方当事人申请，法院可以不予执行或者撤销。

仲裁协议中订立的仲裁事项，必须符合两个条件：一是争议事项具有可仲裁性，否则会导致仲裁协议的无效；二是仲裁事项的明确性，如对仲裁事项没有约定或者约定不明确的，当事人应就此达成补充协议，达不成补充协议的，仲裁协议无效。

3) 选定的仲裁委员会

仲裁委员会是受理仲裁案件的机构。由于仲裁没有法定管辖的规定，因此，仲裁委员会是由当事人自主选定的；如果当事人在仲裁协议中不选定仲裁委员会，仲裁就无法进行。

对于仲裁委员会的选定，原则上应当明确、具体，即双方当事人在仲裁协议中可以选定任一仲裁委员会进行仲裁，而不受当事人住所及合同履行地、签订地、财产所在地等的限制。仲裁机构约定的仲裁机构名称不准确，但能够确定具体的仲裁机构的，应当认定选定了仲裁机构。如果当事人在仲裁协议中同时约定了两个以上的仲裁委员会，当事人可以协议选择其中的一个仲裁机构申请仲裁；当事人不能就仲裁机构选择达成一致的，仲裁协议无效。

以上三项内容必须同时具备，仲裁协议在内容上才能符合仲裁法的规定而成为有效的仲裁协议。

3. 仲裁协议的效力

仲裁协议的法律效力即仲裁协议所具有的法律约束力。一项有效的仲裁协议的法律效力包括对双方当事人的约束力、对法院的约束力和对仲裁机构的约束力。

1) 对双方当事人的法律效力

仲裁协议约束双方当事人对纠纷解决方式的选择权。双方当事人发生纠纷后，当事人只能通过向仲裁协议中所确定的仲裁机构申请仲裁的方式解决该纠纷，而丧失了就该纠纷向法院提起诉讼的权利。如果一方当事人违背仲裁协议，就仲裁协议规定范围内的争议事项向法院起诉，另一方当事人有权依据仲裁协议要求法院停止诉讼程序，法院也应当驳回当事人的起诉。

2) 对法院的法律效力

仲裁协议排除法院的司法管辖权。有效的仲裁协议可以排除法院对订立于仲裁协议中的争议事项的司法管辖权，这是仲裁协议法律效力的重要体现，也是各国仲裁普遍适用的准则。

3) 对仲裁机构的法律效力

仲裁协议授予仲裁机构仲裁管辖权并限定仲裁的范围。仲裁协议是仲裁委员会受理仲裁案件的基础，是仲裁庭审理和裁决仲裁案件的依据，没有仲裁协议就没有仲裁机构对仲裁案件的仲裁管辖权。

仲裁协议效力由仲裁委员会和人民法院确认。

4. 仲裁条款的独立性

仲裁条款的独立性，也称仲裁条款的可分割性或可分离性，它是指作为主合同的一个条款，尽管仲裁条款依附于主合同，但其效力与主合同的其他条款可以分离而独立，即仲裁条款不因主合同的无效而无效，不因主合同的被撤销而失效，也不因合同未成立而影响效力，仲裁机构仍然可以依照该仲裁条款取得和行使仲裁管辖权，在该仲裁条款所确定的提交仲裁的争议事项范围内，解决当事人之间的纠纷。

仲裁条款之所以具有独立性，是由于仲裁条款与合同中的其他条款的差异性决定的。在一项合同中，主合同是关于双方当事人之间实体权利义务的规定，对这些条款的违反，权利方将依据实体法的规定，请求损害赔偿；而处于附属地位的仲裁条款，是双方当事人关于纠纷解决方式的约定，即如果当事人之间因主合同发生争议，将只能根据程序法的规定，通过仲裁方式而非诉讼方式解决。

三、仲裁机构

1. 仲裁委员会

仲裁法规定，仲裁委员会可以在直辖市和省、自治区人民政府所在地的市设立，也可以根据需要在其他设区的市设立，不按行政区划层层设立。

依法可以设立仲裁委员会的市只能组建一个统一的仲裁委员会，不得按照不同专业设立不同的专业仲裁委员会或者专业仲裁庭。

仲裁委员会由可以设立仲裁委员会的市的人民政府组织有关部门和商会统一组建，并经省、自治区、直辖市的司法行政部门登记。

根据仲裁法的规定，仲裁委员会应当具备下列条件。

1) 有自己的名称、住所和章程

仲裁委员会的名称是区别标志。仲裁委员会的名称应当规范，即一律在仲裁委员会前冠以仲裁委员会所在市的地名，如北京仲裁委员会、上海仲裁委员会等。

仲裁委员会的住所是仲裁委员会作为常设仲裁机构的固定地点，是其主要办事机构所在地。

仲裁委员会的章程是规定仲裁委员会的设立宗旨、组成、结构，规范其行为的准则。仲裁委员会的章程应按照仲裁法的规定具体制定。

2) 有必要的财产

仲裁委员会必须具备必要的物质条件，即应当具有业务活动所必需的，与业务活动相适应的财产，包括办公用房、必备的办公设施和独立的经费等。

3) 有仲裁委员会的组成人员

仲裁委员会由主任 1 人、副主任 2 至 4 人以及委员 7 至 11 人组成。仲裁委员会的主任、副主任和委员由法律、经济贸易专家和有实际工作经验的人员担任；仲裁委员会的组成人员中，法律、经济贸易专家不得少于 2/3。

4) 有聘任的仲裁员

仲裁委员会不设专职仲裁员。仲裁委员会应当从具备仲裁员资格的人员中聘任仲裁员，

并按照不同的专业设置仲裁员名册。

仲裁法对仲裁员资格有一定的要求，主要指在思想品德方面应公道正派，同时要有较高的业务水平。具体条件是：从事仲裁工作满 8 年的；从事律师工作满 8 年的；曾任审判员满 8 年的；从事法律研究、教学工作并具有高级职称的；具有法律知识、从事经济贸易等专业工作并具有高级职称或者具有同等专业水平的。

2. 仲裁庭

仲裁庭是指由当事人选定或者仲裁委员会主任指定的仲裁员组成的，对当事人申请仲裁的案件依仲裁程序进行审理并作出裁决的组织形式。

按照《仲裁法》的规定，仲裁委员会受理仲裁案件后，应按程序组成仲裁庭对案件进行审理和裁决，因此，仲裁庭是行使仲裁权的主体。

仲裁庭的组成形式有两种，即合议仲裁庭和独任仲裁庭。

1) 合议仲裁庭

合议仲裁庭是指由 3 名仲裁员组成的仲裁庭，即以集体合议的方式对争议案件进行审理并作出裁决。

合议仲裁庭应设首席仲裁员，首席仲裁员是合议仲裁庭的主持者，与其他仲裁员有同等的权利，但在裁决不能形成多数意见时，仲裁裁决则应当按照首席仲裁员的意见作出。

2) 独任仲裁庭

独任仲裁庭是指由 1 名仲裁员组成的仲裁庭，即由 1 名仲裁员组成仲裁庭对争议案件进行审理并作出裁决。

【知识拓展】

仲裁规则

1. 仲裁规则的含义

仲裁规则是指进行仲裁程序所应遵循和适用的规范。仲裁规则不同于仲裁法，它可以由仲裁机构制定，有些内容还允许当事人自行约定。因此，仲裁规则是任意性较强的行为规范。但是仲裁规则不得违反仲裁法中的强制性规定。

2. 仲裁规则的制定

仲裁规则应依据仲裁法和民事诉讼法的有关规定加以制定。根据我国仲裁法的规定，我国仲裁委员会仲裁规则的制定分为以下两种情况。

第一，国内仲裁委员会的仲裁规则，由中国仲裁协会统一制定，在中国仲裁协会制定仲裁规则之前，各仲裁委员会可以按照仲裁法和民事诉讼法的有关规定制定仲裁暂行规则。

第二，涉外仲裁委员会的仲裁规则由中国国际商会制定。

3. 仲裁规则的主要内容

仲裁规则主要包括以下内容：仲裁管辖；仲裁组织；仲裁的申请、答辩和反请求程序；仲裁庭的组成；仲裁的审理和裁决程序；仲裁委员会、仲裁庭和当事人的权利义务；仲裁语文、翻译、送达、仲裁费用等。

四、仲裁程序

1. 申请仲裁

申请仲裁是仲裁程序开始的必要条件之一，也是启动仲裁程序的第一步。

申请仲裁是指平等主体的公民、法人和其他组织就他们之间所发生的合同纠纷和其他财产权益纠纷，根据他们所签订的仲裁协议，提请所选定的仲裁机构进行仲裁受理和裁决的行为。

(1) 根据我国《仲裁法》的规定，当事人申请仲裁，必须符合一定的条件，这些条件包括以下几点。①存在有效的仲裁协议。没有仲裁协议，一方申请仲裁的，仲裁委员会不予受理。②有具体的仲裁请求和事实、理由。所谓具体的仲裁请求，是指仲裁申请人请求仲裁机构予以确定和保护的民事权益的具体内容；所谓事实、理由是指支持申请人仲裁请求的具体事实和依据，用以证明申请人所提出的仲裁请求的合理性，这能使仲裁庭能够充分了解申请人请求保护或确认的权利内容。③属于仲裁委员会的受理范围。即指当事人申请仲裁的仲裁委员会是由双方当事人所共同选定的，并且，当事人提请仲裁的争议事项是我国《仲裁法》所确定的具有可仲裁性的争议事项。

(2) 申请仲裁必须采用书面方式，而仲裁申请书即为这一书面方式的具体表现形式。

所谓仲裁申请书是指仲裁申请人根据仲裁协议将已经发生的争议提请仲裁机构进行审理和裁决，以保护其合法权益的法律文书。仲裁申请书应当载明下列内容。①当事人的姓名、性别、年龄、职业、工作单位、住所、电话和法定代表人或者主要负责人的姓名、职务。②仲裁请求和事实根据、理由。这是仲裁申请书最核心的内容。③证据、证人姓名和住所。证据是仲裁庭审理案件，确定双方当事人权利义务关系的根据。当事人应当对自己的主张提供证据，因此，当事人在申请仲裁时必须同时提供证据及证据来源，如果有证人，还应提供证人的姓名和住所。④所申请的仲裁委员会的名称。当事人的仲裁申请中必须明确所申请的仲裁委员会的名称。⑤申请仲裁的年月日。⑥申请人的签名、盖章。

当事人提交仲裁申请书应当按照对方当事人的人数和组成仲裁庭的仲裁员人数准备其副本。

2. 审查与受理

审查与受理是仲裁委员会的一项重要的仲裁活动，仲裁程序的开始正是当事人申请仲裁的行为与仲裁委员会受理仲裁的行为相结合的结果。

当事人向仲裁委员会申请仲裁后，仲裁委员会就要对当事人的申请是否符合申请仲裁的条件进行审查，从而决定是否受理。

仲裁委员会对仲裁申请的审查主要从以下两方面进行：一是审查当事人申请仲裁是否符合规定的条件；二是审查仲裁申请书的内容是否完整、明确，申请手续是否齐备。仲裁委员会经过审查，对符合条件的予以受理，不符合条件的不予受理。

仲裁委员会受理当事人的仲裁申请后，仲裁程序开始启动：仲裁申请人和被申请人取得了仲裁当事人的资格，各自依法享有仲裁法及仲裁规则中规定的权利，并承担相应的义务；仲裁委员会应当在仲裁规则规定的期限内将仲裁规则和仲裁员名册送达申请人，并将仲裁申请书副本和仲裁规则、仲裁员名册送达被申请人；被申请人收到仲裁申请书副本后，

应当在仲裁规则规定的期限内向仲裁委员会提交答辩书。

【知识拓展】

仲裁当事人

仲裁当事人是指依据有效的仲裁协议，以自己的名义参加仲裁程序，并受仲裁裁决约束的公民、法人和其他组织。

仲裁当事人有其特定的称谓。依法向仲裁委员会提出仲裁申请的人，被称为仲裁申请人，对方当事人被称为被申请人。在执行程序中，当事人被称为申请执行人和被申请执行人或被执行人。

仲裁当事人与仲裁参加人、仲裁参与人不同。仲裁参加人是指参加仲裁活动，并依法享有仲裁程序中的权利，承担仲裁程序中义务的人。仲裁参加人除包括仲裁当事人以外，还包括仲裁代理人。仲裁参与人除包括仲裁参加人以外，还包括证人、鉴定人、翻译人员等。

3. 仲裁庭的组成程序

仲裁庭的组成必须按照法定程序进行，这一程序包括以下两点。

1) 约定仲裁庭的组成形式

当事人收到仲裁委员会的仲裁规则和仲裁员名册后，应约定仲裁庭的组成形式，并在仲裁规则规定的期间内加以确定。对于仲裁庭的组成形式，当事人既可以约定由 3 名仲裁员组成合议仲裁庭，也可以约定由 1 名仲裁员组成独任仲裁庭。如果当事人没有在仲裁规则规定的期限内约定仲裁庭的组成形式的，则由仲裁委员会主任指定。

2) 确定仲裁员

当事人约定由 3 名仲裁员组成仲裁庭的，应当各自选定或者各自委托仲裁委员会主任指定 1 名仲裁员，第三名仲裁员由当事人共同选定或者共同委托仲裁委员会主任指定，第三名仲裁员是首席仲裁员。

如果当事人约定由 1 名仲裁员成立仲裁庭的，应当由当事人共同选定或者共同委托仲裁委员会主任指定该独任仲裁员。当事人没有在仲裁规则规定的期限内选定仲裁员的，由仲裁委员会主任指定。

仲裁庭组成后，仲裁委员会应当将仲裁庭的组成情况书面通知当事人。

4. 仲裁审理

仲裁审理是仲裁庭按照法律规定的程序和方式，对当事人交付仲裁的争议事项作出裁决的活动。仲裁审理是仲裁程序的中心环节。

仲裁审理的方式可以分为开庭审理和书面审理两种。

开庭审理是仲裁审理的主要方式。所谓开庭审理是指在仲裁庭的主持下，在双方当事人和其他仲裁参与人的参加下，按照法定程序，对案件进行审理并作出裁决的方式。

开庭审理的仲裁方式以不公开审理为原则，以公开审理为例外。所谓不公开审理是指仲裁庭在审理案件，既不对社会公开，也不允许群众旁听，新闻记者采访和报道。不公开审理的目的在于保护当事人的商业秘密，维护当事人的商业信誉。

书面审理是开庭审理的必要补充。所谓书面审理是指在双方当事人及其他仲裁参与人

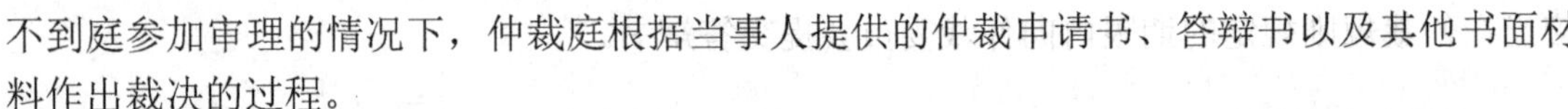

不到庭参加审理的情况下，仲裁庭根据当事人提供的仲裁申请书、答辩书以及其他书面材料作出裁决的过程。

仲裁审理的主要任务是审查、核实证据，查明案件事实，分清是非责任，正确适用法律，确认当事人之间的权利义务关系，解决当事人之间的纠纷。其中，开庭审理程序包括以下几点。

(1) 开庭前的工作。由首席仲裁员或者独任仲裁员宣布开庭，随后首席仲裁员或者独任仲裁员核对当事人，宣布案由，宣布仲裁庭组成人员和记录人员名单，告知当事人有关的仲裁权利义务，询问当事人是否提出回避申请。

(2) 庭审调查。这是依照法定程序调查案件事实，审核各种证据的过程，其中心任务是通过听取当事人陈述和审核所出示的证据全面调查案件事实。在庭审调查中，质证是这一过程的核心，因此仲裁法和仲裁规则都对质证作出了明确规定。

(3) 庭审辩论。庭审辩论是指在仲裁庭的主持下，双方当事人依据在庭审调查中审查核实的事实和证据，就如何认定事实、适用法律以解决当事人之间的纠纷，提出自己的主张和意见，进行言词辩论的过程。当事人辩论是开庭审理的重要程序，也是辩论原则的重要体现。

5. 仲裁中的和解、调解和裁决

1) 仲裁和解

仲裁和解是指仲裁当事人通过协商，自行解决已提交仲裁的争议事项的行为，是仲裁当事人行使处分权的表现。

当事人达成和解协议的，可以请求仲裁庭根据和解协议作出裁决书，也可以撤回仲裁申请。如果当事人撤回仲裁申请后反悔的，则仍可以根据原仲裁协议申请仲裁。

2) 仲裁调解

仲裁调解是指在仲裁庭的主持下，仲裁当事人在自愿协商、互谅互让的基础上达成协议，从而解决纠纷的一种制度。仲裁中的调解是中国仲裁中的特有做法，体现了中国仲裁制度中调解与裁决相结合的特色。

经仲裁庭调解，双方当事人达成协议的，仲裁庭应当制作调解书。调解书要写明仲裁请求和当事人协议的结果，并由仲裁员签名，加盖仲裁委员会印章。仲裁调解书经双方当事人签收后即发生法律效力。

仲裁庭除了可以制作仲裁调解书之外，也可以根据协议的结果制作裁决书。

调解书与裁决书具有同等的法律效力。

3) 仲裁裁决

仲裁裁决是指仲裁庭对当事人之间所争议的事项进行审理后所作出的终局权威性判定。仲裁裁决的作出，标志着当事人之间纠纷的最终解决。

仲裁裁决是由仲裁庭作出的。独任仲裁庭进行的审理，由独任仲裁员作出仲裁裁决；合议仲裁庭进行的审理，则由 3 名仲裁员集体作出仲裁裁决，一般按多数仲裁员的意见作出仲裁裁决。

仲裁裁决书是仲裁庭对仲裁纠纷案件作出裁决的法律文书。仲裁裁决书应当写明仲裁请求、争议事实、裁决理由、裁决结果、仲裁费用的负担和裁决日期。当事人协议不愿写明争议事实和裁决理由的，可以不写。仲裁裁决书由仲裁员签名，加盖仲裁委员会印章。

仲裁裁决书自作出之日起发生法律效力。仲裁裁决的效力体现在：当事人不得就已经裁决的事项再行申请仲裁，也不得就此提起诉讼；仲裁机构不得随意变更已生效的仲裁裁决；其他任何机关或个人均不得变更仲裁裁决；仲裁裁决具有执行力。

【课堂讨论】

甲行向乙公司发放了 50 万元的贷款，丙公司欠乙公司 60 万元，乙公司多次向丙公司索款未果，遂与丙公司签订了一份协议，约定丙公司向甲行返还借款本息，贷款到期后，甲行向乙公司催要贷款，乙公司拒不还款，并告知甲行去向丙公司索要，甲行遂向仲裁委员会申请仲裁。乙公司答辩称，乙公司与丙公司已签订了债务转让协议，因此，甲行应当以丙公司为被申请人而非乙公司。

问题：本案中被申请人应该是谁？

课 后 作 业

一、单项选择题

1. 下列所给选项中，关于仲裁管辖的表达哪一种是正确的？(　　)
   A. 实行级别管辖，但不实行地域管辖
   B. 实行地域管辖，但不实行级别管辖
   C. 既不实行级别管辖，也不实行地域管辖
   D. 既实行级别管辖，也实行地域管辖
2. 《仲裁法》规定仲裁实行一裁终局制度，此处的一裁终局是指(　　)。
   A. 当事人就同一纠纷再申请仲裁或向人民法院起诉的，仲裁委员会或人民法院不予受理
   B. 对裁决不服的，不得向人民法院起诉
   C. 裁决生效后，上级仲裁机关无权撤销原裁决，指定重新裁决
   D. 仲裁调解书在送达前不得反悔
3. 铁路、公路、水路货物运输和联合货物运输中发生的合同纠纷，由下列哪个仲裁机构管辖？(　　)
   A. 合同签订地　　　　B. 合同履行地
   C. 运输始发地　　　　D. 仲裁协议选定地
4. 当事人提出证据证明裁决有法定情形之一的，可以向下列哪项所述的中级人民法院申请撤销裁决？(　　)
   A. 被诉人所在地　　　　B. 申请人所在地
   C. 证据所在地　　　　D. 仲裁机构所在地
5. 仲裁庭在作出裁决前，可以先行调解。当事人自愿调解的，仲裁庭应当调解，调解不成的应采取下列哪种做法？(　　)
   A. 应及时进行仲裁　　　　B. 说服当事人执行仲裁庭的调解协议
   C. 重新调解　　　　D. 告知当事人向法院起诉

二、多项选择题

1. 下列关于仲裁庭的叙述正确的有（ ）。
   A. 它是仲裁争议案件的直接的审理者与裁决者
   B. 仲裁庭有常设性机构和临时性机构之分
   C. 仲裁庭的组成人员都由双方当事人自行选定
   D. 在我国仲裁庭可以由 3 名或 1 名仲裁员组成
2. 我国涉外经济贸易仲裁的简易程序，主要适用于( )。
   A. 争议金额不超过人民币 50 万元
   B. 争议金额超过人民币 50 万元，经一方当事人书面申请并征得另一方当事人书面同意
   C. 争议金额不超过人民币 50 万元，经仲裁委员会审查决定适用的
   D. 特殊情况下，可由仲裁委员会经与当事人协商适用
3. 涉外仲裁的申请人提出仲裁申请时应提交( )。
   A. 申请人请求所依据的证据　　B. 申请人请求的依据和事实的证明文件
   C. 仲裁申请书　　D. 仲裁协议
4. 下列关于特殊仲裁时效的叙述，正确的有( )。
   A. 特殊仲裁时效的期限为 2 年
   B. 特殊仲裁时效的期限为 4 年
   C. 国际货物买卖合同争议适用特殊仲裁时效的规定
   D. 技术进出口合同争议适用特殊仲裁时效的规定
5. 当事人双方订立仲裁协议，遇有下列哪些情形该协议无效？( )
   A. 无民事行为能力人订立的仲裁协议
   B. 一方采取胁迫、欺诈手段迫使对方订立仲裁协议
   C. 协议中约定的仲裁机构并不存在
   D. 法人之间为解除非合同的财产权益纠纷而订立的仲裁协议

三、判断题

1. 仲裁协议是整个仲裁程序开始和进行的基础。　( )
2. 仲裁员是否回避，由仲裁委员会集体决定。　( )
3. 仲裁员的聘用期限为五年。　( )
4. 《仲裁法》规定：仲裁委员会自收到仲裁申请书之日起 5 日内，认为符合条件的，应当受理，并通知当事人。　( )
5. 在仲裁中的财产保全的申请，一般应当在争议案件受理后，仲裁庭作出仲裁裁决之前提出。　( )

四、案例分析

甲市 A 县的刘某与乙市 B 区的何某签订了房屋买卖合同，购买何某位于丙市 C 区的一套房屋。合同约定，因合同履行发生的一切纠纷，应提交设立于甲市的 M 仲裁委员会进行仲裁。之后，刘某与何某又达成了一个补充协议，约定合同发生纠纷后也可以向乙市 B 区法院起诉。

刘某按约定先行支付了部分房款，何某却迟迟不按约定办理房屋交付手续，双方发生纠纷。刘某向M仲裁委员会申请仲裁，请求何某履行交房义务，M仲裁委员会受理了此案。在仲裁庭人员组成期间，刘某、何某各选择一名仲裁员，仲裁委员会主任直接指定了一名仲裁员任首席仲裁员组成合议庭。第一次仲裁开庭审理过程中，刘某对何某选择的仲裁员提出了回避申请。刘某申请理由成立，仲裁委员会主任直接另行指定一名仲裁员参加审理。第二次开庭审理，刘某请求仲裁程序重新进行，何某则对仲裁协议的效力提出异议，主张仲裁协议无效，请求驳回刘某的仲裁申请。

经审查，仲裁庭认为刘某申请仲裁程序重新进行，何某主张仲裁协议无效的理由均不成立。仲裁庭继续进行审理并作出裁决：何某在30日内履行房屋交付义务。因何某在义务履行期间内拒不履行房屋交付义务，刘某向法院申请强制执行，何某则向法院申请撤销仲裁裁决。

问题：

(1) 刘某、何某发生纠纷后依法应当通过什么方式解决纠纷？理由是什么？

(2) 刘某提出的回避申请和重新进行仲裁程序的申请，何某提出的仲裁协议效力的异议，分别应由谁审查并作出决定或裁定？

(3) 如何评价仲裁庭(委)在本案审理中的做法？理由是什么？

(4) 刘某可以向哪个法院申请强制执行？何某可以向哪个法院申请撤销仲裁裁决？对于刘某、何某的申请，法院在程序上如何操作？理由是什么？

(5) 如法院认为本案可以重新仲裁，应当如何处理？理由是什么？

(6) 如法院撤销仲裁裁决，刘某、何某可以通过什么方式解决他们的纠纷？理由是什么？

第二节　诉讼法律制度

【知识链接】

一、民事纠纷与民事诉讼

人们在社会生活中，难免会发生各种民事纠纷，如离婚纠纷、损害赔偿纠纷、房屋产权纠纷、合同纠纷、著作权纠纷等。民事纠纷中，有许多属于经济纠纷。经济纠纷的主要类型有：合同纠纷；侵权纠纷；企业破产纠纷以及其他经济纠纷等。

对于民事纠纷，最终的解决制度就是民事诉讼制度。

所谓民事诉讼是指法院在当事人和其他诉讼参与人的参加下，以审理、判决、执行等方式解决民事纠纷的活动以及由这些活动产生的各种诉讼关系的总和。民事诉讼动态的表现为法院、当事人及其他诉讼参与人进行的各种诉讼活动，静态的则表现为在诉讼活动中产生的诉讼关系。

与调解、仲裁等解决民事纠纷的方式相比，民事诉讼有如下特征。

(1) 民事诉讼具有公权性。民事诉讼是以司法方式解决平等主体之间的纠纷，是由法院代表国家行使审判权解决民事争议。

(2) 民事诉讼具有强制性。民事诉讼的强制性表现在案件的受理上，只要原告的起诉符合民事诉讼法规定的条件，无论被告是否愿意，诉讼均会发生。还反映在裁判的执行上，当事人不自动履行生效裁判所确定的义务，法院可以依法强制执行。

(3) 民事诉讼具有程序性。民事诉讼是依照法定程序进行的诉讼活动，无论是法院还是当事人或其他诉讼参与人，都需要按照民事诉讼法设定的程序实施诉讼行为。

二、民事诉讼法与刑事诉讼法、行政诉讼法的关系

民事诉讼法与刑事诉讼法、行政诉讼法都属于程序法，均担负着保证各自实体法实施的任务，因此它们之间有不少相同或相近之处。如，三部诉讼法都规定了法院依法独立审判和公开审判，实行合议制、回避制、两审终审制；都规定了第一审程序、第二审程序和审判监督程序。在三部诉讼法中，民事诉讼法与行政诉讼法在内容上更为接近。

但由于它们服务于不同的实体法，调整不同的诉讼关系，所以也存在着不少差别。如，民事诉讼由与本案有着直接利害关系的当事人提起；刑事诉讼除自诉案件外，由检察机关代表国家提起；行政诉讼则由具体行政行为的相对人提起。

三个诉讼法之间的关系还体现在案件之间的关联上：一件民事案件可能涉及刑事犯罪问题，也可能涉及行政审批及行政诉讼。

一、民事诉讼法概述

1. 民事诉讼法的法律依据

民事诉讼法是调整法院和诉讼参与人的各种诉讼活动以及由此产生的各种诉讼关系的法律规范的总称。

民事诉讼法的法律依据主要是《中华人民共和国民事诉讼法》。该法于 1991 年 4 月 9 日由第七届全国人民代表大会第四次会议通过，自公布之日起施行。后于 2007 年 10 月 28 日由第十届全国人民代表大会常务委员会第三十次会议第一次修正，于 2012 年 8 月 31 日由第十一届全国人民代表大会常务委员会第二十八次会议第二次修正。

《民事诉讼法》的目的是保护当事人行使诉讼权利，保证人民法院查明事实，分清是非，正确适用法律，及时审理民事案件，确认民事权利义务关系，制裁民事违法行为，保护当事人的合法权益，教育公民自觉遵守法律，维护社会秩序、经济秩序，保障社会主义建设事业顺利进行。

从其性质和地位上看，民事诉讼法十分重要。

(1) 民事诉讼法是基本法。就民事诉讼法在我国社会主义法律体系中的地位而言，它属于基本法律，其效力仅低于宪法。按照我国立法法的规定，民事诉讼法典的立法权在全国人民代表大会。

(2) 民事诉讼法是部门法。从民事诉讼法调整的社会关系看，它调整的是民事诉讼关系，是社会关系中具有自身特点的一类社会关系，这决定了民事诉讼法能够成为一个独立的法律部门。

(3) 民事诉讼法是程序法。从民事诉讼法的内容上看，它规定的主要是程序问题。除总则外，民事诉讼法还规定了第一审程序、第二审程序、审判监督程序、特别程序、督促程序、公示催告程序、执行程序等以及与民事诉讼相关的非讼程序。

2. 民事诉讼法的基本原则

民事诉讼法的基本原则是在民事诉讼的整个过程中，或者在重要的诉讼阶段，起指导作用的准则。它是民事诉讼活动本质和规律以及立法者所奉行的诉讼政策的集中体现，它

体现了民事诉讼的精神实质，为人民法院的审判活动和诉讼参与人的诉讼活动指明了方向，概括地提出了要求，对民事诉讼具有普遍的指导意义。

除了适用于各种诉讼法的共有原则外，如以事实为依据、以法律为准绳等，民事诉讼法的其特有原则，主要有以下四种。

1) 当事人平等原则

当事人平等原则包含以下几方面的内容。

(1) 双方当事人的诉讼地位完全平等。诉讼当事人在民事诉讼中，虽有原告、被告、第三人等不同的诉讼称谓，但在有关诉讼过程中的诉讼地位是平等的，不分优劣和高低。

双方当事人享有相同的诉讼权利，如双方当事人都有委托代理、申请回避、提供证据、请求调解、进行辩论、提起上诉、申请执行等权利；同时，双方当事人享有对等的诉讼权利，如原告有提起诉讼的权利、被告有提出反驳和反诉的权利。

双方当事人承担的诉讼义务也平等，如双方当事人都必须依法行使诉讼权利、履行诉讼义务、遵守诉讼程序。

(2) 双方当事人有平等地行使诉讼权利的手段，同时，人民法院平等地保障双方当事人行使诉讼权利。

(3) 对当事人在适用法律上一律平等。对一切诉讼当事人，不分民族、种族、性别、职业、社会出身、宗教信仰、受教育的程度、财产状况、居住期限，在适用法律上一律平等。任何公民，都应毫无例外地遵守法律，享受法律规定的权利，履行法律规定的义务。一切当事人的合法权利都应受到保护，一切当事人的违法行为都应受到制裁。

2) 法院调解自愿和合法的原则

将自愿、合法进行调解确定为一项基本原则，反映了《民事诉讼法》的中国特色。人民法院审理民事案件时，要多做教育和疏导的工作，促使双方达成协议，解决纠纷。

人民法院受理民事案件后，应当重视调解解决。调解解决的核心是要求审判人员在办案过程中，对当事人多做思想教育工作，用国家的法律、政策启发当事人，促使双方当事人互相谅解，达成协议，彻底解决纠纷。重视调解解决，就是指民事案件，凡能用调解的方式结案的，就不采用判决的方式结案。

法院调解要在自愿和合法的基础上进行，不能因为强调调解而违背自愿和合法的精神；调解不成的，应当及时判决。

另外，调解一般不是诉讼的必经程序，对于那些不能调解或不具备调解条件的案件，应当判决结案。

3) 辩论原则

辩论是当事人的诉讼权利，又是人民法院审理民事案件、经济纠纷案件的准则。当事人双方就有争议的问题，相互进行辩驳，通过辩论揭示案件的真实情况。只有通过辩论核实的事实才能作为判决的根据。

辩论权的行使贯穿于诉讼的整个过程，辩论的内容，既可以是程序方面的问题，也可以是实体方面的问题；辩论的表现形式及方式是多种多样的。

4) 处分原则

所谓处分即自由支配，对于权利可行使，也可以放弃。在民事诉讼中，当事人处分的权利对象多种多样，但无非两大类：一是基于实体法律关系而产生的民事实体权利；二是基于民事诉讼法律关系所产生的诉讼权利。

对实体权利的处分主要表现在以下三个方面：①诉讼主体在起诉时可以自由地确定请求司法保护的范围和选择保护的方法。②诉讼开始后，原告可以变更诉讼请求。③在诉讼中，原告可全部放弃其诉讼请求，被告可部分或全部承认原告的诉讼请求。当事人双方可以达成或拒绝达成调解协议。在判决未执行完毕之前，双方当事人随时可就实体问题自行和解。

对诉讼权利的处分主要体现在以下几个方面：诉讼发生后，当事人可依自己的意愿决定是否行使起诉权；在诉讼过程中，原告可以申请撤回起诉，从而要求人民法院终结已经进行的诉讼，也就是放弃请求法院审判、保护的诉讼权利；被告也有权决定是否提出反诉来主张自己的实体权利，借以对抗原告的诉讼请求；当事人双方都有权请求法院进行调解，请求以调解方式解决纠纷；在一审判决作出后，当事人可以对未生效的判决提起上诉或不提起上诉等。

需要注意的是，我国民事诉讼中当事人的处分权不是绝对的。我国法律在赋予当事人处分权的同时，也要求当事人不得违反法律规定，不得损害国家的、社会的、集体的和公民个人的利益；否则，人民法院将通过司法审判确认当事人某种不当的处分行为无效。

3. 民事诉讼法的基本制度

1) 合议制度

合议制度是指由若干名审判人员组成的合议庭对民事案件进行审理的制度。按合议制组成的审判组织，称为合议庭。

根据民事诉讼法的规定，在不同的审判程序中，合议庭的组成人员有所不同。总体来说，合议庭由3个以上的单数的审判人员组成。合议庭评议，实行少数服从多数的原则。

2) 回避制度

回避制度是指为了保证案件的公正审判，而要求与案件有一定的利害关系的审判人员或其他有关人员，不得参与本案的审理活动或诉讼活动的审判制度。

根据民事诉讼法的规定，适用回避的人员包括：审判人员(包括审判员和人民陪审员)、书记员、翻译人员、鉴定人、勘验人员等。具有下列情形之一的，应予以回避：第一，审判人员或其他人员是本案当事人或当事人、诉讼代理人的近亲属；第二，审判人员或其他人员与本案有利害关系；第三，与本案当事人有其他关系，可能影响对案件的公正审理。所谓“其他关系”，是指有除与案件有利害关系及与当事人有近亲属关系之外的特殊亲密或仇嫌关系的存在，足以影响案件的公正审理。

3) 公开审判制度

公开审判制度是指人民法院审理民事案件，除法律规定的情况外，审判过程及结果应当向群众、社会公开。所谓向群众公开，是指允许群众旁听案件审判过程，主要是庭审过程和宣判过程；所谓向社会公开，是指允许新闻记者对庭审过程作采访，允许其对案件审理过程作报道，将案件向社会披露。

注意：公开审判也有例外。下列案件不公开审判：一是涉及国家秘密的案件；二是涉及个人隐私的案件；三是离婚案件、涉及商业秘密的案件，当事人申请不公开审理的，可以不公开审理。

无论是公开审理的案件，还是不公开审理的案件，宣判时一律公开。

4) 两审终审制度

两审终审制度是指一个民事案件经过两级人民法院审判后即告终结的制度。

一般的民事诉讼案件，当事人不服一审人民法院的判决、允许上诉的裁定，可上诉至二审人民法院；二审人民法院对案件所做的判决、裁定为生效判决、裁定，当事人不得再上诉。最高审判机关即最高人民法院所做的一审判决、裁定，为终审判决、裁定，当事人不得上诉。

二、审判管辖

民事诉讼中的管辖，是指各级法院之间和同级法院之间受理第一审民事案件的分工和权限。它是在法院内部具体确定特定的民事案件由哪个法院行使民事审判权的一项制度。

我国的法院有许多个，民事诉讼的案件具体应当分配到哪个法院，需要做两次分配：第一次分配发生在不同级别的法院之间，通过分配明确四级法院各自受理一审民事案件的分工和权限；第二次分配是在第一次分配的基础上进行的，也是在同级法院之间进行的，任务是将通过第一次分配划归本级法院受理的一审民事案件进一步分配到同一级中的各个具体法院。管辖制度正是通过这样的分配来使民事审判权得到具体落实的。

1. 级别管辖

级别管辖是指法院内部各级之间受理第一审民事案件的分工和权限。其确定依据包括案件性质、复杂程度、标的额大小、案件影响范围大小等。具体如下。

(1) 基层人民法院管辖第一审民事案件，但《民事诉讼法》另有规定的除外。

(2) 中级人民法院管辖下列第一审民事案件：①重大涉外案件；②在本辖区有重大影响的案件；③最高人民法院确定由中级人民法院管辖的案件。

(3) 高级人民法院管辖在本辖区有重大影响的第一审民事案件。

(4) 最高人民法院管辖下列第一审民事案件：①在全国有重大影响的案件；②认为应当由本院审理的案件。

2. 地域管辖

地域管辖是指法院内部同级不同区域之间受理第一审民事案件的分工和权限。地域管辖确定的依据是各法院的辖区和案件的隶属关系。具体有以下几种。

1) 一般地域管辖

一般地域管辖是指以当事人的所在地与法院的隶属关系来确定诉讼管辖。

一般地域管辖的原则规定被称为“原告就被告”：即对公民提起的民事诉讼，由被告住所地人民法院管辖；被告住所地与经常居住地不一致的，由经常居住地人民法院管辖。

2) 特殊地域管辖

特殊地域管辖是指不仅是以被告所在地，而且还以引起诉讼的法律事实的所在地、诉讼标的物所在地作为诉讼的管辖法院。

属地特殊地域管辖的诉讼由法律作了明确的规定：如因合同纠纷提起的诉讼，由被告住所地或者合同履行地法院管辖；因侵权行为提起的诉讼，由侵权行为地或被告住所地法院管辖；因铁路、公路、水上、航空事故请求损失赔偿提起的诉讼，由事故发生地或车辆、船舶最先到达地、航空器最先降落地或被告住所地法院管辖等。

3) 专属管辖

专属管辖是指特殊案件由特定的法院管辖。

属于专属管辖的诉讼包括：因不动产纠纷提起的诉讼，由不动产所在地法院管辖；因港口作业发生纠纷提起的诉讼，由港口所在地法院管辖；因继承遗产纠纷提起的诉讼，由被继承人死亡时住所地或者主要遗产所在地人民法院管辖。

4) 协议管辖

合同或者其他财产权益纠纷的当事人可以书面协议选择被告住所地、合同履行地、合同签订地、原告住所地、标的物所在地等与争议有实际联系的地点的人民法院管辖，但不得违反本法对级别管辖和专属管辖的规定。

3. 管辖恒定

管辖恒定，是指确定案件的管辖权，以起诉时为标准，起诉时对案件享有管辖权的法院，不因确定管辖的事实在诉讼过程中发生变化而影响其管辖权。

管辖恒定反映了诉讼经济的要求。它既可以避免管辖变动造成的司法资源的浪费；又可以减少当事人讼累，使诉讼尽快了结。

三、诉讼程序

1. 起诉和受理

1) 起诉的条件

第一，原告与其案件存在着法律上的利害关系，否则，不能成为案件的原告。

第二，有明确的被告。除非讼案件外，原告起诉必须明确指出侵犯其民事权益或与其发生民事权益争议的被告是谁，如果没有明确具体的被告，诉讼程序就无从进行，法院也无法对案件进行审理。

第三，有具体的诉讼请求、事实和理由。原告起诉必须明确指出要求人民法院保护其民事权益的内容，对被告实体权利请求的内容，以及提出诉讼请求的事实依据和理由，这是起诉中的核心内容。

第四，属于人民法院受理民事诉讼的范围和受诉人民法院管辖。即原告提起的诉讼应当属于人民法院行使审判权的范围和受诉法院的管辖范围，否则法院无权对案件进行审理。

起诉必须同时具备上述四个条件。

2) 起诉的方式和内容

起诉，以书面起诉为原则，以口头起诉为例外。

起诉状应当写明：①原告的姓名、性别、年龄、民族、职业、工作单位、住所、联系方式，法人或者其他组织的名称、住所和法定代表人或者主要负责人的姓名、职务、联系方式；②被告的姓名、性别、工作单位、住所等信息，法人或者其他组织的名称、住所等信息；③诉讼请求和所根据的事实与理由；④证据和证据来源，证人姓名和住所。再写明受诉法院的名称、起诉的时间、起诉人签名或盖章。

3) 人民法院对起诉的审查与受理

受理是指人民法院通过对当事人的起诉，进行审查，对符合法律规定条件的，决定立案审理的行为。

人民法院审查起诉主要从三个方面进行：一是要审查原告的起诉是否属于法院受理民事诉讼的范围，是否属于受诉法院的管辖；二是要审查起诉是否符合法定的四个条件；三是要审查起诉手续是否完备，起诉书内容是否明确具体。

【知识拓展】

诉讼时效

诉讼时效是指权利人在法定期间内不行使权利即丧失请求人民法院依法保护其民事权利的法律制度。诉讼时效适用于债权请求权。

诉讼时效届满，权利人的胜诉权消灭。注意，时效期间届满以后，权利人丧失的是胜诉权，而不是起诉权。胜诉权消灭以后，实体权利本身并没有消灭，只是该权利失去了国家强制力的保护，而成为一种自然权利。"超过诉讼时效期间，当事人自愿履行的，不受诉讼时效限制"。

2. 开庭审理

开庭审理是指在人民法院审判人员的主持下，在当事人和其他诉讼参与人的参加下，在法院固定的法庭上或法律允许设置的法庭上，依照法定的程式和顺序，对案件进行实体审理，从而查明案件事实、分清是非，并在此基础上，对案件作出裁判的全部过程。

开庭审理是普通程序中最重要和最中心的环节，是当事人行使诉权进行诉讼活动和人民法院行使审判权进行审判活动最集中、最生动的体现。开庭审理由几个既相对独立又相互联系的阶段组成。

1) 开庭审理前的准备

为了保证开庭审理的顺利进行，人民法院在开庭前应当进行必要的准备工作，具体如下。

人民法院确定开庭日期后，应当在开庭 3 日前通知当事人和其他的诉讼参与人。通知当事人用传票，通知其他的诉讼参与人应当用通知书。如果受诉法院没有在开庭 3 日前告知当事人和其他的诉讼参与人，当事人以及其他的诉讼参与人有权不出庭，法院对此不能采用拘传、视为撤诉、缺席判决等方法处理。

对于公开审理的案件，人民法院应当在开庭审理前 3 日发布公告，公告当事人的姓名、案由以及开庭的时间、地点，以便群众旁听，记者采访、报道等。

2) 开庭审理

依照普通程序开庭审理案件，必须严格按照法定的阶段和顺序进行。

一是准备开庭。

二是法庭调查。即在法庭上通过展示与案件有关的所有证据，对案件事实进行全面的调查，从而为进入开庭审理的下一个阶段做好准备。法庭调查是开庭审理的重要阶段。其任务是审查核实各种诉讼证据，对案件进行直接的、全面的调查。

法庭调查按下列顺序进行：当事人陈述，即由当事人对自己的主张及其所根据的事实和理由加以陈述：证人出庭作证，凡是了解案情的人都有义务作证，出示书证、物证和视听资料；宣读鉴定结论；宣读勘验笔录。

在法庭调查阶段，当事人可以在法庭上提出新的证据，也可要求法院重新调查证据。证据必须经过庭审质证，未经庭审质证的证据，不能作为定案的根据。

三是法庭辩论。即双方当事人及其诉讼代理人充分行使自己的辩论权，在法庭上就有争议的事实和法律问题进行辩驳和论证。法庭辩论是开庭审理的重要阶段之一，是民事诉讼辩论原则在普通程序中最集中、最生动的体现。法庭辩论的任务是通过双方当事人及其诉讼代理人的言辞辩论，对有争议的问题逐一进行审查和核实，以查明案件的客观、真实情况，为明确是非责任，正确适用法律奠定基础。作为定案依据的所有证据，都必须经过法庭的辩论和质证。

此外，法庭辩论终结后，法院作出判决前，对于能够调解的，可以在事实清楚、是非明确的基础上再进行调解。调解不成的，应当及时判决。

四是评议和宣判。即由合议庭的人员在法庭调查和法庭辩论的基础上，认定案件事实，确定适用的法律，最后宣告案件的审理结果。这是开庭审理的最后阶段。

3) 审理期限

审理期限是指某一案件从人民法院立案受理到作出裁判的法定期间。

依照现行民事诉讼法的有关规定，适用普通程序审理的案件，人民法院应当在立案之日起 6 个月内审结。有特殊情况需要延长的，报请院长批准，批准延长的期限，最长不超过 6 个月；在上述期限内还未审结，需要延长的，则由受诉法院报请上级法院批准，延长的期限，由上级法院决定。

3. 提起上诉

上诉的提起是指当事人对一审法院裁判不服，向该法院的上一级法院依法提起上诉的行为。提起上诉必须具备一定的条件，并遵守一定的程序。

1) 提起上诉的条件

提起上诉的条件是指提起上诉必须具备的要件，包括实质要件和形式要件两个方面。

上诉的实质要件，即哪些裁判可以上诉。换言之，即对哪些裁判，法律赋予了当事人上诉的权利。根据我国现行民事诉讼法的规定，可以上诉的判决包括：地方各级人民法院适用普通程序和简易程序审理后作出的第一审判决，第二审法院发回重审后的判决，以及按照第一审程序对案件再审作出的判决。可以上诉的裁定包括：不予受理的裁定、对管辖权有异议的裁定以及驳回起诉裁定。除此之外，按特别程序审理后作出的裁判，第二审法院的终审裁判以及最高法院的一审裁判，都是不能上诉的裁判，当事人不能对它们提起上诉。

上诉的形式要件，即指提起上诉在形式上必须具备的要件。它主要包括以下几个方面。

一是上诉人和被上诉人。提起上诉，首先必须有上诉人和被上诉人，并且上诉人和被上诉人必须合法。上诉人是享有上诉权的人，被上诉人是上诉人的对方当事人。凡是在第一审程序中具有实体权利的当事人都可能成为上诉人或被上诉人。

二是上诉期间。上诉期间又称上诉期，是指法律规定的可以行使上诉权的期限。我国现行民事诉讼法对判决和裁定的上诉期间作了不同的规定。根据法律的有关规定，不服判决的上诉期间为 15 日；不服裁定的上诉期间为 10 日，从裁判送达之次日起计算。只有当双方当事人的上诉期都届满后，双方均未提起上诉的裁判才发生法律效力。

三是上诉状。当事人不服一审法院作出的裁判，提起上诉时，必须递交上诉状。上诉状是表明当事人表示不服一审法院的裁判，请求二审法院变更原审裁判的根据，是一种重要的诉讼文书。它不仅要求上级法院确认自己的权利，而且要求改变或者撤销原审法院的裁判，通过变更裁判维护自己的合法权益。

2) 提起上诉的程序

当事人不服一审法院的裁判，提起上诉的，原则上应向原审法院提交上诉状，同时也允许当事人直接向二审法院提起上诉。不论向哪个法院提出上诉，最终都要由二审法院依二审程序进行审理，上诉途径并不会影响终审裁判。

3) 上诉的受理

当事人提起上诉，符合法定的上诉条件的，均应受理。

原审法院收到上诉状和答辩状后，应当在5日内连同全部案卷和证据，报送二审法院。至此，案件全部脱离一审法院，诉讼法律关系在一审全部结束，而由二审法院对案件进行审理，产生二审的诉讼法律关系。

4) 上诉的撤回

上诉的撤回是指上诉人依法提起上诉后，在二审法院作出裁判前，要求撤回自己上诉的诉讼制度。撤回上诉是当事人行使自己的处分权的具体体现，意味着对一审法院裁判的承认。

但当事人应当依法撤回上诉，即撤回上诉应当获得法院的准许。二审法院如果认为一审法院的裁判确有错误或者原审法院违反法定程序，可能影响案件正确裁判，需要改判或者发回重审的都不应准许其撤诉。二审法院裁定上诉人不准撤回上诉的，诉讼继续进行；裁定准许撤回上诉的，二审程序即告终结，同时一审法院的裁判发生法律效力。

四、诉讼中的证明

民事诉讼中的证明，是法院和当事人运用证据确定案件事实的活动。

证明是诉讼活动的重要组成部分。对于诉讼当事人来说，证明的目的是说服法院，使法院相信其关于案件事实的主张，从而作出有利于自己的裁判；对于法院来说，证明的目的是确定有争议的案件事实的真伪，获得裁判的事实根据。

1. 民事证据

民事证据是指在民事诉讼中能够证明、认定案件的事实而提出的根据。民事证据应当具有客观性、关联性、合法性。

民事证据主要有书证、当事人陈述、视听资料、证人证言、鉴定结论、勘验笔录等。

2. 举证

举证是当事人向人民法院提供证据的活动。一般依照“谁主张谁举证”的原则，由主张者提出相应的证据。

举证的方式主要有以下两种。

(1) 实际提交证据。当证据为当事人占有或控制，而又能够将它们提交人民法院时，应采用实际提交的方式。

(2) 提供证据来源或线索。有的证据虽然由举证一方当事人占有，但由于体积庞大或固定于某一地点而无法实际提交，对这样的证据，当事人只能向人民法院说明证据的基本情况后申请人民法院进行勘验；有的证据，从性质上无法采用实际提交的方式，有的证据，由对方当事人或第三人占有或控制，举证一方当事人无法获得这些证据，因而只能提供证据线索后申请人民法院调取。

举证的时间包括开始的时间和终止的时间。对举证的时间，我国民事诉讼法未作明确规定，但从审判实务看，当事人从提起诉讼到法庭辩论终结都可以向人民法院提供证据。

【小知识】

证据突袭

所谓“证据突袭”，是指有的当事人或诉讼代理人在起诉状和答辩状中故意隐瞒开庭前已掌握的证据，等到法庭调查时，突然出示某些关键性的证据，以便使对方措手不及。

在提供证据的时间问题上，人民法院还应注意防止“证据突袭”。“证据突袭”既损害了对方当事人的利益，也干扰了人民法院的审理活动。

3. 质证

质证，是指诉讼当事人、诉讼代理人在法庭的主持下，对所提供的证据进行宣读、展示、辨认、质疑、说明、辩驳等活动。质证是人民法院审查核实证据的基础性程序。

质证的主体是当事人和诉讼代理人，当事人包括原告、被告、第三人等。质证的客体是进入诉讼程序的各种证据，既包括当事人向法庭提供的证据，又包括人民法院依职权调查收集的证据。

证据应当在法庭上出示，并由当事人互相质证。未经庭审质证的证据，不得作为定案的根据。可见，质证既是当事人、诉讼代理人之间相互审验对方提供的证据的过程，又是帮助法庭鉴别、判断证据的活动；对于人民法院来说，质证既是将证据材料转化为诉讼证据的一个必经的环节，也是审查核实证据的法定方式。

质证的程序一般包括以下三个步骤。

(1) 出示证据。质证开始于一方当事人向法庭和对方当事人出示证据；出示的方式包括宣读、展示、播放等。

(2) 辨认证据。一方当事人出示证据后，由另一方进行辨认。辨认的意义在于了解另一方当事人对所出示证据的态度，以便决定是否需要继续进行质证；辨认的结果分为认可和不予认可两种。

(3) 对证据质询和辩驳。一方出示的证据被另一方否认后，否认一方当事人就要向法庭说明否认的理由。否认的理由包括指出对方出示的证据是伪造或变造的、对方出示的证据是采用违法手段收集的，说明对方提出的证人与该当事人有亲属关系或其他密切关系等。

质证一般采用一证一质，逐个进行的方法，也可以采用其他灵活的方法，当案件具有两个以上独立存在的事实或诉讼请求时，法庭可以要求当事人逐项陈述，逐个出示证据并分别进行质证。

4. 认证

认证，是指法庭对经过质证的各种证据材料作出判断和决定，确认其能否作为认定案件事实的根据。

认证不同于对案件事实的认定。首先，认证一般发生在法庭调查阶段，而对案件事实的认定往往发生在法庭辩论终结后的评议阶段；其次，认证是对证据材料是否具有三性(客观性、关联性、合法性)的确认，是对证据能力的认定，而不是对证据证明力的大小的最终判断，而对案件事实的认定，势必要涉及对证明力的判断；最后，认证是对单个证据的认

定，而对案件事实的认定，需要对全部证据的证明力进行综合判断。

认证的标准是什么？认证的标准指法庭评价证据材料能否成为诉讼证据的标准。由于证据材料成为证据须具备客观性、关联性和合法性，这三性也就成为认证的标准。

认证应当注意从以下几个方面进行：一是证据取得的方式；二是证据形成的原因；三是证据的形式；另外，还要考查提供证据者的情况及其与本案的关系，书证是否系原件，物证是否系原物，复印件或者复制品是否与原件、原物的内容和形式及其他特征相符合等。

5. 事实的认定

对事实的认定是指审判人员在法庭评议阶段，综合本案全部证据的证明力，对当事人争议的实体法上的事实存在与否作出判断。

对事实的认定包括认定争议事实的真实或对争议事实不予认定两种情形：当审判人员认为本证的证明力已符合证明标准，心中已产生了争议事实为真的确信后，就可以认定这一事实存在。反之，如果认为本证的证明力弱，或者反证证明力与本证的证明力不相上下甚至超过本证，审判人员不相信当事人主张的事实为真或者仍难以判断真伪，就可以以证据不足为理由对争议事实不予认定。

【课堂讨论】

居住在甲市A区的张某从事汽车修理业，其所开的汽车修理铺位于甲市B区。2002年1月，张某为客户孙某(居住在甲市C区)修理一辆捷达车。修好后，张某按照工作程序要求在汽车修理铺前试车时，不慎将车撞到了一棵大树上，造成汽车报废，张某自己没有受伤。双方就如何赔偿该汽车损失发生纠纷，未能达成协议。现孙某拟向法院起诉。

问题:

(1) 哪些法院对本案有管辖权？

(2) 就此同一纠纷，若孙某向有管辖权的法院都提起诉讼，应如何确定案件的管辖法院？

(3) 若有管辖权的法院之间就本案管辖权问题发生了争议，应如何确定管辖法院？

课 后 作 业

一、单项选择题

1. 王某以借款纠纷为由起诉吴某。经审理，法院认为该借款关系不存在，王某交付吴某的款项为应支付的货款，王某与吴某之间存在买卖关系而非借用关系。法院向王某作出说明，但王某坚持己见，不予变更诉讼请求和理由。法院遂作出裁定，驳回王某的诉讼请求。关于本案，下列哪一说法是正确的？(　　)

　A. 法院违反了不告不理原则　　B. 法院适用裁判形式错误

　C. 法院违反了辩论原则　　D. 法院违反了处分原则

2. 关于回避，下列哪一说法是正确的？(　　)

　A. 当事人申请担任审判长的审判人员回避的，应由审委会决定

　B. 当事人申请陪审员回避的，应由审判长决定

　C. 法院驳回当事人的回避申请，当事人不服而申请复议，复议期间被申请回避人

不停止参与本案的审理工作

D. 如当事人申请法院翻译人员回避，可由合议庭决定

3. 关于合议庭评议案件，下列哪一表述是正确的？（ ）

A. 审判长意见与多数意见不同的，以其意见为准判决

B. 陪审员意见得到支持、形成多数的，可按该意见判决

C. 合议庭意见存在分歧的，也可提交院长审查决定

D. 审判人员的不同意见均须写入笔录

4. 某省甲市A区法院受理一起保管合同纠纷案件，根据被告管辖权异议，A区法院将案件移送该省乙市B区法院审理。乙市B区法院经审查认为，A区法院移送错误，本案应归甲市A区法院管辖，发生争议。关于乙市B区法院的做法，下列哪一选项是正确的？（ ）

A. 将案件退回甲市A区法院

B. 将案件移送同级第三方法院管辖

C. 报请乙市中级法院指定管辖

D. 与甲市A区法院协商不成，报请该省高级法院指定管辖

5. 甲为有独立请求权第三人，乙为无独立请求权第三人，关于甲、乙诉讼权利和义务，下列哪一说法是正确的？（ ）

A. 甲只能以起诉的方式参加诉讼，乙以申请或经法院通知的方式参加诉讼

B. 甲具有当事人的诉讼地位，乙不具有当事人的诉讼地位

C. 甲的诉讼行为可对本诉的当事人发生效力，乙的诉讼行为对本诉的当事人不发生效力

D. 任何情况下，甲有上诉权，而乙无上诉权

二、多项选择题

1. 关于再审程序的说法，下列哪些选项是正确的？（ ）

A. 在再审中，当事人提出新的诉讼请求的，原则上法院应根据自愿原则进行调解，调解不成的告知其另行起诉

B. 在再审中，当事人增加诉讼请求的，原则上法院应根据自愿原则进行调解，调解不成的裁定发回重审

C. 按照第一审程序再审案件时，经法院许可原审原告可撤回起诉

D. 在一定条件下，案外人可申请再审

2. 周某与某书店因十几本工具书损毁发生纠纷，书店向法院起诉，并向法院提交了被损毁图书以证明遭受的损失。关于本案被损毁图书，属于下列哪些类型的证据？（ ）

A. 直接证据　　B. 间接证据　　C. 书证　　D. 物证

3. 住所位于我国A市B区的甲公司与美国乙公司在我国M市N区签订了一份买卖合同，美国乙公司在我国C市D区设有代表处。甲公司因乙公司提供的产品质量问题诉至法院。关于本案，下列哪些选项是正确的？（ ）

A. M市N区法院对本案有管辖权

B. C市D区法院对本案有管辖权

C. 法院向乙公司送达时，可向乙公司设在C市D区的代表处送达

D. 如甲公司不服一审判决，应当在一审判决书送达之日起十五日内提起上诉

4. 关于适用简易程序的表述，下列哪些选项是正确的？(　　)

A. 基层法院适用普通程序审理的民事案件，当事人双方可协议并经法院同意适用简易程序审理

B. 经双方当事人一致同意，法院制作判决书时可对认定事实或者判决理由部分适当简化

C. 法院可口头方式传唤当事人出庭

D. 当事人对案件事实无争议的，法院可不开庭径行判决

5. 王某与钱某系夫妻，因感情不和王某提起离婚诉讼，一审法院经审理判决不准予离婚。王某不服提出上诉，二审法院经审理认为应当判决离婚，并对财产分割与子女抚养一并作出判决。关于二审法院的判决，下列哪些选项违反了《民事诉讼法》的原则或制度？(　　)

A. 处分原则　　B. 辩论原则　　C. 两审终审制度　　D. 回避制度

三、判断题

1. 当事人超过诉讼时效期间起诉的，人民法院不应受理。(　　)

2. 民事判决生效后即具有执行力。(　　)

3. 诉讼中的调解活动可以在诉讼开始之后到法院做出判决之前的任何阶段进行。(　　)

4. 按简易程序审理的案件，不得适用普通程序的有关规定。(　　)

5. 因为有独立请求权的第三人是以起诉的方式参加诉讼的，因此在诉讼中其地位相当于原告。(　　)

四、案例分析

甲省A县大力公司与乙省B县铁成公司，在丙省C县签订煤炭买卖合同，由大力公司向铁成公司出售3000吨煤炭，交货地点为C县。双方约定，因合同所引起的纠纷，由A县法院或C县法院管辖。

合同履行中，为便于装船运输，铁成公司电话告知大力公司交货地点改为丁省D县，大力公司同意。大力公司经海运向铁成公司发运2000吨煤炭，存放于铁成公司在D县码头的货场。大力公司依约要求铁成公司支付已发煤款遭拒，遂决定暂停发运剩余1000吨煤炭。

在与铁成公司协商无果的情况下，大力公司向D县法院提起诉讼，要求铁成公司支付货款并请求解除合同。审理中，铁成公司辩称并未收到2000吨煤炭，要求驳回原告诉讼请求。大力公司向法院提交了铁成公司员工季某(季某是铁成公司的业务代表)向大力公司出具的收货确认书，但该确认书是季某以长远公司业务代表名义出具的。经查，长远公司并不存在，季某承认长远公司为其杜撰。据此，一审法院追加季某为被告。经审理，一审法院判决铁成公司向大力公司支付货款，季某对此承担连带责任。

铁成公司不服一审判决提起上诉，要求撤销一审判决中关于责令自己向大力公司支付货款的内容，大力公司、季某均未上诉。经审理，二审法院判决撤销一审判决，驳回原告要求被告支付货款并解除合同的诉讼请求。

二审判决送达后第10天，大力公司负责该业务的黎某在其手机中偶然发现，自己存有与季某关于2000吨煤炭验收、付款及剩余煤炭发运等事宜的谈话录音，明确记录了季某代

表铁成公司负责此项煤炭买卖的有关情况，大力公司遂向法院申请再审，坚持要求铁成公司支付货款并解除合同的请求。

问题：

(1) 本案哪个(些)法院有管辖权？为什么？

(2) 一审法院在审理中存在什么错误？为什么？

(3) 分析二审当事人的诉讼地位。

(4) 二审法院的判决有何错误？为什么？

(5) 大力公司可以向哪个(些)法院申请再审？

(6) 法院对大力公司提出的再审请求如何处理？为什么？

本章小结

仲裁是指争议当事人根据协议，将发生的争议提交仲裁委员会进行裁决的争议解决制度和方式。根据仲裁法的规定，平等主体的公民、法人和其他组织之间发生的合同纠纷和其他财产权益纠纷，可以仲裁。在我国，只能采取机构仲裁的方式。

我国仲裁法所规定的基本原则包括自愿原则、根据事实、符合法律规定、公平合理解决纠纷的原则、独立仲裁原则等；基本制度包括协议仲裁制度、或裁或审制度、一裁终局制度。

仲裁协议是仲裁的前提。仲裁协议是指双方当事人自愿将他们之间已经发生或者可能发生的争议提交仲裁解决的书面协议。仲裁协议应当载明请求仲裁的意思表示、仲裁事项、选定的仲裁委员会等。

民事诉讼是指法院在当事人和其他诉讼参与人的参加下，以审理、判决、执行等方式解决民事纠纷的活动以及由这些活动产生的各种诉讼关系的总和。民事诉讼法在我国法律体系中属于基本法律。

民事诉讼法有其特有的基本原则，包括当事人平等原则、法院调解自愿和合法的原则、辩论原则、处分原则等。民事诉讼法的基本制度包括合议制度、回避制度、公开审判制度、两审终审制度等。

民事诉讼中，一审的案件具体应当分配到哪个法院，属于管辖制度的问题，涉及级别管辖、地域管辖；当事人起诉应当具备四项基本条件，即原告与其案件存在着法律上的利害关系、有明确的被告、有具体的诉讼请求、事实和理由并属于人民法院受理民事诉讼的范围和受诉人民法院管辖。

开庭审理是普通程序中最重要和最中心的环节，包括法庭调查、法庭辩论、法庭调解、法庭评议和宣判等阶段。当事人有提供证据的义务。法庭在庭审过程中，通过举证、质证、认证等过程来确定案件事实。对于一审法院的裁判，当事人不服的，可以提起上诉。

附　录

其他经济法律选介

附录一　《中华人民共和国民法典·总则》

(2020 年 5 月 28 日第十三届全国人民代表大会第三次会议通过)

目　录

第一编　总　则

第一章　基本规定

第一条　为了保护民事主体的合法权益，调整民事关系，维护社会和经济秩序，适应中国特色社会主义发展要求，弘扬社会主义核心价值观，根据宪法，制定本法。

第二条　民法调整平等主体的自然人、法人和非法人组织之间的人身关系和财产关系。

第三条　民事主体的人身权利、财产权利以及其他合法权益受法律保护，任何组织或

者个人不得侵犯。

第四条　民事主体在民事活动中的法律地位一律平等。

第五条　民事主体从事民事活动，应当遵循自愿原则，按照自己的意思设立、变更、终止民事法律关系。

第六条　民事主体从事民事活动，应当遵循公平原则，合理确定各方的权利和义务。

第七条　民事主体从事民事活动，应当遵循诚信原则，秉持诚实，恪守承诺。

第八条　民事主体从事民事活动，不得违反法律，不得违背公序良俗。

第九条　民事主体从事民事活动，应当有利于节约资源、保护生态环境。

第十条　处理民事纠纷，应当依照法律；法律没有规定的，可以适用习惯，但是不得违背公序良俗。

第十一条　其他法律对民事关系有特别规定的，依照其规定。

第十二条　中华人民共和国领域内的民事活动，适用中华人民共和国法律。法律另有规定的，依照其规定。

第二章　自然人

第一节　民事权利能力和民事行为能力

第十三条　自然人从出生时起到死亡时止，具有民事权利能力，依法享有民事权利，承担民事义务。

第十四条　自然人的民事权利能力一律平等。

第十五条　自然人的出生时间和死亡时间，以出生证明、死亡证明记载的时间为准；没有出生证明、死亡证明的，以户籍登记或者其他有效身份登记记载的时间为准。有其他证据足以推翻以上记载时间的，以该证据证明的时间为准。

第十六条　涉及遗产继承、接受赠与等胎儿利益保护的，胎儿视为具有民事权利能力。但是，胎儿娩出时为死体的，其民事权利能力自始不存在。

第十七条　十八周岁以上的自然人为成年人。不满十八周岁的自然人为未成年人。

第十八条　成年人为完全民事行为能力人，可以独立实施民事法律行为。

十六周岁以上的未成年人，以自己的劳动收入为主要生活来源的，视为完全民事行为能力人。

第十九条　八周岁以上的未成年人为限制民事行为能力人，实施民事法律行为由其法定代理人代理或者经其法定代理人同意、追认；但是，可以独立实施纯获利益的民事法律行为或者与其年龄、智力相适应的民事法律行为。

第二十条　不满八周岁的未成年人为无民事行为能力人，由其法定代理人代理实施民事法律行为。

第二十一条　不能辨认自己行为的成年人为无民事行为能力人，由其法定代理人代理实施民事法律行为。

八周岁以上的未成年人不能辨认自己行为的，适用前款规定。

第二十二条　不能完全辨认自己行为的成年人为限制民事行为能力人，实施民事法律行为由其法定代理人代理或者经其法定代理人同意、追认；但是，可以独立实施纯获利益的民事法律行为或者与其智力、精神健康状况相适应的民事法律行为。

第二十三条　无民事行为能力人、限制民事行为能力人的监护人是其法定代理人。

第二十四条　不能辨认或者不能完全辨认自己行为的成年人，其利害关系人或者有关组织，可以向人民法院申请认定该成年人为无民事行为能力人或者限制民事行为能力人。

被人民法院认定为无民事行为能力人或者限制民事行为能力人的，经本人、利害关系人或者有关组织申请，人民法院可以根据其智力、精神健康恢复的状况，认定该成年人恢复为限制民事行为能力人或者完全民事行为能力人。

本条规定的有关组织包括：居民委员会、村民委员会、学校、医疗机构、妇女联合会、残疾人联合会、依法设立的老年人组织、民政部门等。

第二十五条　自然人以户籍登记或者其他有效身份登记记载的居所为住所；经常居所与住所不一致的，经常居所视为住所。

第二节　监护

第二十六条　父母对未成年子女负有抚养、教育和保护的义务。

成年子女对父母负有赡养、扶助和保护的义务。

第二十七条　父母是未成年子女的监护人。

未成年人的父母已经死亡或者没有监护能力的，由下列有监护能力的人按顺序担任监护人：

(一)祖父母、外祖父母；

(二)兄、姐；

(三)其他愿意担任监护人的个人或者组织，但是须经未成年人住所地的居民委员会、村民委员会或者民政部门同意。

第二十八条　无民事行为能力或者限制民事行为能力的成年人，由下列有监护能力的人按顺序担任监护人：

(一)配偶；

(二)父母、子女；

(三)其他近亲属；

(四)其他愿意担任监护人的个人或者组织，但是须经被监护人住所地的居民委员会、村民委员会或者民政部门同意。

第二十九条　被监护人的父母担任监护人的，可以通过遗嘱指定监护人。

第三十条　依法具有监护资格的人之间可以协议确定监护人。协议确定监护人应当尊重被监护人的真实意愿。

第三十一条　对监护人的确定有争议的，由被监护人住所地的居民委员会、村民委员会或者民政部门指定监护人，有关当事人对指定不服的，可以向人民法院申请指定监护人；有关当事人也可以直接向人民法院申请指定监护人。

居民委员会、村民委员会、民政部门或者人民法院应当尊重被监护人的真实意愿，按照最有利于被监护人的原则在依法具有监护资格的人中指定监护人。

依据本条第一款规定指定监护人前，被监护人的人身权利、财产权利以及其他合法权益处于无人保护状态的，由被监护人住所地的居民委员会、村民委员会、法律规定的有关组织或者民政部门担任临时监护人。

监护人被指定后，不得擅自变更；擅自变更的，不免除被指定的监护人的责任。

第三十二条　没有依法具有监护资格的人的，监护人由民政部门担任，也可以由具备履行监护职责条件的被监护人住所地的居民委员会、村民委员会担任。

第三十三条　具有完全民事行为能力的成年人，可以与其近亲属、其他愿意担任监护人的个人或者组织事先协商，以书面形式确定自己的监护人，在自己丧失或者部分丧失民事行为能力时，由该监护人履行监护职责。

第三十四条　监护人的职责是代理被监护人实施民事法律行为，保护被监护人的人身权利、财产权利以及其他合法权益等。

监护人依法履行监护职责产生的权利，受法律保护。

监护人不履行监护职责或者侵害被监护人合法权益的，应当承担法律责任。

因发生突发事件等紧急情况，监护人暂时无法履行监护职责，被监护人的生活处于无人照料状态的，被监护人住所地的居民委员会、村民委员会或者民政部门应当为被监护人安排必要的临时生活照料措施。

第三十五条　监护人应当按照最有利于被监护人的原则履行监护职责。监护人除为维护被监护人利益外，不得处分被监护人的财产。

未成年人的监护人履行监护职责，在作出与被监护人利益有关的决定时，应当根据被监护人的年龄和智力状况，尊重被监护人的真实意愿。

成年人的监护人履行监护职责，应当最大限度地尊重被监护人的真实意愿，保障并协助被监护人实施与其智力、精神健康状况相适应的民事法律行为。对被监护人有能力独立处理的事务，监护人不得干涉。

第三十六条　监护人有下列情形之一的，人民法院根据有关个人或者组织的申请，撤销其监护人资格，安排必要的临时监护措施，并按照最有利于被监护人的原则依法指定监护人：

(一)实施严重损害被监护人身心健康的行为；

(二)怠于履行监护职责，或者无法履行监护职责且拒绝将监护职责部分或者全部委托给他人，导致被监护人处于危困状态；

(三)实施严重侵害被监护人合法权益的其他行为。

本条规定的有关个人、组织包括：其他依法具有监护资格的人，居民委员会、村民委员会、学校、医疗机构、妇女联合会、残疾人联合会、未成年人保护组织、依法设立的老年人组织、民政部门等。

前款规定的个人和民政部门以外的组织未及时向人民法院申请撤销监护人资格的，民政部门应当向人民法院申请。

第三十七条　依法负担被监护人抚养费、赡养费、扶养费的父母、子女、配偶等，被人民法院撤销监护人资格后，应当继续履行负担的义务。

第三十八条　被监护人的父母或者子女被人民法院撤销监护人资格后，除对被监护人实施故意犯罪的外，确有悔改表现的，经其申请，人民法院可以在尊重被监护人真实意愿的前提下，视情况恢复其监护人资格，人民法院指定的监护人与被监护人的监护关系同时终止。

第三十九条　有下列情形之一的，监护关系终止：

(一)被监护人取得或者恢复完全民事行为能力；

(二)监护人丧失监护能力；

(三)被监护人或者监护人死亡；

(四)人民法院认定监护关系终止的其他情形。

监护关系终止后，被监护人仍然需要监护的，应当依法另行确定监护人。

第三节 宣告失踪和宣告死亡

第四十条 自然人下落不明满二年的，利害关系人可以向人民法院申请宣告该自然人为失踪人。

第四十一条 自然人下落不明的时间自其失去音讯之日起计算。战争期间下落不明的，下落不明的时间自战争结束之日或者有关机关确定的下落不明之日起计算。

第四十二条 失踪人的财产由其配偶、成年子女、父母或者其他愿意担任财产代管人的人代管。

代管有争议，没有前款规定的人，或者前款规定的人无代管能力的，由人民法院指定的人代管。

第四十三条 财产代管人应当妥善管理失踪人的财产，维护其财产权益。

失踪人所欠税款、债务和应付的其他费用，由财产代管人从失踪人的财产中支付。

财产代管人因故意或者重大过失造成失踪人财产损失的，应当承担赔偿责任。

第四十四条 财产代管人不履行代管职责、侵害失踪人财产权益或者丧失代管能力的，失踪人的利害关系人可以向人民法院申请变更财产代管人。

财产代管人有正当理由的，可以向人民法院申请变更财产代管人。

人民法院变更财产代管人的，变更后的财产代管人有权请求原财产代管人及时移交有关财产并报告财产代管情况。

第四十五条 失踪人重新出现，经本人或者利害关系人申请，人民法院应当撤销失踪宣告。

失踪人重新出现，有权请求财产代管人及时移交有关财产并报告财产代管情况。

第四十六条 自然人有下列情形之一的，利害关系人可以向人民法院申请宣告该自然人死亡：

(一)下落不明满四年；

(二)因意外事件，下落不明满二年。

因意外事件下落不明，经有关机关证明该自然人不可能生存的，申请宣告死亡不受二年时间的限制。

第四十七条 对同一自然人，有的利害关系人申请宣告死亡，有的利害关系人申请宣告失踪，符合本法规定的宣告死亡条件的，人民法院应当宣告死亡。

第四十八条 被宣告死亡的人，人民法院宣告死亡的判决作出之日视为其死亡的日期；因意外事件下落不明宣告死亡的，意外事件发生之日视为其死亡的日期。

第四十九条 自然人被宣告死亡但是并未死亡的，不影响该自然人在被宣告死亡期间实施的民事法律行为的效力。

第五十条 被宣告死亡的人重新出现，经本人或者利害关系人申请，人民法院应当撤销死亡宣告。

第五十一条 被宣告死亡的人的婚姻关系，自死亡宣告之日起消除。死亡宣告被撤销的，婚姻关系自撤销死亡宣告之日起自行恢复。但是，其配偶再婚或者向婚姻登记机关书面声明不愿意恢复的除外。

第五十二条 被宣告死亡的人在被宣告死亡期间，其子女被他人依法收养的，在死亡宣告被撤销后，不得以未经本人同意为由主张收养行为无效。

第五十三条　被撤销死亡宣告的人有权请求依照本法第六编取得其财产的民事主体返还财产；无法返还的，应当给予适当补偿。

利害关系人隐瞒真实情况，致使他人被宣告死亡而取得其财产的，除应当返还财产外，还应当对由此造成的损失承担赔偿责任。

第四节　个体工商户和农村承包经营户

第五十四条　自然人从事工商业经营，经依法登记，为个体工商户。个体工商户可以起字号。

第五十五条　农村集体经济组织的成员，依法取得农村土地承包经营权，从事家庭承包经营的，为农村承包经营户。

第五十六条　个体工商户的债务，个人经营的，以个人财产承担；家庭经营的，以家庭财产承担；无法区分的，以家庭财产承担。

农村承包经营户的债务，以从事农村土地承包经营的农户财产承担；事实上由农户部分成员经营的，以该部分成员的财产承担。

第三章　法人

第一节　一般规定

第五十七条　法人是具有民事权利能力和民事行为能力，依法独立享有民事权利和承担民事义务的组织。

第五十八条　法人应当依法成立。

法人应当有自己的名称、组织机构、住所、财产或者经费。法人成立的具体条件和程序，依照法律、行政法规的规定。

设立法人，法律、行政法规规定须经有关机关批准的，依照其规定。

第五十九条　法人的民事权利能力和民事行为能力，从法人成立时产生，到法人终止时消灭。

第六十条　法人以其全部财产独立承担民事责任。

第六十一条　依照法律或者法人章程的规定，代表法人从事民事活动的负责人，为法人的法定代表人。

法定代表人以法人名义从事的民事活动，其法律后果由法人承受。

法人章程或者法人权力机构对法定代表人代表权的限制，不得对抗善意相对人。

第六十二条　法定代表人因执行职务造成他人损害的，由法人承担民事责任。

法人承担民事责任后，依照法律或者法人章程的规定，可以向有过错的法定代表人追偿。

第六十三条　法人以其主要办事机构所在地为住所。依法需要办理法人登记的，应当将主要办事机构所在地登记为住所。

第六十四条　法人存续期间登记事项发生变化的，应当依法向登记机关申请变更登记。

第六十五条　法人的实际情况与登记的事项不一致的，不得对抗善意相对人。

第六十六条　登记机关应当依法及时公示法人登记的有关信息。

第六十七条　法人合并的，其权利和义务由合并后的法人享有和承担。

法人分立的，其权利和义务由分立后的法人享有连带债权，承担连带债务，但是债权人和债务人另有约定的除外。

第六十八条　有下列原因之一并依法完成清算、注销登记的，法人终止：

(一)法人解散；

(二)法人被宣告破产；

(三)法律规定的其他原因。

法人终止，法律、行政法规规定须经有关机关批准的，依照其规定。

第六十九条　有下列情形之一的，法人解散：

(一)法人章程规定的存续期间届满或者法人章程规定的其他解散事由出现；

(二)法人的权力机构决议解散；

(三)因法人合并或者分立需要解散；

(四)法人依法被吊销营业执照、登记证书，被责令关闭或者被撤销；

(五)法律规定的其他情形。

第七十条　法人解散的，除合并或者分立的情形外，清算义务人应当及时组成清算组进行清算。

法人的董事、理事等执行机构或者决策机构的成员为清算义务人。法律、行政法规另有规定的，依照其规定。

清算义务人未及时履行清算义务，造成损害的，应当承担民事责任；主管机关或者利害关系人可以申请人民法院指定有关人员组成清算组进行清算。

第七十一条　法人的清算程序和清算组职权，依照有关法律的规定；没有规定的，参照适用公司法律的有关规定。

第七十二条　清算期间法人存续，但是不得从事与清算无关的活动。

法人清算后的剩余财产，按照法人章程的规定或者法人权力机构的决议处理。法律另有规定的，依照其规定。

清算结束并完成法人注销登记时，法人终止；依法不需要办理法人登记的，清算结束时，法人终止。

第七十三条　法人被宣告破产的，依法进行破产清算并完成法人注销登记时，法人终止。

第七十四条　法人可以依法设立分支机构。法律、行政法规规定分支机构应当登记的，依照其规定。

分支机构以自己的名义从事民事活动，产生的民事责任由法人承担；也可以先以该分支机构管理的财产承担，不足以承担的，由法人承担。

第七十五条　设立人为设立法人从事的民事活动，其法律后果由法人承受；法人未成立的，其法律后果由设立人承受，设立人为二人以上的，享有连带债权，承担连带债务。

设立人为设立法人以自己的名义从事民事活动产生的民事责任，第三人有权选择请求法人或者设立人承担。

第二节　营利法人

第七十六条　以取得利润并分配给股东等出资人为目的成立的法人，为营利法人。

营利法人包括有限责任公司、股份有限公司和其他企业法人等。

第七十七条　营利法人经依法登记成立。

第七十八条　依法设立的营利法人，由登记机关发给营利法人营业执照。营业执照签发日期为营利法人的成立日期。

第七十九条　设立营利法人应当依法制定法人章程。

第八十条　营利法人应当设权力机构。

权力机构行使修改法人章程，选举或者更换执行机构、监督机构成员，以及法人章程规定的其他职权。

第八十一条　营利法人应当设执行机构。

执行机构行使召集权力机构会议，决定法人的经营计划和投资方案，决定法人内部管理机构的设置，以及法人章程规定的其他职权。

执行机构为董事会或者执行董事的，董事长、执行董事或者经理按照法人章程的规定担任法定代表人；未设董事会或者执行董事的，法人章程规定的主要负责人为其执行机构和法定代表人。

第八十二条　营利法人设监事会或者监事等监督机构的，监督机构依法行使检查法人财务，监督执行机构成员、高级管理人员执行法人职务的行为，以及法人章程规定的其他职权。

第八十三条　营利法人的出资人不得滥用出资人权利损害法人或者其他出资人的利益；滥用出资人权利造成法人或者其他出资人损失的，应当依法承担民事责任。

营利法人的出资人不得滥用法人独立地位和出资人有限责任损害法人债权人的利益；滥用法人独立地位和出资人有限责任，逃避债务，严重损害法人债权人的利益的，应当对法人债务承担连带责任。

第八十四条　营利法人的控股出资人、实际控制人、董事、监事、高级管理人员不得利用其关联关系损害法人的利益；利用关联关系造成法人损失的，应当承担赔偿责任。

第八十五条　营利法人的权力机构、执行机构作出决议的会议召集程序、表决方式违反法律、行政法规、法人章程，或者决议内容违反法人章程的，营利法人的出资人可以请求人民法院撤销该决议。但是，营利法人依据该决议与善意相对人形成的民事法律关系不受影响。

第八十六条　营利法人从事经营活动，应当遵守商业道德，维护交易安全，接受政府和社会的监督，承担社会责任。

第三节　非营利法人

第八十七条　为公益目的或者其他非营利目的成立，不向出资人、设立人或者会员分配所取得利润的法人，为非营利法人。

非营利法人包括事业单位、社会团体、基金会、社会服务机构等。

第八十八条　具备法人条件，为适应经济社会发展需要，提供公益服务设立的事业单位，经依法登记成立，取得事业单位法人资格；依法不需要办理法人登记的，从成立之日起，具有事业单位法人资格。

第八十九条　事业单位法人设理事会的，除法律另有规定外，理事会为其决策机构。事业单位法人的法定代表人依照法律、行政法规或者法人章程的规定产生。

第九十条　具备法人条件，基于会员共同意愿，为公益目的或者会员共同利益等非营利目的设立的社会团体，经依法登记成立，取得社会团体法人资格；依法不需要办理法人登记的，从成立之日起，具有社会团体法人资格。

第九十一条　设立社会团体法人应当依法制定法人章程。

社会团体法人应当设会员大会或者会员代表大会等权力机构。

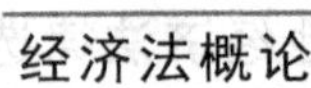

社会团体法人应当设理事会等执行机构。理事长或者会长等负责人按照法人章程的规定担任法定代表人。

第九十二条　具备法人条件，为公益目的以捐助财产设立的基金会、社会服务机构等，经依法登记成立，取得捐助法人资格。

依法设立的宗教活动场所，具备法人条件的，可以申请法人登记，取得捐助法人资格。法律、行政法规对宗教活动场所有规定的，依照其规定。

第九十三条　设立捐助法人应当依法制定法人章程。

捐助法人应当设理事会、民主管理组织等决策机构，并设执行机构。理事长等负责人按照法人章程的规定担任法定代表人。

捐助法人应当设监事会等监督机构。

第九十四条　捐助人有权向捐助法人查询捐助财产的使用、管理情况，并提出意见和建议，捐助法人应当及时、如实答复。

捐助法人的决策机构、执行机构或者法定代表人作出决定的程序违反法律、行政法规、法人章程，或者决定内容违反法人章程的，捐助人等利害关系人或者主管机关可以请求人民法院撤销该决定。但是，捐助法人依据该决定与善意相对人形成的民事法律关系不受影响。

第九十五条　为公益目的成立的非营利法人终止时，不得向出资人、设立人或者会员分配剩余财产。剩余财产应当按照法人章程的规定或者权力机构的决议用于公益目的；无法按照法人章程的规定或者权力机构的决议处理的，由主管机关主持转给宗旨相同或者相近的法人，并向社会公告。

第四节　特别法人

第九十六条　本节规定的机关法人、农村集体经济组织法人、城镇农村的合作经济组织法人、基层群众性自治组织法人，为特别法人。

第九十七条　有独立经费的机关和承担行政职能的法定机构从成立之日起，具有机关法人资格，可以从事为履行职能所需要的民事活动。

第九十八条　机关法人被撤销的，法人终止，其民事权利和义务由继任的机关法人享有和承担；没有继任的机关法人的，由作出撤销决定的机关法人享有和承担。

第九十九条　农村集体经济组织依法取得法人资格。

法律、行政法规对农村集体经济组织有规定的，依照其规定。

第一百条　城镇农村的合作经济组织依法取得法人资格。

法律、行政法规对城镇农村的合作经济组织有规定的，依照其规定。

第一百零一条　居民委员会、村民委员会具有基层群众性自治组织法人资格，可以从事为履行职能所需要的民事活动。

未设立村集体经济组织的，村民委员会可以依法代行村集体经济组织的职能。

第四章　非法人组织

第一百零二条　非法人组织是不具有法人资格，但是能够依法以自己的名义从事民事活动的组织。

非法人组织包括个人独资企业、合伙企业、不具有法人资格的专业服务机构等。

第一百零三条　非法人组织应当依照法律的规定登记。

设立非法人组织，法律、行政法规规定须经有关机关批准的，依照其规定。

第一百零四条　非法人组织的财产不足以清偿债务的，其出资人或者设立人承担无限责任。法律另有规定的，依照其规定。

第一百零五条　非法人组织可以确定一人或者数人代表该组织从事民事活动。

第一百零六条　有下列情形之一的，非法人组织解散：

(一)章程规定的存续期间届满或者章程规定的其他解散事由出现；

(二)出资人或者设立人决定解散；

(三)法律规定的其他情形。

第一百零七条　非法人组织解散的，应当依法进行清算。

第一百零八条　非法人组织除适用本章规定外，参照适用本编第三章第一节的有关规定。

第五章　民事权利

第一百零九条　自然人的人身自由、人格尊严受法律保护。

第一百一十条　自然人享有生命权、身体权、健康权、姓名权、肖像权、名誉权、荣誉权、隐私权、婚姻自主权等权利。

法人、非法人组织享有名称权、名誉权和荣誉权。

第一百一十一条　自然人的个人信息受法律保护。任何组织或者个人需要获取他人个人信息的，应当依法取得并确保信息安全，不得非法收集、使用、加工、传输他人个人信息，不得非法买卖、提供或者公开他人个人信息。

第一百一十二条　自然人因婚姻家庭关系等产生的人身权利受法律保护。

第一百一十三条　民事主体的财产权利受法律平等保护。

第一百一十四条　民事主体依法享有物权。

物权是权利人依法对特定的物享有直接支配和排他的权利，包括所有权、用益物权和担保物权。

第一百一十五条　物包括不动产和动产。法律规定权利作为物权客体的，依照其规定。

第一百一十六条　物权的种类和内容，由法律规定。

第一百一十七条　为了公共利益的需要，依照法律规定的权限和程序征收、征用不动产或者动产的，应当给予公平、合理的补偿。

第一百一十八条　民事主体依法享有债权。

债权是因合同、侵权行为、无因管理、不当得利以及法律的其他规定，权利人请求特定义务人为或者不为一定行为的权利。

第一百一十九条　依法成立的合同，对当事人具有法律约束力。

第一百二十条　民事权益受到侵害的，被侵权人有权请求侵权人承担侵权责任。

第一百二十一条　没有法定的或者约定的义务，为避免他人利益受损失而进行管理的人，有权请求受益人偿还由此支出的必要费用。

第一百二十二条　因他人没有法律根据，取得不当利益，受损失的人有权请求其返还不当利益。

第一百二十三条　民事主体依法享有知识产权。

知识产权是权利人依法就下列客体享有的专有的权利：

(一)作品；

(二)发明、实用新型、外观设计；

(三)商标；

(四)地理标志；

(五)商业秘密；

(六)集成电路布图设计；

(七)植物新品种；

(八)法律规定的其他客体。

第一百二十四条　自然人依法享有继承权。

自然人合法的私有财产，可以依法继承。

第一百二十五条　民事主体依法享有股权和其他投资性权利。

第一百二十六条　民事主体享有法律规定的其他民事权利和利益。

第一百二十七条　法律对数据、网络虚拟财产的保护有规定的，依照其规定。

第一百二十八条　法律对未成年人、老年人、残疾人、妇女、消费者等的民事权利保护有特别规定的，依照其规定。

第一百二十九条　民事权利可以依据民事法律行为、事实行为、法律规定的事件或者法律规定的其他方式取得。

第一百三十条　民事主体按照自己的意愿依法行使民事权利，不受干涉。

第一百三十一条　民事主体行使权利时，应当履行法律规定的和当事人约定的义务。

第一百三十二条　民事主体不得滥用民事权利损害国家利益、社会公共利益或者他人合法权益。

第六章　民事法律行为

第一节　一般规定

第一百三十三条　民事法律行为是民事主体通过意思表示设立、变更、终止民事法律关系的行为。

第一百三十四条　民事法律行为可以基于双方或者多方的意思表示一致成立，也可以基于单方的意思表示成立。

法人、非法人组织依照法律或者章程规定的议事方式和表决程序作出决议的，该决议行为成立。

第一百三十五条　民事法律行为可以采用书面形式、口头形式或者其他形式；法律、行政法规规定或者当事人约定采用特定形式的，应当采用特定形式。

第一百三十六条　民事法律行为自成立时生效，但是法律另有规定或者当事人另有约定的除外。

行为人非依法律规定或者未经对方同意，不得擅自变更或者解除民事法律行为。

第二节　意思表示

第一百三十七条　以对话方式作出的意思表示，相对人知道其内容时生效。

以非对话方式作出的意思表示，到达相对人时生效。以非对话方式作出的采用数据电文形式的意思表示，相对人指定特定系统接收数据电文的，该数据电文进入该特定系统时生效；未指定特定系统的，相对人知道或者应当知道该数据电文进入其系统时生效。当事

人对采用数据电文形式的意思表示的生效时间另有约定的，按照其约定。

第一百三十八条　无相对人的意思表示，表示完成时生效。法律另有规定的，依照其规定。

第一百三十九条　以公告方式作出的意思表示，公告发布时生效。

第一百四十条　行为人可以明示或者默示作出意思表示。

沉默只有在有法律规定、当事人约定或者符合当事人之间的交易习惯时，才可以视为意思表示。

第一百四十一条　行为人可以撤回意思表示。撤回意思表示的通知应当在意思表示到达相对人前或者与意思表示同时到达相对人。

第一百四十二条　有相对人的意思表示的解释，应当按照所使用的词句，结合相关条款、行为的性质和目的、习惯以及诚信原则，确定意思表示的含义。

无相对人的意思表示的解释，不能完全拘泥于所使用的词句，而应当结合相关条款、行为的性质和目的、习惯以及诚信原则，确定行为人的真实意思。

第三节　民事法律行为的效力

第一百四十三条　具备下列条件的民事法律行为有效：

(一)行为人具有相应的民事行为能力；

(二)意思表示真实；

(三)不违反法律、行政法规的强制性规定，不违背公序良俗。

第一百四十四条　无民事行为能力人实施的民事法律行为无效。

第一百四十五条　限制民事行为能力人实施的纯获利益的民事法律行为或者与其年龄、智力、精神健康状况相适应的民事法律行为有效；实施的其他民事法律行为经法定代理人同意或者追认后有效。

相对人可以催告法定代理人自收到通知之日起三十日内予以追认。法定代理人未作表示的，视为拒绝追认。民事法律行为被追认前，善意相对人有撤销的权利。撤销应当以通知的方式作出。

第一百四十六条　行为人与相对人以虚假的意思表示实施的民事法律行为无效。

以虚假的意思表示隐藏的民事法律行为的效力，依照有关法律规定处理。

第一百四十七条　基于重大误解实施的民事法律行为，行为人有权请求人民法院或者仲裁机构予以撤销。

第一百四十八条　一方以欺诈手段，使对方在违背真实意思的情况下实施的民事法律行为，受欺诈方有权请求人民法院或者仲裁机构予以撤销。

第一百四十九条　第三人实施欺诈行为，使一方在违背真实意思的情况下实施的民事法律行为，对方知道或者应当知道该欺诈行为的，受欺诈方有权请求人民法院或者仲裁机构予以撤销。

第一百五十条　一方或者第三人以胁迫手段，使对方在违背真实意思的情况下实施的民事法律行为，受胁迫方有权请求人民法院或者仲裁机构予以撤销。

第一百五十一条　一方利用对方处于危困状态、缺乏判断能力等情形，致使民事法律行为成立时显失公平的，受损害方有权请求人民法院或者仲裁机构予以撤销。

第一百五十二条　有下列情形之一的，撤销权消灭：

(一)当事人自知道或者应当知道撤销事由之日起一年内、重大误解的当事人自知道或者

应当知道撤销事由之日起九十日内没有行使撤销权；

(二)当事人受胁迫，自胁迫行为终止之日起一年内没有行使撤销权；

(三)当事人知道撤销事由后明确表示或者以自己的行为表明放弃撤销权。

当事人自民事法律行为发生之日起五年内没有行使撤销权的，撤销权消灭。

第一百五十三条　违反法律、行政法规的强制性规定的民事法律行为无效。但是，该强制性规定不导致该民事法律行为无效的除外。

违背公序良俗的民事法律行为无效。

第一百五十四条　行为人与相对人恶意串通，损害他人合法权益的民事法律行为无效。

第一百五十五条　无效的或者被撤销的民事法律行为自始没有法律约束力。

第一百五十六条　民事法律行为部分无效，不影响其他部分效力的，其他部分仍然有效。

第一百五十七条　民事法律行为无效、被撤销或者确定不发生效力后，行为人因该行为取得的财产，应当予以返还；不能返还或者没有必要返还的，应当折价补偿。有过错的一方应当赔偿对方由此所受到的损失；各方都有过错的，应当各自承担相应的责任。法律另有规定的，依照其规定。

第四节　民事法律行为的附条件和附期限

第一百五十八条　民事法律行为可以附条件，但是根据其性质不得附条件的除外。附生效条件的民事法律行为，自条件成就时生效。附解除条件的民事法律行为，自条件成就时失效。

第一百五十九条　附条件的民事法律行为，当事人为自己的利益不正当地阻止条件成就的，视为条件已经成就；不正当地促成条件成就的，视为条件不成就。

第一百六十条　民事法律行为可以附期限，但是根据其性质不得附期限的除外。附生效期限的民事法律行为，自期限届至时生效。附终止期限的民事法律行为，自期限届满时失效。

第七章　代理

第一节　一般规定

第一百六十一条　民事主体可以通过代理人实施民事法律行为。

依照法律规定、当事人约定或者民事法律行为的性质，应当由本人亲自实施的民事法律行为，不得代理。

第一百六十二条　代理人在代理权限内，以被代理人名义实施的民事法律行为，对被代理人发生效力。

第一百六十三条　代理包括委托代理和法定代理。

委托代理人按照被代理人的委托行使代理权。法定代理人依照法律的规定行使代理权。

第一百六十四条　代理人不履行或者不完全履行职责，造成被代理人损害的，应当承担民事责任。

代理人和相对人恶意串通，损害被代理人合法权益的，代理人和相对人应当承担连带责任。

第二节　委托代理

第一百六十五条　委托代理授权采用书面形式的，授权委托书应当载明代理人的姓名

或者名称、代理事项、权限和期限，并由被代理人签名或者盖章。

第一百六十六条　数人为同一代理事项的代理人的，应当共同行使代理权，但是当事人另有约定的除外。

第一百六十七条　代理人知道或者应当知道代理事项违法仍然实施代理行为，或者被代理人知道或者应当知道代理人的代理行为违法未作反对表示的，被代理人和代理人应当承担连带责任。

第一百六十八条　代理人不得以被代理人的名义与自己实施民事法律行为，但是被代理人同意或者追认的除外。

代理人不得以被代理人的名义与自己同时代理的其他人实施民事法律行为，但是被代理的双方同意或者追认的除外。

第一百六十九条　代理人需要转委托第三人代理的，应当取得被代理人的同意或者追认。

转委托代理经被代理人同意或者追认的，被代理人可以就代理事务直接指示转委托的第三人，代理人仅就第三人的选任以及对第三人的指示承担责任。

转委托代理未经被代理人同意或者追认的，代理人应当对转委托的第三人的行为承担责任；但是，在紧急情况下代理人为了维护被代理人的利益需要转委托第三人代理的除外。

第一百七十条　执行法人或者非法人组织工作任务的人员，就其职权范围内的事项，以法人或者非法人组织的名义实施的民事法律行为，对法人或者非法人组织发生效力。

法人或者非法人组织对执行其工作任务的人员职权范围的限制，不得对抗善意相对人。

第一百七十一条　行为人没有代理权、超越代理权或者代理权终止后，仍然实施代理行为，未经被代理人追认的，对被代理人不发生效力。

相对人可以催告被代理人自收到通知之日起三十日内予以追认。被代理人未作表示的，视为拒绝追认。行为人实施的行为被追认前，善意相对人有撤销的权利。撤销应当以通知的方式作出。

行为人实施的行为未被追认的，善意相对人有权请求行为人履行债务或者就其受到的损害请求行为人赔偿。但是，赔偿的范围不得超过被代理人追认时相对人所能获得的利益。

相对人知道或者应当知道行为人无权代理的，相对人和行为人按照各自的过错承担责任。

第一百七十二条　行为人没有代理权、超越代理权或者代理权终止后，仍然实施代理行为，相对人有理由相信行为人有代理权的，代理行为有效。

第三节　代理终止

第一百七十三条　有下列情形之一的，委托代理终止：

(一)代理期限届满或者代理事务完成；

(二)被代理人取消委托或者代理人辞去委托；

(三)代理人丧失民事行为能力；

(四)代理人或者被代理人死亡；

(五)作为代理人或者被代理人的法人、非法人组织终止。

第一百七十四条　被代理人死亡后，有下列情形之一的，委托代理人实施的代理行为有效：

(一)代理人不知道且不应当知道被代理人死亡；

(二)被代理人的继承人予以承认；

(三)授权中明确代理权在代理事务完成时终止；

(四)被代理人死亡前已经实施，为了被代理人的继承人的利益继续代理。

作为被代理人的法人、非法人组织终止的，参照适用前款规定。

第一百七十五条　有下列情形之一的，法定代理终止：

(一)被代理人取得或者恢复完全民事行为能力；

(二)代理人丧失民事行为能力；

(三)代理人或者被代理人死亡；

(四)法律规定的其他情形。

第八章　民事责任

第一百七十六条　民事主体依照法律规定或者按照当事人约定，履行民事义务，承担民事责任。

第一百七十七条　二人以上依法承担按份责任，能够确定责任大小的，各自承担相应的责任；难以确定责任大小的，平均承担责任。

第一百七十八条　二人以上依法承担连带责任的，权利人有权请求部分或者全部连带责任人承担责任。

连带责任人的责任份额根据各自责任大小确定；难以确定责任大小的，平均承担责任。实际承担责任超过自己责任份额的连带责任人，有权向其他连带责任人追偿。

连带责任，由法律规定或者当事人约定。

第一百七十九条　承担民事责任的方式主要有：

(一)停止侵害；

(二)排除妨碍；

(三)消除危险；

(四)返还财产；

(五)恢复原状；

(六)修理、重作、更换；

(七)继续履行；

(八)赔偿损失；

(九)支付违约金；

(十)消除影响、恢复名誉；

(十一)赔礼道歉。

法律规定惩罚性赔偿的，依照其规定。

本条规定的承担民事责任的方式，可以单独适用，也可以合并适用。

第一百八十条　因不可抗力不能履行民事义务的，不承担民事责任。法律另有规定的，依照其规定。

不可抗力是不能预见、不能避免且不能克服的客观情况。

第一百八十一条　因正当防卫造成损害的，不承担民事责任。

正当防卫超过必要的限度，造成不应有的损害的，正当防卫人应当承担适当的民事责任。

第一百八十二条　因紧急避险造成损害的，由引起险情发生的人承担民事责任。

危险由自然原因引起的，紧急避险人不承担民事责任，可以给予适当补偿。

紧急避险采取措施不当或者超过必要的限度，造成不应有的损害的，紧急避险人应当承担适当的民事责任。

第一百八十三条　因保护他人民事权益使自己受到损害的，由侵权人承担民事责任，受益人可以给予适当补偿。没有侵权人、侵权人逃逸或者无力承担民事责任，受害人请求补偿的，受益人应当给予适当补偿。

第一百八十四条　因自愿实施紧急救助行为造成受助人损害的，救助人不承担民事责任。

第一百八十五条　侵害英雄烈士等的姓名、肖像、名誉、荣誉，损害社会公共利益的，应当承担民事责任。

第一百八十六条　因当事人一方的违约行为，损害对方人身权益、财产权益的，受损害方有权选择请求其承担违约责任或者侵权责任。

第一百八十七条　民事主体因同一行为应当承担民事责任、行政责任和刑事责任的，承担行政责任或者刑事责任不影响承担民事责任；民事主体的财产不足以支付的，优先用于承担民事责任。

第九章　诉讼时效

第一百八十八条　向人民法院请求保护民事权利的诉讼时效期间为三年。法律另有规定的，依照其规定。

诉讼时效期间自权利人知道或者应当知道权利受到损害以及义务人之日起计算。法律另有规定的，依照其规定。但是，自权利受到损害之日起超过二十年的，人民法院不予保护，有特殊情况的，人民法院可以根据权利人的申请决定延长。

第一百八十九条　当事人约定同一债务分期履行的，诉讼时效期间自最后一期履行期限届满之日起计算。

第一百九十条　无民事行为能力人或者限制民事行为能力人对其法定代理人的请求权的诉讼时效期间，自该法定代理终止之日起计算。

第一百九十一条　未成年人遭受性侵害的损害赔偿请求权的诉讼时效期间，自受害人年满十八周岁之日起计算。

第一百九十二条　诉讼时效期间届满的，义务人可以提出不履行义务的抗辩。

诉讼时效期间届满后，义务人同意履行的，不得以诉讼时效期间届满为由抗辩；义务人已经自愿履行的，不得请求返还。

第一百九十三条　人民法院不得主动适用诉讼时效的规定。

第一百九十四条　在诉讼时效期间的最后六个月内，因下列障碍，不能行使请求权的，诉讼时效中止：

(一)不可抗力；

(二)无民事行为能力人或者限制民事行为能力人没有法定代理人，或者法定代理人死亡、丧失民事行为能力、丧失代理权；

(三)继承开始后未确定继承人或者遗产管理人；

(四)权利人被义务人或者其他人控制；

(五)其他导致权利人不能行使请求权的障碍。

自中止时效的原因消除之日起满六个月，诉讼时效期间届满。

第一百九十五条　有下列情形之一的，诉讼时效中断，从中断、有关程序终结时起，诉讼时效期间重新计算：

(一)权利人向义务人提出履行请求；

(二)义务人同意履行义务；

(三)权利人提起诉讼或者申请仲裁；

(四)与提起诉讼或者申请仲裁具有同等效力的其他情形。

第一百九十六条　下列请求权不适用诉讼时效的规定：

(一)请求停止侵害、排除妨碍、消除危险；

(二)不动产物权和登记的动产物权的权利人请求返还财产；

(三)请求支付抚养费、赡养费或者扶养费；

(四)依法不适用诉讼时效的其他请求权。

第一百九十七条　诉讼时效的期间、计算方法以及中止、中断的事由由法律规定，当事人约定无效。

当事人对诉讼时效利益的预先放弃无效。

第一百九十八条　法律对仲裁时效有规定的，依照其规定；没有规定的，适用诉讼时效的规定。

第一百九十九条　法律规定或者当事人约定的撤销权、解除权等权利的存续期间，除法律另有规定外，自权利人知道或者应当知道权利产生之日起计算，不适用有关诉讼时效中止、中断和延长的规定。存续期间届满，撤销权、解除权等权利消灭。

第十章　期间计算

第二百条　民法所称的期间按照公历年、月、日、小时计算。

第二百零一条　按照年、月、日计算期间的，开始的当日不计入，自下一日开始计算。

按照小时计算期间的，自法律规定或者当事人约定的时间开始计算。

第二百零二条　按照年、月计算期间的，到期月的对应日为期间的最后一日；没有对应日的，月末日为期间的最后一日。

第二百零三条　期间的最后一日是法定休假日的，以法定休假日结束的次日为期间的最后一日。

期间的最后一日的截止时间为二十四时；有业务时间的，停止业务活动的时间为截止时间。

第二百零四条　期间的计算方法依照本法的规定，但是法律另有规定或者当事人另有约定的除外。

附录二　《中华人民共和国会计法》

(1985 年 1 月 21 日第六届全国人民代表大会常务委员会第九次会议通过　根据 1993 年 12 月 29 日第八届全国人民代表大会常务委员会第五次会议《关于修改〈中华人民共和国会计法〉的决定》第一次修正　1999 年 10 月 31 日第九届全国人民代表大会常务委员会第十二次会议修订　根据 2017 年 11 月 4 日第十二届全国人民代表大会常务委员会第三十次会议《关于修改〈中华人民共和国会计法〉等十一部法律的决定》第二次修正)

目　　录

第一章　总　　则

第一条　为了规范会计行为，保证会计资料真实、完整，加强经济管理和财务管理，提高经济效益，维护社会主义市场经济秩序，制定本法。

第二条　国家机关、社会团体、公司、企业、事业单位和其他组织(以下统称单位)必须依照本法办理会计事务。

第三条　各单位必须依法设置会计账簿，并保证其真实、完整。

第四条　单位负责人对本单位的会计工作和会计资料的真实性、完整性负责。

第五条　会计机构、会计人员依照本法规定进行会计核算，实行会计监督。

任何单位或者个人不得以任何方式授意、指使、强令会计机构、会计人员伪造、变造会计凭证、会计账簿和其他会计资料，提供虚假财务会计报告。

任何单位或者个人不得对依法履行职责、抵制违反本法规定行为的会计人员实行打击报复。

第六条　对认真执行本法，忠于职守，坚持原则，做出显著成绩的会计人员，给予精神的或者物质的奖励。

第七条　国务院财政部门主管全国的会计工作。

县级以上地方各级人民政府财政部门管理本行政区域内的会计工作。

第八条　国家实行统一的会计制度。国家统一的会计制度由国务院财政部门根据本法制定并公布。

国务院有关部门可以依照本法和国家统一的会计制度制定对会计核算和会计监督有特殊要求的行业实施国家统一的会计制度的具体办法或者补充规定，报国务院财政部门审核批准。

中国人民解放军总后勤部可以依照本法和国家统一的会计制度制定军队实施国家统一

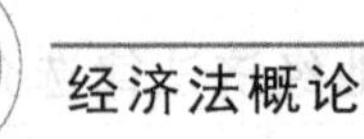

的会计制度的具体办法，报国务院财政部门备案。

第二章 会计核算

第九条 各单位必须根据实际发生的经济业务事项进行会计核算，填制会计凭证，登记会计账簿，编制财务会计报告。

任何单位不得以虚假的经济业务事项或者资料进行会计核算。

第十条 下列经济业务事项，应当办理会计手续，进行会计核算：

(一)款项和有价证券的收付；

(二)财物的收发、增减和使用；

(三)债权债务的发生和结算；

(四)资本、基金的增减；

(五)收入、支出、费用、成本的计算；

(六)财务成果的计算和处理；

(七)需要办理会计手续、进行会计核算的其他事项。

第十一条 会计年度自公历1月1日起至12月31日止。

第十二条 会计核算以人民币为记账本位币。

业务收支以人民币以外的货币为主的单位，可以选定其中一种货币作为记账本位币，但是编报的财务会计报告应当折算为人民币。

第十三条 会计凭证、会计账簿、财务会计报告和其他会计资料，必须符合国家统一的会计制度的规定。

使用电子计算机进行会计核算的，其软件及其生成的会计凭证、会计账簿、财务会计报告和其他会计资料，也必须符合国家统一的会计制度的规定。

任何单位和个人不得伪造、变造会计凭证、会计账簿及其他会计资料，不得提供虚假的财务会计报告。

第十四条 会计凭证包括原始凭证和记账凭证。

办理本法第十条所列的经济业务事项，必须填制或者取得原始凭证并及时送交会计机构。

会计机构、会计人员必须按照国家统一的会计制度的规定对原始凭证进行审核，对不真实、不合法的原始凭证有权不予接受，并向单位负责人报告；对记载不准确、不完整的原始凭证予以退回，并要求按照国家统一的会计制度的规定更正、补充。

原始凭证记载的各项内容均不得涂改；原始凭证有错误的，应当由出具单位重开或者更正，更正处应当加盖出具单位印章。原始凭证金额有错误的，应当由出具单位重开，不得在原始凭证上更正。

记账凭证应当根据经过审核的原始凭证及有关资料编制。

第十五条 会计账簿登记，必须以经过审核的会计凭证为依据，并符合有关法律、行政法规和国家统一的会计制度的规定。会计账簿包括总账、明细账、日记账和其他辅助性账簿。

会计账簿应当按照连续编号的页码顺序登记。会计账簿记录发生错误或者隔页、缺号、跳行的，应当按照国家统一的会计制度规定的方法更正，并由会计人员和会计机构负责人(会计主管人员)在更正处盖章。

使用电子计算机进行会计核算的，其会计账簿的登记、更正，应当符合国家统一的会计制度的规定。

第十六条　各单位发生的各项经济业务事项应当在依法设置的会计账簿上统一登记、核算，不得违反本法和国家统一的会计制度的规定私设会计账簿登记、核算。

第十七条　各单位应当定期将会计账簿记录与实物、款项及有关资料相互核对，保证会计账簿记录与实物及款项的实有数额相符、会计账簿记录与会计凭证的有关内容相符、会计账簿之间相对应的记录相符、会计账簿记录与会计报表的有关内容相符。

第十八条　各单位采用的会计处理方法，前后各期应当一致，不得随意变更；确有必要变更的，应当按照国家统一的会计制度的规定变更，并将变更的原因、情况及影响在财务会计报告中说明。

第十九条　单位提供的担保、未决诉讼等或有事项，应当按照国家统一的会计制度的规定，在财务会计报告中予以说明。

第二十条　财务会计报告应当根据经过审核的会计账簿记录和有关资料编制，并符合本法和国家统一的会计制度关于财务会计报告的编制要求、提供对象和提供期限的规定；其他法律、行政法规另有规定的，从其规定。

财务会计报告由会计报表、会计报表附注和财务情况说明书组成。向不同的会计资料使用者提供的财务会计报告，其编制依据应当一致。有关法律、行政法规规定会计报表、会计报表附注和财务情况说明书须经注册会计师审计的，注册会计师及其所在的会计师事务所出具的审计报告应当随同财务会计报告一并提供。

第二十一条　财务会计报告应当由单位负责人和主管会计工作的负责人、会计机构负责人(会计主管人员)签名并盖章；设置总会计师的单位，还须由总会计师签名并盖章。

单位负责人应当保证财务会计报告真实、完整。

第二十二条　会计记录的文字应当使用中文。在民族自治地方，会计记录可以同时使用当地通用的一种民族文字。在中华人民共和国境内的外商投资企业、外国企业和其他外国组织的会计记录可以同时使用一种外国文字。

第二十三条　各单位对会计凭证、会计账簿、财务会计报告和其他会计资料应当建立档案，妥善保管。会计档案的保管期限和销毁办法，由国务院财政部门会同有关部门制定。

第三章　公司、企业会计核算的特别规定

第二十四条　公司、企业进行会计核算，除应当遵守本法第二章的规定外，还应当遵守本章规定。

第二十五条　公司、企业必须根据实际发生的经济业务事项，按照国家统一的会计制度的规定确认、计量和记录资产、负债、所有者权益、收入、费用、成本和利润。

第二十六条　公司、企业进行会计核算不得有下列行为：

(一)随意改变资产、负债、所有者权益的确认标准或者计量方法，虚列、多列、不列或者少列资产、负债、所有者权益；

(二)虚列或者隐瞒收入，推迟或者提前确认收入；

(三)随意改变费用、成本的确认标准或者计量方法，虚列、多列、不列或者少列费用、成本；

(四)随意调整利润的计算、分配方法，编造虚假利润或者隐瞒利润；

(五)违反国家统一的会计制度规定的其他行为。

第四章　会计监督

第二十七条　各单位应当建立、健全本单位内部会计监督制度。单位内部会计监督制度应当符合下列要求：

(一)记账人员与经济业务事项和会计事项的审批人员、经办人员、财物保管人员的职责权限应当明确，并相互分离、相互制约；

(二)重大对外投资、资产处置、资金调度和其他重要经济业务事项的决策和执行的相互监督、相互制约程序应当明确；

(三)财产清查的范围、期限和组织程序应当明确；

(四)对会计资料定期进行内部审计的办法和程序应当明确。

第二十八条　单位负责人应当保证会计机构、会计人员依法履行职责，不得授意、指使、强令会计机构、会计人员违法办理会计事项。

会计机构、会计人员对违反本法和国家统一的会计制度规定的会计事项，有权拒绝办理或者按照职权予以纠正。

第二十九条　会计机构、会计人员发现会计账簿记录与实物、款项及有关资料不相符的，按照国家统一的会计制度的规定有权自行处理的，应当及时处理；无权处理的，应当立即向单位负责人报告，请求查明原因，作出处理。

第三十条　任何单位和个人对违反本法和国家统一的会计制度规定的行为，有权检举。收到检举的部门有权处理的，应当依法按照职责分工及时处理；无权处理的，应当及时移送有权处理的部门处理。收到检举的部门、负责处理的部门应当为检举人保密，不得将检举人姓名和检举材料转给被检举单位和被检举人个人。

第三十一条　有关法律、行政法规规定，须经注册会计师进行审计的单位，应当向受委托的会计师事务所如实提供会计凭证、会计账簿、财务会计报告和其他会计资料以及有关情况。

任何单位或者个人不得以任何方式要求或者示意注册会计师及其所在的会计师事务所出具不实或者不当的审计报告。

财政部门有权对会计师事务所出具审计报告的程序和内容进行监督。

第三十二条　财政部门对各单位的下列情况实施监督：

(一)是否依法设置会计账簿；

(二)会计凭证、会计账簿、财务会计报告和其他会计资料是否真实、完整；

(三)会计核算是否符合本法和国家统一的会计制度的规定；

(四)从事会计工作的人员是否具备专业能力、遵守职业道德。

在对前款第(二)项所列事项实施监督，发现重大违法嫌疑时，国务院财政部门及其派出机构可以向与被监督单位有经济业务往来的单位和被监督单位开立账户的金融机构查询有关情况，有关单位和金融机构应当给予支持。

第三十三条　财政、审计、税务、人民银行、证券监管、保险监管等部门应当依照有关法律、行政法规规定的职责，对有关单位的会计资料实施监督检查。

前款所列监督检查部门对有关单位的会计资料依法实施监督检查后，应当出具检查结论。有关监督检查部门已经作出的检查结论能够满足其他监督检查部门履行本部门职责需

要的，其他监督检查部门应当加以利用，避免重复查账。

第三十四条　依法对有关单位的会计资料实施监督检查的部门及其工作人员对在监督检查中知悉的国家秘密和商业秘密负有保密义务。

第三十五条　各单位必须依照有关法律、行政法规的规定，接受有关监督检查部门依法实施的监督检查，如实提供会计凭证、会计账簿、财务会计报告和其他会计资料以及有关情况，不得拒绝、隐匿、谎报。

第五章　会计机构和会计人员

第三十六条　各单位应当根据会计业务的需要，设置会计机构，或者在有关机构中设置会计人员并指定会计主管人员；不具备设置条件的，应当委托经批准设立从事会计代理记账业务的中介机构代理记账。

国有的和国有资产占控股地位或者主导地位的大、中型企业必须设置总会计师。总会计师的任职资格、任免程序、职责权限由国务院规定。

第三十七条　会计机构内部应当建立稽核制度。

出纳人员不得兼任稽核、会计档案保管和收入、支出、费用、债权债务账目的登记工作。

第三十八条　会计人员应当具备从事会计工作所需要的专业能力。

担任单位会计机构负责人(会计主管人员)的，应当具备会计师以上专业技术职务资格或者从事会计工作三年以上经历。

本法所称会计人员的范围由国务院财政部门规定。

第三十九条　会计人员应当遵守职业道德，提高业务素质。对会计人员的教育和培训工作应当加强。

第四十条 因有提供虚假财务会计报告，做假账，隐匿或者故意销毁会计凭证、会计账簿、财务会计报告，贪污，挪用公款，职务侵占等与会计职务有关的违法行为被依法追究刑事责任的人员，不得再从事会计工作。

第四十一条　会计人员调动工作或者离职，必须与接管人员办清交接手续。

一般会计人员办理交接手续，由会计机构负责人(会计主管人员)监交；会计机构负责人(会计主管人员)办理交接手续，由单位负责人监交，必要时主管单位可以派人会同监交。

第六章　法律责任

第四十二条　违反本法规定，有下列行为之一的，由县级以上人民政府财政部门责令限期改正，可以对单位并处三千元以上五万元以下的罚款；对其直接负责的主管人员和其他直接责任人员，可以处二千元以上二万元以下的罚款；属于国家工作人员的，还应当由其所在单位或者有关单位依法给予行政处分：

(一)不依法设置会计账簿的；

(二)私设会计账簿的；

(三)未按照规定填制、取得原始凭证或者填制、取得的原始凭证不符合规定的；

(四)以未经审核的会计凭证为依据登记会计账簿或者登记会计账簿不符合规定的；

(五)随意变更会计处理方法的；

(六)向不同的会计资料使用者提供的财务会计报告编制依据不一致的；

(七)未按照规定使用会计记录文字或者记账本位币的；

(八)未按照规定保管会计资料，致使会计资料毁损、灭失的；

(九)未按照规定建立并实施单位内部会计监督制度或者拒绝依法实施的监督或者不如实提供有关会计资料及有关情况的；

(十)任用会计人员不符合本法规定的。

有前款所列行为之一，构成犯罪的，依法追究刑事责任。

会计人员有第一款所列行为之一，情节严重的，五年内不得从事会计工作。

有关法律对第一款所列行为的处罚另有规定的，依照有关法律的规定办理。

第四十三条　伪造、变造会计凭证、会计账簿，编制虚假财务会计报告，构成犯罪的，依法追究刑事责任。

有前款行为，尚不构成犯罪的，由县级以上人民政府财政部门予以通报，可以对单位并处五千元以上十万元以下的罚款；对其直接负责的主管人员和其他直接责任人员，可以处三千元以上五万元以下的罚款；属于国家工作人员的，还应当由其所在单位或者有关单位依法给予撤职直至开除的行政处分；其中的会计人员，五年内不得从事会计工作。

第四十四条　隐匿或者故意销毁依法应当保存的会计凭证、会计账簿、财务会计报告，构成犯罪的，依法追究刑事责任。

有前款行为，尚不构成犯罪的，由县级以上人民政府财政部门予以通报，可以对单位并处五千元以上十万元以下的罚款；对其直接负责的主管人员和其他直接责任人员，可以处三千元以上五万元以下的罚款；属于国家工作人员的，还应当由其所在单位或者有关单位依法给予撤职直至开除的行政处分；其中的会计人员，五年内不得从事会计工作。

第四十五条　授意、指使、强令会计机构、会计人员及其他人员伪造、变造会计凭证、会计帐簿，编制虚假财务会计报告或者隐匿、故意销毁依法应当保存的会计凭证、会计账簿、财务会计报告，构成犯罪的，依法追究刑事责任；尚不构成犯罪的，可以处五千元以上五万元以下的罚款；属于国家工作人员的，还应当由其所在单位或者有关单位依法给予降级、撤职、开除的行政处分。

第四十六条　单位负责人对依法履行职责、抵制违反本法规定行为的会计人员以降级、撤职、调离工作岗位、解聘或者开除等方式实行打击报复，构成犯罪的，依法追究刑事责任；尚不构成犯罪的，由其所在单位或者有关单位依法给予行政处分。对受打击报复的会计人员，应当恢复其名誉和原有职务、级别。

第四十七条　财政部门及有关行政部门的工作人员在实施监督管理中滥用职权、玩忽职守、徇私舞弊或者泄露国家秘密、商业秘密，构成犯罪的，依法追究刑事责任；尚不构成犯罪的，依法给予行政处分。

第四十八条　违反本法第三十条规定，将检举人姓名和检举材料转给被检举单位和被检举人个人的，由所在单位或者有关单位依法给予行政处分。

第四十九条　违反本法规定，同时违反其他法律规定的，由有关部门在各自职权范围内依法进行处罚。

第七章　附　则

第五十条　本法下列用语的含义：

单位负责人，是指单位法定代表人或者法律、行政法规规定代表单位行使职权的主要负责人。

国家统一的会计制度，是指国务院财政部门根据本法制定的关于会计核算、会计监督、会计机构和会计人员以及会计工作管理的制度。

第五十一条　个体工商户会计管理的具体办法，由国务院财政部门根据本法的原则另行规定。

第五十二条　本法自2000年7月1日起施行。

附录三　《中华人民共和国电子商务法》

(2018 年 8 月 31 日第十三届全国人民代表大会常务委员会第五次会议通过)

目　　录

第一章　总　则

第一条　为了保障电子商务各方主体的合法权益，规范电子商务行为，维护市场秩序，促进电子商务持续健康发展，制定本法。

第二条　中华人民共和国境内的电子商务活动，适用本法。

本法所称电子商务，是指通过互联网等信息网络销售商品或者提供服务的经营活动。

法律、行政法规对销售商品或者提供服务有规定的，适用其规定。金融类产品和服务，利用信息网络提供新闻信息、音视频节目、出版以及文化产品等内容方面的服务，不适用本法。

第三条　国家鼓励发展电子商务新业态，创新商业模式，促进电子商务技术研发和推广应用，推进电子商务诚信体系建设，营造有利于电子商务创新发展的市场环境，充分发挥电子商务在推动高质量发展、满足人民日益增长的美好生活需要、构建开放型经济方面的重要作用。

第四条　国家平等对待线上线下商务活动，促进线上线下融合发展，各级人民政府和有关部门不得采取歧视性的政策措施，不得滥用行政权力排除、限制市场竞争。

第五条　电子商务经营者从事经营活动，应当遵循自愿、平等、公平、诚信的原则，遵守法律和商业道德，公平参与市场竞争，履行消费者权益保护、环境保护、知识产权保护、网络安全与个人信息保护等方面的义务，承担产品和服务质量责任，接受政府和社会的监督。

第六条　国务院有关部门按照职责分工负责电子商务发展促进、监督管理等工作。县级以上地方各级人民政府可以根据本行政区域的实际情况，确定本行政区域内电子商务的部门职责划分。

第七条　国家建立符合电子商务特点的协同管理体系，推动形成有关部门、电子商务行业组织、电子商务经营者、消费者等共同参与的电子商务市场治理体系。

第八条　电子商务行业组织按照本组织章程开展行业自律，建立健全行业规范，推动

行业诚信建设，监督、引导本行业经营者公平参与市场竞争。

第二章　电子商务经营者

第一节　一般规定

第九条　本法所称电子商务经营者，是指通过互联网等信息网络从事销售商品或者提供服务的经营活动的自然人、法人和非法人组织，包括电子商务平台经营者、平台内经营者以及通过自建网站、其他网络服务销售商品或者提供服务的电子商务经营者。

本法所称电子商务平台经营者，是指在电子商务中为交易双方或者多方提供网络经营场所、交易撮合、信息发布等服务，供交易双方或者多方独立开展交易活动的法人或者非法人组织。

本法所称平台内经营者，是指通过电子商务平台销售商品或者提供服务的电子商务经营者。

第十条　电子商务经营者应当依法办理市场主体登记。但是，个人销售自产农副产品、家庭手工业产品，个人利用自己的技能从事依法无须取得许可的便民劳务活动和零星小额交易活动，以及依照法律、行政法规不需要进行登记的除外。

第十一条　电子商务经营者应当依法履行纳税义务，并依法享受税收优惠。

依照前条规定不需要办理市场主体登记的电子商务经营者在首次纳税义务发生后，应当依照税收征收管理法律、行政法规的规定申请办理税务登记，并如实申报纳税。

第十二条　电子商务经营者从事经营活动，依法需要取得相关行政许可的，应当依法取得行政许可。

第十三条　电子商务经营者销售的商品或者提供的服务应当符合保障人身、财产安全的要求和环境保护要求，不得销售或者提供法律、行政法规禁止交易的商品或者服务。

第十四条　电子商务经营者销售商品或者提供服务应当依法出具纸质发票或者电子发票等购货凭证或者服务单据。电子发票与纸质发票具有同等法律效力。

第十五条　电子商务经营者应当在其首页显著位置，持续公示营业执照信息、与其经营业务有关的行政许可信息、属于依照本法第十条规定的不需要办理市场主体登记情形等信息，或者上述信息的链接标识。

前款规定的信息发生变更的，电子商务经营者应当及时更新公示信息。

第十六条　电子商务经营者自行终止从事电子商务的，应当提前三十日在首页显著位置持续公示有关信息。

第十七条　电子商务经营者应当全面、真实、准确、及时地披露商品或者服务信息，保障消费者的知情权和选择权。电子商务经营者不得以虚构交易、编造用户评价等方式进行虚假或者引人误解的商业宣传，欺骗、误导消费者。

第十八条　电子商务经营者根据消费者的兴趣爱好、消费习惯等特征向其提供商品或者服务的搜索结果的，应当同时向该消费者提供不针对其个人特征的选项，尊重和平等保护消费者合法权益。

电子商务经营者向消费者发送广告的，应当遵守《中华人民共和国广告法》的有关规定。

第十九条　电子商务经营者搭售商品或者服务，应当以显著方式提请消费者注意，不得将搭售商品或者服务作为默认同意的选项。

第二十条　电子商务经营者应当按照承诺或者与消费者约定的方式、时限向消费者交付商品或者服务，并承担商品运输中的风险和责任。但是，消费者另行选择快递物流服务提供者的除外。

第二十一条　电子商务经营者按照约定向消费者收取押金的，应当明示押金退还的方式、程序，不得对押金退还设置不合理条件。消费者申请退还押金，符合押金退还条件的，电子商务经营者应当及时退还。

第二十二条　电子商务经营者因其技术优势、用户数量、对相关行业的控制能力以及其他经营者对该电子商务经营者在交易上的依赖程度等因素而具有市场支配地位的，不得滥用市场支配地位，排除、限制竞争。

第二十三条　电子商务经营者收集、使用其用户的个人信息，应当遵守法律、行政法规有关个人信息保护的规定。

第二十四条　电子商务经营者应当明示用户信息查询、更正、删除以及用户注销的方式、程序，不得对用户信息查询、更正、删除以及用户注销设置不合理条件。

电子商务经营者收到用户信息查询或者更正、删除的申请的，应当在核实身份后及时提供查询或者更正、删除用户信息。用户注销的，电子商务经营者应当立即删除该用户的信息；依照法律、行政法规的规定或者双方约定保存的，依照其规定。

第二十五条　有关主管部门依照法律、行政法规的规定要求电子商务经营者提供有关电子商务数据信息的，电子商务经营者应当提供。有关主管部门应当采取必要措施保护电子商务经营者提供的数据信息的安全，并对其中的个人信息、隐私和商业秘密严格保密，不得泄露、出售或者非法向他人提供。

第二十六条　电子商务经营者从事跨境电子商务，应当遵守进出口监督管理的法律、行政法规和国家有关规定。

第二节　电子商务平台经营者

第二十七条　电子商务平台经营者应当要求申请进入平台销售商品或者提供服务的经营者提交其身份、地址、联系方式、行政许可等真实信息，进行核验、登记，建立登记档案，并定期核验更新。

电子商务平台经营者为进入平台销售商品或者提供服务的非经营用户提供服务，应当遵守本节有关规定。

第二十八条　电子商务平台经营者应当按照规定向市场监督管理部门报送平台内经营者的身份信息，提示未办理市场主体登记的经营者依法办理登记，并配合市场监督管理部门，针对电子商务的特点，为应当办理市场主体登记的经营者办理登记提供便利。

电子商务平台经营者应当依照税收征收管理法律、行政法规的规定，向税务部门报送平台内经营者的身份信息和与纳税有关的信息，并应当提示依照本法第十条规定不需要办理市场主体登记的电子商务经营者依照本法第十一条第二款的规定办理税务登记。

第二十九条　电子商务平台经营者发现平台内的商品或者服务信息存在违反本法第十二条、第十三条规定情形的，应当依法采取必要的处置措施，并向有关主管部门报告。

第三十条　电子商务平台经营者应当采取技术措施和其他必要措施保证其网络安全、稳定运行，防范网络违法犯罪活动，有效应对网络安全事件，保障电子商务交易安全。

电子商务平台经营者应当制定网络安全事件应急预案，发生网络安全事件时，应当立即启动应急预案，采取相应的补救措施，并向有关主管部门报告。

第三十一条　电子商务平台经营者应当记录、保存平台上发布的商品和服务信息、交易信息，并确保信息的完整性、保密性、可用性。商品和服务信息、交易信息保存时间自交易完成之日起不少于三年；法律、行政法规另有规定的，依照其规定。

第三十二条　电子商务平台经营者应当遵循公开、公平、公正的原则，制定平台服务协议和交易规则，明确进入和退出平台、商品和服务质量保障、消费者权益保护、个人信息保护等方面的权利和义务。

第三十三条　电子商务平台经营者应当在其首页显著位置持续公示平台服务协议和交易规则信息或者上述信息的链接标识，并保证经营者和消费者能够便利、完整地阅览和下载。

第三十四条　电子商务平台经营者修改平台服务协议和交易规则，应当在其首页显著位置公开征求意见，采取合理措施确保有关各方能够及时充分表达意见。修改内容应当至少在实施前七日予以公示。

平台内经营者不接受修改内容，要求退出平台的，电子商务平台经营者不得阻止，并按照修改前的服务协议和交易规则承担相关责任。

第三十五条　电子商务平台经营者不得利用服务协议、交易规则以及技术等手段，对平台内经营者在平台内的交易、交易价格以及与其他经营者的交易等进行不合理限制或者附加不合理条件，或者向平台内经营者收取不合理费用。

第三十六条　电子商务平台经营者依据平台服务协议和交易规则对平台内经营者违反法律、法规的行为实施警示、暂停或者终止服务等措施的，应当及时公示。

第三十七条　电子商务平台经营者在其平台上开展自营业务的，应当以显著方式区分标记自营业务和平台内经营者开展的业务，不得误导消费者。

电子商务平台经营者对其标记为自营的业务依法承担商品销售者或者服务提供者的民事责任。

第三十八条　电子商务平台经营者知道或者应当知道平台内经营者销售的商品或者提供的服务不符合保障人身、财产安全的要求，或者有其他侵害消费者合法权益行为，未采取必要措施的，依法与该平台内经营者承担连带责任。

对关系消费者生命健康的商品或者服务，电子商务平台经营者对平台内经营者的资质资格未尽到审核义务，或者对消费者未尽到安全保障义务，造成消费者损害的，依法承担相应的责任。

第三十九条　电子商务平台经营者应当建立健全信用评价制度，公示信用评价规则，为消费者提供对平台内销售的商品或者提供的服务进行评价的途径。

电子商务平台经营者不得删除消费者对其平台内销售的商品或者提供的服务的评价。

第四十条　电子商务平台经营者应当根据商品或者服务的价格、销量、信用等以多种方式向消费者显示商品或者服务的搜索结果；对于竞价排名的商品或者服务，应当显著标明“广告”。

第四十一条　电子商务平台经营者应当建立知识产权保护规则，与知识产权权利人加强合作，依法保护知识产权。

第四十二条　知识产权权利人认为其知识产权受到侵害的，有权通知电子商务平台经营者采取删除、屏蔽、断开链接、终止交易和服务等必要措施。通知应当包括构成侵权的初步证据。

电子商务平台经营者接到通知后，应当及时采取必要措施，并将该通知转送平台内经营者；未及时采取必要措施的，对损害的扩大部分与平台内经营者承担连带责任。

因通知错误造成平台内经营者损害的，依法承担民事责任。恶意发出错误通知，造成平台内经营者损失的，加倍承担赔偿责任。

第四十三条　平台内经营者接到转送的通知后，可以向电子商务平台经营者提交不存在侵权行为的声明。声明应当包括不存在侵权行为的初步证据。

电子商务平台经营者接到声明后，应当将该声明转送发出通知的知识产权权利人，并告知其可以向有关主管部门投诉或者向人民法院起诉。电子商务平台经营者在转送声明到达知识产权权利人后十五日内，未收到权利人已经投诉或者起诉通知的，应当及时终止所采取的措施。

第四十四条　电子商务平台经营者应当及时公示收到的本法第四十二条、第四十三条规定的通知、声明及处理结果。

第四十五条　电子商务平台经营者知道或者应当知道平台内经营者侵犯知识产权的，应当采取删除、屏蔽、断开链接、终止交易和服务等必要措施；未采取必要措施的，与侵权人承担连带责任。

第四十六条　除本法第九条第二款规定的服务外，电子商务平台经营者可以按照平台服务协议和交易规则，为经营者之间的电子商务提供仓储、物流、支付结算、交收等服务。电子商务平台经营者为经营者之间的电子商务提供服务，应当遵守法律、行政法规和国家有关规定，不得采取集中竞价、做市商等集中交易方式进行交易，不得进行标准化合约交易。

第三章　电子商务合同的订立与履行

第四十七条　电子商务当事人订立和履行合同，适用本章和《中华人民共和国民法总则》《中华人民共和国合同法》《中华人民共和国电子签名法》等法律的规定。

第四十八条　电子商务当事人使用自动信息系统订立或者履行合同的行为对使用该系统的当事人具有法律效力。

在电子商务中推定当事人具有相应的民事行为能力。但是，有相反证据足以推翻的除外。

第四十九条　电子商务经营者发布的商品或者服务信息符合要约条件的，用户选择该商品或者服务并提交订单成功，合同成立。当事人另有约定的，从其约定。

电子商务经营者不得以格式条款等方式约定消费者支付价款后合同不成立；格式条款等含有该内容的，其内容无效。

第五十条　电子商务经营者应当清晰、全面、明确地告知用户订立合同的步骤、注意事项、下载方法等事项，并保证用户能够便利、完整地阅览和下载。

电子商务经营者应当保证用户在提交订单前可以更正输入错误。

第五十一条　合同标的为交付商品并采用快递物流方式交付的，收货人签收时间为交付时间。合同标的为提供服务的，生成的电子凭证或者实物凭证中载明的时间为交付时间；前述凭证没有载明时间或者载明时间与实际提供服务时间不一致的，实际提供服务的时间为交付时间。

合同标的为采用在线传输方式交付的，合同标的进入对方当事人指定的特定系统并且能够检索识别的时间为交付时间。

合同当事人对交付方式、交付时间另有约定的，从其约定。

第五十二条　电子商务当事人可以约定采用快递物流方式交付商品。

快递物流服务提供者为电子商务提供快递物流服务，应当遵守法律、行政法规，并应当符合承诺的服务规范和时限。快递物流服务提供者在交付商品时，应当提示收货人当面查验；交由他人代收的，应当经收货人同意。

快递物流服务提供者应当按照规定使用环保包装材料，实现包装材料的减量化和再利用。

快递物流服务提供者在提供快递物流服务的同时，可以接受电子商务经营者的委托提供代收货款服务。

第五十三条　电子商务当事人可以约定采用电子支付方式支付价款。

电子支付服务提供者为电子商务提供电子支付服务，应当遵守国家规定，告知用户电子支付服务的功能、使用方法、注意事项、相关风险和收费标准等事项，不得附加不合理交易条件。电子支付服务提供者应当确保电子支付指令的完整性、一致性、可跟踪稽核和不可篡改。

电子支付服务提供者应当向用户免费提供对账服务以及最近三年的交易记录。

第五十四条　电子支付服务提供者提供电子支付服务不符合国家有关支付安全管理要求，造成用户损失的，应当承担赔偿责任。

第五十五条　用户在发出支付指令前，应当核对支付指令所包含的金额、收款人等完整信息。

支付指令发生错误的，电子支付服务提供者应当及时查找原因，并采取相关措施予以纠正。造成用户损失的，电子支付服务提供者应当承担赔偿责任，但能够证明支付错误非自身原因造成的除外。

第五十六条　电子支付服务提供者完成电子支付后，应当及时准确地向用户提供符合约定方式的确认支付的信息。

第五十七条　用户应当妥善保管交易密码、电子签名数据等安全工具。用户发现安全工具遗失、被盗用或者未经授权的支付的，应当及时通知电子支付服务提供者。

未经授权的支付造成的损失，由电子支付服务提供者承担；电子支付服务提供者能够证明未经授权的支付是因用户的过错造成的，不承担责任。

电子支付服务提供者发现支付指令未经授权，或者收到用户支付指令未经授权的通知时，应当立即采取措施防止损失扩大。电子支付服务提供者未及时采取措施导致损失扩大的，对损失扩大部分承担责任。

第四章　电子商务争议解决

第五十八条　国家鼓励电子商务平台经营者建立有利于电子商务发展和消费者权益保护的商品、服务质量担保机制。

电子商务平台经营者与平台内经营者协议设立消费者权益保证金的，双方应当就消费者权益保证金的提取数额、管理、使用和退还办法等作出明确约定。

消费者要求电子商务平台经营者承担先行赔偿责任以及电子商务平台经营者赔偿后向平台内经营者的追偿，适用《中华人民共和国消费者权益保护法》的有关规定。

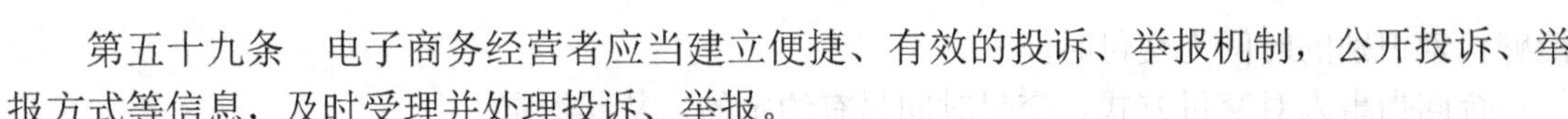

第五十九条　电子商务经营者应当建立便捷、有效的投诉、举报机制，公开投诉、举报方式等信息，及时受理并处理投诉、举报。

第六十条　电子商务争议可以通过协商和解，请求消费者组织、行业协会或者其他依法成立的调解组织调解，向有关部门投诉，提请仲裁，或者提起诉讼等方式解决。

第六十一条　消费者在电子商务平台购买商品或者接受服务，与平台内经营者发生争议时，电子商务平台经营者应当积极协助消费者维护合法权益。

第六十二条　在电子商务争议处理中，电子商务经营者应当提供原始合同和交易记录。因电子商务经营者丢失、伪造、篡改、销毁、隐匿或者拒绝提供前述资料，致使人民法院、仲裁机构或者有关机关无法查明事实的，电子商务经营者应当承担相应的法律责任。

第六十三条　电子商务平台经营者可以建立争议在线解决机制，制定并公示争议解决规则，根据自愿原则，公平、公正地解决当事人的争议。

第五章　电子商务促进

第六十四条　国务院和省、自治区、直辖市人民政府应当将电子商务发展纳入国民经济和社会发展规划，制定科学合理的产业政策，促进电子商务创新发展。

第六十五条　国务院和县级以上地方人民政府及其有关部门应当采取措施，支持、推动绿色包装、仓储、运输，促进电子商务绿色发展。

第六十六条　国家推动电子商务基础设施和物流网络建设，完善电子商务统计制度，加强电子商务标准体系建设。

第六十七条　国家推动电子商务在国民经济各个领域的应用，支持电子商务与各产业融合发展。

第六十八条　国家促进农业生产、加工、流通等环节的互联网技术应用，鼓励各类社会资源加强合作，促进农村电子商务发展，发挥电子商务在精准扶贫中的作用。

第六十九条　国家维护电子商务交易安全，保护电子商务用户信息，鼓励电子商务数据开发应用，保障电子商务数据依法有序自由流动。

国家采取措施推动建立公共数据共享机制，促进电子商务经营者依法利用公共数据。

第七十条　国家支持依法设立的信用评价机构开展电子商务信用评价，向社会提供电子商务信用评价服务。

第七十一条　国家促进跨境电子商务发展，建立健全适应跨境电子商务特点的海关、税收、进出境检验检疫、支付结算等管理制度，提高跨境电子商务各环节便利化水平，支持跨境电子商务平台经营者等为跨境电子商务提供仓储物流、报关、报检等服务。

国家支持小型微型企业从事跨境电子商务。

第七十二条　国家进出口管理部门应当推进跨境电子商务海关申报、纳税、检验检疫等环节的综合服务和监管体系建设，优化监管流程，推动实现信息共享、监管互认、执法互助，提高跨境电子商务服务和监管效率。跨境电子商务经营者可以凭电子单证向国家进出口管理部门办理有关手续。

第七十三条　国家推动建立与不同国家、地区之间跨境电子商务的交流合作，参与电子商务国际规则的制定，促进电子签名、电子身份等国际互认。

国家推动建立与不同国家、地区之间的跨境电子商务争议解决机制。

第六章　法律责任

第七十四条　电子商务经营者销售商品或者提供服务，不履行合同义务或者履行合同义务不符合约定，或者造成他人损害的，依法承担民事责任。

第七十五条　电子商务经营者违反本法第十二条、第十三条规定，未取得相关行政许可从事经营活动，或者销售、提供法律、行政法规禁止交易的商品、服务，或者不履行本法第二十五条规定的信息提供义务，电子商务平台经营者违反本法第四十六条规定，采取集中交易方式进行交易，或者进行标准化合约交易的，依照有关法律、行政法规的规定处罚。

第七十六条　电子商务经营者违反本法规定，有下列行为之一的，由市场监督管理部门责令限期改正，可以处一万元以下的罚款，对其中的电子商务平台经营者，依照本法第八十一条第一款的规定处罚：

(一)未在首页显著位置公示营业执照信息、行政许可信息、属于不需要办理市场主体登记情形等信息,或者上述信息的链接标识的；

(二)未在首页显著位置持续公示终止电子商务的有关信息的；

(三)未明示用户信息查询、更正、删除以及用户注销的方式、程序，或者对用户信息查询、更正、删除以及用户注销设置不合理条件的。

电子商务平台经营者对违反前款规定的平台内经营者未采取必要措施的，由市场监督管理部门责令限期改正，可以处二万元以上十万元以下的罚款。

第七十七条　电子商务经营者违反本法第十八条第一款规定提供搜索结果，或者违反本法第十九条规定搭售商品、服务的，由市场监督管理部门责令限期改正，没收违法所得，可以并处五万元以上二十万元以下的罚款；情节严重的，并处二十万元以上五十万元以下的罚款。

第七十八条　电子商务经营者违反本法第二十一条规定，未向消费者明示押金退还的方式、程序，对押金退还设置不合理条件，或者不及时退还押金的，由有关主管部门责令限期改正，可以处五万元以上二十万元以下的罚款；情节严重的，处二十万元以上五十万元以下的罚款。

第七十九条　电子商务经营者违反法律、行政法规有关个人信息保护的规定，或者不履行本法第三十条和有关法律、行政法规规定的网络安全保障义务的，依照《中华人民共和国网络安全法》等法律、行政法规的规定处罚。

第八十条　电子商务平台经营者有下列行为之一的，由有关主管部门责令限期改正；逾期不改正的，处二万元以上十万元以下的罚款；情节严重的，责令停业整顿，并处十万元以上五十万元以下的罚款：

(一)不履行本法第二十七条规定的核验、登记义务的；

(二)不按照本法第二十八条规定向市场监督管理部门、税务部门报送有关信息的；

(三)不按照本法第二十九条规定对违法情形采取必要的处置措施，或者未向有关主管部门报告的；

(四)不履行本法第三十一条规定的商品和服务信息、交易信息保存义务的。

法律、行政法规对前款规定的违法行为的处罚另有规定的，依照其规定。

第八十一条　电子商务平台经营者违反本法规定，有下列行为之一的，由市场监督管理部门责令限期改正，可以处二万元以上十万元以下的罚款；情节严重的，处十万元以上

五十万元以下的罚款：

(一)未在首页显著位置持续公示平台服务协议、交易规则信息或者上述信息的链接标识的；

(二)修改交易规则未在首页显著位置公开征求意见，未按照规定的时间提前公示修改内容，或者阻止平台内经营者退出的；

(三)未以显著方式区分标记自营业务和平台内经营者开展的业务的；

(四)未为消费者提供对平台内销售的商品或者提供的服务进行评价的途径，或者擅自删除消费者的评价的。

电子商务平台经营者违反本法第四十条规定，对竞价排名的商品或者服务未显著标明“广告”的，依照《中华人民共和国广告法》的规定处罚。

第八十二条　电子商务平台经营者违反本法第三十五条规定，对平台内经营者在平台内的交易、交易价格或者与其他经营者的交易等进行不合理限制或者附加不合理条件，或者向平台内经营者收取不合理费用的，由市场监督管理部门责令限期改正，可以处五万元以上五十万元以下的罚款；情节严重的，处五十万元以上二百万元以下的罚款。

第八十三条　电子商务平台经营者违反本法第三十八条规定，对平台内经营者侵害消费者合法权益行为未采取必要措施，或者对平台内经营者未尽到资质资格审核义务，或者对消费者未尽到安全保障义务的，由市场监督管理部门责令限期改正，可以处五万元以上五十万元以下的罚款；情节严重的，责令停业整顿，并处五十万元以上二百万元以下的罚款。

第八十四条　电子商务平台经营者违反本法第四十二条、第四十五条规定，对平台内经营者实施侵犯知识产权行为未依法采取必要措施的，由有关知识产权行政部门责令限期改正；逾期不改正的，处五万元以上五十万元以下的罚款；情节严重的，处五十万元以上二百万元以下的罚款。

第八十五条　电子商务经营者违反本法规定，销售的商品或者提供的服务不符合保障人身、财产安全的要求，实施虚假或者引人误解的商业宣传等不正当竞争行为，滥用市场支配地位，或者实施侵犯知识产权、侵害消费者权益等行为的，依照有关法律的规定处罚。

第八十六条　电子商务经营者有本法规定的违法行为的，依照有关法律、行政法规的规定记入信用档案，并予以公示。

第八十七条　依法负有电子商务监督管理职责的部门的工作人员，玩忽职守、滥用职权、徇私舞弊，或者泄露、出售或者非法向他人提供在履行职责中所知悉的个人信息、隐私和商业秘密的，依法追究法律责任。

第八十八条　违反本法规定，构成违反治安管理行为的，依法给予治安管理处罚；构成犯罪的，依法追究刑事责任。

第七章　附　则

第八十九条　本法自 2019 年 1 月 1 日起施行。

参 考 文 献

[1] 刘文华. 经济法[M]. 4 版. 北京：中国人民大学出版社，2012.

[2] 杨紫烜. 经济法[M]. 4 版. 北京：北京大学出版社，2010.

[3] 赵威. 经济法[M]. 4 版 北京：中国人民大学出版社，2012.

[4] [美]考特，尤伦. 法和经济学[M]. 史晋川，等译. 上海：格致出版社，2012.

[5] 郭声龙，江晓波. 经济法基础[M]. 武汉：武汉大学出版社，2012.

[6] 李振华，方照明. 经济法通论[M]. 北京：中国政法大学出版社，2012.

[7] 王保树. 商法[M]. 北京：北京大学出版社，2011.

[8] 王卫国. 商法[M]. 北京：中国政法大学出版社，2007.

[9] 史际春. 企业和公司法[M]. 4 版. 北京：中国人民大学出版社，2013.

[10] 蒋大兴. 公司法的观念与解释[M]. 北京：法律出版社，2009.

[11] 陈小君. 合同法学[M]. 北京：中国政法大学出版社，2007.

[12] 郑玉敏，韩自强. 合同法学[M]. 厦门：厦门大学出版社，2012.

[13] 吴汉东. 知识产权法[M]. 北京：中国政法大学出版社，2012.

[14] 孙晋，李胜利. 竞争法原理[M]. 武汉：武汉大学出版社，2011.

[15] 孟雁北. 反垄断法[M]. 北京：北京大学出版社，2011.

[16] 吴景明. 消费者权益保护法[M]. 北京：中国政法大学出版社，2007.

[17] 吕琳. 劳动与社会保障法[M]. 武汉：武汉大学出版社，2012.

[18] 郭捷. 劳动法与社会保障法[M]. 北京：中国政法大学出版社，2012.

[19] 宋连斌. 仲裁法[M]. 武汉：武汉大学出版社，2010.

[20] 蔡虹. 民事诉讼法学[M]. 北京：北京大学出版社，2013.